U0840807

本书为国家社科基金重大项目

“人口普查质量评估理论创新研究”（15ZDB136）阶段性成果

西安交通大学人口与发展研究所 · 学术文库

中国生育水平研究

姜全保　杨淑彩　著

Research on China's Fertility

社会科学文献出版社
SOCIAL SCIENCES ACADEMIC PRESS (CHINA)

总　序

西安交通大学人口与发展研究所一直致力于社会性别歧视与弱势群体问题的研究，在儿童、妇女、老年人、失地农民、城乡流动人口和城镇困难企业职工等弱势群体的保护和发展领域进行了深入研究。研究所注重国内外的学术交流与合作，已承担并成功完成了多项国家级、省部级重大科研项目及国际合作项目，在弱势群体、人口与社会发展战略、公共政策研究等领域积累了丰富的理论与实践经验。

研究所拥有广泛的国际合作，与美国斯坦福大学人口与资源研究所、杜克大学、加州大学尔湾分校、南加州大学、加拿大维多利亚大学、圣塔菲研究所等国际知名大学和研究机构建立了长期的学术合作与交流，形成了研究人员互访和合作课题研究等机制；同时，研究所多次受到联合国人口基金会、联合国儿童基金会、联合国粮农组织、世界卫生组织、国际计划、美国 NIH 基金会、美国福特基金会、麦克阿瑟基金会等国际组织的资助，合作研究了多项有关中国弱势群体问题的科研项目。国际合作使研究所拥有了相关学术领域的国际对话能力，扩大了国际影响力。

研究所注重与国内各级政府部门的合作，已形成了与国家、地方各级政府的合作研究网络，为研究的开展及研究成果的扩散与推广提供了有利条件和保障。研究所多次参与有关中国弱势群体、国家和省区人口与发展战略等重大社会问题的研究，在国家有关政府部门、国际机构的支持下，在计划生育和生殖健康、女童生活环境等领域系统地开展了有关弱势群体问题的研究，并将研究结果应用于实践，进行了社区干预与传播扩散。自1989 年以来，研究所建立了社会实验基地 6 个，包括“全国 39 个县建设新型婚育文化社区实验网络”（1998 ~ 2000 年，国家人口和计划生育委员会）、

“巢湖改善女孩生活环境实验区”（2000～2003 年，美国福特基金会、国家人口和计划生育委员会）、“社会性别引入生殖健康的实验和推广”（2003 年至今，美国福特基金会、联合国人口基金会和国家人口与计划生育委员会）等。其中，“巢湖改善女孩生活环境实验区”在国内外产生了重要影响，引起了国家和社会各界对男孩偏好问题的重视，直接推动了全国“关爱女孩行动”的开展。

近年来，研究所开始致力于人口与社会可持续发展问题的理论、方法、政策和实践的系统研究，尤其关注以社会性别和社会弱势人群的保护与发展为核心的交叉领域。作为国家“985 工程”二期“人口与经济社会可持续发展政策与管理创新”研究基地的重要组成部分，研究所目前的主要研究领域包括：人口与社会复杂系统的一般理论、分析方法与应用研究——探索人口与社会复杂系统的理论和方法、分析人口与社会复杂系统的一般特征及结构，建立人口与社会复杂系统模型，深入分析社会发展过程中出现的重大人口与社会问题并为其提供理论和方法指导；人口与社会政策创新的一般理论、分析方法与应用研究——分析人口与社会政策创新的理论内涵与模式，人口与社会政策创新的政策环境、条件、机制、过程与应用，建立人口与社会政策创新评估体系；转型期面向弱势群体保护与发展的社会政策创新研究、评价与实践——以多学科交叉的研究方法，研究农村流动人口在城镇社会的融合过程，分析农民工观念与行为的演变及其影响机制，研究农村流动人口与社会后果，探索促进农民工社会融合的途径，探讨适合中国国情的城市化道路；国家人口与社会可持续发展决策支持系统的研究与应用——在人口与社会复杂系统和人口与社会政策创新研究的基础上，结合弱势群体研究所得到的结果，面向国家战略需求，从应用角度建立人口与社会可持续发展决策支持系统，并形成相应的数据库、模型库、知识库和方法库，解决人口与社会可持续发展过程中的重大战略问题。

中国社会正处于人口与社会的急剧转型期，性别歧视、城乡社会发展不平衡、弱势群体生活困难等问题日益凸显，社会潜在危机不断增大，影响并制约着人口与社会的可持续发展。西安交通大学人口与发展研究所的研究成果有利于解决中国社会面临的以社会性别和弱势群体保护与发展为核心的人口与社会问题。本学术文库将陆续推出其学术研究成果，以飨读者。

目　录

第一章 绪论

中国的生育水平和数量及其对人口发展的影响已经引起了全社会的广泛关注。自20世纪70年代以来，中国已经执行了40多年的计划生育政策。随着生育水平的下降，中国开始改变严格的计划生育政策，在2013年和2016年分别实施了单独二孩和全面二孩政策。虽然在政策执行之前，有不少研究担心这样的生育政策调整可能会带来短时期的出生堆积，但生育水平和数量并没有如预期那样大幅度上升，2016年全面二孩政策执行的第一年出生人口为1786万人，比2015年执行单独二孩政策时的1655万人多出131万人；但2017年出生1723万人，比2016年少了53万人；2018年出生人口只有1523万人，比2017年下降了200万人。而2019年出生人口继续下降到1465万人，比2018年下降了58万人。

生育数量的下降是多种因素综合作用的结果，但生育水平的变化是其中最重要的原因之一（姜全保等，2018）。自20世纪70年代初开展计划生育以来，中国的生育水平大幅度下降。1970年总和生育率为5.8，1980年下降到2.2，20世纪80年代总和生育率在略高于更替水平上徘徊波动。20世纪90年代降至更替水平以下。2000年和2010年人口普查数据显示的总和生育率分别为1.22和1.19（国务院人口普查办公室、国家统计局人口和社会科技统计司，2002；国务院人口普查办公室、国家统计局人口和就业统计司，2012）。虽然，普遍认为普查数据中的出生数据存在瞒报和漏报，但一致认为中国人口的生育水平已经下降到较低阶段（Zhang and Zhao，2006；Cai，2008；Morgan et al.，2009；Zhao and Chen，2011；Cai，2013；Jiang et al.，2019a）。

一 生育数据和水平

中国的生育数据存在争议。一是不同来源的数据之间存在差异。国家统计局、国家计划生育委员会（现更名为国家卫生健康委员会）、公安部都登记有出生数据，但数据之间存在差异（Zhang and Zhao，2006；Jiang et al.，2019a）。国家教育部的数据统计有学生人数，也用于生育水平的研究（Cai，2017）。二是国家统计局的人口普查数据和抽样调查数据被认为存在漏报（Merli and Raftery，2000；Attané，2001；Lavely，2001；Goodkind，2011；Cai，2013；郭志刚，2017）。也有学者认为没有充分理由认为中国存在大规模和持续性的出生漏报（张广宇、原新，2004；郭志刚，2011）。三是不同的研究对于生育水平估计的结果存在较大差异和争议。

生育水平存在争议，可以使用间接方法进行估计。不少学者试图通过间接估计技术来分析中国的生育水平，包括变量－r方法、P/F比值方法、逆存活分析方法和预测模拟等方法（Cai，2008；陈卫，2015、2016；赵梦晗，2015；陈卫、杨胜慧，2014；郭志刚，2015；王广州，2001、2002；陈卫、张玲玲，2015）。但是，由于学者所选取的数据来源、数据质量和采用的估计方法以及对数据进行调整的方法不同，故而得到的结果也存在较大差异。

为了系统分析生育水平变化，可以使用多种指标。传统的时期指标如总和生育率、年龄别生育率、平均生育年龄等依然是分析生育水平的主要指标。西方国家的研究显示，婚姻推迟是总和生育率下降的一个重要因素（Kohler and Ortega，2002；Lutz et al.，2003；Morgan，2003；Sobotka，2004；Goldstein et al.，2009）。生育推迟使得传统的生育指标在度量生育时出现偏差。一些研究试图修正生育进度和生育孩次的变化对于生育水平的影响。Feeney（1985）、马瀛通等（1986）、Feeney 和 Yu（1987）等人提出孩次递进比。Bongaarts 和 Feeney（1998）提出了一个假定没有生育推迟的反事实的去进度效应指标。使用这些调整的生育指标可以为中国的生育水平研究提供更丰富的信息。在调整生育指标的基础之上，队列指标反映了女性终身生育状况，当生育水平降低到更替水平以下时，第1孩和第2孩的生育率下降是主要因素（Zeman et al.，2018）。中国自1980年代以来队列生育率下降过程中各孩次的贡献值得研究。

二 生育模式

生育指标存在区域差异。中国三十多个省级行政区域有着各自的社会经济发展特点。与巨大的经济社会发展区域差异相对应，中国还实行差异化的区域生育政策（Gu et al.，2007）。经济社会文化发展和生育政策的区域差异使中国的人口问题呈现区域化的特点，人口指标也存在巨大的区域差异，各省的人口规模、生育转变、生育年龄和生育率等指标各不相同。生育政策和政策生育率、平均生育年龄、总和生育率、曾经生育子女数以及队列孩次递进比等各项指标也存在巨大的区域差异。

一孩生育模式和终生不育比例。已有学者提出一些反映生育模式的函数形式（Coale and Trussell，1974；Brass，1978；Gayawan et al.，2010；宋健等，1980），也有一些学者利用模型研究中国生育模式的变化（宋健等，1980；亓昕，1989；乔晓春，1991；张二力、陈建利，1994；帅江平，1995），但近期对于中国生育模式的模型研究还比较少。受到生育推迟、出生漏报和进度效应的影响，近年来中国的年龄别生育模式发生了很大的变化。一孩曾经生育比例可以作为年龄别生育模式的累计函数，利用曾经生育比例的模式进行拟合的结果，得到概率分布函数作为年龄别生育模式的结果，拟合截止到某年龄的曾经生育一孩比例曲线并对未来进行预测。使用特定模型拟合观测的累计比例在人口学研究中应用比较广泛（Hernes，1972；Goldstein and Kenney，2001；Martin，2004）。目前，通过时期或者队列数据模拟和预测中国曾经生育一孩比例或者终身不育水平的研究还比较少。

总和生育率、生育模式和生育年龄及其区间估计。生育水平变化过程中伴随着生育模式和生育年龄的改变。已经有很多用来研究和拟合年龄别生育曲线的模型和方法（Chandola et al.，1999；Schmertmann，2003；Peristera and Kostaki，2007；Gayawan et al.，2010）。Brass（1978）提出了相关生育模型（Relational Gompertz Model）用以研究生育模式。Zeng 等（2000）针对 Brass（1978）相关生育模型提出了利用生育中位年龄以及第一个与第三个四分位数年龄之差求取 α 和 β 值。Booth（1984）尝试解决 Brass（1978）相关生育模型中的标准模式问题。Keilman 和 Pham（2000）使用 Gamma 函数和 Multivariate ARIMA Model 进行生育水平的模拟和预测，并且给出了预测的置信区间。对于中国当前生育模式的模拟还比较少，有一些对于生育年龄的区间估计，但是对于总和生育率、生育模式和生育年龄的区间估计还不多见。

现有孩次性别结构与再生育。已有孩子数量和性别是影响女性生育行为的重要因素（Jiang et al.，2016a）。有研究将已有孩子数量纳入生育指标模型的研究（Feeney and Yu，1987；Bongaarts and Sobotka，2012；Kohler and Ortega，2002；马瀛通等，1986），但将已有孩子性别结构纳入生育指标模型的研究较少。考虑到当前中国生育指标的进度问题，构建孩次性别递进生育指标，研究已有孩子数量和性别对于中国女性生育下一孩的影响，并探讨孩次性别递进指标在城市、城镇和农村的差异，对于理解中国当前的生育及未来发展趋势是非常有帮助的。

生育意愿、男孩偏好与二孩生育。生育意愿对生育行为的影响，既包括意愿生育数量对生育行为的影响，也包括意愿生育性别构成对生育行为的影响。虽然生育意愿并不能为个体生育行为或者总体生育水平提供可靠的预测（Morgan，2001），但是否要孩子、是否生育另一个孩子的意愿都和未来的生育行为有着强烈的关系（Schoen et al.，1999）。在性别方面，有研究发现在低生育率国家已有孩子的性别构成是父母是否继续生育的一个重要影响因素（Bongaarts and Potter，1983；Pollard and Morgan，2002）。有研究认为中国强烈的男孩偏好会提高中国的总和生育率（Morgan et al.，2009），但也有证据表明，由于性别鉴定技术和人工流产的普及，人们实现男孩偏好的手段是通过流产而不是通过多生多育实现，性别偏好其实降低了中国的生育水平（杨书章、王广州，2006a；郭志刚，2008；蔡泳，2011）。在当前中国的低生育率下，生育意愿，包括意愿生育的数量和性别（表现为男孩偏好）对人们生育二孩的行为存在怎样的影响？

性别选择性人工流产。自1980年代以来，生育水平下降使得具有男孩偏好的父母增加了进行性别选择性人工流产从而确保生育一个儿子的压力（Li et al.，2000）。目前，大部分研究把出生性别比作为性别选择性人工流产的一个指标（Dubuc and Sivia，2018；Chen and Zhang，2019），或者研究性别选择性人工流产导致的失踪女性的数量（Bongaarts and Guilmoto，2015；Chao et al.，2019），但是对于性别选择性人工流产本身缺少量化研究，如自1980年代以来有多少性别选择性人工流产？比例如何？孩次之间和省份之间是否存在较大差异？这些问题还需要深入研究。

三 生育水平和数量的变化

生育水平变化的分解。生育水平的变化是多种因素综合作用的结果，很多研究对于生育水平的变化做了分解（Canudas Romo，2003）。Zeng等（1991）把中国1984～1987年粗出生率变化分解为已婚生育率的变化、已婚女性比例的变化和女性在总人口中所占比例的变化的影响。但是，对于中国自1990年代生育水平变化的分解，目前还缺少研究（Jiang et al.，2019a）。生育的两个指标是总和生育率和粗出生率，总和生育率可以分解为已婚生育率变化和结婚推迟两个效应（Jiang et al.，2019a），粗出生率的变化可以分解为四个因素变化的结果：已婚生育率（Quantum Effect）、已婚比例（Tempo Effect）、性别结构（Sex Structure）和年龄结构（Age Structure）的变化效应。在此基础上，还可以分解人口粗再生产率的变化，从而考察这些因素变化对人口发展的影响。

出生数量变化的分解。中国每年的出生人口数量经历了很大的变化。1982年出生人口为2043万人，2010年出生人口减少到1384万人（国务院人口普查办公室、国家统计局人口统计司，1985；国务院人口普查办公室、国家统计局人口和就业统计司，2012）。出生人口数量变化是育龄妇女总量、育龄妇女年龄结构和生育率及其他因素综合作用的结果（王广州，2016a；翟振武等，2016；姜全保等，2018）。目前对于中国生育的研究主要关注生育水平，而忽略了育龄妇女总量、育龄妇女年龄结构对出生人口数量变化的影响。所以，有必要根据普查数据，分析20世纪80年代以来育龄妇女总量、育龄妇女年龄结构和生育率三个因素对生育数量变化的贡献；考察这三个因素对不同省份生育数量变化的贡献差异。根据这些分解结果及对未来育龄妇女的预测，判断未来生育数量的变化趋势。

未来生育水平的趋势。未来生育率的变化对人口的发展具有重要的影响，United Nations（2017）预测2015～2020年、2020～2025年和2025～2030年总和生育率分别为1.63、1.66和1.69，总和生育率会逐步上升。但是，2018年出生人口为1523万人，比2017年下降了200万人，表明United Nations（2017）预测的总和生育率逐步上升的判断可能有误，估计的1.6～1.7的生育水平可能脱离实际。需要依据中国的实际数据，对未来生育水平变化做出预测。

四　低生育水平的影响

低生育水平会对中国人口发展产生影响。长期的低生育率形成了一个有利于经济社会发展的人口结构，使中国收获了由低生育率和人口转变所带来的人口红利（蔡昉，2010；铁瑛等，2019）。但是长期低生育水平对于出生数量、少儿人口数量、劳动年龄人口数量、人口总量、人口年龄结构、性别结构和老龄化等都会产生影响。中国未来的人口发展趋势如何是一个需要研究的问题。

“四二一”家庭结构。“四二一”家庭结构随着中国独生子女数量的大规模增加而受到越来越多的关注。有预测认为，广义的“四二一”家庭在2025年为801万个，2035年为1347万个（齐险峰、郭震威，2007）。现有研究关注了“四二一”家庭结构的养老问题，但忽视了对家庭结构本身的研究（Jiang and Sánchez-Barricarte，2011）。事实上，“四二一”家庭结构在形成之后，由于老年人面临较高的死亡风险，所以“四二一”家庭结构会逐渐转变为“三二一”“二二一”家庭结构，但目前对于“四二一”家庭结构的存活概率和存活时间以及“四二一”“三二一”“二二一”和“一二一”家庭结构持续的时间长度还缺乏研究。

失独家庭。中国独生子女家庭数量增加很快（王广州，2013；周伟、米红，2013），失独家庭成为全社会关注的问题。截至2010年，中国农村独生子女死亡家庭为158.57万户，城镇为82.69万户，全国农村49岁以上的失独父母为55.3万人，城镇为26.8万人（周伟、米红，2013）。2020～2030年，失独妇女总量每年净增的幅度在5万人以上（王广州，2016b）。预计到2050年中国将有3亿的独生子女，累计死亡的独生子女数量即失独家庭数量会超过1184万户（王广州，2013）。失独家庭的脆弱性、独生子女的丧子指标如丧子概率等问题需要研究。

五　本书结构

本书主要研究中国的低生育水平及相关问题。全书结构安排及内容如下。

第一章，绪论。主要介绍中国的生育数据和水平、生育模式、生育水平和数量的变化、低生育水平的影响，并给出全书的结构。

第二章，生育水平的争议。主要介绍不同来源的生育数据；分析 1982 年、1990 年、2000 年和 2010 年人口普查数据中生育数量的漏报情况；解释了目前对生育水平的调整以及争议问题。

第三章，生育水平的间接估计。使用变量-r 方法、P/F 比值方法、逆存活分析方法、预测模拟方法，间接估计了中国的生育水平。

第四章，生育水平的多指标分析。主要使用三个方面的指标和方法分析生育水平及其变化，一是时期生育指标，包括时期总和生育率、年龄别生育率、平均生育年龄、已婚总和生育率、总和生育率和已婚总和生育率的比值、总和生育率的标准化，以及总和生育率变化的分解；二是调整的时期生育指标，包括时期递进生育率、去进度效应总和生育率、去进度效应和孩次结构效应总和生育率；三是队列生育指标，包括女性至少生育 N 孩的比例、队列终身生育率、队列孩次递进比，以及队列生育率变化的分解。

第五章，生育指标的区域差异。主要使用图表，展示生育政策、政策生育率、生育年龄、总和生育率、曾生子女数和队列孩次递进比等指标的区域差异。

第六章，一孩生育模式的拟合。使用八种统计模型对中国的时期年龄别一孩的曾经生育比例拟合，得到概率分布函数作为年龄别生育模式的结果，还可以拟合截止到某年龄的曾经生育一孩比例曲线以对未来进行预测。

第七章，总和生育率、生育模式和年龄的拟合和区间估计。使用分布函数拟合总和生育率、生育模式和生育年龄并给出区间估计，克服了以往只提供绝对数量而没有区间估计的缺点。

第八章，孩次性别结构与再生育。构建孩次性别递进模型，将已有孩子数量和性别同时纳入生育指标，得到历经不同状态（曾生子女数量和性别）生育下一孩的概率，并分析城市、城镇和农村的差异。

第九章，生育意愿、男孩偏好与二孩生育。使用调查数据和 Cox 风险模型，分析生育意愿、男孩偏好对生育二孩的影响，并根据第一孩性别和城乡人口分样本进行分析。

第十章，性别选择性人工流产的估计。使用历年公布的出生数量、人工流产数量和出生性别比数据，估计自 1980 年以来性别选择性人工流产的数量和比例。对于人口普查和全国 1% 人口抽样调查年份，也计算了分孩次、分城乡和分省份的性别选择性人工流产数据。

第十一章，生育水平变化的分解。使用1990年、2000年和2010年人口普查数据，把总和生育率分解为已婚生育率变化和结婚推迟两个效应，把粗出生率的变化分解为已婚生育率、已婚比例、性别结构和年龄结构的变动效应。分解人口的粗再生产率的变化，考察这些因素变化对人口发展的影响，并进行了分城乡、分省的分析。

第十二章，出生人口数量变化的分解。把出生人口数量的变化分解为育龄妇女总量、育龄妇女年龄结构和生育率三个因素，研究全国生育数量变化的影响因素，通过横截面分析和纵贯分析研究这三个因素变化对出生人口数量变化影响的区域差异；根据这些分解结果及对未来育龄妇女的预测，判断未来生育数量的变化趋势。

第十三章，生育水平预测。使用不同来源数据，利用Lee-Carter方法，预测未来生育水平并给出区间，作为研究未来人口发展态势的依据。

第十四章，生育水平与人口发展。根据队列-因素法，使用不同的生育方案，预测了未来人口发展趋势，包括出生数量、少儿人口数量（0~14岁）、劳动年龄人口数量、人口总量、老年人口比例、20~45岁男女性别比、性别结构等指标。

第十五章，“四二一”家庭结构。使用生命表数据和概率理论，研究“四二一”家庭结构的转变和生命周期，“四二一”家庭结构的存活概率和存活时间，并分别对城乡进行了分析，通过灵敏度分析考察一些关键参数对于指标的影响。

第十六章，失独家庭。使用调查数据分析了失独父母在社会生活各个方面的脆弱性，推导测算失独指标的公式，分析失独概率及相关的失独指标，并考察了城乡差异。

第二章　生育水平的争议

自20世纪70年代以来，中国的生育水平大幅度下降，1980年代总和生育率在略高于更替水平上徘徊波动，1990年代降至更替水平以下。2000年第五次全国人口普查（以下简称五普）原始数据计算出的总和生育率只有1.22，这一数据引起了新一轮关于生育水平的讨论；而2010年第六次全国人口普查（以下简称六普）数据显示总和生育率进一步降到1.19。1970年代以来的生育率转变是当代中国的革命性变化之一，一系列的人口普查和调查以及大量的研究，都一致性地记录了中国生育率的快速下降（Feeney and Yuan，1994；Scharping，2003）。

然而，政府部门和学者并没有就生育水平达成共识。一方面，中国有多个政府部门都负责登记人口数据。国家卫生和计划生育委员会负责计划生育政策执行和监测，统计了年度出生数据。但由于出生数量和出生率是计划生育工作的考核指标，所以计划生育系统的数据有可能偏离实际观察值（Merli and Raftery，2000；Zhang and Zhao，2006）。公安部门作为国家的户籍管理机关，《户口登记条例》要求婴儿在出生一个月内进行户口登记，但实际上延迟登记的情况比较普遍（Li et al.，2010；Shi and Kennedy，2016）。国家统计局负责人口普查和每年的人口抽样调查。各个部门提供的同一指标数据并不一致，有时候甚至相差很大（Jiang et al.，2019a）。另一方面，对于中国的出生人口数据存在较多争议。有学者认为，1990年和2000年的出生人口数量存在漏报（Merli and Raftery，2000；Attané，2001），尤其是中国人口的城乡流动和计划生育政策的严格执行使得出生漏报现象比较严重，1980年以来实行的一孩政策加剧了生育漏报现象（Zeng et al. 1993；Merli and Raftery，2000；Goodkind，2004）。但随着时间的推移，更多学者认识到中国历年国民经济与社会发展统计公报公布的出生人口数量有可能多报（Zeng，2007；Cai，2008；Morgan et al.，2009；Goodkind，2011）。也有学者认为没有充分的理由认为中国存在大规模和持续性的出生漏报（张广宇、原新，2004；郭志刚，2011）。根据六普结果判断，1990～2010年的人口估计和预测存在的普遍问题是高估了出生人口数量和生育水平，由于这种高估而导致过分的统计调整，造成的偏差程度甚至超过了原始调查统计的偏差，对生育水平的认识形成了严重的误导（郭志刚，2011）。

本章主要包括以下四部分内容：第一部分介绍不同来源的生育数据；第二部分介绍1982年、1990年、2000年和2010年人口普查数据中生育数量的漏报情况；第三部分解释生育水平的调整以及争议问题；第四部分为本章小结。

一 不同来源数据

中国有多个机构记录人口和生育数据，包括公安部门数据、计划生育部门数据、国家统计局数据等。此外，教育系统数据也被用于研究中国的生育水平和数量问题。

（一）公安部门数据

公安部门作为国家的户籍管理机关，负责登记户口。户籍登记是日常性工作，户籍统计每年年底上报，由各乡镇派出所上报到县公安局户政科，然后逐级上报。公安部门的数据记录了申报户籍的新生儿信息。

1982年以前，户籍人口统计是中国唯一的年度人口统计来源，数据质量被广泛认可，出生人口数据十分准确，不用经过校正就能直接使用（Banister，1987；Zhang and Zhao，2006）。然而，随着形势的变化，户籍在现实生活中的实际意义越来越小，居民的申报观念越来越淡薄，虽然《户口登记条例》要求婴儿在出生一个月内进行户口登记，但实际上一些人在小孩需要户口时才来登记户口，延迟登记的情况比较普遍（Li et al.，2010；Shi and Kennedy，2016）。由于户籍与一些政策措施密切相关，居民受利益驱动，瞒报户籍变更的行为在增多，比如计划外生育人口不报户口，还有暂住人口不及时申报等（刘军，2004）。伴随着户籍制度重要性的减弱，户籍人口统计的误差不断增大。1981年全国户籍人口为99622万人，该数字比 1982 年第三次人口普查的统计数据少了近 66 万人（张庆五，1984）。

从 1982 年全国人口普查到 1990 年全国人口普查，户籍人口年均漏报约 270 万人（查瑞传等，1996）。1991～1999 年，户籍统计的出生人口数比国家统计局估计的出生人口数平均每年少约 600 万人。由于户籍登记已经不是非常重要，即使是正常出生人口的登记也可能会被漏报或者延迟报告（Zhang，2004）。刘晓兵等（2006）以陕西省三个村的调查为依据，认为从制度变迁的路径来看，儿童出生登记的程序越来越复杂，涉及的利益主体越来越多，登记水平越来越低。由于严格的计划生育政策以及计划外生育要交纳的社会抚养费，育龄夫妇也常选择不给出生婴儿上户口以逃避罚款。2010 年人口普查数据显示中国有 1300 万人没有户口，这里面大部分是因为所谓的超生而没有上报户口（李林，2015）。

近年来，公安部在全国范围内开展了户口整顿工作，纠正了大批漏登、错登情况，数据质量逐步提高。截至 2010 年 6 月底，公安部统计的全国总人口数为 13.39 亿人，超过国家统计局公布的 13.35 亿人。经过公安部门几年时间集中清理黑户，到 2016 年 1 月，2010 年人口普查中发现的 1300 万黑户问题绝大部分得到解决（信娜，2016）。

（二）计划生育系统数据

计划生育统计数据是国家人口和计划生育委员会为了及时准确地监督和评价计划生育的执行情况，由各级计生部门自下而上的数据统计工作。计划生育政策在 20 世纪 80 年代实施以来，人们的理想子女数与政策允许的可生育子女数之间有着较大的差距，为了多生孩子人们会不上报已经生育的孩子，使得瞒报现象十分严重（Zhang，2004）。对比 1988 年 2‰调查数据和 1987 年计划生育统计数据发现，在被调查的 30 个省、自治区、直辖市中，有超过一半以上的省区市计划生育统计数据中存在 30% 的出生漏报，有的达到 40%。1991 年国家出台了将计划生育考核与干部提升挂钩的“一票否决”政策，如果人口控制计划未完成，那么地方和部门及其党政领导将不能参加评优、获奖、提职、晋升以及获得有关福利待遇，这加剧了数据谎报，导致全国的出生申报制度崩溃（Scharping，2003）。各地为了通过考核而将出生人口延后上报甚至瞒报、漏报，尤以女婴和计划外出生人口的瞒报、漏报为多（Zhang，2004）。基层干部操纵数据，而高层的干部也没有找出数据错误的动机，所以基层的不准确数据就一直上报（Bongaarts and Greenhalgh, 1985)。尤其是1990年代以来流动人口数量上升，影响了出生统计对象的界定和统计信息上报的真实性、准确性和及时性，出生统计难度增大，容易发生统计漏报。

计划生育出生统计是各级计划生育部门由下而上逐级汇总而成的出生绝对数的报告，其质量既受各地的计划生育工作水平影响，也受各地统计工作质量的影响。1993～1999年，国家人口和计划生育委员会分别对10个中、西部省份的农村地区进行突击抽查，在计划生育工作处于全国中等和偏下水平的省，出生漏报率在25%～38%；而计划生育工作比较好的地区，出生漏报率明显较低（夏乐平，2005）。

除了计划生育统计数据，国家人口和计划生育委员会进行了回顾性的计划生育抽样调查，分别是1982年、1988年、1992年的计划生育1‰人口抽样调查，1997年和2001年的计划生育/生殖健康抽样调查，2006年计划生育抽样调查，2013年全国生育意愿调查和2017年全国生育状况抽样调查。这些调查提供了我国育龄妇女的婚姻、孕产和生殖健康等详细信息，同时对其生育模式、生育水平也提供了补充资料。

（三）统计局系统数据

国家统计局是国家的权威统计机构，负责人口普查、1%人口抽样调查和历年1‰人口抽样调查。人口变动情况抽样调查自1983年开始，是全国和各省、市、自治区获得年度人口数据的主要渠道之一。1980年代，全国调查的样本量为50万人，抽样比为0.5‰。1989～1992年，人口变动调查样本量扩大至180万人。从1990年代开始，统计部门对人口抽样调查进行了调整，如调整了调查的时间、增大了样本量等。1994年开始将样本量减少到120万人，抽样比约为1‰。中国的流动人口急剧增加，人户分离现象严重，这使得基于户籍人口作为抽样基础的人口变动抽样调查的数据质量受到较大的影响（胡英，2005）。2000年人口普查数据质量受到广泛的质疑，之后人口变动调查在抽样调查方法上进行了积极的探索和改进，人们也倾向于用近期的抽样调查数据来评估2000年人口普查的出生人口数据质量（Goodkind，2004）。

1982年、1990年、2000年和2010年对中国人口普查数据的评价和校正资料比较丰富。1982年中国进行了第三次人口普查。Coale（1984）认为中国1982年人口普查年龄和性别数据可靠，但随着1990年人口普查数据的公布，人们发现在1982年人口普查数据中存在着为躲避计划生育惩罚的婴幼儿瞒报漏报现象（Banister，1994；Johannson and Arvidsson，1994；查瑞传等，1996）。

1990年中国进行了第四次人口普查，普查总人口的准确性比较高（张为民、崔红艳，1993），但普查面临的许多新情况影响了数据质量。周皓（2003）利用2000年人口普查的数据评价了1990年人口普查数据，认为1990年人口普查数据存在的漏报程度应该在1.866%以上，远比普查公报中的漏报率要高。

以2000年11月1日零点为标准时间中国进行了第五次人口普查。这次普查在常住人口定义、城镇人口定义、普查标准时间、长短表技术、表格设计、普查项目和数据录入技术等方面发生了重大变化，普查是基本成功的（张为民，2001）。但由于市场经济的发展、社会环境的变化、人们思想观念的转变、人口流动性增大等诸多因素的作用，普查的实施也受到了巨大挑战（张为民，2001；于学军，2002）。普查结果公布漏报人口2246万人，漏报率为1.81%（国务院人口普查办公室等、国家统计局人口和社会科技统计司，2002）。按照国际标准该漏报率是合理的（Walfish，2001），但比1990年人口普查0.06%的漏报率提高了30倍左右。流动人口的漏报和瞒报、城市中的人户分离现象增多、民众对普查的态度和配合程度下降等因素为查清中国人口的总量和结构带来了一定困难，也在一定程度上影响了普查数据的质量（段成荣等，2001）。

2010年中国进行了第六次人口普查。由于流动人口数量庞大且流动性大，人口居住地与户籍所在地分离的现象十分普遍，如何锁定普查对象成为第六次全国人口普查的难点和重点。2010年人口普查采取在居住地和户籍地两边登记的方式，然后由计算机汇总软件根据事先设定的条件来剔除重复（国家统计局，2011）。2010年人口普查不仅存在漏报问题，还存在重报问题。0~9岁低年龄人口主要是漏报，20~45岁人口既有重报也有漏报（崔红艳等，2013；张广宇、顾宝昌，2018）。此外，2010年人口普查还存在较为严重的低龄人口和老年人口的死亡漏报（王金营、戈艳霞，2013）。

由于中国人使用生肖法，所以年龄申报的准确性很高（Coale and Banister，1994）。用年龄分布指数检验年龄报告的偏差和堆积结果，如表2-1所示。

表 2-1 中国六次人口普查惠普尔和迈叶斯指数

普查时间	惠普尔指数			迈叶斯指数		
	合计	男	女	合计	男	女
1953 年	104.22	104.06	104.40	1.16	1.10	1.26
1964 年	103.35	103.10	103.61	0.41	0.42	0.46
1982 年	103.47	103.10	103.61	0.41	0.42	0.46
1990 年	100.94	101.05	100.82	2.29	2.22	2.36
2000 年	100.04	100.07	100.01	2.08	1.97	3.86
2010 年	100.99	101.06	100.91	1.17	1.21	1.12

资料来源：1953~1990 年：乔晓春（1992）；2000~2010 年：王金营、戈艳霞（2013）。

表 2-1 给出了中国六次人口普查的惠普尔指数和迈叶斯指数计算结果。可以看出，人口普查的惠普尔指数比较接近 100，说明分年龄人口数据对 0 岁或 5 岁结尾的年龄没有明显的偏好，从迈叶斯指数也可以看到这一点。但是，普查中数据质量问题依然不容忽略。

（四）教育系统数据

作为独立的数据来源，教育系统数据有着独到的价值。一些学者利用教育系统数据估计生育水平，但是关于教育系统数据质量，学者们存在不同的看法。

一些学者认为，与常规人口统计数据类似，教育系统数据也因技术水平、利益驱使等因素而存在质量问题（张玉林，2004；陈友华，2009a）。蔡泳（2009）从利益驱动、管理手段、社会背景三个方面对教育系统数据质量进行了探讨：一是义务教育的经费来源和在校学生数量直接挂钩，这使得地方教育部门和学校有高报和虚报在校学生数量的经济动力，教育统计中可能存在高报、虚报的问题；二是教育指标作为地方政府和干部的考核手段，促使教育统计数据可能出现高报和虚报的现象；三是流动人口的大量增加为教育数据的收集和管理增加了困难，增加了重报的可能性。此外，入学率尤其是女孩入学率经常被用来作为财政分配和官员业绩考核的指标，所以这些数据也可能被人为调整（Cai，2017）。

还有一些学者认为，教育统计数据存在于“人口系统”之外，较少受到人为瞒报、虚报因素影响，可信度和可靠性应该更高一些。陈卫（2009）认为，从教育部的数据库里可以直接看到每一所小学的在校生人数，如果要改动任何一所小学的数字会使相关数据都对不上，从操作上增加了修改的难度；教育统计数据中的小学生在校人数较为可靠，对于校正人口普查低年龄人口数据和推算、估计生育水平具有重要价值。翟振武和杨凡（2011）认为，在教育数据统计和上报各环节基本上不存在漏报、瞒报或者多报的可能性，分年龄小学在校生人数的教育统计数据比较准确。

二　生育数量

生育数量数据的一个来源是人口普查。但中国的普查数据存在一定的质量问题，1982 ~ 2010 年，历次普查公布的净漏报率分别为 0.071%、0.065%、1.81%和 0.12%（侯亚杰、段成荣，2018）。钟水映（2004）总结了三种普查登记人口与实际人口的误差测算与调整方式：一是通过事后质量抽样调查结果，对普查数据进行调整（崔红艳、张为民，2002；武洁，2002）；二是利用历次普查分年龄人口数量结合分年龄人口的存活概率等资料，反推普查时期的实际人口数；三是利用其他参考资料，如用同期教育部门的入学儿童统计资料对比分析普查的相应漏报情况，以还原实际出生人数（崔红艳、张为民，2002；梁中堂，2003）。

（一）1982 年人口普查数据漏报

以往的一些研究认为 1982 年人口普查数据质量较好。1982 年人口普查后的质量抽查显示，重报人口占 0.71‰，漏报人口占 0.56‰，重漏相抵，净差人口 0.15‰（梁中堂，2003）。游允中（1984）认为中国 1982 年人口普查重复现象极少（0.15‰），在年龄、性别、出生和死亡等项目中的误差也很小。李成瑞（1985）认为中国 1982 年人口普查取得的人口总数、性别、年龄、出生率、生育率、死亡率、家庭户规模、在业人口及行业职业构成等数字的质量较好，可作为研究人口情况的依据。

但是 1982 年人口普查还是存在漏报。李若建（2013）回溯了 1953 ~ 2010 年历次人口普查，发现人口普查中低年龄组漏报的问题在 1982 年人口普查中开始突出体现。究其原因是 20 世纪 70 年代后期，政府加大了计划生育工作的推进力度，有些民众在人口普查时有意隐瞒了违反计划生育政策生育的孩子，特别是女孩，造成了出生数量的漏报。侯亚杰和段成荣（2018）利用 1990 年、2000 年和 2010 年人口普查数据评估 1982 年人口普查低龄人口数据，发现1982年人口普查低龄人口数据的漏报主要集中在0~5岁年龄组，其中，0~5岁男性漏报231万~320万人，漏报率为3.83%~5.3%，0~5岁女性漏报206万~434万人，漏报率为3.65%~7.49%。李若建（2013）通过对比发现，1982年0~4岁人口数量为9470万人，1990年该群体数量为9750万人，到2000年为9878万人，进而估计1982年0~4岁人口大约漏报420万人，其中男性漏报110万人，女性漏报310万人。于学军和王广州（2004）通过对三次人口普查的存活队列分析，估计0~9岁人口漏报3005万人。米红和杨明旭（2016）以2010年人口普查数据回推1982年低龄组人口数据，得到如表2-2所示的漏报率。

表2-2 1982年低龄组人口漏报率

年龄（岁）	1982年男性			1982年女性		
	普查人口数（人）	回推人口数（人）	漏报率（%）	普查人口数（人）	回推人口数（人）	漏报率（%）
0	10787028	12027808	11.50	10022319	11173939	11.49
1	9015023	9514148	5.54	8360755	8862831	6.01
2	9460846	10074835	6.49	8812995	9372820	6.35
3	10131309	10068150	-0.62	9494200	9414177	-0.84
4	9589607	9806430	2.26	9030279	9199246	1.87
5	10005985	10060522	0.55	9415315	9433382	0.19
总计	58989798	61551893	4.34	55135863	57456395	4.21

数据来源：米红、杨明旭（2016）。

注：漏报率 =（回推人口数 - 普查人口数）/普查人口数 ×100%。

（二）1990年人口普查数据漏报

以1990年7月1日零点为标准时间，中国进行了第四次全国人口普查。在普查之前，国家进行了户口整顿工作，以解决初生婴儿不申报户口、人户分离、常住户口待定人口、暂住人口，以及重户重口、漏户漏口和各种登记项目差错等问题。1990年人口普查事后质量抽查结果显示，人口数的重登率为0.1‰，漏报率为0.7‰，净差率为0.6‰（梁普明，2000）。

有些研究分析了1990年人口普查数据质量。崔红艳和张为民（2002）按2000年人口普查分年龄人数，用生命表留存率回推1990年分年龄人口，得出1990年0~9岁人口累计漏报1254万人，占1990年0~9岁登记人口的5.81%。于学军（2002）使用2000年人口普查登记的未成年人口数量推算过去十年的生育水平，发现1990年人口普查时4岁以上（2000年时14岁以上）的人口有较多漏报和瞒报现象。周皓（2003）通过年龄推算，发现1990年人口普查数据中总人口漏报率至少为0.91%，低年龄段的漏报非常严重。王金营（2003a）发现，1990年人口普查保守估计的漏报率高达1.08%～1.43%，漏报人口主要集中在0～9岁。李若建（2013）估计1990年0～4岁人口大约漏报1100万人，其中男性漏报大约300万人，女性漏报大约800万人。侯亚杰和段成荣（2018）根据2000年人口普查数据估算1990年人口普查0～2岁人口数据，发现漏报了647万人，漏报率为8.51%；而如果使用2010年人口普查数据推算，那么1990年人口普查0～2岁人口漏报了984万人，漏报率为12.46%。

考虑到2000年和1990年人口普查时点的差异，用2000年人口普查数据和分性别的生命表经过逆存活分析估算1990年低年龄组人口数据，结果如表2－3所示。

表2－3 第四次全国人口普查时0～9岁人口估计数

单位：万人

年龄（岁）	男性			女性		
	五普估计的人口数（1）	四普报告人口数（2）	差值（（1）－（2））	五普估计的人口数（3）	四普报告人口数（4）	差值（（3）－（4））
0	1404.8	1225.5	179.3	1276.7	1096.6	180.1
1	1323.6	1230.5	93.1	1217.6	1102.7	114.9
2	1318.7	1267.2	51.5	1218.8	1150.9	67.9
3	1319.6	1267.7	51.9	1224.7	1161.8	62.9
4	1163.5	1114.1	49.4	1078.3	1027.0	51.3
5	1063.1	1040.5	22.6	988.7	957.7	31.0
6	1047.7	992.2	55.5	987.6	913.4	74.2
7	1085.5	1051.9	33.6	1035.2	967.8	67.4
8	1118.8	1142.0	－23.2	1072.6	1059.6	13.0
9	968.1	936.5	31.6	932.8	872.2	60.6
总计			545.3			723.3

数据来源：由第四次全国人口普查（简称四普）和第五次全国人口普查（简称五普）数据估计汇总。

可以看出，1990 年人口普查 0 ~9 岁男性人口漏报 545.3 万人，漏报率为 4.84%，女性人口漏报 723.3 万人，漏报率为 7.02%。1990 年人口普查中 0 ~9 岁人口出生于 1981 ~1990 年，当时正值我国计划生育工作处于严格执行时期，人口大量漏报应该与人们躲避计划生育政策处罚有关。

（三）2000 年人口普查数据漏报

以 2000 年 11 月 1 日零点为标准时间，中国进行了第五次全国人口普查。官方公布的漏报率为 1.81%，普查数据不仅存在比较严重的漏报问题，而且重报问题也不容忽视（乔晓春，2002）。

有一些研究对 2000 年人口普查的整体情况和数据质量进行了分析（Lavely，2001；段成荣等，2001；于弘文，2001；张为民，2001；崔红艳、张为民，2002；于学军，2002；王广州，2003；王金营，2003a；夏乐平，2005；张青，2005）。于学军（2002）估计 2000 年人口普查时 0 ~14 岁人口数量为 3.22 亿人，与普查公布的数量相差 3200 万人。崔红艳和张为民（2002）依据 6 ~10 岁入学人数发现该年龄段漏报人口为 1208 万人，占普查实际登记人口总数的 0.98%。梁中堂（2003）认为 0 ~16 岁人口漏报 5378 万人，并推断 2000 年时人口总量已经达到了 13 亿人。张青（2005）认为 17 岁以下年龄组人口净漏报 2043 万人。李若建（2013）估计 2000 年 0 ~4 岁人口漏报 800 万 ~1000 万人，其中男性漏报 300 万 ~400 万人，女性漏报 500 万 ~700 万人。张为民（2008）认为 2000 年人口普查 0 ~9 岁人口漏报比较严重。王金营（2003a）认为 2000 年人口普查漏报集中在 0 ~9 岁。如果按普查公报公布的 1.81 % 的漏报率估计，2000 年 0 ~9 岁的漏报人口为 2081 万人，占漏报人口数量的 90.83%。0 ~9 岁的漏报率高达 11.3%，0 岁孩子的漏报率高达 27.98%。Goodkind（2004）认为 2000 年人口普查中漏报儿童总数接近 3700 万人，儿童漏报率约为以往人口普查的三倍。2000 年人口普查数据不仅存在比较严重的漏报问题，而且重报问题也不容忽视（王广州，2003）。

使用国家统计局公布的历年年末总人口、出生率及性别比，可以估计出历年的全年出生人口数。经过时点调整，以及历年出生性别比的假设，估算 2000 年全国人口普查 0 ~9 岁人口数量如表 2 -4 所示。

表 2－4　2000 年全国人口普查 0～9 岁人口数量估计

单位：万人

五普年龄（岁）	对应年份 0 岁人数			估计数			报告数			差值（估计数－报告数）		
	总数	男	女	总数	男	女	总数	男	女	总数	男	女
0	1689.8	903.9	785.9	1651.5	884.5	767.0	1379.6	746.2	633.4	271.9	138.3	133.6
1	1922.8	1024.3	898.5	1856.6	991.0	865.6	1149.5	633.2	516.3	707.1	357.8	349.3
2	1999.0	1064.9	934.1	1923.5	1026.8	896.7	1401.1	770.2	630.9	522.4	256.6	265.8
3	2043.1	1088.4	954.7	1961.9	1047.3	914.6	1445.4	789.7	655.7	516.5	257.6	258.9
4	2066.5	1096.3	970.2	1981.8	1053.5	928.3	1522.4	825.7	696.7	459.4	227.8	231.6
5	2070.6	1093.9	976.7	1983.5	1050.0	933.5	1693.4	915.8	777.6	290.1	134.2	155.9
6	2113.2	1116.4	996.8	2022.7	1070.6	952.1	1647.0	886.6	760.4	375.7	184.0	191.7
7	2130.6	1125.6	1005.0	2038.0	1078.6	959.4	1791.4	959.0	832.4	246.6	119.6	127.0
8	2148.2	1130.1	1018.1	2053.5	1082.1	971.4	1875.2	1001.4	873.8	178.3	80.7	97.6
9	2285.6	1197.2	1088.4	2183.8	1145.7	1038.1	2008.2	1067.5	940.7	175.6	78.2	97.4
总计										3743.6	1834.8	1908.8

数据来源：李树苗等（2006）。

（四）2010 年人口普查数据漏报

以 2010 年 11 月 1 日零点为标准时间，中国进行了第六次全国人口普查。事后质量抽查显示人口漏报率为 0.12%。与 2000 年人口普查相比，2010 年人口普查总人口的漏报率已大幅降低（崔红艳等，2013）。0～9 岁儿童漏报情况也有改善，估算的漏报率为 5%～8%（崔红艳等，2013；王金营、戈艳霞，2013）。

陶涛和张现苓（2013）发现 2000～2009 年全国 0～14 岁少儿人口的规模变化相对平缓，但 2010 年人口普查时少儿人口规模和比重骤降，与 2009 年相差 2417 万人，据此推测 2010 年人口普查数据低龄组人口存在严重漏报。可能的原因有两个：一是 0 岁人口可能存在严重的漏报；二是 0 岁人口和 1 岁人口可能存在年龄误报现象，部分 0 岁人口被错误登记为 1 岁人口。若以 1990 年 0～9 岁人口的漏报率作为 2010 年人口普查该年龄段最低漏报率，那么 2010 年 0～9 岁漏报人口为 884.6 万人，漏报率为 5.70%，0～9 岁女性漏报率为 6.16%，大于男性的 5.30%。0 岁漏报率严重，具体如表 2－5 所示。考虑到 2010 年我国人口的流动规模和户籍管理的困难性，低龄人口的漏报规模可能会更大（王金营、戈艳霞，2013）。

表 2－5　以 1990 年漏报率为标准估计的 2010 年 0～9 岁漏报情况

单位：万人，%

年龄（岁）	原始数据		漏报率		漏报人数	
	男性	女性	男性	女性	男性	女性
0	746.12	632.52	12.48	12.47	106.37	90.10
1	857.50	708.30	7.21	8.90	66.64	69.23
2	850.77	710.97	4.34	5.60	38.55	42.20
3	827.25	697.83	4.18	5.07	36.05	37.29
4	824.62	697.37	4.39	4.66	37.86	34.06
5	798.82	674.40	2.21	3.01	18.05	20.91
6	803.45	677.00	5.39	7.37	45.77	53.84
7	729.23	613.69	3.93	6.33	29.85	41.47
8	742.36	624.34	0.71	1.02	5.28	6.46
9	772.62	652.26	7.29	6.30	60.78	43.85

数据来源：王金营、戈艳霞（2013）。

李若建（2013）估计了1982年以来几次人口普查0~4岁年龄组的漏报情况，如表2-6所示。21世纪初学者们普遍认为中国的出生人口数量存在较大漏报（Merli and Raftery，2000；Attané，2001）。但随着时间推移，有些学者认为中国的出生人口数量有可能存在多报（Zeng，2007；Cai，2008；Morgan et al.，2009；Goodkind，2011）。从李若建（2013）估计的历次人口普查低年龄组的人口漏报情况，可以看出漏报率在不断增长。

表2-6 1982~2010年历次人口普查0~4岁年龄组人口漏报情况估计

单位：万人，%

普查年份	普查登记人数	漏报人数	漏报率
1982年	9470.44	420	4.25
1990年	11643.84	1100	8.62
2000年	6897.84	800~1100	>10.39
2010年	7553.26	1000~1200	>11.69

数据来源：李若建（2013）。

三 生育水平

（一）政策生育率

随着对人口问题重要性和人口发展规律认识的深入，中国的生育政策有过几次重大变化（彭珮云，1997）。早在1960年代后期，中国就存在自发的生育率下降问题，有的地方甚至更早就有迹象。到1970年代初期，自发的生育率下降已有明显表现，但那时计划生育政策还未充分显示作用。到了1970年代中期，计划生育对生育率下降所起的加速作用开始真正体现（邬沧萍，1986）。计划生育政策从1950年代第一次计划生育运动中大城市和一些沿海省份开始实施，扩散到1960年代第二次计划生育运动中的中部省份，1970年代第三次计划生育运动中又扩散到西北省份。后来各省的生育率变化大致也是这样的格局（陈卫，2005）。

中国的计划生育政策存在省际差异，人口城乡、民族构成也存在差异，所以各省区市的政策生育率不同（郭志刚等，2003；Gu et al.，2007；尹文耀等，2013），2000年和2010年政策生育率如表2-7所示。

表 2-7 2000 年和 2010 年各省区市的政策生育率

省区市	2000 年	2010 年	省区市	2000 年	2010 年
	政策生育率	政策生育率		政策生育率	政策生育率
上海	1.060	1.389	安徽	1.480	1.421
江苏	1.060	1.273	福建	1.481	1.442
北京	1.086	1.189	山西	1.487	1.441
天津	1.167	1.360	河南	1.505	1.412
四川	1.188	1.128	陕西	1.514	1.389
重庆	1.273	1.177	广西	1.527	1.435
辽宁	1.383	1.489	甘肃	1.559	1.437
黑龙江	1.392	1.074	河北	1.592	1.426
广东	1.413	1.413	内蒙古	1.602	1.315
吉林	1.450	1.472	贵州	1.667	1.516
山东	1.453	1.401	云南	2.006	1.335
江西	1.464	1.407	青海	2.104	1.354
湖北	1.466	1.475	宁夏	2.116	1.296
浙江	1.467	1.441	海南	2.137	1.156
湖南	1.479	1.460	新疆	2.366	1.441
			西藏		1.883

资料来源：郭志刚等，2003；尹文耀等，2013。

2000 年的政策生育率平均值为 1.465，由东向西有一种升高趋势。新疆的政策生育率最高，为 2.366，比上海、江苏和北京等省市高出一倍以上。2000 年全国的政策生育率数据表明，完全按照各地生育政策实施所达到的生育水平约为平均每个家庭生育 1.5 个孩子。这说明中国不是严格的一孩政策，但也显示现行生育政策要求大多数家庭只生育 1 个孩子（郭志刚等，2003；Gu et al.，2007）。2006～2010 年，政策生育率以中部地区最高，其次是西部地区，再次是东部地区，最低的是东北地区。各地政策生育率都在缓慢回升。东部地区由 2006 年的 1.316 上升到 2010 年的 1.386，中部地区由 2006 年的 1.392 上升到 1.460，西部地区由 2006 年的 1.334 上升到 1.413，东北地区由 2006 年的 1.287 上升到 1.349（尹文耀等，2013）。

（二）生育水平

各省区市在计划生育政策的执行和社会经济发展上存在差异，各省区市之间的生育率转变也存在差异，可分为以下五类模式（李建民、王金营，2000；陈卫，2005）：(1) 大城市模式，包括北京、上海和天津。以上海为例，生育率从1950年代中期就开始下降，1970年代初已经下降到更替水平以下。(2) 东部模式，包括浙江、江苏、辽宁、吉林、黑龙江、河北、福建等省份。以浙江为例，其生育率从1960年代初开始下降，到1970年代后期已经降到更替水平以下。(3) 中部模式，包括湖北、湖南、四川、陕西、河南、山西、江西、广东、广西、安徽、内蒙古和甘肃等省区。以湖南为例，其生育率从1970年代初开始下降，到1990年代末下降到更替水平以下。(4) 西部模式，包括贵州、云南、青海、宁夏和新疆等省区。以贵州省为例，其生育率从1970年代后期开始下降，到1990年代末下降到更替水平以下。(5) 西藏模式，该自治区生育率起伏较大，1980年代后期开始转变（李建民、王金营，2000；陈卫，2005）。

1980年以来人口普查和全国1%人口抽样调查数据反映的分省生育率变化趋势如表2-8所示。可以看出，分省的生育率存在很大差异，但总体上各省区市的生育率都在下降。2000年人口普查数据显示总和生育率为1.22，2005年总和生育率为1.34，2010年人口普查数据显示总和生育率为1.19，2015年为1.05。

表2-8 中国各省区市总和生育率

省区市	1982年	1990年	1995年	2000年	2005年	2010年	2015年
北京	1.61	1.30	0.79	0.67	0.67	0.71	0.76
天津	1.71	1.66	1.09	0.88	0.81	0.91	0.72
河北	2.73	2.35		1.30	1.57	1.31	1.04
山西	2.43	2.42		1.44	1.47	1.10	
内蒙古	2.64	1.97	1.41	1.09	1.16	1.07	
辽宁	1.84	1.50	1.27	0.98	0.98	0.74	
吉林	1.85	1.78		0.84	0.98	0.76	
黑龙江	2.10	1.70		0.88	1.00	0.75	0.47
上海		1.33	0.83	0.68	0.67	0.74	0.69
江苏	2.12	1.94	1.17	0.97	1.17	1.05	0.86
浙江	2.03	1.40		1.04	1.24	1.02	0.94

续表

省区市	1982 年	1990 年	1995 年	2000 年	2005 年	2010 年	2015 年
安徽	2.78	2.50	1.40	1.33	1.78	1.48	
福建	2.77	2.38		1.03	1.20	1.12	1.35
江西	2.79	2.47		1.60	1.68	1.39	1.25
山东	2.15	2.14		1.64	1.52	1.17	
河南	2.70	2.90	1.19	1.44	1.29	1.30	1.11
湖北	2.46	2.51		1.06	1.37	1.34	
湖南	2.83	2.38	1.21	1.27	1.45	1.42	1.13
广东	3.28	2.49		0.94	1.01	1.06	1.08
广西	4.13	2.74	1.81	1.54	1.79	1.79	1.50
海南		2.85		1.54	1.61	1.51	1.36
重庆				1.26	1.20	1.16	1.05
四川	2.49	1.76		1.23	1.49	1.08	
贵州	4.40	2.98	2.22	2.19	1.94	1.75	1.33
云南	3.79	2.57		1.81	1.71	1.41	1.30
西藏		4.22	2.97	1.85	1.70	1.05	
陕西	2.40	2.69	1.52	1.13	1.18	1.05	0.82
甘肃	2.70	2.32	1.76	1.32	1.45	1.28	0.99
青海	3.91	2.42		1.54	1.39	1.37	1.19
宁夏	4.10	2.61	1.90	1.69	1.73	1.36	1.29
新疆		3.19		1.52	1.57	1.53	
全国	2.61	2.25	1.43	1.22	1.34	1.19	1.05

资料来源：1982 年、1990 年、2000 年和 2010 年总和生育率数据分别来自中国 1982 年、1990 年、2000 年和 2010 年人口普查资料；1995 年、2005 年和 2015 年总和生育率数据分别来自各省区市 1995 年、2005 年和 2015 年 1% 人口抽样调查资料。

除了上述全国人口普查和 1% 人口抽样调查数据，还有其他来源的数据也反映了总和生育率的变化趋势，如表 2-9 所示。

（三）生育水平的调整

表 2-10 提供了 1990～2010 年各年份总和生育率的估计。于学军（2005）估计 1995～2000 年的总和生育率在 1.72～1.84，给出了上下限。翟振武和陈卫（2007）使用教育统计数据，假设小学入学率为 95%～97%，

表 2－9　不同来源数据的全国总和生育率①

年份	统计局公布（1）	1992年调查（2）	1997年调查（3）	2000年普查（4）	2001年调查（5）	2005年小普查（6）	2005年小普查调整（7）	2006年调查（8）	NBS/EWC五普（9）	2005年小普查估计（10）	2010年六普推算（11）	根据历年TFR估计（12）	根据教育部数据测算PTFR（13）	根据统计局数据测算PTFR（13）	根据（粗）出生率估计（14）	2017年全国生育状况抽样调查（15）
1986	2. 420	2. 46	2. 59													
1987	2. 590	2. 57	2. 66													
1988	2. 310	2. 28	2. 41													
1989	2. 250	2. 24	2. 40													
1990	2. 170	2. 04	2. 29	2. 37	2. 29				2. 41	2. 12						
1991	2. 010	1. 66	1. 75	1. 80	1. 77				1. 84	1. 87						
1992	1. 859	1. 47	1. 57	1. 68	1. 59				1. 67	1. 76						
1993	1. 707		1. 51	1. 57	1. 52				1. 60	1. 57						
1994	1. 556		1. 32	1. 47	1. 41				1. 47	1. 64				1. 85		
1995	1. 427		1. 33	1. 48	1. 45	1. 665	1. 562		1. 51	1. 49				1. 80		
1996	1. 546		1. 35	1. 36	1. 36	1. 559	1. 462		1. 38	1. 45				1. 82		
1997	1. 458			1. 31	1. 27	1. 511	1. 418		1. 35	1. 47				1. 81		
1998	1. 453			1. 31	1. 34	1. 534	1. 439		1. 37	1. 35				1. 75	1. 85	
1999	1. 452			1. 23	1. 29	1. 453	1. 363		1. 19	1. 41				1. 69	1. 74	

① 部分数据来源于郭志刚教授。

续表

年份	统计局公布（1）	1992年调查（2）	1997年调查（3）	2000年普查（4）	2001年调查（5）	2005年小普查（6）	2005年小普查调整（7）	2006年调查（8）	NBS/EWC五普（9）	2005年小普查估计（10）	2010年六普推算（11）	根据历年TFR估计（12）	根据教育部数据测算PTFR（13）	根据统计局数据测算PTFR（13）	根据（粗）出生率估计（14）	2017年全国生育状况抽样调查（15）
2000	1.221			1.23	1.45	1.495	1.403		1.40	2.12	1.41	1.22		1.67	1.66	
2001	1.386					1.473	1.382	1.406			1.39	1.39		1.61	1.59	
2002	1.389					1.417	1.330	1.347			1.35	1.39		1.58	1.52	
2003	1.414					1.372	1.287	1.299			1.34	1.41	1.71	1.56	1.77	
2004	1.453					1.561	1.465	1.586			1.47	1.45	1.67	1.56	1.75	
2005	1.338					1.430	1.341	1.736			1.47	1.34	1.61	1.59	1.76	
2006	1.385							1.870			1.51	1.38	1.59	1.56	1.72	1.62
2007	1.453										1.49	1.45	1.58	1.57	1.72	1.69
2008	1.478										1.50	1.48	1.55	1.56	1.62	1.71
2009	1.373										1.48	1.37	1.60	1.52	1.59	1.68
2010	1.187										1.28		1.59	1.49	1.58	1.64
2011	1.035												1.59		1.59	1.61
2012	1.246												1.53		1.61	1.78
2013	1.223												1.54		1.59	1.55
2014	1.259												1.59		1.63	1.67
2015	1.047														1.59	1.41

续表

年份	统计局公布（1）	1992年调查（2）	1997年调查（3）	2000年普查（4）	2001年调查（5）	2005年小普查（6）	2005年小普查调整（7）	2006年调查（8）	NBS/EWC五普（9）	2005年小普查估计（10）	2010年六普推算（11）	根据历年TFR估计（12）	根据教育部数据测算PTFR（13）	根据统计局数据测算PTFR（13）	根据（粗）出生率估计（14）	2017年全国生育状况抽样调查（15）
2016	1.244														1.71	1.77
2017	1.580															

数据来源：

（1）历年《中国人口统计年鉴》，中国统计出版社。

（2）于景元、袁建华（1996）根据1992年中国生育率抽样调查数据计算。

（3）郭志刚（2000b）根据1997年全国人口与生殖健康调查数据计算。

（4）郭志刚用母子匹配法根据2000年全国人口普查1‰样本数据计算。

（5）丁峻峰（2003）根据2003年全国人口与生殖健康调查数据计算。

（6）郭志刚用母子匹配法根据2005年全国小普查2‰样本重建。

（7）郭志刚用母子匹配法根据2005年全国小普查2‰样本重建并调整。

（8）郭志刚计算，2001～2005年数值比公布值略高。

（9）中国国家统计局、美国东西方中心编：《中国各省生育率估计：1975～2000》，中国统计出版社，2007。

（10）马忠东、王建平（2009）根据2005年全国小普查数据计算。

（11）朱勤（2012）根据2010年人口普查计算。

（12）李汉东、李流（2012）根据历年TFR估计所得。

（13）贺丹等（2017）据教育部数据测算。

（14）乔晓春、朱宝生（2018）根据统计局数据测算。

（15）贺丹等（2018）根据2017年全国生育状况抽样调查数据计算。

估算了2000年人口普查0~9岁人口漏报情况，并重构了2000年人口普查0~9岁人口的年龄性别结构，对1990年代历年的出生人数进行估计。陈卫(2014)利用普查数据、教育数据和公安数据，对2000年以来的生育水平及变化趋势进行了估计。具体结果如表2-10所示。

表2-10 1990~2010年各年份的总和生育率估计

年份	于学军（2005）估计数据			按教育统计数据对五普调整后推算	
	估计值	上限	下限	高方案	中方案
1990	2.14	2.2	2.07		
1991	2.15	2.2	2.09	2.24	2.24
1992	1.86	1.91	1.82	2.05	2.05
1993	1.79	1.82	1.76	1.94	1.94
1994	1.78	1.81	1.76	1.82	1.82
1995	1.76	1.79	1.74	1.86	1.86
1996	1.77	1.79	1.74	1.78	1.77
1997	1.80	1.84	1.77	1.77	1.73
1998	1.80	1.84	1.76	1.77	1.70
1999	1.78	1.82	1.73	1.77	1.69
2000	1.76	1.81	1.72	1.77	1.68
年份	按六普0~10岁人口推算	按六普10~20岁人口推算	按教育数据推算	按公安数据推算	按公布的出生人数计算
2000	1.41	1.56	1.70	1.57	1.67
2001	1.38	1.53	1.68	1.55	1.60
2002	1.33	1.48	1.65	1.50	1.55
2003	1.34	1.49	1.68	1.52	1.54
2004	1.49	1.65	1.78	1.65	1.55
2005	1.49	1.65	1.78	1.65	1.58
2006	1.53	1.69	1.80	1.68	1.54
2007	1.51	1.67	1.78	1.66	1.53
2008	1.53	1.69	1.78	1.67	1.53
2009	1.51	1.67	1.76	1.65	1.50
2010	1.31	1.46	1.62	1.48	1.48

资料来源：于学军（2005）；翟振武、陈卫（2007）；陈卫（2014）。

王金营（2003b）、王金营和戈艳霞（2013）分别对1990～2000年和2001～2010年总和生育率做了估计。总和生育率在1990年约为2.46，1992年已经低于更替水平，1994～2000年稳定在1.72～1.75，2001～2010年在1.38～1.66，具体如表2－11所示。

表2－11　1990～2010年总和生育率估计

年份	出生人数（万人）	生育模式未调整	回填漏报调整	二孩生育模式调整
1990	2674.78	2.425	2.456	2.456
1991	2509.63	2.214	2.237	2.232
1992	2276.00	1.962	1.981	1.972
1993	2119.61	1.798	1.812	1.796
1994	2097.69	1.766	1.775	1.754
1995	2051.51	1.727	1.718	1.720
1996	2056.62	1.747	1.734	1.739
1997	2027.86	1.751	1.738	1.742
1998	1981.51	1.749	1.736	1.742
1999	1900.53	1.722	1.708	1.720
2000	1847.38	1.718	1.703	1.723
年份	出生人数（万人）	按六普数据推算	按1990年漏报率回填后推算	考虑育龄妇女重报情况
2001	1702	1.42	1.500	1.507
2002	1647	1.36	1.371	1.377
2003	1599	1.35	1.421	1.427
2004	1593	1.50	1.598	1.609
2005	1617	1.48	1.523	1.535
2006	1584	1.52	1.601	1.629
2007	1594	1.51	1.593	1.602
2008	1608	1.52	1.616	1.627
2009	1615	1.50	1.645	1.655
2010	1592	1.19	1.507	1.517

资料来源：1990～2000年数据：王金营（2003b）；2001～2010年数据：王金营、戈艳霞（2013）。

（四）生育水平的争议

中国生育水平已经大幅度下降，但是关于具体生育水平则出现了很大的争议。表 2－12 总结了关于 2000 年人口普查生育水平估计的部分研究。2000 年人口普查数据显示总和生育率为 1.22，但是估计结果最高达到 2.30 的水平。

表 2－12　不同机构、学者对 2000 年人口普查总和生育率的估计

机构或学者	总和生育率	备注
国家计划生育委员会（2001）	1.80	
张为民、崔红艳（2003）	1.38	只用人口普查长表数据直接计算
	1.63	估计的下限值
	2.00	估计的上限值
	1.80	作者的估计值
U. S Census Bureau（2004）	1.70	
Zhang（2004）	1.50～1.60	重新评估了 1990 年以来历次人口普查和调查数据的漏报率，然后对生育水平做调整
Retherford 等（2005）	1.36	利用亲子匹配法估计值
	1.38	利用出生史重建法估计值
	1.58	在 1990 年和 2000 年人口普查比较的基础上进行了一致性调整后得到的总和生育率
丁峻峰（2003）	1.35	
郭志刚（2004a）	1.23	用母子匹配法根据 2000 年人口普查 1‰样本数据计算
	1.30	在 1990 年和 2000 年人口普查比较的基础上进行调整后的值
国家计划生育委员会（2002）	1.45	
崔红艳、张为民（2002）	1.30	
于学军（2002）	1.55	2000 年普查人口总数推算
	1.32	2000 年普查少儿人口数推算
	1.60～1.80	作者个人的观点
郭志刚（2004a）	1.50～1.60	作者根据去进度效应法估计的总和生育率
王金营（2003b）	1.718	生育模式未调整：以 2000 年育龄妇女的年龄模式为普查数据直接计算得到
	1.703	回填漏报调整
	1.723	二孩生育模式调整
梁中堂（2003）	2.30	在人口统计体制问题下，对人口数量的推算，并参考在校生漏报等因素基础上的个人判断

续表

机构或学者	总和生育率	备注
袁建华等（2003）	1.71	根据相关《中国统计年鉴》计算
	1.78	国家计生委日常出生统计数
	1.63	根据 2000 年 0～10 岁人口数采用逆留存率推断
张为民、崔红艳（2003）	1.80	利用全国小学生入学人数回推出生人数
张为民、崔红艳（2004）	1.63	0～9 岁人口漏报率为 18.94%，据此调整
	2.00	假设 10～19 岁人口是准确的，估计 1990 年 0～9 岁漏报情况为 13.68%，假定 2000 年与 1990 年漏报水平相同
翟振武（2003）	1.80	
翟振武、陈卫（2007）	1.77	高方案
	1.68	低方案
陈卫（2009）	1.7～1.8	2004～2007 年的教育数据
夏乐平（2005）	1.60	根据教育统计资料计算的 1997 年的总和生育率
Morgan 等（2009）	1.50	根据 1997 年全国人口和生殖健康调查（NPRHS）和 2001 年全国计划生育和生殖健康调查（NF-PRHS）估算
朱勤（2012）	1.41	根据 2010 年人口普查数据推算
贺丹等（2017）	1.67	根据相关《中国统计年鉴》数据测算
乔晓春、朱宝生（2018）	1.66	根据粗出生率估计

资料来源：部分转引自任强（2005）。

表 2－13 提供了 2000～2010 年总和生育率的估计结果。大部分研究认为 2010 年总和生育率在 1.50 左右，也有研究认为 2010 年总和生育率接近 1.70。

表 2－13 2000～2010 年总和生育率的估计

作者	数据	结论
朱勤（2012）	五普和六普数据	2000～2009 年总和生育率平均值为 1.48
李汉东、李流（2012）	五普和六普数据；2001～2010 年教育数据	2000～2010 年平均的总和生育率在 1.57 左右
王金营、戈艳霞（2013）	四普、五普和六普数据	2001～2010 年总和生育率最高值为 1.75，最低值为 1.45
崔红艳等（2013）	六普数据；2001～2009 年人口变动抽样调查数据	2000～2010 年总和生育率在 1.50～1.64，当前妇女 TFR 在 1.50 左右

续表

作者	数据	结论
陈卫（2014）	五普和六普数据；2000～2010年人口变动抽样调查数据；2000～2010年教育数据；2010年公安数据	2000～2010年，前期总和生育率低至1.50，而后期总和生育率有所回升，接近1.70，此为较高估计

资料来源：翟振武等（2015）。

四　本章小结

中国的生育率已经降到很低的水平，但有些具体数字一直存在争议。究其原因，中国多种来源的人口数据虽然提供了丰富的信息，但是也带来了生育数量和生育水平在统计上的不一致。而伴随着出生瞒报和漏报情况，生育水平则是争议和调整的焦点。

一些学者认为，中国1990年代末的生育水平已经降低到1.50左右。虽然在2000年前后国家计划生育委员会一直使用1.80的总和生育率，而且被机构和个人广泛引用，但这一数据站不住脚（夏乐平，2005）。中国2000年的生育水平为1.40～1.60（Retherford et al.，2005；Zhang and Zhao，2006；Zeng，2007；Cai，2008；Morgan et al.，2009）。1990～2000年，中国人口增长了11.7%，年均增长1.07%；而2000～2010年，人口增长了5.8%，年均增长0.57%。所以，生育率不可能保持在1.80的水平，极有可能已经下降到1.50或者以下（Hvistendahl，2011）。

还有一些研究认为中国总和生育率在1.50以上。翟振武等（2015）基于2015年户籍登记数据中5～7岁组人口数这一数据估计得出2008～2010年中国的总和生育率大约在1.63～1.66，整体处于平缓波动之中。陈卫（2014）利用人口普查数据、教育数据和公安数据，对2000年以来的生育水平及变化趋势进行了评估。综合各种评估进行判断，2000年代前期的生育率低至1.50，而2000年代后期的生育率有所回升，接近1.70。

由于对生育水平的认识存在巨大差异，对生育水平未来变化也产生了不同认识。曾经有一种意见认为，中国人口规模大，地区差异悬殊，加上农村人口比重大，社会保障覆盖面小，所以仍然存在着生育水平上升的可能性，放松计划生育政策会导致生育水平大幅度上升。但是，随着2013年实行单独二孩和2016年实行全面二孩政策，预期的出生堆积并没有出现。

出生数量在经过 2016 年和 2017 年的短暂上升之后，2018 年比 2017 年下降了 200 万人，2019 年更是降低到了 1465 万人。中国的生育率已经降到了非常低的水平，为了防止进一步下滑而步入低生育率陷阱，中国应该在实行全面二孩政策的基础上，考虑进一步完善生育政策。

第三章　生育水平的间接估计

一　引言

20 世纪 80 年代中国的生育率在更替水平以上波动，90 年代下降到更替水平以下。2000 年、2010 年全国人口普查以及 2015 年全国 1% 人口抽样调查数据显示的总和生育率分别为 1.22、1.19 和 1.05（国务院人口普查办公室、国家统计局人口和社会科技统计司，2002；国务院人口普查办公室、国家统计局人口和就业统计司，2012；国家统计局人口和就业统计司，2016）。对于出生数量大幅度下降，生育水平较低这一现状已形成共识（Zhang and Zhao，2006；Cai，2008；Morgan et al.，2009；Zhao and Chen，2011；Cai，2013；Jiang et al.，2019a）。

虽然公认的生育水平很低，但以总和生育率表示的生育水平一直存在争议。一些学者试图通过间接估计技术来分析中国的生育水平，包括变量 - r 方法、P/F 比值方法、逆存活分析方法和预测模拟方法等。Cai（2008）、陈卫（2015、2016）和赵梦晗（2015）使用变量 - r 方法分别估计了中国的总和生育率；陈卫和杨胜慧（2014）、郭志刚（2015）使用 P/F 比值方法对中国的生育率进行了估计；王广州（2001、2002）、陈卫和张玲玲（2015）采用逆存活分析方法根据年龄别人口存活概率和人口普查数据逆推以前普查年份各年龄别人口数以及出生人数，从而估计出各年份的生育水平；郭志刚（2011）、李汉东和李流（2012）等采用预测模拟的方法通过模拟来测算总和生育率。

由于方法不同，数据来源、数据质量也不相同，对于同一数据估算的结果差别较大。本章综合使用各种间接方法估计中国的生育水平。

二　间接估计方法

（一）变量 - r 方法

变量 - r（Variable-r）方法是在广义稳定人口模型的基础上发展出来的间接估计方法（Preston et al.，2001）。稳定人口模型要求各年龄别人口增长率相等，Preston 和 Coale（1982）、Preston（1983）扩展了稳定人口模型，形成了广义稳定人口模型，允许各个年龄的人口增长率不同，从而形成了变量 - r 方法，这一方法在许多领域有着广泛应用（Preston，1987a、1987b；Preston and Wang，2007；Cai，2008；Preston and Stokes，2012）。Cai（2008）、陈卫（2015、2016）和赵梦晗（2015）使用变量 - r 方法对中国的生育水平做了估计。

以 $m(a)$表示 a 岁女性的年龄别女婴生育率，$p(a)$表示女性从出生存活到 a 岁的概率，人口净再生产率 NRR 可以表示为：

$$NRR = \int_{\alpha}^{\beta} m(a) \times p(a)\,da \tag{3-1}$$

某时期的出生女婴数量为 B，从出生存活到 x 岁的概率为 $p(x)$，女性人口的年龄别增长率为 $r(a)$，那么该时期 x 岁女性人口人数 $N(x)$ 可以表示为：

$$N(x) = B \times p(x) \times e^{-\int_0^x r(a)da} \tag{3-2}$$

其中 $r(a)$是女性人口的年龄别增长率，计算公式如下：

$$r(a) = \frac{\ln \frac{P_{t_2}^{a}}{P_{t_1}^{a}}}{t_2 - t_1} \tag{3-3}$$

公式（3 - 2）中 $e^{-\int_0^x r(a)da}$ 是累积的年龄别增长率指数。公式（3 - 3）中 t_1、t_2 是普查时点；P_t^a 是在普查时点 t 时 a 岁女性人口数量。

x 岁女性生育的女婴数量可以表示为：

$$B(x) = N(x) \times m(x) \tag{3-4}$$

由公式（3 - 2）和公式（3 - 4）可以得到调查期间生育的母亲年龄分布 $v(x)$，可以表示为：

$$v(x) = \frac{B(x)}{B} = p(x) \times m(x) \times e^{-\int_0^x r(a)da} \tag{3-5}$$

由公式（3－1）、公式（3－5）可得：

$$NRR = \int_\alpha^\beta v(x) \times e^{-\int_0^x r(a)da} dx \tag{3-6}$$

总和生育率可以表示为：

$$TFR = \frac{(1 + SRB) \times NRR}{p(\bar{m})} \tag{3-7}$$

其中 $p(\bar{m})$ 是女性从出生存活到平均生育年龄的概率；*SRB* 为出生性别比，取两次人口普查的平均值。

（二）P/F 比值方法

P/F 比值方法利用曾生子女数中所反映的生育水平来调整时期生育率。根据各年龄的平均曾生子女数和与此相匹配的各年龄累计生育率进行逐一计算得出其比值，然后计算各年龄组妇女比值的平均数，最后以该平均数乘以时期生育率得到调整的总和生育率（United Nations，1983；Moultrie et al.，2013）。陈卫和杨胜慧（2014）、郭志刚（2015）使用该方法对中国的生育水平进行了估计。

在使用单次人口普查资料运用 P/F 比值方法时，各年龄的平均曾生子女数为 $P(i) = \frac{\text{曾生子女数}}{\text{妇女人数}}$，其中 $i = 1, 2, 3, \cdots, 7$；分别对应 15～19 岁，20～24 岁，…，45～49 岁年龄组。各年龄组生育率为 $f(i)$，累计生育率 $\phi(i) = 5 \times \sum_{j=0}^{i} f(j)$。使用年龄别生育率和累计生育率计算年龄别平均孩次（Average Parity Equivalents）$F(i)$。根据登记的母亲年龄（人口普查或者调查时点母亲的年龄，或者是孩子出生时母亲的年龄），United Nations（1983）提供了两组系数。中国人口普查数据登记的育龄妇女年龄是普查时点的年龄，适用于 *a* 组系数（郭志刚，2015）。本文使用 *a* 组系数计算与之匹配的各年龄估计的平均胎次。

$$F(i) = \phi(i-1) + a(i)f(i) + b(i)f(i+1) + c(i)\phi(7) \tag{3-8}$$

由于中国的人口普查数据登记的育龄妇女年龄是普查时点的年龄，还需要使用公式（3－9）把生育率调整为传统的生育率：

$$f^{*}(i)=(1-w(i-1))f(i)+w(i)f(i+1) \tag{3-9}$$

其中，$w(i)=x(i)+\frac{y(i)f(i)}{\phi(7)}+\frac{z(i)f(i+1)}{\phi(7)}$ (3-10)

$x(i)$、$y(i)$和$z(i)$系数见 United Nations（1983）。之后，选择一个 P/F 的调整系数，根据实际情况有多种选择（United Nation，1983）。比如使用$\frac{P(2)}{F(2)}$，或者使用$\frac{P(2)}{F(2)}$和$\frac{P(3)}{F(3)}$的加权平均，或者$\frac{P(2)}{F(2)}$、$\frac{P(3)}{F(3)}$和$\frac{P(4)}{F(4)}$的算术平均。本文中计算调整系数：

$$K=\left(\frac{P(3)}{F(3)}+\frac{P(4)}{F(4)}\right)\div 2 \tag{3-11}$$

计算f值的调整值$f^{*}=Kf^{+}$，从而得到总和生育率$TF=5\times\sum_{i=1}^{7}f^{*}(i)$。

使用上述单次人口普查数据估计要求生育模式较为稳定（United Nations，1983；郭志刚，2015）。但是，自 1980 年代以来中国的生育水平下降很快，生育模式也发生了很大变化。虽然有研究使用单次人口普查数据估计中国的生育水平（陈卫、杨胜慧，2014），但对于中国的数据不太适用（郭志刚，2015）。United Nations（1983）介绍了使用两次人口普查数据估算生育水平的 P/F 比值方法。

以$P(i,1)$表示第一次普查年龄组i的平均曾生子女数，$P(i,2)$表示第二次普查年龄组i的平均曾生子女数；$P(i,t)=\frac{\text{曾生子女数}}{\text{女性人数}}$。中国的人口普查间隔 10 年，第一次普查时年龄组i的幸存者将在第二次普查的年龄组$i+2$，并且间隔期的子女增加数为$\Delta P(i+2)=P(i+2,2)-P(i,1)$。偶数年龄组的假想队列的子女数可以通过将偶数年龄组的子女增加数累计加总获得，而奇数年龄组的假想队列的子女数可以通过奇数年龄组的子女增加数累计加总获得。因此：

$$\begin{aligned}
P(1,s)&=\Delta P(1)=P(1,2)\\
P(2,s)&=\Delta P(2)=P(2,2)\\
P(3,s)&=\Delta P(1)+\Delta P(3)\\
P(4,s)&=\Delta P(2)+\Delta P(4)\\
P(5,s)&=\Delta P(1)+\Delta P(3)+\Delta P(5)\\
P(6,s)&=\Delta P(2)+\Delta P(4)+\Delta P(6)\\
P(7,s)&=\Delta P(1)+\Delta P(3)+\Delta P(5)+\Delta P(7)
\end{aligned} \tag{3-12}$$

年龄别（组）生育率 $f(i)$ 和累计生育率 $\phi(i)$ 为：

$$f(i) = \frac{f(i,1) + f(i,2)}{2} \tag{3-13}$$

$$\phi(i) = 5 \times \sum_{j=0}^{i} f(j) \tag{3-14}$$

其中 $f(i,1)$ 表示第一次普查获得年龄组 i 的生育率；$f(i,2)$ 表示第二次普查获得年龄组 i 的生育率。在此之后，重复单次普查应用 P/F 比值方法的过程中的公式（3-8）、公式（3-9）、公式（3-10）和公式（3-11）并最后得到总和生育率。

（三）逆存活分析方法

逆存活分析方法广泛用于人口研究（United Nations，1983；王广州，2001、2002）。崔红艳和张为民（2002）按 2000 年 0~9 岁分年龄人数，用逆存活方法回推了 1991~2000 年的出生人数、出生率和总和生育率，发现我国生育水平已经远低于世界上大部分国家，各年平均的总和生育率为 1.52，而 1996~2000 年平均的总和生育率仅为 1.31。于学军（2002）使用 2000 年人口普查公布的总人口、出生率和死亡率推算了 1990~2000 年的出生人口数、净增人数、总和生育率，以及 0~14 岁的人口数，发现五普的漏报率可能大于官方发布的 1.81%。周皓（2003）通过逆存活方法发现 1990 年人口普查数据的总人口漏报率达到 1.87% 以上，低年龄段的漏报非常严重。王金营（2003a）通过逆存活分析方法对 1990 年人口普查数据进行了评估，即使保守估计漏报率也在 1.08%~1.43%，漏报人口主要集中在 0~9 岁。张为民和崔红艳（2003）利用全国小学生入学人数回推出生人数以估计 2000 年普查低龄组人口的漏报程度，认为 2000 年的生育水平不低于 1.63，应该在 1.80 左右。陈卫（2009）利用 2007 年教育数据中 7~10 岁小学生在校人数对 1997~2000 年的生育水平进行了估计，发现在 20 世纪 90 年代末期生育水平有明显的下降，到了 2000 年生育水平有所回升，处于 1.71~1.77。朱勤（2012）使用 2010 年的普查数据和逆存活方法，重建了 2000~2010 年生育水平的变动过程，结果表明 2000~2010 年的总和生育率在 1.30~1.50，十年间平均的总和生育率为 1.48，略高于 2000~2010 年公布的人口普查和调查数据中各年龄别生育率加总得出的平均总和生育率 1.39。陈卫和张玲玲（2015）利用 2000 年普查数据估计了 1990 年普查数据低年龄段人口的漏报率，调整了 2000 年低年龄人口数，然后又利用逆存活方法计算了各年的出生人口数，估计了各年的生育水平。

生命表中 a 岁人口对应的人年数为 L_a，从某普查时点 $a+t$ 岁人口逆存活到 t 年前的 a 岁人口的逆存活率为 $SR=\frac{L_a}{L_{a+t}}$，如果是某普查时点 t 岁人口逆存活到 t 年前的出生人口，逆存活率为 $SR=\frac{l_0}{L_t}$。

本章使用 1982 年、1990 年、2000 年和 2010 年的数据做逆存活分析。1982 年、1990 年人口普查时点为当年的 7 月 1 日，2000 年、2010 年人口普查时点为当年的 11 月 1 日。

使用 2010 年人口数据逆推 2000 年的出生数量，记 2010 年 10 岁人口数量为 P_{10}^{2010}，2000 年出生数量为 B_{2000}，则

$$B_{2000} = \frac{P_{10}^{2010}}{L_{10}/l_0} \tag{3-15}$$

同样，使用 1990 年的人口数据逆推 1982 年的出生数量，记 1990 年 8 岁人口数量为 P_8^{1990}，1982 年出生数量为 B_{1982}，则

$$B_{1982} = \frac{P_8^{1990}}{L_8/l_0} \tag{3-16}$$

使用 2000 年人口普查数据通过逆存活分析估计 1990 年普查时点的出生数量时，由于 2000 年普查是在 11 月 1 日，而 1990 年普查是在 7 月 1 日，所以需要考虑时点差异将数据进行调整，公式如下：

$$B_{1990} = \frac{2}{3} \times P_{10}^{2000} \times \left(\frac{l_0}{\frac{2}{3} \times L_{10} + \frac{1}{3} L_{11}}\right) + \frac{1}{3} \times P_{11}^{2000} \times \left(\frac{l_0}{\frac{2}{3} \times L_{10} + \frac{1}{3} L_{11}}\right) \tag{3-17}$$

因为是不同普查年份的存活分析，本章选用的生命表是平均的生命表，就是把两次普查年份的年龄别死亡率取算术平均值，然后用这个算术平均值作为年龄别死亡率生成相应的生命表。在具体计算生命表时，Coale 等（1983）、Chiang（1984）都给出过计算生命表的 ${}_na_x$ 系数。曾毅等（2011）

系统地总结了这些不同的系数。在本章中${}_1a_0$ 采用了 Coale 等（1983）中的系数，男性${}_1a_0$ 为 0.33，女性${}_1a_0$ 为 0.35，全部人口采用了${}_1a_0$为 0.34。针对 $(a,\ a+n)$岁人口，Coale 等（1983）和 Chiang（1984）都有推荐的系数。我们采用了在年龄区间$(a,\ a+n)$服从均匀分布的处理方式，对于更高年龄的人口在计算生命表人年数的时候也采用了均匀分布的假设。

（四）预测模拟方法

国家统计局的普查数据和每年的人口抽样调查数据提供了年龄别生育率，但是汇总年龄别生育率之后得到的总和生育率比较低。以某年为基准，根据历年公布的年龄别生育率，通过人口预测可以模拟出历年的出生数量。预测模拟不是对未来人口的估计，而是利用人口预测的方法，根据已知人口信息，通过模拟从而测算总和生育率、出生数量或者死亡水平等参数（郭志刚，2011；李汉东、李流，2012；朱勤，2012；陈卫、张玲玲，2015）。郭志刚（2011）直接利用普查数据通过预测模拟的方法对 1990～2000 年的总和生育率进行估计，发现 1990 年代中国的总和生育率急剧下降，1996～2003 年的总和生育率低至 1.40，后来虽有所回升但也仅为 1.50 左右。朱勤（2012）假定 2010 年普查数据准确，以 2010 年 10～59岁分年龄性别人口数据为基础推算 2000～2010 年历年 15～49 岁的分年龄性别人口数量。然后以 2010 年 0～9 岁人口数作为靶标进行模拟，重建 2000～2010 年的生育水平。研究发现 2000～2010 年历年总和生育率在 1.30～1.50，平均的总和生育率为 1.48。李汉东和李流（2012）以 2000 年人口普查数据为基础，使用 Leslie 矩阵的离散动态人口预测模型，分别调整各项参数对 2000～2010 年的生育水平进行估算。研究发现，假定 2000 年普查与 2010 年普查数据准确，以 2000 年普查的总人口和人口结构预测模拟 2010 年普查的总人口，则 2000～2010 年的平均总和生育率需达到 1.82；如果假定 2010 年普查数据准确，使用教育数据对 2000 年的 0～9 岁人口的漏报进行调整，那么 2000～2010 年的平均总和生育率需要达到 1.57。

本章根据历年公布的年龄别生育率可以得到一个当年调查的总和生育率，然后使用基年的数据和调查的总和生育率做人口预测，从而得到每年的出生数量，根据计算得出出生数量和历年公布的出生数量的比值，使用该比值作为系数调整得到了对应于统计局历年公布的出生数量的总和生育率。

三 数据

本章使用 1982 年、1990 年、2000 年和 2010 年全国人口普查数据和 1987 年、1995 年、2005 年、2015 年全国 1% 人口抽样调查数据，同时使用 2000 年人口普查 0.95‰抽样数据。

中国人口普查数据和抽样调查数据存在一定程度的出生漏报。针对出生漏报问题有两种不同的观点。一种观点认为需要对人口普查数据进行调整之后才能计算生育水平（陈卫、杨胜慧，2014；崔红艳等，2013；王金营、戈艳霞，2013）。另一种观点认为人口普查数据应该得到充分尊重，依据间接材料、个案材料的推论应该是第二位的，因为这些信息同样存在失真或片面的问题。即使数据有缺陷，通过形成多种假设、用多方数据分析比较、不断用新资料加以检验的方式仍然可以对人口形势做到大致把握（郭志刚，2010）。

对应于公式（3 -8）和公式（3 -10）中的 a、b、c 和 x、y、z 数据如表 3 -1 所示。

表 3 -1 $a(i)$、$b(i)$、$c(i)$ 系数和加权因素系数

i	$a(i)$	$b(i)$	$c(i)$	x	y	z
1	2.531	-0.188	0.0024	0.031	2.287	0.114
2	3.321	-0.754	0.0161	0.068	0.999	-0.233
3	3.265	-0.627	0.0145	0.094	1.219	-0.977
4	3.442	-0.563	0.0029	0.120	1.139	-1.531
5	3.518	-0.763	0.0006	0.162	1.739	-3.592
6	3.862	-0.248	-0.0001	0.270	3.454	-21.497
7	3.828	0.016	-0.0002	-	-	-

资料来源：United Nations（1983）。

四 结果

（一）变量 -r 方法

利用变量 -r 方法计算的 2000 ~ 2010 年的人口净再生产率 NRR 为 0.7376，根据人口净再生产率与总和生育率的关系可以估计出 2000 ~ 2010

年的总和生育率为1.677，结果如表3－2所示。

表3－2 利用变量－r方法估算的2000～2010年总和生育率

年龄（岁）	2000年女性人口（万人）	2010年女性人口（万人）	出生女婴人数（万人）	女性人口的年龄别增长率 r	累积的年龄别增长率指数 $\exp(S_x)$	生育的母亲的年龄分布模式 $v(x)$	$v(x)\exp(S_x)$
0～4	3132.97	3447.00		0.0096	1.0242		
5～9	4184.94	3241.69		－0.0255	0.9381		
10～14	6005.19	3464.19		－0.0550	0.8715		
15～19	5015.30	4798.43	131.91	－0.0044	0.9890	0.0125	0.0087
20～24	4663.54	6340.40	2466.49	0.0307	1.0798	0.2335	0.1729
25～29	5737.15	5017.69	4161.22	－0.0134	0.9671	0.3939	0.3046
30～34	6195.38	4761.64	2307.96	－0.0263	0.9363	0.2185	0.1530
35～39	5300.60	5763.48	1220.14	0.0084	1.0212	0.1155	0.0773
40～44	3899.98	6114.53	195.83	0.0450	1.1190	0.0185	0.0142
45～49	4158.14	5181.81	81.22	0.0220	1.0566	0.0077	0.0070
NRR							0.7376
SRB	1.206						
TFR	1.677						

利用变量－r方法计算的1990～2000年人口净再生产率*NRR*为0.7081，根据人口净再生产率与总和生育率的关系可以估计出1990～2000年的总和生育率为1.584，结果如表3－3所示。

表3－3 利用变量－r方法估算的1990～2000年的总和生育率

年龄（岁）	1990年女性人口（万人）	2000年女性人口（万人）	出生女婴人数（万人）	女性人口的年龄别增长率 r	累积的年龄别增长率指数 $\exp(S_x)$	生育的母亲的年龄分布模式 $v(x)$	$v(x)\exp(S_x)$
0～4	5547.17	3132.97		－0.0553	0.8709		
5～9	4775.21	4184.94		－0.0128	0.7346		
10～14	4712.29	6005.19		0.0235	0.7545		
15～19	5858.73	5015.30	216.82	－0.0150	0.7705	0.0175	0.0135
20～24	6151.30	4663.54	4851.66	－0.0268	0.6940	0.3912	0.2715
25～29	5078.70	5737.15	4481.74	0.0118	0.6684	0.3614	0.2416

续表

年龄（岁）	1990 年女性人口（万人）	2000 年女性人口（万人）	出生女婴人数（万人）	女性人口的年龄别增长率 r	累积的年龄别增长率指数 $\exp(S_x)$	生育的母亲的年龄分布模式 $v(x)$	$v(x)\exp(S_x)$
30～34	4020.10	6195.38	2425.21	0.0419	0.7644	0.1955	0.1495
35～39	4183.96	5300.59	335.08	0.0229	0.8988	0.0270	0.0243
40～44	3047.55	3899.98	73.62	0.0239	1.0103	0.0059	0.0060
45～49	2329.42	4158.14	17.92	0.0561	1.2339	0.0014	0.0018
NRR							0.7081
SRB	1.171						
TFR	1.584						

Cai（2008）利用变量－r 方法估算了 1990～2000 年的人口净再生产率为 0.698，根据不同的出生性别比得到总和生育率的范围为 1.52～1.63，而调整之后的人口净再生产率为 0.671，据此得到总和生育率的范围为 1.46～1.57。赵梦晗（2015）利用变量－r 方法估计得到 2000～2010 年的人口净再生产率为 0.7417，给出了 2000～2010 年生育水平的区间范围，计算出两次人口普查间的总和生育率大约为 1.60。陈卫（2015）假定人口普查数据完全准确，并且加入军队人口数据，利用变量－r 方法估计得到 1982～1990 年的人口净再生产率为 1.15，平均总和生育率为 2.60；1990～2000 年的人口净再生产率为 0.71，平均总和生育率为 1.61；2000～2010 年的人口净再生产率为 0.74，平均总和生育率为 1.68。

本章使用变量－r 方法估计的 1990～2000 年的总和生育率为 1.584，高于 Cai（2008）所估计的范围 1.46～1.57，低于陈卫（2015）估计的 1.61。本章所估计的 2000～2010 年的总和生育率为 1.677，与陈卫（2015）所得出的 1.68 的结论相同。可以看出，2000～2010 年的平均总和生育率处于 1.60 左右。

（二）利用 P/F 计算的总和生育率

1. 单次普查数据计算的总和生育率

表 3－4 提供了使用 2010 年人口普查数据和 P/F 比值方法计算的总和生育率为 1.5012。P/F 比值从 20～24 岁年龄组开始有明显的上升趋势，说明在 2010 年之前的十几年里，生育率不断下降。

表3-5提供了使用2000年人口普查数据和P/F比值方法计算的总和生育率为1.4304。P/F比值在15~19岁低龄组中出现了负值，从20~24岁组开始P/F值同样有明显的上升趋势。

表3-6提供了使用1990年人口普查数据和P/F比值方法计算的总和生育率为2.2884。P/F值在15~19岁低龄组出现了异常值，在20~24岁组开始P/F值有明显上升趋势。

陈卫和杨胜慧（2014）使用P/F比值方法和单次普查数据，得出2010年的总和生育率为1.66。郭志刚（2015）指出P/F比值方法适用于生育模式较为稳定的情况，并不适用于2010年人口普查数据。郭志刚（2015）利用此方法估算了中国1982年、1990年、2000年和2010年人口普查的P/F值，认为单次人口普查数据的P/F比值方法不适合当前生育水平较低的中国人口。下面提供利用两次普查数据根据P/F比值方法估算的总和生育率。

2. 两次普查数据计算的总和生育率

表3-7提供了使用2000年和2010年普查数据和两次普查间的P/F比值方法计算的总和生育率为1.3156，低于上述根据2010年普查数据计算出来的1.5012和根据2000年普查数据计算出来的1.4304。

表3-8提供了使用1990年和2000年普查数据和两次普查间的P/F比值方法计算的总和生育率为1.3482，低于上述根据2000年普查数据计算出来的1.4304，远远低于根据1990年普查数据计算出来的2.2884。

（三）利用逆存活法估计的总和生育率

表3-9提供了由2010年人口普查数据通过逆存活分析推导的2000年数据，可以看出2000年0~12岁人口存在严重的漏报，尤其是0岁人口更为严重。2000年人口普查公布的总和生育率为1.22，由2010年人口普查数据通过逆存活分析方法估计的总和生育率为1.5405。朱勤（2012）根据2010年分年龄性别人口数及留存率回推，发现0~14岁低龄人口存在着严重漏报，漏报率为6.70%。

表3-10提供了由2000年普查数据通过逆存活分析得到的1990年数据。1990年0~9岁人口存在严重的漏报现象，尤其是0岁人口更为严重。在10~15岁组估计人口数与人口普查公布人数的差值存在正负相互交错。1990年人口普查公布的总和生育率为2.295，由2000年人口普查数据估计的总和生育率为2.6325。

表 3-4　利用 P/F 计算的 2010 年总和生育率

单位：万人

年龄（岁）	i	妇女人数	出生人数	曾生子女数	P（i）	f（i）	Φ（i）	F（i）	P/F	K	w（i）	f^+（i）	K^*f^+（i）
15~19	1	4798.43	27.47	54.94	0.0114	0.0057	0.0286	0.0055	2.1000	1.3718	0.0494	0.0088	0.0121
20~24	2	6340.40	393.43	1514.47	0.2389	0.0621	0.3389	0.1937	1.2333		0.1246	0.0687	0.0942
25~29	3	5017.68	390.23	3938.37	0.7849	0.0778	0.7277	0.5814	1.3501		0.1418	0.0742	0.1019
30~34	4	4761.64	207.23	5775.40	1.2129	0.0435	0.9453	0.8704	1.3935		0.1397	0.0399	0.0547
35~39	5	5763.49	105.55	8358.27	1.4502	0.0183	1.0369	1.0050	1.4430		0.1677	0.0170	0.0233
40~44	6	6114.53	43.62	9930.80	1.6241	0.0071	1.0726	1.0633	1.5275		0.2071	0.0068	0.0094
45~49	7	5181.81	22.54	9258.28	1.7867	0.0043	1.0943	1.0891	1.6405			0.0034	0.0047
TF		37977.97				1.0943						1.0943	1.5012

表 3-5　利用 P/F 计算的 2000 年总和生育率

单位：万人

年龄（岁）	i	妇女人数	出生人数	曾生子女数	P（i）	f（i）	Φ（i）	F（i）	P/F	K	w（i）	f^+（i）	K^*f^+（i）
15~19	1	5015.30	26.63	24.32	0.0048	0.0053	0.0265	-0.0033	-1.4736	1.2716	0.0523	0.0107	0.0136
20~24	2	4663.54	481.92	1266.05	0.2715	0.1033	0.5432	0.3263	0.8321		0.1429	0.1096	0.1394
25~29	3	5737.15	468.57	5399.80	0.9412	0.0817	0.9516	0.8094	1.1628		0.1592	0.0742	0.0944
30~34	4	6195.38	165.97	8927.37	1.4410	0.0268	1.0856	1.0438	1.3805		0.1393	0.0233	0.0297
35~39	5	5300.60	30.41	9475.23	1.7876	0.0057	1.1142	1.1053	1.6173		0.1621	0.0052	0.0066
40~44	6	3899.98	5.75	7829.28	2.0075	0.0015	1.1216	1.1196	1.7930		0.2620	0.0014	0.0018

续表

年龄（岁）	i	妇女人数	出生人数	曾生子女数	P（i）	f（i）	Φ（i）	F（i）	P/F	K	w（i）	f^+(i)	K^*f^+(i)
45～49	7	4158.15	2.72	9675.35	2.3268	0.0006	1.1249	1.1239	2.0703			0.0004	0.0006
TF		34970.09				1.1249						1.1249	1.4304

表 3－6　利用 P/F 计算的 1990 年总和生育率

单位：万人

年龄（岁）	i	妇女人数	出生人数	曾生子女数	P（i）	f（i）	Φ（i）	F（i）	P/F	K	w（i）	f^+(i)	K^*f^+(i)
15～19	1	5858.73	91.76	123.55	0.0211	0.0157	0.0783	0.0016	13.0475	0.7083	0.0507	0.0280	0.0198
20～24	2	6151.29	1497.83	3318.80	0.5395	0.2435	1.2958	0.7506	0.7188		0.1253	0.2625	0.1859
25～29	3	5078.70	1268.67	7507.42	1.4782	0.2498	2.5448	2.1009	0.7036		0.1606	0.2332	0.1652
30～34	4	4020.09	367.70	8049.14	2.0022	0.0915	3.0021	2.8504	0.7024		0.1366	0.0813	0.0576
35～39	5	4183.96	138.46	10345.77	2.4727	0.0331	3.1676	3.1129	0.7943		0.1688	0.0302	0.0214
40～44	6	3047.55	30.26	9763.37	3.2037	0.0099	3.2172	3.2049	0.9996		0.2623	0.0090	0.0064
45～49	7	2329.42	6.40	9316.51	3.9995	0.0027	3.2310	3.2273	1.2393			0.0020	0.0014
TF		30669.74				3.2310						3.2310	2.2884

表 3－7　利用 P/F 计算的 2000～2010 年总和生育率

单位：万人

年龄（岁）	i	2000 年妇女人数	2010 年妇女人数	2000 年曾生子女数	2010 年曾生子女数	2000 年出生人数	2010 年出生人数	2000 年 P（i，1）	2010 年 P（i，2）	P（i）	P（i，s）	f（i，1）	f（i，2）	f（i）	Φ（i）	F（i）	P（i，s）/F	K	w（i）	f^{+}（i）	$K^{*}f^{+}$（i）
15～19	1	5015.30	4798.43	24.32	54.94	26.63	27.47	0.0048	0.0114	0.0114	0.0114	0.0053	0.0057	0.0055	0.0276	0.0011	10.5942	1.1857	0.0509	0.0097	0.0115
20～24	2	4663 54	6340.40	1266.05	1514.47	481.92	3934.26	0.2715	0.2389	0.2389	0.2389	0.1033	0.0621	0.0827	0.4411	0.2600	0.9188		0.1257	0.0885	0.1049
25～29	3	5737.15	5710.68	5399.79	3938.37	468.57	3902.25	0.9412	0.7849	0.7800	0.7915	0.0817	0.0778	0.0797	0.8397	0.6954	1.1382		0.1506	0.0750	0.0889
30～34	4	6195.38	4761.64	8927.37	5775.40	165.97	2072.33	1.4410	1.2129	0.9414	1.1803	0.0268	0.0435	0.0352	1.0154	0.9571	1.2332		0.1395	0.0315	0.0374
35～39	5	5300.59	5763.49	9475.23	8358.27	30.41	1055.50	1.7876	1.4502	0.5090	1.3005	0.0057	0.0183	0.0120	1.0756	1.0551	1.2326		0.1669	0.0111	0.0131
40～44	6	3899.98	6114.53	7829.28	9930.80	5.75	43.62	2.0075	1.6241	0.1832	1.3634	0.0015	0.0071	0.0043	1.0971	1.0915	1.2492		0.2349	0.0042	0.0049
45～49	7	4158.14	5181.81	9675.35	9258.28	2.72	22.54	2.3268	1.7867	−0.0009	1.2996	0.0007	0.0043	0.0025	1.1096	1.1065	1.1745			0.0019	0.0023
														1.1096						1.1096	1.3156

表 3-8　利用 P/F 计算的 1900~2000 年总和生育率

单位：万人

年龄（岁）	i	1990 年妇女人数	2000 年妇女人数	1990 年曾生子女数	2000 年曾生子女数	1990 年出生人数	2000 年出生人数	1990 年 P (i, 1)	2000 年 P (i, 2)	P (i)	P (i, s)	f (i, 1)	f (i, 2)	f (i)	Φ (i)	F (i)	P (i, s) /F	K	w (i)	f⁺ (i)	K*f⁺ (i)
15~19	1	5858.73	5015.30	1235.48	24.32	9175.77	26.63	0.0211	0.0048	0.0048	0.0048	0.0157	0.0053	0.0105	0.0524	-0.0008	-5.7920	0.6190	0.0511	0.0193	0.0120
20~24	2	6151.29	4663.54	3318.80	1266.05	1497.83	481.92	0.5395	0.2715	0.2715	0.2715	0.2435	0.1033	0.1734	0.9195	0.5384	0.5042		0.1298	0.1861	0.1152
25~29	3	5078.70	5737.15	7507.42	5399.79	1268.67	468.57	1.4782	0.9412	0.9201	0.9250	0.2498	0.0817	0.1657	1.7482	1.4552	0.6356		0.1602	0.1537	0.0951
30~34	4	4020.09	6195.38	8049.14	8927.37	3676.98	165.97	2.0022	1.4410	0.9014	1.1729	0.0915	0.0268	0.0591	2.0438	1.9471	0.6024		0.1373	0.0523	0.0324
35~39	5	4183.96	5300.59	10345.77	9475.23	1384.57	30.41	2.4727	1.7876	0.3094	1.2343	0.0331	0.0057	0.0194	2.1409	2.1091	0.5852		0.1681	0.0177	0.0110
40~44	6	3047.56	3899.98	9763.37	7829.28	3025.82	5.75	3.2037	2.0075	0.0053	1.1782	0.0099	0.0015	0.0057	2.1694	2.1623	0.5449		0.2623	0.0052	0.0032
45~49	7	2329.42	4158.14	9316.51	9675.35	6398.20	2.72	3.9995	2.3268	-0.1459	1.0884	0.0027	0.0007	0.0017	2.1779	2.1756	0.5003			0.0013	0.0008
														2.1779						2.1779	1.3482

表 3-9　利用逆存活法估计的 2000 年人口数以及总和生育率

单位：万人

年龄（岁）	六普报告人数	六普估计的人口数	六普估计的出生人数	五普报告人数	五普报告出生人数	差值	估计的五普总和生育率
0	1445.43	1477.55	1492.49	1379.38	1181.95	98.17	1.5405
1	1393.57	1402.16		1149.52		252.64	
2	1539.96	1547.74		1401.07		146.66	
3	1522.50	1529.26		1445.43		83.83	
4	1589.38	1595.87		1522.43		73.44	
5	1802.45	1835.10		1693.36		141.74	
6	1879.05	1952.74		1647.01		305.72	
7	2077.54	2085.03		1791.48		293.56	
8	2075.53	2110.39		1875.21		235.18	
9	2154.35	2163.45		2008.20		155.24	
10	2802.70	2815.32		2621.00		194.31	
11	2655.66	2668.49		2513.77		154.73	
12	2447.42	2460.13		2457.62		2.51	
13	2569.60	2583.98		2628.26		-44.29	
14	2265.88	2279.53		2319.01		-39.48	
15	1993.37	2006.22		2042.93		-36.71	

表 3-10　利用逆存活法估计的 1990 年人口数以及总和生育率

单位：万人

年龄（岁）	五普报告人数	五普估计的人口数	五普估计的出生人数	四普报告人数	四普报告出生人数	差值	估计的四普总和生育率
0	2621.00	2687.19	2735.76	2322.09	2385.05	365.11	2.6325
1	2513.77	2529.47		2333.19		187.63	
2	2457.62	2540.50		2418.06		116.88	
3	2628.26	2546.32		2429.44		113.11	
4	2319.01	2243.21		2141.07		99.69	
5	2042.93	2051.01		1998.23		52.78	
6	2031.34	2034.73		1905.61		129.12	
7	2006.50	2120.09		2019.65		100.43	
8	2310.04	2190.89		2201.53		-10.64	

续表

年龄（岁）	五普报告人数	五普估计的人口数	五普估计的出生人数	四普报告人数	四普报告出生人数	差值	估计的四普总和生育率
9	1912.29	1900.47		1808.65		91.82	
10	1839.38	1870.40		1922.41		-52.01	
11	1892.48	1904.19		1931.01		-26.88	
12	1883.16	1868.88		1886.47		-17.59	
13	1793.12	1895.73		1936.73		-41.00	
14	2049.18	2091.13		2046.06		45.08	
15	2113.66	2194.42		2164.38		30.04	
16	2287.44						

表3-11提供了由1990年普查数据推导的1982年数据。1982年0岁人口存在漏报现象，但总体上估计人口数和人口普查公布人数差异不大。1982年人口普查公布的总和生育率为2.61，由1990年人口普查数据估计的总和生育率为2.9526。

表3-11 利用逆存活法估计的1982年人口数以及总和生育率

单位：万人

年龄	四普报告人数	四普估计的人口数	四普估计的出生人数	三普报告人数	三普报告出生人数	差值	估计的三普总和生育率
0	2201.53	2263.86	2311.04	2080.93	2042.92	182.92	2.9526
1	1808.65	1836.15		1737.58		98.57	
2	1922.41	1943.98		1827.38		116.60	
3	1931.01	1948.08		1962.55		-14.47	
4	1886.47	1900.45		1861.99		38.46	
5	1936.73	1949.29		1942.13		7.16	
6	2046.06	2058.11		2043.25		14.86	
7	2164.38	2176.49		2177.94		-1.46	
8	2348.76	2361.78		2403.30		-41.52	
9	2453.66	2467.68		2506.96		-39.28	
10	2449.60	2464.50		2522.25		-57.75	
11	2599.45	2616.42		2732.33		-115.91	

续表

年龄	四普报告人数	四普估计的人口数	四普估计的出生人数	三普报告人数	三普报告出生人数	差值	估计的三普总和生育率
12	2603.61	2622.00		2648.73		-26.73	
13	2715.57	2736.62		2823.95		-87.34	
14	2455.21	2476.02		2453.83		22.20	
15	2282.32	2303.24		2275.09		28.15	

上述几种方法得到的总和生育率的估计结果总结如表 3－12 所示。

表 3－12　不同方法估计的总和生育率

年份	变量－r 方法	P/F 比值（单次普查）	P/F 比值（两次普查）	逆存活法
1982	-	-	-	2.9526
1990	-	2.2884	-	2.6325
2000	-	1.4304	-	1.5405
2010	-	1.5012	-	-
1990～2000	1.584	-	1.3482	-
2000～2010	1.677	-	1.3156	-

（四）预测模拟方法测算和总和生育率

表 3－13 提供了根据预测模拟方法测算的出生数量和生育水平。自 1995 年以来调查数据显示的总和生育率基本在 1.50 以下，2017 年由于全面二孩政策的实施达到了 1.58。根据调查得到的年龄别生育率和公布的人口年龄性别结构推算的出生数量少于统计局公布的出生数量。根据统计局公布的结果调整之后的出生数量推算总和生育率，2001～2009 年在 1.56～1.61，2011 年之后基本在 1.45～1.64。虽然 2016 年和 2017 年由于生育政策调整带来的出生堆积使得总和生育率提高到 1.60 以上，但 2018 年只出生了 1523 万人，2019 年只出生了 1465 万人，总和生育率可能已经下降到了 1.50 以下。

表 3－13　预测模拟的出生数量和生育水平

年份	年鉴中的 TFR	测算出生数量（万人）	公布出生数量（万人）	测算 TFR
1991	1.97	2208	2265	2.02
1992	1.83	2097	2125	1.86
1993	1.69	1968	2132	1.84

续表

年份	年鉴中的 TFR	测算出生数量（万人）	公布出生数量（万人）	测算 TFR
1994	1.56	1835	2110	1.79
1995	1.43	1675	2063	1.76
1996	1.55	1679	2067	1.78
1997	1.46	1685	2038	1.76
1998	1.46	1647	1991	1.76
1999	1.45	1597	1909	1.73
2001	1.20	1269	1702	1.61
2002	1.37	1432	1647	1.58
2003	1.41	1442	1599	1.57
2004	1.45	1475	1593	1.57
2005	1.34	1357	1617	1.60
2006	1.38	1404	1584	1.56
2007	1.45	1477	1594	1.57
2008	1.48	1513	1608	1.57
2009	1.37	1419	1615	1.56
2011	1.03	1120	1604	1.48
2012	1.25	1359	1635	1.50
2013	1.22	1337	1640	1.50
2014	1.26	1387	1687	1.53
2015	1.05	1142	1655	1.52
2016	1.24	1353	1786	1.64
2017	1.58	1688	1723	1.61
2018	1.51	1588	1523	1.45

注：1991～1995 年出生数量根据公布的人口数量及年龄别生育率水平推算，推算的数值与国家卫生计生委计划生育基层指导司、中国人口与发展研究中心（2017）表格 3－29 提供的数据在万位上吻合。

五　本章小结

本章采用间接估计方法，使用人口普查和抽样调查数据，估计了中国的生育水平。本章的发现如下。

根据变量－r 方法估计显示，中国 1990～2000 年的总和生育率为 1.584，在 Cai（2008）依据不同的出生性别比及是否调整普查数据得到的总和生育率范围在1.46～1.63。2000～2010年的总和生育率为1.677，与陈卫（2015）1.68的估计值相当。

根据P/F比值方法计算显示，使用单次人口普查数据估计的1990年、2000年和2010年的总和生育率分别为2.2884、1.4304和1.5012。但单次普查数据的P/F比值方法可能不太适合中国的情况（郭志刚，2015）。使用两次普查数据的P/F方法估算，1990～2000年和2000～2010年平均的总和生育率分别为1.35和1.32，低于普遍认为的1.50的水平。

逆存活方法推算的数据显示，根据1990年普查数据使用逆存活分析方法得到1982年的总和生育率为2.9526，高于1982年普查公布的总和生育率2.61；根据2000年普查数据使用逆存活分析得到的总和生育率为2.6325，高于1990年普查公布的总和生育率2.295；由2010年普查数据通过逆存活方法得到的2000年总和生育率为1.5405，高于2000年普查数据得到的总和生育率1.22。逆存活方法显示普查时低龄组存在漏报，生育水平被低估。即使如此，2000年的总和生育率也只有1.5405，远远低于更替水平。2000年之后的总和生育率有可能更低。

根据预测模拟的方法测算显示，即使按照统计局公布的调整之后的出生数量去估计总和生育率，2000～2010年在1.50～1.60，2010年之后生育水平也基本在1.50以下。2018年只出生了1523万人，总和生育率可能已经降低到1.50以下。

不同间接估计方法得到的生育水平存在差异，但总体来看中国的生育水平已经很低。中国2013年的“单独二孩”和2016年的“全面二孩”政策没有带来出生数量和生育水平的大幅度上升，2018年和2019年出生数量依然在下降。中国需要认真审视当前的人口形势和政策，及时调整完善政策以达到社会人口长期可持续均衡发展。

第四章　生育水平的多指标分析

一　引言

在生育水平下降的过程中，婚姻和生育推迟起到了巨大作用。在西方国家，婚姻推迟是总和生育率下降的一个重要因素（Kohler and Ortega，2002；Lutz et al.，2003；Morgan，2003；Sobotka，2004；Goldstein et al.，2009）。在中国，1980 年代初期由于 1981 年颁布的《中华人民共和国婚姻法》使得初婚年龄较 1970 年代有所下降，但 1986 年之后初婚年龄逐渐上升（Coale at al.，1991），1990 年代初婚年龄在波动中上升，婚姻推迟（郭志刚、田思钰，2017）。婚姻推迟使得年龄别已婚比例下降，1990～2000 年的生育率下降中有 40% 可以归因于婚姻推迟导致的已婚比例下降（Retherford et al.，2005；Jiang et al.，2019a）。如果使用 1990 年的年龄别已婚比例对总和生育率进行标准化，2010 年标准化后的总和生育率比人口普查数据显示的总和生育率高 0.42，2015 年标准化后的总和生育率比人口抽样调查的总和生育率高 0.53（郭志刚、田思钰，2017）。

一些研究试图通过调整生育进度和生育孩次的变化来研究对于生育水平的影响。Feeney（1985）、马瀛通等（1986）、Feeney 和 Yu（1987）等人提出孩次递进指标体系，该指标体系不仅考虑了已有孩次构成对生育水平的影响，也考虑了生育进度效应对生育水平的影响。Bongaarts 和 Feeney（1998）认为时期总和生育率受生育年龄变动产生的进度效应影响而失真，并提出了一个假定没有生育推迟的反事实的去进度效应指标。对中国数据的研究发现，1970 年代婚姻和生育推迟的进度效应对于总和生育率的影响在 0.2～0.4；1980 年代进度效应对于总和生育率的影响不大；1990 年代以来进度效应对总和生育率的影响在0.1~0.2（陈卫、高爽，2013）。使用去进度效应调整的中国总和生育率确实有了提高（郭志刚，2000a、2000b；陈卫、高爽，2013；赵梦晗，2016）。

队列生育指标反映了女性的终身生育状况，中国的队列生育指标显示出明显下降的趋势。普查数据显示，45~49岁女性的曾生子女数在1982年为5.37，到2010年下降到1.84（国务院人口普查办公室、国家统计局人口统计司，1985；国务院人口普查办公室、国家统计局人口和就业统计司，2012）。1976~1980年出生队列的女性终身会生育1.7个孩子（Morgan et al.，2009）。在生育从较高水平降低到更替水平的过程中，3孩及以上孩次生育率下降是主要因素；当生育水平降低到更替水平以下时，第1孩和第2孩的生育率下降是主要因素（Zeman et al.，2018）。自1980年代以来在中国队列生育率下降过程中各孩次的贡献值得研究。

本章基于1982年以来的人口普查以及1%人口抽样调查数据，综合使用时期生育指标、调整的时期生育指标和队列生育指标等多种生育指标，研究生育水平及其变化趋势。

二　研究方法

本章对于生育水平的分析主要使用三个方面的指标和方法，一是时期生育指标，包括时期总和生育率、年龄别生育率、平均生育年龄、已婚总和生育率、总和生育率和已婚总和生育率的比值、总和生育率的标准化以及总和生育率变化的分解；二是调整的时期生育指标，包括时期孩次递进生育指标、去进度效应总和生育率、去进度和孩次结构效应的总和生育率；三是队列生育指标，包括女性至少生育N孩的比例、队列终身生育率、队列孩次递进比以及队列终生生育率变化的分解。

（一）时期生育指标

1. 时期总和生育率

时期总和生育率指的是如果一个假想队列的女性在各个年龄按照某个时期观测到的年龄别生育率度过整个生育期，平均生育的子女数。用 ${}_nf_a(t)$ 表示 t 年（a，$a+n$）岁妇女的年龄别生育率（Age-specific Fertility Rate），t 年总和生育率 TFR（t）可以表示为：

$$TFR(t) = n\sum_{a=\alpha,n}^{\beta-n} {}_nf_a(t) \tag{4-1}$$

α 和 β 分别代表最小和最大生育年龄。

总和生育率不受年龄结构的影响，应用广泛（Coale et al.，1991），但总和生育率没有控制妇女的孩次结构对生育率的影响，而且该指标容易受到生育进度的影响（Bongaarts and Feeney，1998；Bongaarts and Feeney，2006；Goldstein et al.，2009）。

2. 平均生育年龄

平均生育年龄是生育研究常用的指标。t 年的平均生育年龄用 $MAB(t)$ 表示，公式为：

$$MAB(t) = \frac{n\sum_{a=\alpha,n}^{\beta-n}\left(a+\frac{n}{2}\right){}_nf_a(t)}{n\sum_{a=\alpha,n}^{\beta-n}{}_nf_a(t)} \tag{4-2}$$

平均生育年龄是孩次结构和分孩次生育年龄综合作用的结果（Bongaarts and Feeney，1998；宋健、张婧文，2017）。孩次结构变化如高孩次比例的减少会降低平均生育年龄，而分孩次生育年龄的推迟或者提前会使得平均生育年龄推迟或者提前（Bongaarts，2002）。t 年第 i 孩的平均生育年龄 $MAB(t,i)$ 可以表示为：

$$MAB(t,i) = \frac{n\sum_{a=\alpha,n}^{\beta-n}\left(a+\frac{n}{2}\right){}_nf_a(t,i)}{n\sum_{a=\alpha,n}^{\beta-n}{}_nf_a(t,i)} \tag{4-3}$$

这里 ${}_nf_a(t,i)$ 表示 t 年 a 岁女性的第 i 孩的年龄别生育率。

3. 已婚总和生育率

女性是否结婚是影响生育水平的一个重要因素（Bongaarts，1978）。在中国，虽然未婚生育的现象逐年增多，但绝大部分还是婚内生育（Retherford et al.，2005；Jiang et al.，2019a）。测量婚内生育水平的一个常用指标是已婚总和生育率，记为 $TMFR$。

以 ${}_nmf_a(t)$ 表示 t 年（a，$a+n$）岁妇女的年龄别已婚生育率（Age - specific Marital Fertility Rate），t 年已婚总和生育率 $TMFR$（t）为：

$$TMFR(t) = n\sum_{a=\alpha,n}^{\beta-n} {}_{n}mf_{a}(t) \tag{4-4}$$

人口学家认为已婚总和生育率高估了已婚生育水平（Hoem and Mureşan，2011）。作为时期指标，已婚总和生育率会受到进度效应以及孩次结构的影响。

4. 总和生育率和已婚总和生育率的比

在中国，女性的法定结婚年龄是20岁。低龄组的女性由于存在未婚先孕的情况，虽然年龄很小但是怀孕之后结婚并通过一些途径取得合法结婚登记手续，因此常出现低龄组已婚生育率偏高的现象。人口普查数据显示，20岁以下的已婚生育率远远高于正常水平（国务院人口普查办公室、国家统计局人口和社会科技统计司，2002；国务院人口普查办公室、国家统计局人口和就业统计司，2012）。在计算已婚总和生育率的时候，我们剔除掉低龄组的数据以避免偏高数据的影响，计算了20～49岁已婚总和生育率，同时用20～49岁的已婚总和生育率和20～49岁的总和生育率进行比较。${}_{n}mp_{a}(t)$表示t年（a，$a+n$）岁女性的已婚比例，总和生育率表示为：

$$TFR(t) = n\sum_{a=\alpha,n}^{\beta-n} {}_{n}f_{a}(t) = n\sum_{a=\alpha,n}^{\beta-n} {}_{n}mf_{a}(t) \times {}_{n}mp_{a}(t) \tag{4-5}$$

20～49岁的总和生育率和20～49岁的已婚总和生育率的比值可以表示为：

$$\frac{TFR}{TMFR} = \frac{n\sum_{a=\alpha,n}^{\beta-n} {}_{n}mf_{a} \times {}_{n}mp_{a}}{n\sum_{a=\alpha,n}^{\beta-n} {}_{n}mf_{a}} = \sum_{a=\alpha,n}^{\beta-n}\left(\frac{{}_{n}mf_{a}}{\sum_{a=\alpha,n}^{\beta-n} {}_{n}mf_{a}}\right) \times {}_{n}mp_{a} \tag{4-6}$$

公式（4－6）显示$\frac{TFR}{TMFR}$可表达为以年龄别已婚生育率为权重的年龄别已婚比例的平均值，已婚总和生育率和总和生育率的差别是由已婚比例引起的，通过比较这两个指标可以看出已婚比例对总和生育率的影响（Bongaarts，1978）。各年龄组的已婚比例越高，比值$\frac{TFR}{TMFR}$越趋近于1。当婚姻模式（年龄别已婚率）保持稳定时，*TFR*和*TMFR*的相对差异保持不变（放芳，1987）。

5. 总和生育率的标准化

婚姻推迟使得年龄别已婚比例降低，进而影响总和生育率。如果以某年年龄别已婚比例为标准，采用别的年份的年龄别已婚生育率进行计算，可得到标准化的总和生育率。这样标准化的总和生育率与观测的总和生育率的差值也能反映婚姻推迟对于总和生育率变化的影响（郭志刚、田思钰，2017）。假定以 t 年（a，$a+n$）岁妇女的已婚比例 ${}_nmp_a(t)$ 为标准，那么 $t+h$ 年的标准化总和生育率为：

$$TFR^{+}(t+h) = n\sum_{a=\alpha,n}^{\beta-n} {}_nmf_a(t+h) \times {}_nmp_a(t) \tag{4-7}$$

调整前后总和生育率的变化幅度，即 $TFR^{+}(t+h) - TFR(t+h)$，可反映年龄别已婚比例变化对总和生育率的影响。

6. 总和生育率变化的分解

总和生育率的变化可以分解为女性已婚比例的变化和已婚生育率的变化（Khawaja，2000；Retherford et al.，2005；Yip et al.，2015；Jiang et al.，2019a）。在中国，非婚生育的现象还比较少，非婚生育的数量也较少（Zeng et al.，1991；Morgan et al.，2009）。现有对中国生育率变化的分解也没有考虑婚外生育的情况（Retherford et al.，2005；Yip et al.，2015）。本章的分解也没有考虑非婚生育的影响。在中国，将近70%的女性在婚后一年半以内生育，90%的女性在婚后2年半内生育，自1980年代以来，育龄妇女初婚初育间隔总体上呈下降的趋势（李玉柱、姜玉，2009）。本章使用已婚比例的变化来表示生育时间的变化，如果某个年龄段的已婚比例降低了，那么这个年龄的女性生育推迟。

t 年到 $t+h$ 年的总和生育率变化可以分解为：

$$\begin{aligned} & TFR(t+h) - TFR(t) \\ & = n\sum_{a=\alpha,n}^{\beta-n} {}_nmf_a(t+h) \times {}_nmp_a(t+h) - n\sum_{a=\alpha,n}^{\beta-n} {}_nmf_a(t) \times {}_nmp_a(t) \\ & = n\sum_{a=\alpha,n}^{\beta-n} \frac{{}_nmp_a(t+h) + {}_nmp_a(t)}{2} \times ({}_nmf_a(t+h) - {}_nmf_a(t)) \\ & + n\sum_{a=\alpha,n}^{\beta-n} \frac{{}_nmf_a(t+h) + {}_nmf_a(t)}{2} \times ({}_nmp_a(t+h) - {}_nmp_a(t)) \end{aligned} \tag{4-8}$$

公式（4-8）右侧的第一项代表已婚生育率变化对总和生育率变化的

影响，第二项代表已婚比例变化对总和生育率变化的影响（Jiang et al.，2019a）。从公式（4－8）可以看出，即使存在出生漏报，如果两次人口普查的漏报率一样，对两个因素的绝对数值有影响，但对于两个因素贡献的相对比例没有影响。

（二）调整的时期生育指标

时期生育指标容易受到孩次结构和进度效应的影响，Feeney（1985）、马瀛通等（1986）、Feeney 和 Yu（1987）等提出了时期孩次递进生育指标方法，Bongaarts 和 Feeney（1998）等提出去进度效应的方法。

1. 时期孩次递进生育指标方法

时期孩次递进生育指标方法基于生育概率和生育生命表，表达的是一个假设队列在控制孩次结构影响后的终身孩次生育水平（马瀛通等，1986；郭志刚，2004c、2006）。结合 Feeney（1985）、马瀛通等（1986）、Feeney 和 Yu（1987）、陈朝晖（1992）和郭志刚（2004c）等人的研究，将时期孩次递进生育指标体系的计算方法整理如下。

t 年度已生育 $i-1$ 个孩子的 a 岁妇女人数表示为 $W_a(t,i-1)$，她们在 t 年度所生育的孩子数为 $B_a(t,i)$，则年龄别递进 i 孩的递进生育率 $h_a(t,i)$ 的计算公式为：

$$h_a(t,i) = \frac{B_a(t,i)}{W_a(t,i-1)} \tag{4-9}$$

$(t-a-1,\ t-a)$ 年度出生的妇女总数在 t 年度用 $W_a(t)$ 表示，不考虑死亡和迁移因素，则

$$\begin{aligned}
W_a(t,0) &= \prod_{j=15}^{a-1}(1-h_j(t,1))W_a(t) \\
W_a(t,1) &= \left\{h_{15}(t,1)\prod_{j=16}^{a-1}(1-h_j(t,2)) + (1-h_{15}(t,1))h_{16}(t,1)\prod_{j=17}^{a-1}(1-h_j(t,2)) \right. \\
&\quad \left. + \cdots + \prod_{j=15}^{a-2}(1-h_j(t,1))h_{a-1}(t,1)\right\}W_a(t) \\
&= \sum_{n=15}^{a-1}h_n(t,1)\left(\prod_{j=15}^{n-1}(1-h_j(t,1))\right)\left(\prod_{k=n+1}^{a-1}(1-h_k(t,2))\right)W_a(t)
\end{aligned} \tag{4-10}$$

等式两边同除以 $W_a(t)$，可得：

$$\frac{W_a(t,0)}{W_a(t)} = \prod_{j=15}^{a-1}(1-h_j(t,1))$$
$$\frac{W_a(t,1)}{W_a(t)} = \sum_{n=15}^{a-1} h_n(t,1)\left(\prod_{j=15}^{n-1}(1-h_j(t,1))\right)\left(\prod_{k=n+1}^{a-1}(1-h_k(t,2))\right) \tag{4-11}$$

分孩次年龄别生育率为：

$$f_a(t,i) = \frac{B_a(t,i)}{W_a(t)} = \frac{W_a(t,i-1)h_a(t,i)}{W_a(t)} \tag{4-12}$$

将（4－11）代入（4－12），可得：

$$f_a(t,1) = h_a(t,1)\prod_{j=15}^{a-1}(1-h_j(t,1))$$
$$f_a(t,2) = h_a(t,2)\sum_{n=15}^{a-1} h_n(t,1)\left(\prod_{j=15}^{n-1}(1-h_j(t,1))\right)\left(\prod_{k=n+1}^{a-1}(1-h_k(t,2))\right) \tag{4-13}$$

由此得出分孩次总和递进生育率为：

$$P(t,1) = \sum_{a=15}^{49}\left[h_a(t,1)\prod_{j=15}^{a-1}(1-h_j(t,1))\right]$$
$$P(t,2) = \sum_{a=15}^{49}\left[h_a(t,2)\sum_{n=15}^{a-1} h_n(t,1)\left(\prod_{j=15}^{n-1}(1-h_j(t,1))\left(\prod_{k=n+1}^{a-1}(1-h_k(t,2))\right)\right)\right] \tag{4-14}$$

三孩及以上的总和递进生育率以此类推。

递进生育率反映妇女终身预期生育数，计算结果比常规生育水平更贴近实际生育过程（王广州，2004）。使用各年龄妇女的已有孩次结构和当年不同孩次的出生人数计算的孩次递进生育指标比总和生育率更加稳定（郭志刚，2013）。

2. 去进度和孩次结构影响的总和生育率

大量研究证实了生育进度对总和生育率的影响。Ryder（1956、1964）试图通过生育进度建立总和生育率和终身生育率之间的关系。Bongaarts 和 Feeney（1998）提出的去进度效应公式为：

$$TFR^*(t) = \sum_i TFR^*(t,i) = \sum_i\sum_a \frac{f_a(t,i)}{1-r(t,i)} = \sum_i \frac{TFR(t,i)}{1-r(t,i)} \tag{4-15}$$

这里 $TFR^*(t,i)$ 表示 t 年第 i 孩的去进度总和生育率，$r(t,i)$ 表示生育

第 i 孩的平均生育年龄变化率，可表示为：

$$r(t,i) = (MAB(t+1,i) - MAB(t-1,i))/2 \qquad (4-16)$$

进度效应在生育年龄下降时期暂时放大了总和生育率，在生育年龄推迟的时候缩小了总和生育率。在大多数国家，女性生育推迟，这意味着观测的生育率比没有进度效应的生育率要低（Bongaarts，1999）。Bongaarts 和 Feeney（1998）的去进度效应方法存在很大争议，批评者认为该指标既不是时期指标也不是真正意义上的终身生育率，而且也没有考虑到孩次构成的影响（Bongaarts and Feeney，2000；Kim and Schoen，2000；Van Imhoff and Keilman，2000）。Bongaarts 和 Feeney（2000）强调他们并不试图得到终身生育率的估计，只是通过消除生育进度对总和生育率的影响来获得更合适的测量生育率的指标。该方法得到了广泛应用，并得以进一步扩展（Kohler and Philipov，2001；Zeng and Land，2001；Lutz et al.，2003；Schoen，2004）。

使用前后两年数据来计算平均生育年龄变化率会产生较大的误差（Zhao and Guo, 2010)，而公式（4－15）中的指标对平均生育年龄比较敏感，平均生育年龄的变化会导致其波动很大（郭志刚，2012）。本章分别计算了 1989 年、2000 年和 2015 年的平均生育年龄变化率，使用相应五年内的平均生育年龄变化率作为这一年的平均生育年龄变化率，具体计算公式如下：

$$\begin{aligned} r(1989,i) &= (MAB(1990,i) - MAB(1986,i))/4 \\ r(2000,i) &= (MAB(2000,i) - MAB(1996,i))/4 \\ r(2015,i) &= (MAB(2015,i) - MAB(2011,i))/4 \end{aligned} \qquad (4-17)$$

Yamaguchi 和 Beppu（2004）认为总和生育率存在两种偏误，一种是由生育进度影响带来的，另一种是由于计算总和生育率时用的频率（Rates of the Second Kind，Frequencies）而不是风险发生率（Rates of the First Kind，Occurrence-exposure Rates）。Yamaguchi 和 Beppu（2004）、Bongaarts 和 Feeney（2006）提出用风险发生率表达总和生育率。

用 $P_a(t,i)$ 表示 t 年 a 岁女性生育第 i 孩的风险发生率，这里分子是 t 年 a 岁妇女中生育第 i 孩的妇女人数，分母是 t 年 a 岁妇女中还没有生育第 i 孩的人数。$P_a(t,i)$ 同年龄别生育率 $f_a(t,i)$ 的区别在于分母的不同。

使用风险发生率 $P_a(t,i)$ 计算的总和生育率可以表示为：

$$TFRp(t) = \sum_i TFRp(t,i) = \sum_i \{1 - exp[-\sum_a p_a(t,i)]\} \qquad (4-18)$$

Bongaarts 和 Feeney（2006）提出了同时去除生育进度影响和已有孩次结构影响的总和生育率（Tempo-and Parity-Adjusted Total Fertility）记为 $TFRp^*(t)$，则

$$TFRp^*(t) = \sum_i TFRp^*(t,i) = \sum_i \left\{1 - exp\left[-\sum_a \frac{p_a(t,i)}{1-r(t,i)}\right]\right\} \quad (4-19)$$

$TFRp^*(t)$ 相对 $TFR^*(t)$ 更加稳定；$TFRp^*(t)$ 和处于主要生育年龄的妇女的队列生育率非常接近。这个指标同时消除生育进度和孩次分布的影响，可以评估时期生育率的变化（Bongaarts and Sobotka，2012）。

（三）队列生育指标

时期生育指标可以及时地反映生育水平，但受到生育进度的影响。队列生育指标可以反映真实的终身生育水平，通常很稳定且变化平缓（Sobotka，2017），比时期生育指标更具合理性（Ryder，1964）。

1. 至少生育 N 孩的女性比例

W_i^c 表示女性出生队列 c 中至少生育了 i 个孩子的人数，W^c 表示女性出生队列 c 的人数。用 R_i 表示至少生育了 i 个孩子的女性比例，R_i 描述了同一批妇女的已有孩次情况。

$$R_i = \frac{W_i^c}{W^c} \quad (4-20)$$

2. 队列终身生育率

队列终身生育率（Completed Cohort Fertility Rate，或者 Cohort Completed Fertility Rate，或者 Completed Fertility Rate for a Cohort of Females）表示一个队列中度过生育期的女性生育孩子数量的算术平均值。

第 i 孩队列终身生育率用 CFR_i 表示，则

$$CFR_i = \frac{W_i^c}{W^c} = R_i \quad (4-21)$$

CFR 可以表示为各孩次队列终身生育率的和，即

$$CFR = \sum_i CFR_i = \sum_i R_i \quad (4-22)$$

3. 队列孩次递进比

某一队列从第 $i-1$ 孩递进到 i 孩的队列孩次递进比（Parity Progression

Ratio）用 $PPR_{i-1,i}$ 表示。

从没有生育（0 孩）递进到 1 孩，从第 $i-1$ 孩递进到 i 孩的孩次递进比公式为：

$$
\begin{aligned}
PPR_{0,1} &= CFR_1 \\
PPR_{i-1,i} &= \frac{CFR_i}{CFR_{i-1}}, \quad i > 1
\end{aligned}
\tag{4-23}
$$

第 n 孩及以上孩次递进到第 $n+1$ 孩及以上孩次的递进比为：

$$
PPR_{n+,(n+1)+} = \frac{CFR_{(n+1)+}}{CFR_{n+}} \tag{4-24}
$$

这里，CFR_{n+} 和 $CFR_{(n+1)+}$ 分别表示第 n 孩及以上的终身生育率、第 $n+1$ 孩及以上的终身生育率。

队列终身生育率和孩次递进比存在如下关系（Feeney and Yu，1987）：

$$
CFR = \sum_i CFR_i = \sum_i \prod_{j=1}^{i} PPR_{j-1,j} \tag{4-25}
$$

4. 队列终生生育率变化的分解

Zeman 等（2018）把队列终身生育率和孩次递进比的关系表达为：

$$
\begin{aligned}
CFR = {} & PPR_{0,1} + PPR_{0,1} \times PPR_{1,2} + PPR_{0,1} \times PPR_{1,2} \times PPR_{2,3} \\
& + PPR_{0,1} \times PPR_{1,2} \times PPR_{2,3} \times PPR_{3,4} \\
& + PPR_{0,1} \times PPR_{1,2} \times PPR_{2,3} \times PPR_{3,4} \times \frac{PPR_{4+,5+}}{1 - PPR_{4+,5+}}
\end{aligned}
\tag{4-26}
$$

把队列 $c1$ 和队列 $c2$ 的终身生育率的差异分解为：

$$
CFR^{c2} - CFR^{c1} = dPPR_{0,1}^{c1,c2} + dPPR_{1,2}^{c1,c2} + dPPR_{2,3}^{c1,c2} + dPPR_{3,4+}^{c1,c2} \tag{4-27}
$$

公式（4-27）右端 4 项分别为：

$$
\begin{aligned}
dPPR_{0,1}^{c1,c2} &= CFR_{fixPPR1+}^{c1,c2} - CFR^{c1} \\
dPPR_{1,2}^{c1,c2} &= CFR_{fixPPR2+}^{c1,c2} - CFR_{fixPPR1+}^{c1,c2} \\
dPPR_{2,3}^{c1,c2} &= CFR_{fixPPR3+}^{c1,c2} - CFR_{fixPPR2+}^{c1,c2} \\
dPPR_{3,4+}^{c1,c2} &= CFR^{c2} - CFR_{fixPPR3+}^{c1,c2}
\end{aligned}
\tag{4-28}
$$

分别表示还没生育（0 孩）到第 1 孩孩次递进比变化对终身生育率变化的影响，第 1 孩到第 2 孩孩次递进比变化对终身生育率的影响，……，第 3

孩到第 4 孩及以上孩次递进比变化对终身生育率变化的影响。

$\mathrm{CFR}^{c1,c2}_{fixPPR1+}$，$\mathrm{CFR}^{c1,c2}_{fixPPR2+}$，$\mathrm{CFR}^{c1,c2}_{fixPPR3+}$ 计算公式为：

$$\begin{aligned}
CFR^{c1,c2}_{fixPPR1+} &= PPR^{c2}_{0,1} + PPR^{c2}_{0,1} \times PPR^{c1}_{1,2} + PPR^{c2}_{0,1} \times PPR^{c1}_{1,2} \times PPR^{c1}_{2,3} \\
&+ PPR^{c2}_{0,1} \times PPR^{c1}_{1,2} \times PPR^{c1}_{2,3} \times PPR^{c1}_{3,4} \\
&+ PPR^{c2}_{0,1} \times PPR^{c1}_{1,2} \times PPR^{c1}_{2,3} \times PPR^{c1}_{3,4} \times PPR^{c1}_{4+,5+} / (1 - PPR^{c1}_{4+,5+}) \\
CFR^{c1,c2}_{fixPPR2+} &= PPR^{c2}_{0,1} + PPR^{c2}_{0,1} \times PPR^{c2}_{1,2} + PPR^{c2}_{0,1} \times PPR^{c2}_{1,2} \times PPR^{c1}_{2,3} \\
&+ PPR^{c2}_{0,1} \times PPR^{c2}_{1,2} \times PPR^{c1}_{2,3} \times PPR^{c1}_{3,4} \\
&+ PPR^{c2}_{0,1} \times PPR^{c2}_{1,2} \times PPR^{c1}_{2,3} \times PPR^{c1}_{3,4} \times PPR^{c1}_{4+,5+} / (1 - PPR^{c1}_{4+,5+}) \\
CFR^{c1,c2}_{fixPPR3+} &= PPR^{c2}_{0,1} + PPR^{c2}_{0,1} \times PPR^{c2}_{1,2} + PPR^{c2}_{0,1} \times PPR^{c2}_{1,2} \times PPR^{c2}_{2,3} \\
&+ PPR^{c2}_{0,1} \times PPR^{c2}_{1,2} \times PPR^{c2}_{2,3} \times PPR^{c1}_{3,4} \\
&+ PPR^{c2}_{0,1} \times PPR^{c2}_{1,2} \times PPR^{c2}_{2,3} \times PPR^{c1}_{3,4} \times PPR^{c1}_{4+,5+} / (1 - PPR^{c1}_{4+,5+})
\end{aligned} \quad (4-29)$$

这里 $CFR^{c1,c2}_{fixPPR1+}$ 表示第 1 孩到第 2 孩的孩次递进比以及更高孩次的孩次递进比保持在 $c1$ 队列的水平不变，第 0 孩到第 1 孩的孩次递进比为 $c2$ 队列水平的队列终身生育率。$CFR^{c1,c2}_{fixPPR2+}$ 表示第 2 孩到第 3 孩的孩次递进比以及更高孩次的孩次递进比保持在 $c1$ 队列的水平不变，第 0 孩到第 1 孩以及第 1 孩到第 2 孩的孩次递进比为 $c2$ 队列水平的队列终身生育率。$CFR^{c1,c2}_{fixPPR3+}$ 的含义以此类推。使用该方法可以检测哪个孩次对于队列终身生育率下降的贡献最大（Zeman et al.，2018）。

三　数据

正如在第二章中论述的那样，中国有多个部门统计人口数据，但各部门的数据存在差异。关于出生数量和生育水平，有一些研究认为存在较大漏报（Merli and Raftery，2000；Attané，2001），还有一些研究认为没有充分的理由证明中国存在大规模和持续性的出生漏报（张广宇、原新，2004；郭志刚，2011），另有一些研究认为中国的出生人口数量有可能存在多报（Zeng，2007；Cai，2008；Morgan et al.，2009；Goodkind，2011）。根据 2010 年人口普查数据判断，1990～2010 年的人口估计和预测高估了出生人口数量和生育水平，误导了对于生育水平和人口形势的判断（郭志刚，2011）。

就中国的人口普查数据而言，普遍认为 1982 年和 1990 年的普查数据质量相对可靠（Banister，1987；Banister，1994；Johansson and Arvidsson，

1994)，但是随着2000年和2010年数据的公布发现1982年和1990年的数据也存在一定的质量问题。同时，2000年和2010年的数据也存在一定的问题（郭志刚，2017；Lavely，2001；Cai，2013）。尽管如此，在没有其他数据可以佐证的情况下，中国的人口普查数据是相对比较全面的数据。本章使用1982年、1990年、2000年和2010年全国人口普查数据和1995年、2005年、2015年全国人口1%抽样调查数据，同时使用2000年0.95‰人口普查个案数据。1986年、1996年和2011年平均生育年龄的计算采用《中国人口与就业统计年鉴》中的年龄别生育率汇总数据，对汇总数据没有进行调整。

四　结果

（一）时期生育指标

1. 总和生育率

表4-1提供了1981年、1989年、1995年、2000年、2005年、2010年和2015年分孩次的总和生育率数据。自1980年代以来总和生育率一直下降，1990年代以来处于更替水平以下。一孩总和生育率一直下降；二孩总和生育率先下降，2000年之后有上升趋势；三孩总和生育率下降，2000年之后稳定在较低水平。1981年、1989年、1995年，三孩及以上孩次的总和生育率下降对于中国的总和生育率下降贡献最大；1995年、2000年、2005年、2010年、2015年，一孩总和生育率下降对于中国的总和生育率下降贡献最大，是低生育水平下总和生育率下降的主导因素。

表4-1　1981年、1989年、1995年、2000年、2005年、2010年和2015年分孩次的总和生育率

年份	TFR	TFR_1	TFR_2	TFR_{3+}
1981	2.61	1.18	0.64	0.79
1989	2.25	1.01	0.72	0.52
1995	1.43	0.96	0.36	0.11
2000	1.22	0.87	0.29	0.07
2005	1.34	0.89	0.38	0.06
2010	1.19	0.73	0.38	0.08
2015	1.05	0.56	0.42	0.08

资料来源：1981年、1989年、1995年、2000年、2005年、2010年和2015年结果分别根据对应年份人口普查或1%人口抽样调查年龄别生育率汇总数据计算得到。

1990 年代中国的生育已经降到较低水平，但政府部门和学者并没有就生育水平涉及的问题达成共识。官方和部分学者认为 2000 年前后的总和生育率为 1.7～1.8，甚至更高，也有学者认为在 1.5～1.6，甚至也有可能低于 1.5。结合历年人口变动抽样调查、国家计划生育委员会的全国人口与生殖健康调查，以及 2000 年人口普查所得数据，都显示自 1990 年代初期以来中国的总和生育率低于 1.5 的水平（郭志刚，2004a；Morgan et al.，2009）。2000 年人口普查数据显示总和生育率是 1.22，但国家统计局内部使用的总和生育率是 1.4（Morgan et al.，2009）。Retherford 等（2005）使用人口普查数据和亲生子女法得到 1997～2000 年的总和生育率在 1.5 左右，Cai（2008）使用人口普查数据和变量 - r 方法得到 1990～2000 年总和生育率在 1.5～1.6。

Population Reference Bureau（2007）认为中国 2007 年的总和生育率为 1.6。联合国曾估计 1995～2010 年中国平均的总和生育率是 1.8（Myrskylä et al.，2012）。不过，随着时间的推移，联合国对于中国总和生育率的水平估计在下降，1995～2000 年、2000～2005 年、2005～2010 年和 2010～2015 年的总和生育率分别为 1.51、1.55、1.58 和 1.60（United Nations，2017）。在 United Nations（2017）对中国人口的预测方案中，2015～2020 年、2020～2025 年和 2025～2030 年总和生育率分别为 1.63、1.66 和 1.69，有小幅度上升。然而，从 2016～2019 年四年的出生数量来看，未来总和生育率上升的可能性不大。

2010 年和 2015 年数据显示的总和生育率很低，主要是一孩总和生育率显著下降并达到极低水平（郭志刚，2013、2017）。虽然人口普查数据本身可能存在瞒报漏报，但正如众多研究指出的那样（Bongaarts and Feeney，1998；郭志刚，2000a、2000b），当生育水平存在较大波动、生育明显推迟的情况下，使用总和生育率度量生育水平与实际生育情况可能存在较大偏差。

2. 年龄别生育率

表 4 - 2 提供了年龄别生育率数据。总体来说，生育旺盛期 20～24 岁和 25～29 岁年龄组的生育率持续下降。1981 年生育峰值年龄在 25～29 岁年龄组，1989～2005 年人口普查和全国 1% 人口抽样调查数据显示的生育峰值年龄在 20～24 岁年龄组，2010 年之后生育峰值年龄又上升到 25～29 岁年龄

组。20 世纪 70 年代“晚、稀、少”的计划生育政策要求女性 23 岁结婚，生育二孩要间隔 4 年以上，表 4－3 显示 1981 年一孩平均生育年龄为 25.26 岁，二孩平均生育年龄为 27.25 岁，表明 1981 年一孩和二孩生育很大一部分发生在 25～29 岁年龄组。而 1981 年开始实行的《中华人民共和国婚姻法》规定，女性不得早于 20 岁结婚，与“晚、稀、少”政策相比实际上是降低了初婚年龄。在中国将近 70% 的女性在婚后 1 年半以内生育，90% 的女性在婚后 2 年半内生育，自 1980 年代以来，育龄妇女初婚初育间隔总体上呈下降的趋势（李玉柱、姜玉，2009）。《中华人民共和国婚姻法》规定的女性 20 岁结婚，使得很长一段时间生育峰值年龄发生在 20～24 岁年龄组。随着婚姻和生育的推迟以及二孩生育的增多，2010 年及其后数据显示生育峰值年龄从 20～24 岁转变到 25～29 岁。

30～49 岁各年龄组的生育率从 20 世纪 80 年代以来下降，反映了高孩次生育率的下降；而 1995 年和 2000 年之后又上升，反映了中国生育的推迟和二孩生育水平的提高。

表 4－2　1981～2015 年部分年份的年龄别生育率

单位：‰

年份	15～19 岁	20～24 岁	25～29 岁	30～34 岁	35～39 岁	40～44 岁	45～49 岁
1981	6.12	144.73	235.74	85.70	32.90	14.31	3.26
1989	21.99	198.81	155.55	55.74	19.56	5.67	1.63
1995	10.89	154.07	91.84	26.50	5.71	1.58	0.63
2000	5.96	114.49	86.19	28.62	6.22	1.46	0.68
2005	6.34	114.46	91.70	40.22	10.98	2.05	0.77
2010	5.93	69.47	84.08	45.84	18.71	7.51	4.68
2015	9.19	54.96	74.31	45.31	18.60	5.37	3.11

资料来源：数据由全国各次人口普查和 1% 人口抽样调查得到。

3. 平均生育年龄

表 4－3 提供了平均生育年龄数据。平均生育年龄整体呈现先下降后上升的趋势。1981 年平均生育年龄为 27.98 岁，到 1995 年下降到 25.22 岁，到 2015 年上升到 28.48 岁。分孩次来看，一孩和二孩平均生育年龄从 1981 年到 1989 年下降，1989 年之后稳步上升，这反映了生育推迟效应。三孩及以上孩次的平均生育年龄从 1981 年到 1995 年下降，这实际上是两个因素综

合作用的结果，一是四孩及以上孩次的生育率及出生比例下降使得三孩及以上孩次的平均生育年龄下降，二是三孩及以上孩次生育的推迟使得平均生育年龄上升，两者综合作用表现为1981～1995年三孩及以上孩次的平均生育年龄下降。三孩及以上孩次生育的推迟在1995年之后非常明显，表现为在1995年之后当三孩总和生育率稳定之后三孩及以上孩次的平均生育年龄逐步上升。

平均生育年龄的变化体现了孩次结构和分孩次生育年龄综合作用的结果。1981～1995年，三孩及以上孩次的总和生育率下降很快（见表4－1），三孩及以上孩次的出生数量占总出生数量的比例下降，使得平均生育年龄下降。之后，生育推迟的作用变得明显，使平均生育年龄上升。平均生育年龄的这种变化模式在西方国家得到广泛验证（Balasch and Gratacós，2011）。

西方国家的经验表明总和生育率和初婚年龄（初育年龄）存在显著的负相关关系（Inaba，1995）。意大利1950年左右的出生队列初婚年龄提高1年使得女性的终身生育率下降了0.08（Billari et al.，2000）。2014年，日本、韩国、台湾地区的平均初育年龄分别为29.88岁、30.02岁和30.70岁（HFD，2019；Yoo and Sobotka，2018）。按照东亚地区的趋势，中国的平均初育年龄及平均生育年龄还有很大的上升空间。中国的数据表明初育年龄与终身生育率之间具有显著的负相关关系（王亚楠、钟甫宁，2015）。可以预期，随着初婚、初育和生育年龄的提高，中国的生育水平会进一步下降。

表4－3　1981～2015年部分年份各孩次的平均生育年龄

单位：岁

年份	总计	第1孩	第2孩	第3孩及以上
1981	27.98	25.26	27.25	32.64
1989	26.12	23.43	26.59	30.66
1995	25.22	23.81	27.40	30.43
2000	25.87	24.50	28.80	31.08
2005	26.41	24.59	29.79	31.58
2010	28.44	26.65	30.83	33.44
2015	28.48	26.63	30.21	32.56

资料来源：根据1982年、1990年、2000年、2010年全国人口普查数据和1995年、2005年、2015年全国1%人口抽样调查数据计算得到。

4. 已婚总和生育率

表4－4提供了已婚总和生育率数据。已婚总和生育率随着时间的推移呈现下降趋势。总和生育率和已婚总和生育率的比值反映了以年龄别已婚生育率为权重的年龄别已婚比例的平均值。这个已婚比例的平均值在1989年为0.75，2000年下降到0.54，2015年下降到0.49。虽然中国女性还是普遍结婚，但是20世纪90年代以来年轻人一直在推迟结婚，导致生育推迟和生育水平的下降。

表4－4 1989～2015年部分年份的20～49岁已婚女性总和生育率

年份	TMFR	$TMFR_1$	$TMFR_2$	$TMFR_{3+}$	TFR/TMFR
1989	2.99	1.53	0.90	0.56	0.75
1995	2.36	1.77	0.46	0.12	0.61
2000	2.25	1.80	0.37	0.08	0.54
2005	2.38	1.83	0.48	0.07	0.56
2010	2.13	1.51	0.52	0.10	0.56
2015	2.12	1.35	0.67	0.10	0.49

资料来源：1989～2015年结果分别根据对应年份人口普查或1%人口抽样调查年龄别生育率汇总数据计算得到。注：由于15～19岁年龄组普查登记的结婚人数太少，导致所计算结果偏大，所以本表中使用20～49岁年龄段的数据，为了比较，本表中的TFR也是20～49年龄段数据。

5. 标准化的总和生育率

表4－5提供了使用年龄别已婚比例对总和生育率进行标准化的数据。第一列表示的是使用该年的年龄别已婚比例对数据进行标准化，行数据表示的是使用第一列年份的年龄别已婚比例数据对历年的总和生育率进行标准化后得到的总和生育率。行数据显示，如果用某年份的年龄别已婚比例对历年数据进行标准化，则该年份之前年份的标准化总和生育率低于实际观测的总和生育率，而其后年份的标准化总和生育率高于观测到的总和生育率。列数据表示某年份使用历年的年龄别已婚比例标准化之后的数值，这些数值呈现下降趋势。表4－5中数据反映了未婚比例的提高、婚姻推迟以及其后的生育推迟对于总和生育率下降的影响。郭志刚（2017）、郭志刚和田思钰（2017）的研究也证明了这一点。

表 4-5 标准化的总和生育率

年龄别已婚比例标准	标准化的总和生育率				
	1982 年	1990 年	2000 年	2010 年	2015 年
原始	2.61	2.25	1.22	1.19	1.05
1982 年数据	2.61	2.17	1.47	1.56	1.55
1990 年数据	2.68	2.25	1.54	1.61	1.60
2000 年数据	2.37	1.86	1.22	1.36	1.33
2010 年数据	2.05	1.59	1.03	1.19	1.16
2015 年数据	1.88	1.43	0.92	1.08	1.05

6. 总和生育率的变化分解

总和生育率的变化可以分解为已婚生育率变化的影响和已婚比例变化的影响，结果如表 4-6 所示。1989~2000 年总和生育率下降了 1.03，其中已婚生育率的下降贡献了 59.20%，已婚比例的下降贡献了 40.80%。不管是使用未经调整的人口普查数据（Jiang et al.，2019a），还是使用调整后的人口普查数据（Retherford et al.，2005），已婚生育率的下降和已婚比例的下降这两个因素对于总和生育率下降的贡献大约是 60% 和 40%。2000~2010 年，总和生育率下降了 0.03。其中，已婚比例的下降使得总和生育率下降了 0.17，而已婚生育率的上升使得总和生育率提高了 0.14。随着婚姻的推迟，年龄别已婚比例会进一步下降，使总和生育率进一步下降。1989~2010 年，城市中生育率的下降主要由已婚比例的下降引起，而农村总和生育率下降中已婚生育率下降的影响稍微大于已婚比例下降的影响。

表 4-6 总和生育率分解结果

初始 TFR		期末 TFR		总变化	已婚生育率影响	已婚比例影响
1989 年	2.25	2000 年	1.22	-1.03 (100.00%)	-0.61 (59.20%)	-0.42 (40.80%)
2000 年	1.22	2010 年	1.19	-0.03 (100.00%)	0.14 (-466.70%)	-0.17 (566.70%)
1989 年（城市）	1.52	2010 年（城市）	0.89	-0.63 (100.00%)	-0.18 (28.60%)	-0.45 (71.40%)
1989 年（镇）	1.63	2010 年（镇）	1.16	-0.47 (100.00%)	-0.19 (40.40%)	-0.28 (59.60%)

续表

初始 TFR		期末 TFR		总变化	已婚生育率影响	已婚比例影响
1989 年（农村）	2.54	2010 年（农村）	1.44	-1.09 (100.00%)	-0.58 (53.20%)	-0.51 (46.80%)

资料来源：Jiang 等（2019a）。

（二）调整的时期生育指标

1. 时期孩次递进生育率

时期孩次递进生育率的结果如表 4－7 所示。总和递进生育率从 1982 年的 2.54 下降到 2000 年的 1.33，其中一孩总和递进生育率接近 1，说明中国终身不育的比例很小；二孩的总和递进生育率从 0.88 下降到 0.33；三孩的总和递进生育率从 0.44 下降到 0.03。从 2000～2010 年总和递进生育率没有明显变化（郭志刚，2013）。2015 年一孩的总和递进生育率降低到 0.86，反映了一孩生育水平的降低和终身不育比例的提高；二孩的总和递进生育率为 0.34，大体反映了当前二孩生育的情况。

表 4－7　时期孩次递进生育率

年份	PPR_{01}	PPR_{12}	PPR_{23}	PPR_{34}	PPR_{45+}	总和递进生育率
1982	1.00	0.88	0.44	0.14	0.08	2.54
1990	0.99	0.71	0.29	0.09	0.04	2.11
1995	0.96	0.43	0.14	0.17		1.70
2000	0.97	0.33	0.03	0.00	0.00	1.33
2005	0.98	0.41	0.04			1.42
2010	0.98	0.37	0.05			1.39
2015	0.86	0.34	0.08			1.28

资料来源：1982 年、1990 年、2000 年结果来源于王广州（2004）；1995 年结果来源于郭志刚（2000a）；2005 年、2010 年结果来源于郭志刚（2013）；2015 年结果由 2015 年全国 1% 人口抽样调查数据计算得到。

2. 去进度和去孩次结构影响总和生育率

表 4－8 提供了去进度总和生育率、去孩次结构总和生育率、去进度和去孩次结构总和生育率的数据。

生育率在下降过程中会受到生育进度的影响。总和生育率在 1989 年、2000 年和 2015 年分别为 2.25、1.22 和 1.05。去除进度效应影响之后得到的 TFR* 在 1989 年、2000 年和 2015 年分别为 2.10、1.48 和 1.11。2015 年去进度效应一孩总和生育率为 0.63，相比于一孩总和生育率的 0.56 上升了 0.07，但是依然与中国女性普遍生育一孩的实际情况差别较大。

去除已有孩次结构影响得到调整的总和生育率 TFRp，在 1989 年、2000 年和 2015 年分别为 2.26、1.36 和 1.40，从 1989 年到 2000 年下降幅度较大，主要是由于二孩、三孩及以上孩次的 TFRp 大幅下降引起的。从 2000 年到 2015 年略有上升，其中一孩 TFRp 下降，二孩 TFRp 上升。中国于 2013 年开始实施了“单独二孩”政策，对二孩生育水平的提升起到了一定作用。

同时去除进度效应和孩次结构影响得到调整的总和生育率 TFRp* 。TFRp* 在 1989 年、2000 年和 2015 年分别为 2.22、1.49 和 1.42，TFRp* 在 1989 ~ 2000 年下降迅速，下降主要是由于二孩、三孩及以上孩次引起的。在 2000 ~ 2015 年略有下降，主要是由第一孩 TFRp* 下降引起的。

值得注意的是表 4 - 7 中 2015 年从 0 孩到 1 孩的孩次递进生育率为 0.86（见表 4 - 7），去除孩次结构之后的一孩总和生育率 TFRp 为 0.87，去除进度和孩次结构效应之后的一孩总和生育率 TFRp* 为 0.90。虽然中国传统上是普遍结婚普遍生育，但近年来终身不婚和不育的趋势值得关注。

表 4 - 8　去进度和去孩次结构影响总和生育率

年份	TFR				TFR*			
	合计	第一孩	第二孩	第三孩及以上	合计	第一孩	第二孩	第三孩及以上
1989	2.25	1.01	0.72	0.52	2.10	0.94	0.62	0.55
2000	1.22	0.87	0.29	0.06	1.48	1.01	0.40	0.07
2015	1.05	0.56	0.42	0.08	1.11	0.63	0.40	0.08
年份	TFRp				TFRp*			
	合计	第一孩	第二孩	第三孩及以上	合计	第一孩	第二孩	第三孩及以上
1989	2.26	0.99	0.74	0.54	2.22	0.98	0.68	0.55
2000	1.36	0.96	0.34	0.06	1.49	0.98	0.44	0.07
2015	1.40	0.87	0.45	0.08	1.42	0.90	0.44	0.08

资料来源：1989 年结果通过 1990 年人口普查数据汇总计算得到；2000 年结果通过 2000 年全国人口普查 0.95‰个案数据得到；2015 年结果通过 2015 年全国 1% 人口抽样调查汇总数据计算得到。

（三）队列生育指标

1. 45 ~ 49 岁女性队列至少生育 N 孩的比例

表 4 - 9 提供了 1980 年代以来 45 ~ 49 岁女性中至少生育 N 个孩子的女性

所占的比例。在 1982 年和 1990 年，45 ~ 49 岁出生队列出生于 20 世纪 30 ~ 40 年代，生育高峰期在 20 世纪 50 年代后半期、60 年代、70 年代和 80 年代初期。这整个时期中国的生育水平较高。1982 年 45 ~ 49 岁出生队列中至少活产 4 个孩子的比例为 81%，至少生育 5 个孩子的比例为 65%，1990 年 45 ~ 49 岁出生队列至少生育 4 个和 5 个孩子的比例分别为 61% 和 34%。

2000 年人口普查中 45 ~ 49 岁出生队列，她们出生于 20 世纪 50 年代，生育高峰年龄在 20 世纪 70 年代末期之后，正是中国严格执行计划生育政策的时期。这个队列中曾经生育过 3 个、4 个和 5 个孩子的比例大幅度下降。但即使在比较严格的计划生育政策下，仍然有 78% 的女性生育二孩，38% 的女性生育三孩。中国 1980 年提出了严格的一对夫妻生育一个孩子的政策，经过调整之后大部分地区实行的是一孩半（农村地区第一个孩子是女孩的夫妻可以再生育一个）或者二孩政策，还有部分人口不限制生育（Gu et al.，2007）。此外，中国还有数量庞大的计划外生育（易富贤，2013；陈剑，2015）。2010 年人口普查资料显示，全国大约 1300 万黑户中 60% 是计划生育超生人口（任绍敏，2015）。但总体来说，这个队列的生育水平已经下降很多。

2015 年全国 1% 人口抽样调查数据显示，45 ~ 49 岁出生队列只有 52% 的女性生育过两个孩子。一方面计划生育政策限制了生育数量，另一方面社会经济发展越来越成为促使生育率下降的主要因素（Cai，2010；Zhao and Zhang，2018）。值得注意的是，2015 年 45 ~ 49 岁出生队列已经度过了生育期，其后出生队列的生育水平有可能更低。

表 4 - 9　45 ~ 49 岁女性至少生育 N 个孩子的女性所占比例

单位：%

年份	至少活产 1 个	至少活产 2 个	至少活产 3 个	至少活产 4 个	至少活产 5 个
1982	98	96	91	81	65
1990	99	96	84	61	34
2000	99	78	38	13	04
2015	96	52	11	02	01

资料来源：1982 年结果根据 IPUMS 下载的个案数据计算得到；1990 年结果根据普查数据中活产子女数计算得到；2000 年结果根据 2000 年人口普查 0.95‰个案数据计算得到；2015 年结果根据 2015 年 1% 全国人口抽样调查得到。

2. 45 ~ 49 岁队列孩次递进比

表 4 - 10 提供了由 1982 年、1990 年、2000 年和 2015 年数据计算的 45 ~

49岁出生队列的队列孩次递进比。1982～1990年，45～49岁女性的三孩到四孩、四孩到以上孩次递进比下降明显；1990～2000年，45～49岁女性高孩次递进比下降的同时，一孩到二孩孩次递进比下降，二孩到三孩孩次递进比大幅度下降；2000～2015年，45～49岁女性一孩到二孩、二孩到三孩队列孩次递进比显著下降。2015年，一孩到二孩孩次递进比只有0.55。

表4－10 不同年份45～49岁的队列孩次递进比

年份	$PPR_{0,1}$	$PPR_{1,2}$	$PPR_{2,3}$	$PPR_{3,4}$	$PPR_{4,5+}$	CFR
1982	0.98	0.98	0.95	0.89	2.09	5.36
1990	0.99	0.97	0.87	0.72	1.00	4.00
2000	0.99	0.79	0.49	0.35	0.44	2.35
2015	0.96	0.55	0.21	0.20	0.23	1.62

资料来源：1982年结果根据IPUMS下载数据计算得到；1990年结果根据1990年人口普查数据中的生育数据计算得到；2000年结果根据2000年人口普查0.95‰个案数据计算得到；2015年结果根据2015年全国1%人口抽样汇总数据计算得到。

3.45～49岁队列生育率变化的分解

表4－11提供了1982～1990年、1990～2000年、2000～2015年45～49岁女性队列终身生育率变化的分解结果。45～49岁女性终身生育率在1982～1990年、1990～2000年和2000～2015年分别下降了1.36、1.66和0.73。1982～1990年，促使终身生育率下降的主要因素是三孩到四孩及以上孩次的递进比下降，使终身生育率下降了1.10；1990～2000年，促使终身生育率下降的主要因素是第二孩到第三孩递进比的变化，使终身生育率下降了0.73；第一孩到第二孩递进比的变化，使终身生育率下降了0.56；2000～2015年，促使终身队列生育率下降的主要因素是第一孩到第二孩的递进比变化，使终身生育率下降了0.41。在生育从较高水平降低到更替水平的过程中，三孩及以上孩次生育率下降是主要因素；当生育水平降低到更替水平以下之后，第一孩和第二孩的生育率下降是促使生育率下降的主要因素（Zeman et al.，2018）。

在欧洲1955年以后出生女性的生育率下降中，从零孩到一孩和一孩到二孩的递进比下降起到了关键作用（Frejka，2008）。欧洲历史数据显示终身不育女性比例的上升对于低生育率背景下生育率的进一步下降起到了很大的作用（Sobotka，2017）。在东亚尤其是日本，1950年和1960年女性队列中终身不育女性的比例大幅上升促使终身生育率下降（Frejka et al.，2010）。在南欧、中欧的德语地区国家以及东亚国家中，1955～1970 年出生队列中终身不育女性比例提高是终身生育率下降的主要原因（Zeman et al.，2018）。中国 2015 年从零孩到一孩的递进生育率降低到 0.86；去除孩次结构之后的一孩总和生育率 TFRp 为 0.87，去除进度和孩次结构效应之后的一孩总和生育率 TFRp* 为 0.9。可以预测，未来终身生育率的下降，主要是零孩到一孩的递进比下降，也就是终身不育水平的提高而引起的。如果延长表 4－11 中黑色标注的对角线，也为这种推断提供了支持。

表 4－11　45～49 岁女性终身生育率变化分解

年份	期初 CFR	期末 CFR	△CFR	$dPPR_{0,1}$	$dPPR_{1,2}$	$dPPR_{2,3}$	$dPPR_{3,4+}$
1982～1990	5.36	4.00	－1.36	0.04	－0.02	－0.28	－1.10
1990～2000	4.00	2.35	－1.66	－0.01	－0.56	－0.73	－0.36
2000～2015	2.35	1.62	－0.73	－0.07	－0.41	－0.22	－0.03

资料来源：同表 4－10。

4. 队列终身生育率

表 4－12 提供了不同年龄段的活产子女数。1982 年 45～49 岁女性活产子女数为 5.36，2000 年下降为 2.35，2010 年为 1.84，2015 年 45～49 岁的女性人口出生在 1966～1970 年，终身生育率下降到 1.62。2015 年 35～39 岁女性出生在 1976～1980 年，活产子女数为 1.46，即使在 2005 年和 2010 年 35～39 岁女性活产子女数到 2010 年和 2015 年分别增加了 0.02，2015 年 35～39 岁女性到 2025 年在 45～49 岁她们的终身生育率也不会超过 1.5。

王广州和胡耀岭（2011）发现，在 29 岁时 1950 年、1960 年、1970 年和 1980 年出生队列的累计终身生育率分别为 1.50、1.49、1.31 和 1.21，到 34 岁时 1950 年、1960 年、1970 年和 1980 年出生队列的累计终身生育率分别为 2.00、1.86、1.34 和 1.29。育龄妇女的终身生育率持续下降。1969～1984 年出生队列终身生育率均处于 1.5 以下。Morgan 等（2009）估计中国 1970 年代出生队列的终身生育率在 1.6～1.7，Myrskylä 等（2012）估计中国 1970 年代出生队列的终身生育率为 1.7。中国较富裕的邻国如日本、新加坡 1970 年代出生队列的终身生育率在 1.5 以下（Frejka et al.，2010）。日本 1970 年代和 1980 年代出生队列的终身生育率估计为 1.39 和 1.23

(Iwasawa and Kaneko，2007)。可以预期，中国1970年及其后的出生队列的终身生育率会继续下降。

表4-12 不同年龄组的活产子女数

年份	35~39岁	40~44岁	45~49岁	60~64岁
1982	3.80	4.64	5.36	5.27
1990	2.48	3.21	4.00	4.95
1995	2.08	2.44	3.05	4.09
2000	1.85	2.05	2.35	
2005	1.67	1.91	2.09	3.49
2010	1.52	1.69	1.84	2.66
2015	1.46	1.54	1.62	

资料来源：1990年和1995年分别根据1990年人口普查数据和1995年全国1%人口抽样调查数据计算得到；其他数据均由相应人口普查数据或1%抽样调查数据直接得到。

五 本章小结

对中国生育水平的研究存在争议。本章使用人口普查和抽样调查数据，使用时期生育指标、调整的时期生育指标、队列生育指标对生育水平进行了分析。研究发现：

婚姻推迟对生育率下降的影响显著。年龄别生育模式的变化、平均生育年龄的上升、总和生育率和已婚总和生育率的比值下降，以及总和生育率的标准化和分解，都反映了婚姻推迟对总和生育率变化的影响。在1989~2000年婚姻推迟使得总和生育率下降0.42，在2000~2010年使得总和生育率下降0.17。未来中国的初婚年龄还有较大的上升空间，婚姻推迟会使得总和生育率继续下降。虽然中国已经实行了全面二孩政策，并且很可能会取消生育限制政策，但是由于社会经济发展因素（Zhao and Zhang，2018）和非常低的生育意愿（Jiang et al.，2016a），中国的生育水平不会大幅度回升。

调整的时期生育指标显示，即使剔除了由于婚育推迟带来的进度效应影响以及孩次结构的影响，2000年之后调整的总和生育率依然处于1.5以下，2015年一孩的生育率在0.9的水平。传统上中国女性普遍结婚和生育，但是这种模式正在发生变化，终身不婚和终身不育水平逐步提高，使一孩的生育水平下降。

队列指标显示终身生育水平明显下降，1982 年 45 ~ 49 岁妇女的活产子女数是 5.36，而在 2015 年下降为 1.62。1982 ~ 1990 年 45 ~ 49 岁女性终身生育率下降主要由四孩及以上孩次的生育水平下降引起，1990 ~ 2000 年 45 ~ 49 岁女性终身生育率下降主要由二孩和三孩孩次的生育水平下降引起，2000 ~ 2015 年 45 ~ 49 岁女性终身生育率下降主要是由于二孩孩次的生育水平下降引起。可以预期，在当前低生育水平状况下，未来生育水平下降主要是由于一孩生育水平下降也就是终身不育水平的提高带来的。

自 1970 年代以来中国采取了比较严格的生育政策，当前低生育水平引起了中国社会的担忧。随着生育率的下降以及育龄妇女数量的减少和她们年龄结构的变化，未来生育数量会继续下降（姜全保等，2018）。中国的人口总量依然庞大，劳动力数量依然丰富，但是未来人口总量的急速下降、快速的老龄化、家庭规模的缩小以及由此带来的养老问题，都是中国必须面对并且需要提早采取预防措施的问题。

第五章　生育指标的区域差异

一　引言

中国幅员辽阔，社会经济发展存在区域差异，三十多个省级行政区域有着各自的社会经济文化发展特点。改革开放以来，尤其是20世纪90年代以来，无论是东、中、西部地区间还是省际间经济发展水平差距加大（金相郁、郝寿义，2006）。与经济社会发展不平衡相对应，中国还实行区域差异化的生育政策。在2013年单独二孩政策执行之前，中国有6个省份实行一孩政策，19个省份实行一孩半政策，5个省份允许生育两个孩子（Gu et al.，2007）。人口指标也存在巨大的区域差异，各省的人口规模、生育转变、生育年龄和生育率等指标各不相同。

从人口规模来看，大部分省份的人口规模非常大，但不同省份存在巨大差异（茅倬彦，2011）。从生育率转变开始的时间和转变的速度来看，可以分为三类：第一类为较早开始转变省份，在20世纪60年代末和70年代初完成了转变，之后一直低于更替水平；第二类为较晚开始转变省份，20世纪80年代后生育率达到或低于更替水平；第三类为最晚才开始转变省份，生育率在20世纪70年代末和80年代才开始下降（陈卫，1995）。从生育模式来看，中国各省中既包括了发达国家的生育模式，也包括了发展中国家的生育模式（茅倬彦，2011）。从生育率变动来看，中国生育率变动遵循地理波现象和先进生育文化的地理扩散过程，宏观生育率在不同的区域间和区域内的扩散效应存在着差异（Peng，1993；尹文耀等，2003），这也是发展的时空差异在生育上的表现（尹文耀，2003）。生育率下降始于少数大城市和一些东部沿海省份，上海市处于领先，之后是北部省份，转变逐渐跨越省界。1970年代末，东部省份接近更替生育水平，而西北和一些南部地区转变较晚。随着计划生育政策的逐步实施，生育率在全国范围出现下降。1980年，北京、上海和江苏等发达地区生育率已经下降到1.5以下，辽宁、吉林、山东和福建等沿海省份已经在更替水平左右，但西北和西南地区的生育率仍然较高。随着严格的计划生育政策实施，生育率快速下降，2000年，沿海和中部以及东部省份的生育率进一步下降到1.5以下，西北和西南省份生育率也下降到更替水平以下。生育率的下降从东部沿海省份逐渐扩散到中部和西部省份。

本章使用ArcGIS软件，通过地图展示生育指标的时间、空间变化趋势，具体生育指标包括生育政策、政策生育率、生育年龄、总和生育率、曾经生育子女数和队列孩次递进比。本章的数据一部分来自人口普查资料直接计算所得，一部分来自现有研究资料。

二 生育政策

自20世纪50年代以来，人口快速增长与经济发展的关系就被广泛关注（Nelson，1956；Coale and Hoover，1958；United Nations，1971）。随着“人口爆炸”（Ehrlich，1968）和“增长的极限”（Meadows et al.，1972）研究成果的发表，限制人口增长的政策得到了广泛支持。

中国政府在20世纪50～60年代也认识到人口快速增长对经济发展的影响，并且把计划生育政策提到日程。但是，由于三年自然灾害，以及1966年开始的“文化大革命”，计划生育政策没有贯彻执行（Jiang et al.，2019b）。20世纪70年代计划生育政策被高度强化。1971年，周恩来总理亲自部署，专题讨论计划生育工作问题，国务院转发了《关于认真做好计划生育工作的报告》，在国民经济和社会发展第四个五年规划（1971～1975年）中列出人口增长的规划，即到1975年城市人口净增率降到10‰左右，农村人口降到15‰左右（孙沐寒，1987）。1973年，国务院批准恢复了计划生育领导小组及其办公室，随后各地区也相继恢复或成立了计划生育工作机构，并且进一步提出了“晚、稀、少”政策，对违反计划生育政策的行为有了具体的惩处规定。1995年8月，中华人民共和国国务院发布的《中国的计划生育》白皮书指出，中国从1973年正式开始在全国范围内实行计划生育政策。

1979年，一孩政策已经在全国范围内实行（梁中堂，2014；陈剑，2015）。1980年9月25日，中共中央发表了《关于控制我国人口增长问题致全体共产党员、共青团员的公开信》（以下简称《公开信》），“提倡一对夫妇只生育一个孩子”。1982年9月，党的十二大把计划生育定为基本国策。由于过于严格的生育限制严重悖离了广大群众的生育意愿，1984年4月中共中央提出实行“开小口（在农村如果符合生育二孩的条件，经过批准可以进行二孩生育），堵大口（严禁生育超计划的二孩和多孩）”，以缓解矛盾，制定因地制宜、分类指导的政策，各地遵从这一指示进一步完善生育条例。这一调整成为我国计划生育政策发展的重要转折点（陈剑，2015），但实际工作中各地依然强行实施一孩化政策。1988年3月，中央通过《计划生育工作提纲》，首次明确提出农村独女户可以生育第二孩（马小红、孙超，2011），这一政策对中国后来的人口变动影响很大。

1991年5月，中共中央、国务院颁布了《关于加强计划生育工作严格控制人口增长的决定》的文件，要求全党和人民坚持执行计划生育政策，维持生育政策的稳定和连续性。2001年12月29日，中国出台的《中华人民共和国计划生育法》规定：国家稳定现行生育政策，鼓励公民晚婚晚育，提倡一对夫妻生育一个子女；符合法律、法规规定条件的可以要求安排生育第二个子女。具体办法由省、自治区、直辖市人民代表大会或者其常务委员会规定。各省区市进一步调整完善了地方计划生育条例，形成了稳定和多样化的生育政策格局。

中国31个省区市城乡差别化的生育政策可分为（郭志刚等，2003；Gu et al.，2007）：第一，对于具有城市（非农业）户籍的人来说，原则上每对夫妇生育一个孩子。第二，对于大多数农村或农业户籍的人，省级生育政策可分为以下三类：①独生子女政策，在北京、天津、上海、重庆、江苏和四川6个省市，执行一对夫妇生育一个孩子的政策。②一孩半政策，对于农村居民，19个省区市规定如果第一孩是女孩间隔几年可以生育第二个孩子。③二孩政策，在海南、宁夏、青海、云南和新疆5个省区，所有农村夫妇都允许生育两个孩子。第三，西藏自治区实行特殊的生育政策，对于汉族干部职工要求一对夫妇生育一个孩子（Gu et al.，2007），藏族城镇居民可以生育两个孩子，藏族及人口稀少的少数民族农牧民不限制生育数量，本章中把西藏自治区的生育政策表述为没有限制的生育政策。第四，各地生育政策还有一些针对部分人群的补充内容，如地方条例对人口稀少的少数民族农牧民不设生育数量限制；符合残疾、归侨等情形的夫妇获准可继续生育子女；对再婚夫妇符合相关规定的可再生育一个孩子等（冯国平、郝林娜，1992）。各地生育政策具体分布如图 5－1a 所示。

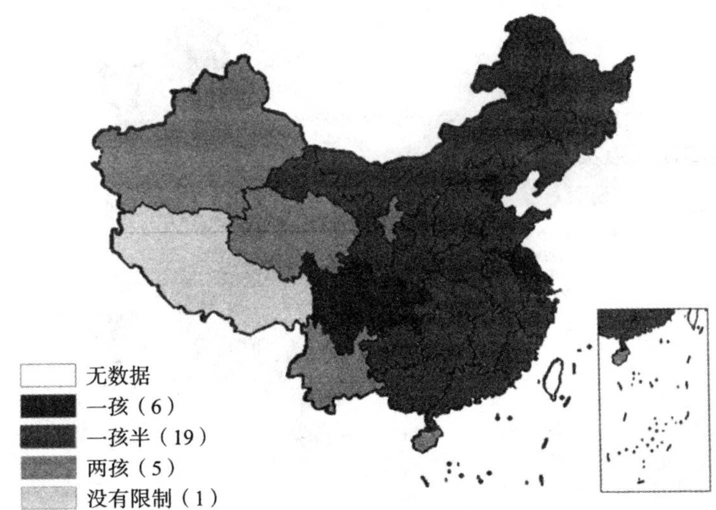

图 5－1a　2000 年前后中国各省区市生育政策

资料来源：郭志刚等（2003）、Gu 等（2007）。

三　政策生育率

1990 年初，在制订全国及各省区市国民经济和社会发展第八个五年计划（1991～1995）时，引入了“政策生育率”的概念，即一个地区的人口如果完全按照政策的规定生育，该地区平均每个妇女终身生育的孩子数（郭志刚等，2003）。林富德和路磊（1994）在进行人口前景预测时曾估计政策要求的终身生育率为 1.7。政策生育率受到计划生育政策和人口结构的影响。

郭志刚等（2003）、Gu 等（2007）依据 2000 年普查数据计算了全国和各省区市的政策生育率，上海、江苏、北京、天津、四川、重庆 6 个省市的政策生育率在 1.0～1.3；辽宁、黑龙江、广东、吉林、山东、江西、湖北、浙江、湖南、安徽、福建、山西 12 个省份的政策生育率在 1.3～1.5；河南、陕西、广西、甘肃、河北、内蒙古、贵州 7 个省区的政策生育率在 1.5～

2.0；云南、青海、宁夏、海南、新疆5个省区的政策生育率在2.0以上。尹文耀等（2013）依据人口普查数据和抽样调查数据，计算了2006～2010年各省区市的政策生育率。2000年和2010年政策生育率具体分布如图5-1b和图5-1c所示。

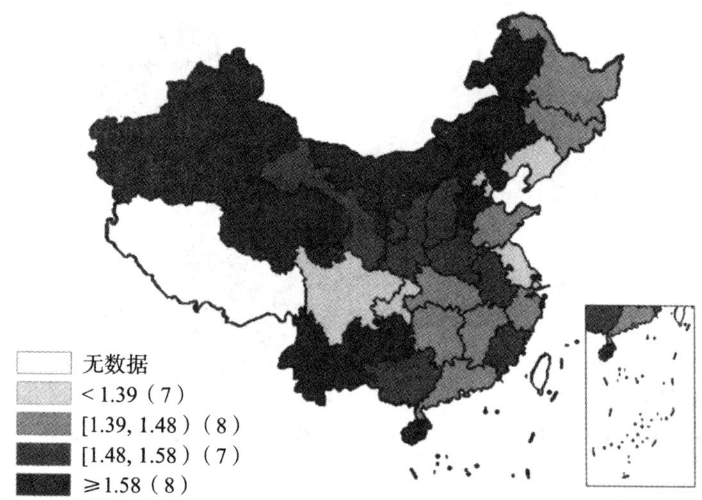

图5-1b　2000年分省区市政策生育率

资料来源：郭志刚等（2003）、Gu等（2007）。

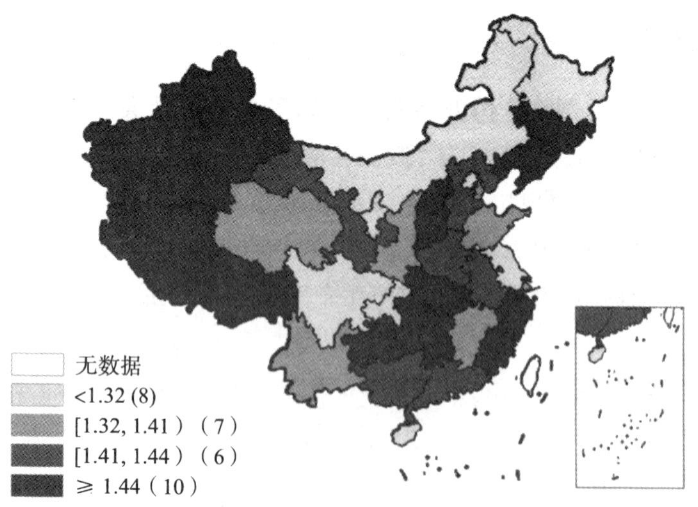

图5-1c　2010年分省区市政策生育率

资料来源：尹文耀等（2013）。

政策生育率并不是实际生育率下降的极限水平。2006～2010年，辽宁、吉林、上海、天津、浙江、黑龙江、北京、湖北、福建、陕西10个省市的生育率低于政策生育率。实际生育率降至政策生育率后，并不是保持稳定，而是继续下降（尹文耀等，2013）。这是在制定生育政策时要予以谨慎考虑的。

四　生育年龄

在经济、社会、文化多种因素作用下，推迟结婚、推迟生育的人数在持续增加（尹文耀等，2013）。在计算总和生育率时，未婚育龄女性人数作为总和生育率的分母，由于没有生育所以对分子没有贡献，中国女性未婚比例不断提高是总和生育率下降的一个重要因素（郭志刚，2017；Jiang et al.，2019a）。婚姻推迟导致生育推迟，中国生育模式转变的基本特征是平均生育年龄的推迟（赵梦晗，2016），生育峰值年龄上升（王广州，2005）。平均生育年龄的变动会产生进度效应，对时期生育水平产生影响（Bongaarts and Feeney，1998；郭志刚，2000a、2000b）。孩次别生育年龄不断提高存在持续的时期进度效应，进而降低时期生育率水平（郭志刚，2017）。

统计数据显示，中国女性初育年龄整体呈现增长趋势，1995年平均初育年龄为23.49岁，2000年增加到24.33岁，2010年提高到25.74岁，到2012年时又上升到25.78岁（张银锋、侯佳伟，2016）。2017年全国生育状况抽样调查数据显示，女性初婚年龄从2006年的23.6岁上升到2016年的26.3岁，城镇女性的平均初婚年龄从24.6岁上升到26.9岁，农村女性从22.8岁上升到25.6岁（贺丹等，2018）。女性再生育年龄也呈现增长趋势，从1995年的26.73岁增加到2000年的28.56岁，再增加到2010年的30.37岁，15年间增加了3.64岁，比平均初育年龄增长幅度大（张银锋、侯佳伟，2016）。

以f_x表示x岁女性的年龄别生育率，平均生育年龄（MAB）为$MAB = \frac{(x+0.5)f_x}{\sum f_x}$。图5－2a、图5－2b、图5－2c、图5－2d和图5－2e展示了1982年、1990年、2000年、2010年和2015年平均生育年龄以及一孩、二孩、三孩及以上孩次的平均生育年龄。纵向来看，总体上平均生育年龄和各孩次平均生育年龄呈上升趋势。横向来看，各省份之间也存在较大的区域差异。

以1982年为例，图5－2a的左上图显示，西北、西南省份的平均生育年龄较高，而东部地区的一些省份平均生育年龄反而较小。这种东西差异受到孩次构成的影响，西北和西南省份有较大比例的人口生育三孩及以上孩次，三孩及以上孩次的生育年龄高，从而推高了平均生育年龄。而东北、东部省份生育三孩及以上孩次的比例较少，虽然经济发展水平较高但平均生育年龄反而较低。图5－2a的右上图显示了1982年一孩的平均生育年龄，可以看出东北和华北省份生育第一孩时的平均年龄较高。

婚姻推迟以及相应的生育推迟使得生育水平下降。1990年代生育推迟对于生育水平下降的影响较大（郭志刚，2004a；赵梦晗，2016），2000～2010年婚姻推迟和生育推迟现象对总和生育率下降的影响减弱。1990～2000年，婚姻和生育推迟导致的总和生育率下降的幅度，东部省份最大，中部次之，西部最小。而2000～2010年，婚姻和生育推迟导致的总和生育率下降幅度最大的省份，从1990～2000年的东部地区转移到西部地区。东部、中部和西部的社会经济文化的差异，以及各省区市的社会经济文化差异，也体现在不同生育年龄对生育水平变动的不同影响上（Jiang et al.，2019a）。

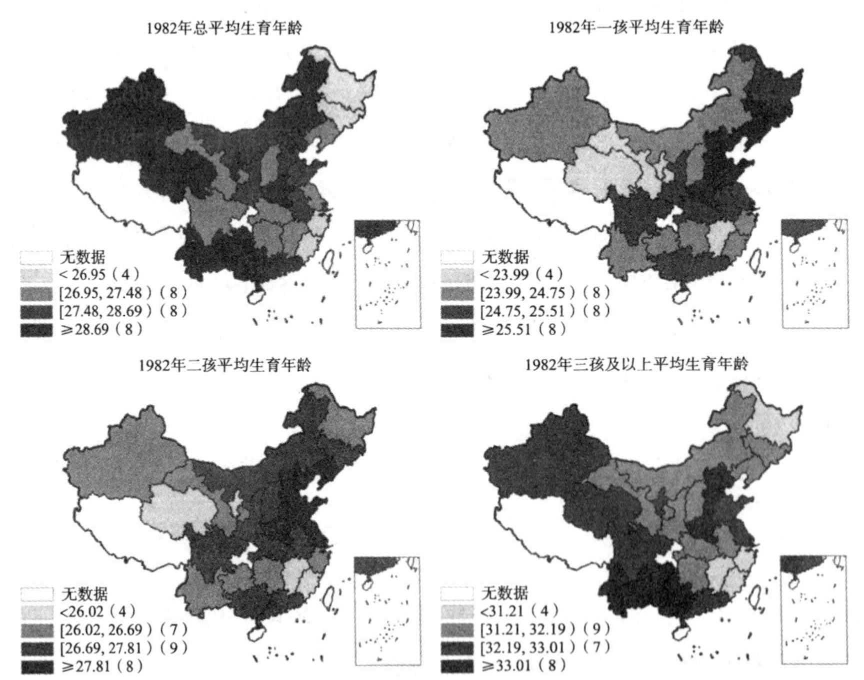

图5－2a　1982年各省区市平均生育年龄

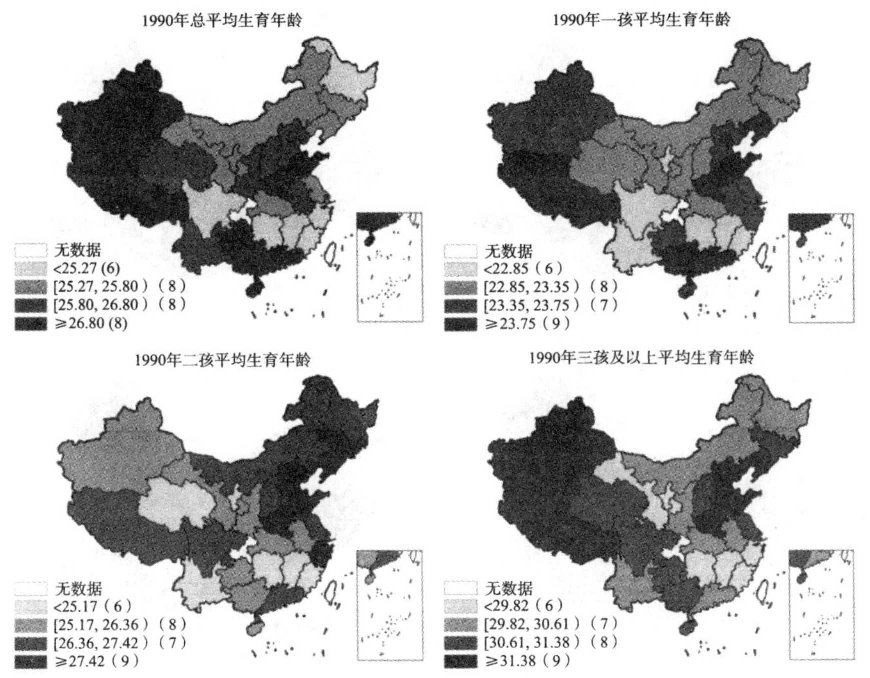

图 5-2b　1990 年各省区市平均生育年龄

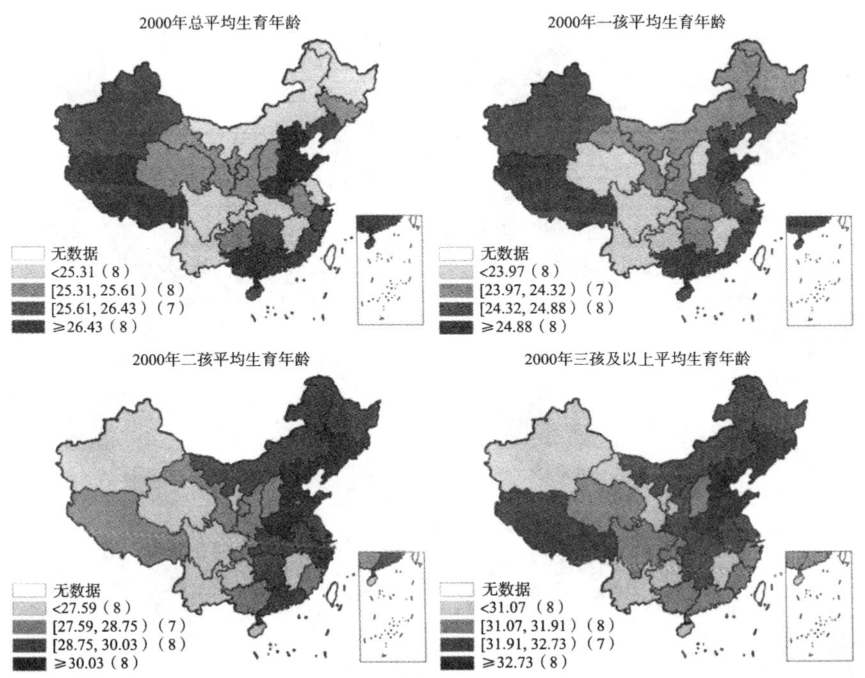

图 5-2c　2000 年各省区市平均生育年龄

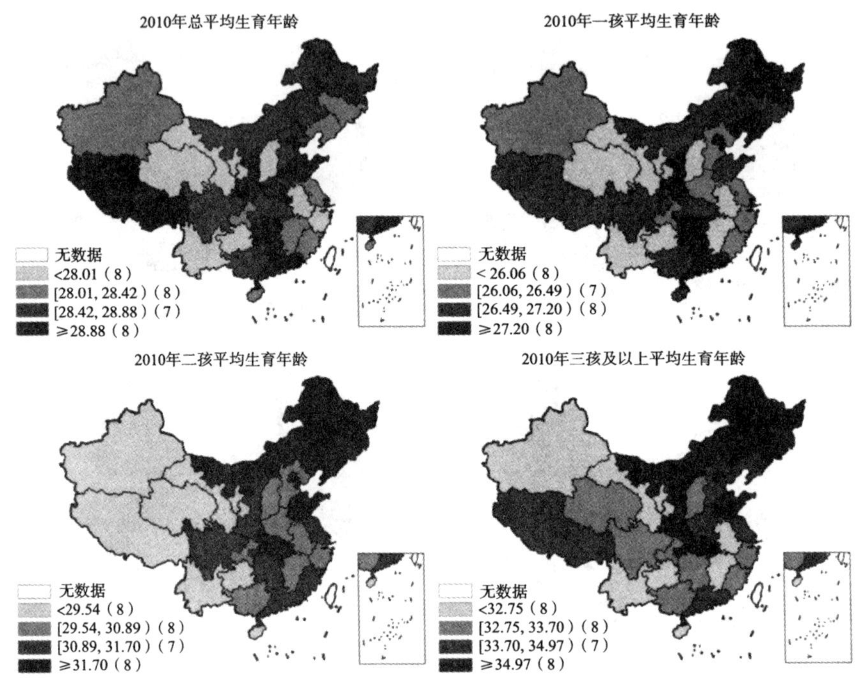

图 5－2d　2010 年各省区市平均生育年龄

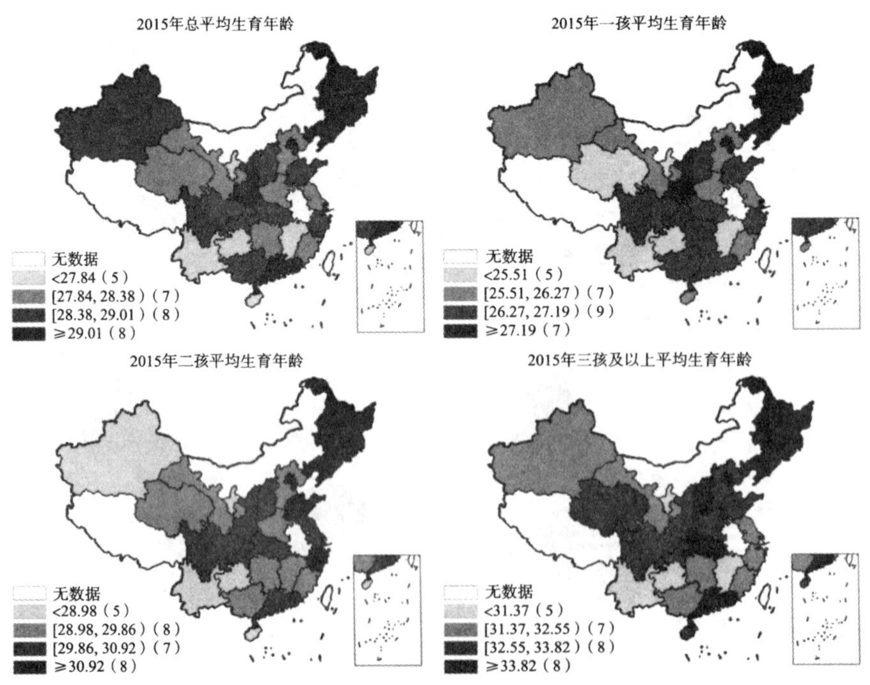

图 5－2e　2015 年各省区市平均生育年龄

五 总和生育率

社会经济人口发展，如城镇化和非农化水平提高、人口外出流动比例增加、城镇生产生活方式和文化观念对农业人口的同化作用，这些因素是生育率下降的主要推动力（尹文耀等，2013），当前中国持续的低生育率主要是社会经济发展的结果（Zhao and Zhang，2018；尹文耀等，2013；陈卫、段媛媛，2019）。2000 年、2005 年和 2010 年中国的生育水平在空间分布上呈现正的空间自相关，生育水平高值聚集区主要分布于西部省份，以西南为高值聚集中心；生育水平低值聚集区域主要分布在东北、东部沿海省份，其低值中心是以吉林为代表的东北地区（夏磊，2015）。

图 5－3a、图 5－3b、图 5－3c、图 5－3d 和图 5－3e 提供了 1982 年、1990 年、2000 年、2010 年和 2015 年总和生育率以及一孩、二孩和三孩及以上孩次总和生育率。纵向来看，总和生育率和各孩次生育率呈下降趋势。自 20 世纪 80 年代以来，随着计划生育政策和社会经济发展带来的人们生育观念的转变，多孩生育下降。低生育阶段的大量人口调查数据表明，近 20 年来育龄妇女

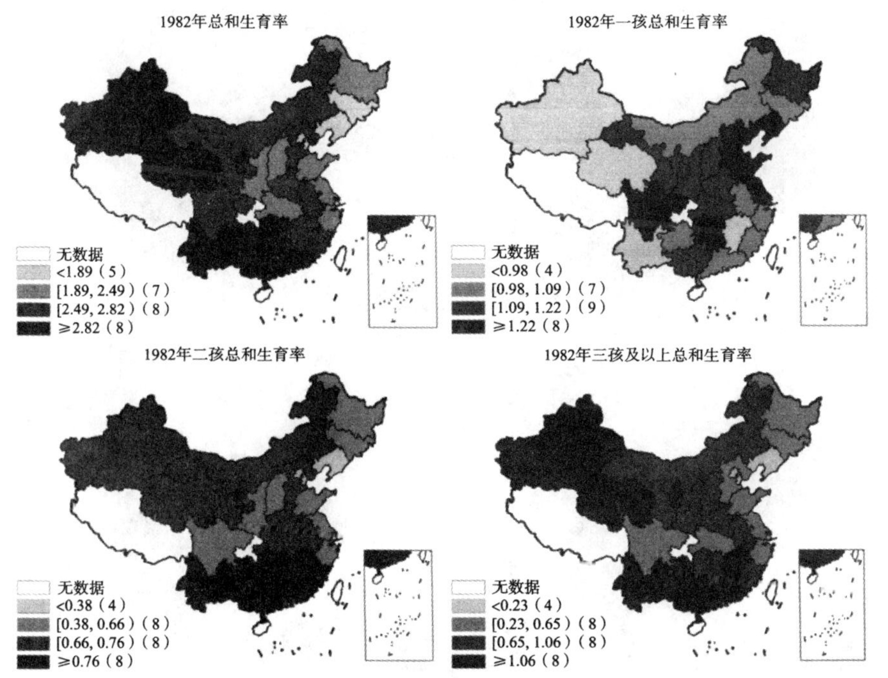

图 5－3a 1982 年各省区市总和生育率

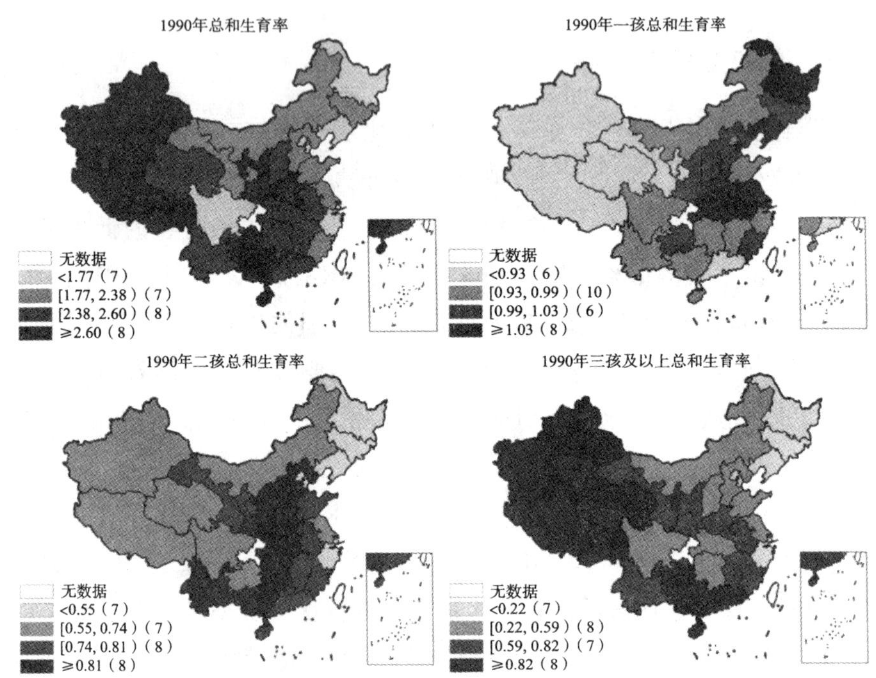

图 5－3b 1990 年各省区市总和生育率

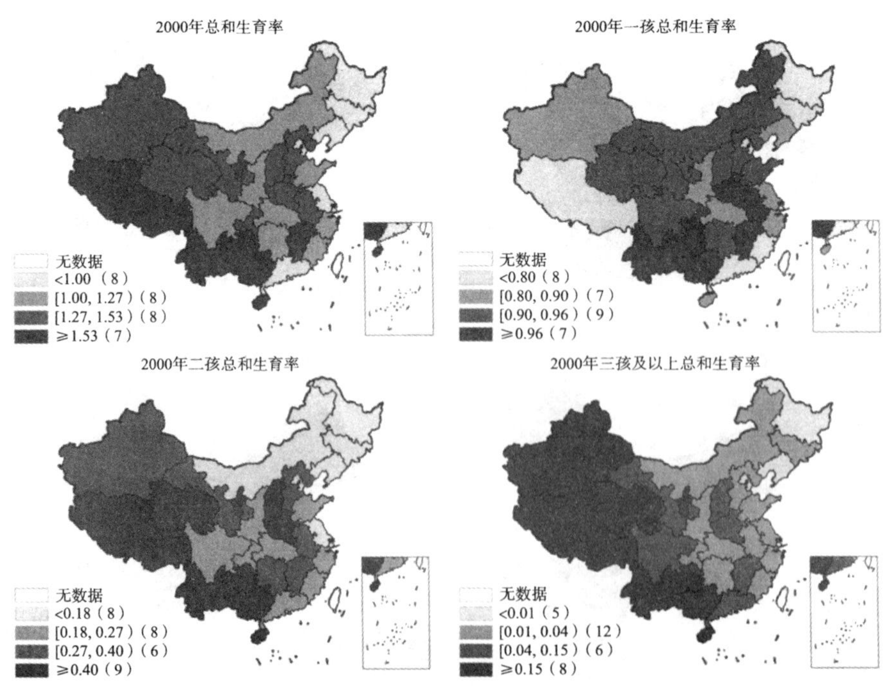

图 5－3c 2000 年各省区市总和生育率

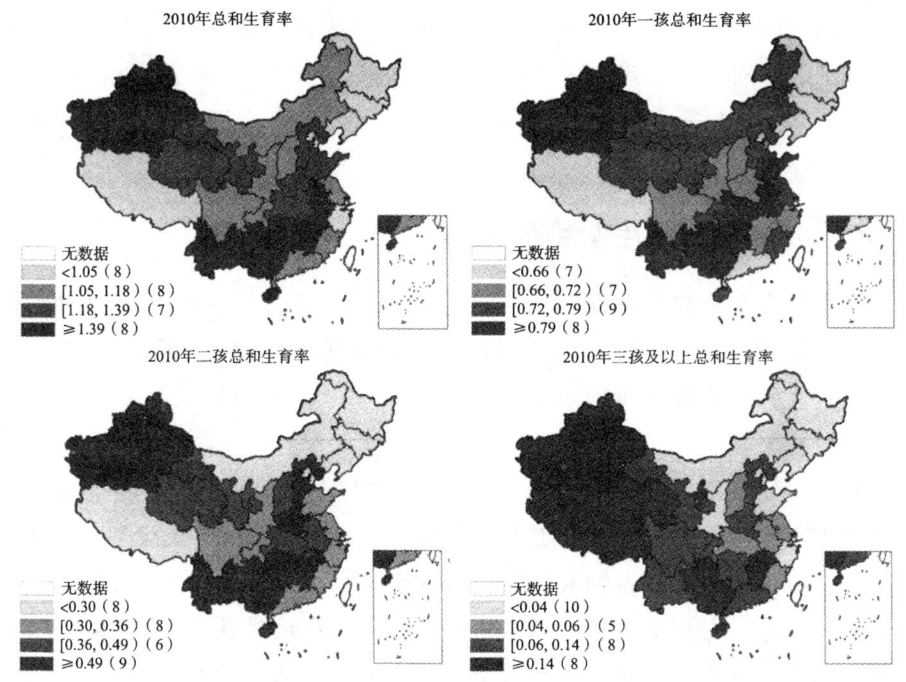

图 5－3d　2010 年各省区市总和生育率

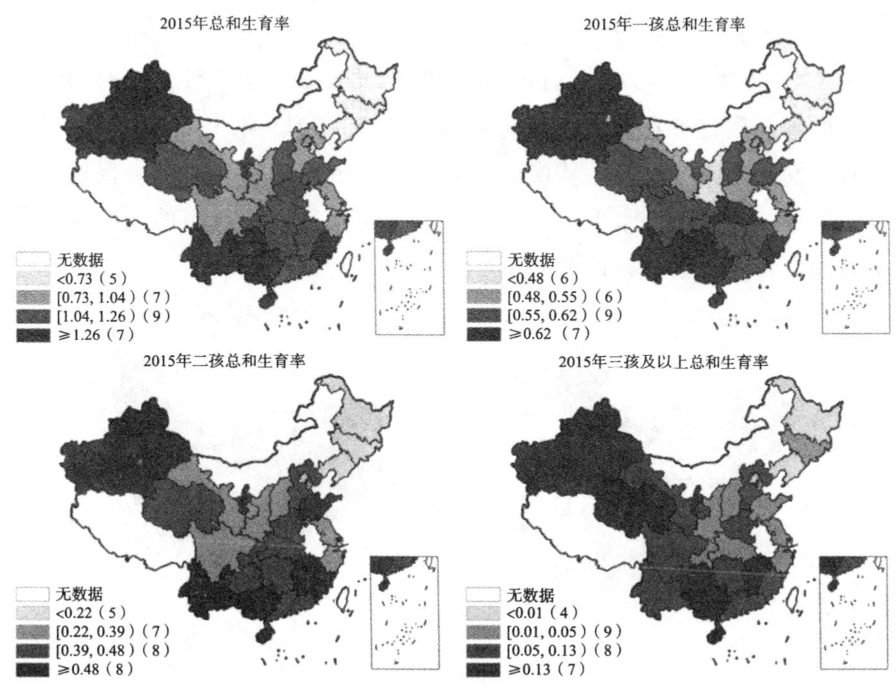

图 5－3e　2015 年各省区市总和生育率

未婚比例的提高对总和生育率的影响较大，一孩总和生育率的显著下降是生育水平下降的一个主要原因（郭志刚，2017）。横向来看，各省区市之间存在区域差异，但东部、中部和西部地区之间生育水平差异逐渐缩小（贺丹等，2018）。

六　45～49 岁女性曾生子女数

终身生育率指同一批女性一生的实际生育水平，是从时间纵向对一批相同年龄的妇女生育史进行描述的指标（贺丹等，2017）。用 45～49 岁女性曾经生育的孩子数量可以表示终身生育水平，这个指标实际上反映的是过去的生育水平。

2010 年人口普查 0.95‰抽样数据显示，以 35 岁时曾经生育子女数量表示终身生育水平，全国普遍低于 1.8 个孩子。上海、北京、天津 3 个直辖市和东北三省的黑龙江、吉林和辽宁终身生育水平在 1.3 以下；四川、浙江、内蒙古、江苏、山东、湖北、福建和重庆终身生育水平在 1.3～1.5；新疆、陕西、西藏、湖南、安徽、河北、宁夏、云南、甘肃、广西、山西、广东、青海终身生育水平在 1.5～1.7；贵州、江西、河南、海南终身生育水平在 1.7～1.8（贺丹等，2017）。

图 5－4 提供了 1982 年、1990 年、2000 年、2010 年和 2015 年 45～49 岁女性的曾经生育子女数。从纵向来看，1982～2015 年，45～49 岁女性曾经生育子女数大幅度下降。从横向来看，不同省区市存在较大的区域差异。经济越发达，妇女生育水平会越低。随着时间推移各省区市的 45～49 岁女性的曾经生育子女数差异逐渐缩小。

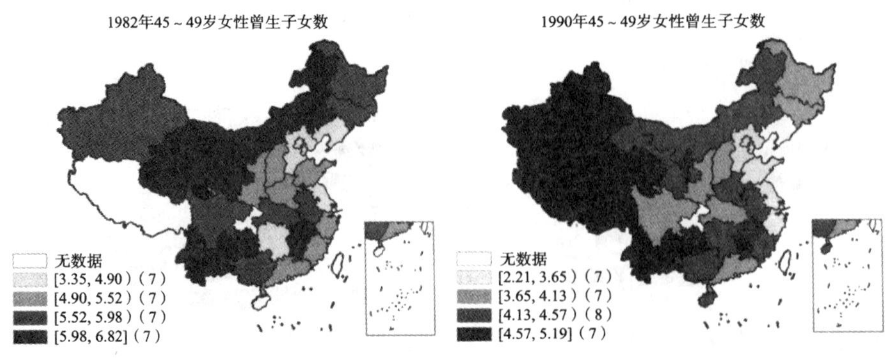

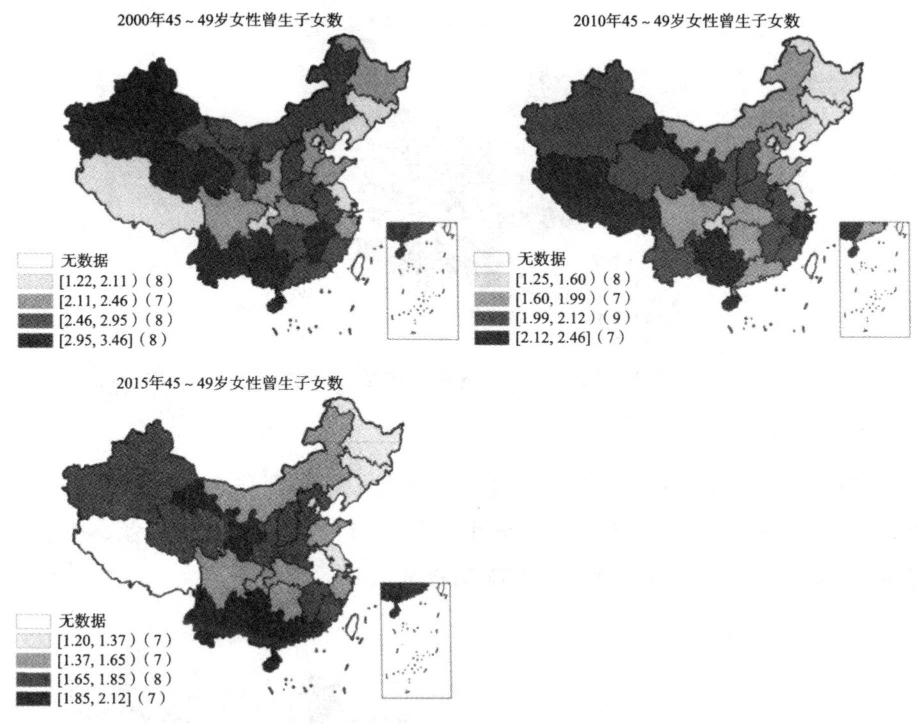

图 5－4　各省区市曾生子女数

七　队列孩次递进比

图 5－5a 和图 5－5b 分别提供了 1990 年和 2015 年的 45～49 岁女性队列孩次递进比。1990 年 45～49 岁的女性中，从未育到生育一孩的递进比虽然存在区域差异，但基本上是普遍生育。从一孩到二孩也有超过 80% 的女性生育。从二孩到三孩及以上的孩次递进比存在较大的区域差异，反映了

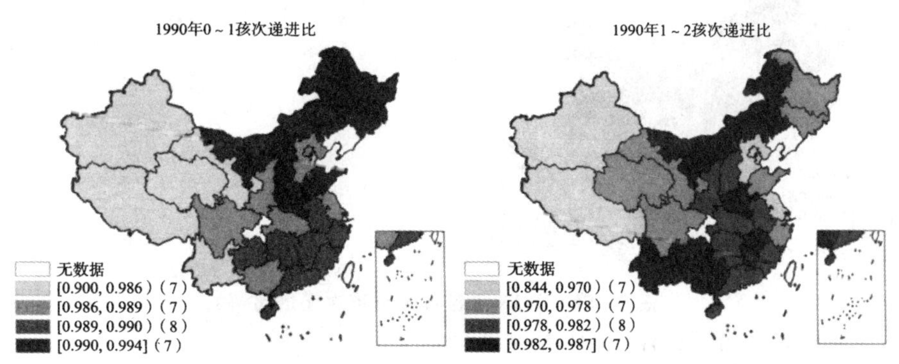

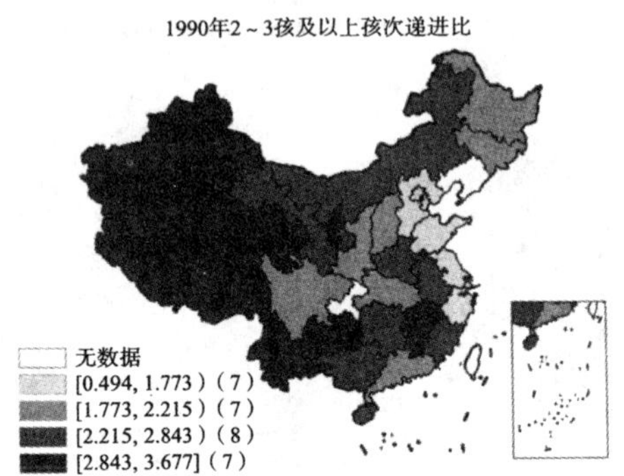

图 5－5a　1990 年各省区市孩次递进比

不同地区生育水平的巨大差异。

2015 年 45～49 岁女性的孩次递进比发生了巨大变化。一孩还是普遍生育，在 15 个省份中大约有超过 60% 生育了一孩的女性会生育二孩，生育二孩的女性中生育三孩的比例已经下降到较低水平。

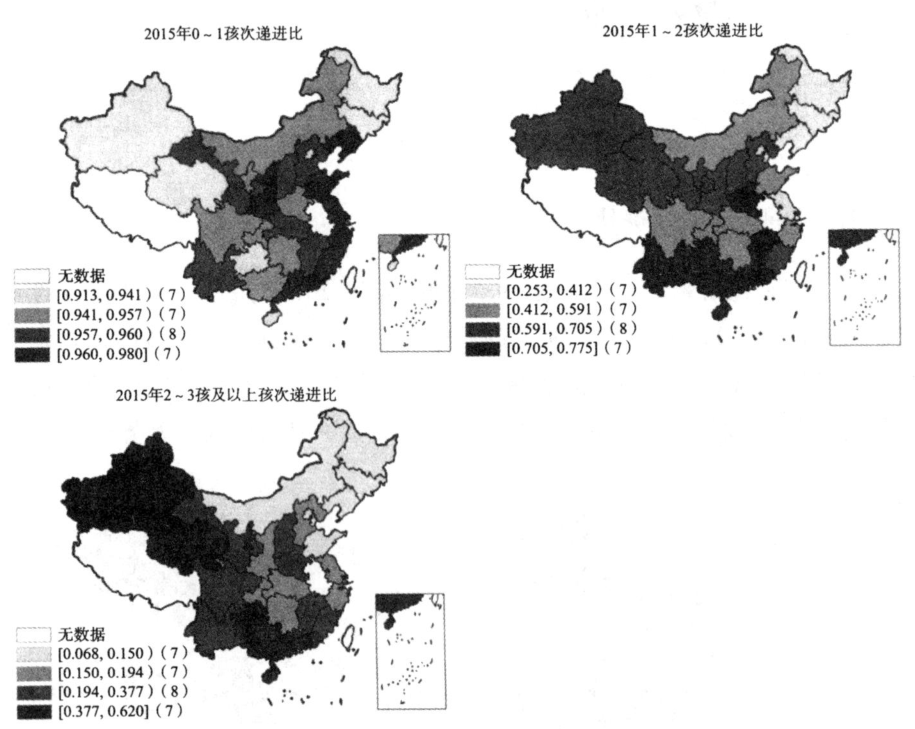

图 5－5b　2015 年各省区市孩次递进比

资料来源：根据各年抽样调查数据计算。

八 本章小结

我们使用地图展示了生育政策、政策生育率、生育年龄、总和生育率、45～49岁女性曾生子女数、队列孩次递进比生育指标的区域差异。从纵向来看，生育年龄上升，总和生育率、45～49岁女性曾生子女数、队列孩次递进比指标下降；从横向来看，存在较大区域差异。

随着中国经济和社会发展成果日益向西部和贫困地区扩散，加上城镇化进程的快速推进以及互联网信息技术的迅猛发展，各地区的生育水平日益趋同化（贺丹等，2017）。但区域差异依然客观存在，研究中国生育率的区域差异，把握生育指标的差异性和不平衡性是制定有效适宜的生育调控政策的重要基础（张旭等，2012）。

在目前的情况下，如果不采取更加有力的干预措施，生育率有可能会继续下降，需要政府营造良好的社会经济环境以促进生育（尹文耀等，2013）。发达国家主要采取经济支持、托幼服务、女性就业促进等政策以促进生育，但政策效果的显现通常有5～10年的时滞。中国需要在教育、医疗、住房等一系列事关民生的问题上继续改革，切实减轻家庭养育负担，逐步提升群众的生育意愿，逐步解决“生不起、养不起、不敢生”的现实问题（贺丹等，2018）。考虑到中国存在着巨大的区域差异，在制定政策时需要因地制宜，不同地区需要采取有针对性的措施，以促进社会长期均衡可持续发展。

第六章　一孩生育模式的拟合

一　引言

生育模式是生育的重要指标，一直以来都受到广泛关注。受地区、民族、文化、时期等多种因素的影响，生育模式多种多样且变化较快。人口学家一直尝试建立能准确描述生育模式变化规律的模型，并已经提出不少反映生育模式的函数形式（Coale and Trussell，1974；Brass，1978；Gayawan et al.，2010；宋健等，1980；孙以萍，1984）。很多生育模式研究属于半经验模型，依据历史数据，寻找能够比较好地逼近它的函数来作为生育模式（谢韦克、王绍贤，1996）。

生育水平与生育模式都是生育行为的结果，特定的生育水平一定有与之相适应的生育模式（王广州，2004）。中国生育水平由高向低的变动伴随着生育模式从“早、密、多”向“晚、稀、少”的转变（宋廷猷、李程，1991；傅崇辉等，2013）。虽然有一些研究使用模型分析中国生育模式的变化（宋健等，1980；亓昕，1989；乔晓春，1991；张二力、陈建利，1994；帅江平，1995），但近年来学者们主要使用平均生育年龄和生育峰值描述生育模式的集中趋势，研究结果表明中国生育模式转变的基本特征是平均生育年龄的推迟（赵梦晗，2016；Zhao et al.，2017）和生育峰值年龄的上升（王广州，2005；Jiang et al.，2019a）。中国生育模式的变化与人口学指标变化间的关系表明，当平均生育年龄提高时，不论其提高幅度的大小，不论起始生育年龄是否发生变化，也不论是时期指标还是队列指标，生育模式的变化都表现为生育率曲线形状的变化（谢韦克、王绍贤，1996）。但是，目前关于中国生育模式的模型研究还比较少。

未来终身不育水平的预测是生育研究的一个重要问题。1950 年和 1960 年，在东亚尤其是日本女性队列中终身不育女性比例的大幅上升促使终身生育率下降（Frejka et al.，2010）。在南欧、中欧的德语国家以及东亚国家中，1955～1970 年出生队列中终身不育女性比例的提高是终身生育率下降的主要原因（Zeman et al.，2018）。本书的第四章也通过时期孩次递进指标体系、去进度和孩次结构效应分析了一孩生育水平。但通过时期或者队列数据的模拟，预测中国曾经生育一孩比例或者终身不育水平的研究还比较少。

本章利用人口普查数据，使用八种统计模型拟合中国的生育模式。不同于以往对于年龄别生育模式拟合，本章拟合时期年龄别曾经生育一孩比例。由于近年来中国的生育水平受到漏报和进度效应的影响，年龄别生育率可能偏低，如 2000 年一孩的总和生育率为 0.87，2010 年一孩的总和生育率为 0.73，与中国普遍生育一孩的模式不符。本章中拟合的是年龄别曾经生育一孩女性的比例，既可以拟合时期数据也可以拟合队列数据。曾经生育一孩女性的比例可以看作年龄别生育模式的累计函数，通过拟合得到累计分布函数作为生育模式的结果。此外，对于还没有完成生育的数据，通过拟合截止到某年龄的曾经生育一孩女性的比例曲线，可以对未来进行预测。

二 拟合方法

（一）现有模型

已经有很多研究和拟合年龄别生育率曲线的模型和方法（Hadwiger，1940；Brass，1960；Wunsch，1966；Mitra，1967；Gilje，1969；Murphy and Nagnur，1972；Fraid，1973；Romaniuk，1973；Brass，1978；Coale and Trussell，1974、1978；Hoem and Rennermalm，1978；Hoem et al.，1981；Gilks，1986；Chandola et al.，1999；Schmertmann，2003；Peristera and Kostaki，2007；Gayawan，2010）。Pearson Type I（Beta）函数和 Pearson Type III（Gamma）函数很久以来就用于研究生育（Wicksell，1931）。Mazur（1963）设计了估计年龄 - 孩次别的生育率模型来拟合生育水平。Mitra（1967）、Mitra 和 Romaniuk（1973）、Romaniuk（1973）等人的研究减少了生育研究模型中待估计的参数，改进了 Pearson Type I（Beta）函数和分布用以研究生育模

式。Coale 和 Trussell（1974）提出了 Coale-Trussell 生育模型 $f(a) = G(a)n(a)e^{m \times v(a)}$，在这个模型里，$a$ 是年龄，$f(a)$ 是标准化后（归一化之后）年龄别生育率，$G(a)$ 是已婚比例，$n(a)$ 是自然生育率即女性在无任何生育控制下的生育率，$v(a)$ 是偏离自然生育的特征模式，m 是偏离自然生育的程度。这个模型得到了广泛应用，但应用于中国数据时也存在一些问题（亓昕，1989）。Gompertz 模型广泛应用于死亡研究（Gompertz，1825），Brass（1978）提出了相关生育模型（Relational Gompertz Fertility Model）用以研究生育模式，其基本思路与罗吉特（Logit）生命表系统类似，即利用一个标准的年龄别生育率模式，使之与所研究地区的年龄别生育率相关，从而拟合或模拟所研究地区的年龄别生育率。但在利用最小二乘法计算时，容易出现拟合度不高、参数统计检验不通过以及伪回归等问题。Zeng 等（2000）针对 Brass（1978）相关生育模型提出了利用生育中位年龄以及第一个与第三个四分位数年龄之差求取 α 和 β 值。Booth（1984）尝试解决 Brass（1978）相关生育模型中的标准模式问题。Brass 相关生育模型建模的关键是要选择好针对实际生育率状况的标准模式。如果标准模式选择得好，适合于实际生育率状况，则能够取得令人满意的结果；如果选择不好就会造成偏离实际生育状况的结果（郭曼东、王晓峰，1997）。张二力和陈建利（1994）发现，用 Brass（1978）相关生育模型描述中国 1950 年代的妇女生育模式是可行的，但随着 1970 年代计划生育政策的实施，中国的生育水平与模式逐渐发生了变化，用 Brass 相关生育模型拟合实际生育率会产生较大的误差。张二力和陈建利（1994）提出分孩次相关生育模型，分析了中国的生育模式，并建立了一套新的标准生育模式及其转换值，利用最小二乘法估计出模型中的参数。Keilman 和 Pham（2000）使用 Gamma 函数和 Multivariate ARIMA Model 进行生育水平的模拟和预测，并且给出了预测的置信区间。

中国学者在生育模式研究方面也进行了探索。宋健等（1980）使用卡方分布密度曲线来描述标准化的生育模式曲线，$h(r) = \begin{cases} \dfrac{1}{2^{\frac{n}{2}}\Gamma\left(\dfrac{n}{2}\right)}(r-r_1)^{\frac{n}{2}-1}e^{-\frac{r-r_1}{2}}, & r \geqslant r_1 \\ 0, & r < r_1 \end{cases}$，其中 r_1 为最低生育年龄。乔晓春（1991）使用 Gamma 分布描述人口生育模

式变动，谢韦克（1993）研究了生育模式规范化（归一化）问题，发现Gamma分布与Log-normal（对数正态）分布模型要比Brass（1978）相关生育模型更好。帅江平（1995）使用Weibull分布、Gamma分布和Log-normal分布，使用非线性规划无约束条件下的多元寻优法求解，拟合生育模式，结果表明三种概率分布模型各有优缺点，累计生育率模式在总体上服从Log-normal分布，Weibull分布对数据稳定性的要求较高。亓昕（1989）提出了以一孩比率，即一孩总和生育率与总和生育率的比值，作为按龄生育率模式的控制变量，建立了与初婚状况相关联的标准化一孩按龄生育率模式。

使用概率模型研究生育模式，通常使用的是概率密度函数，涉及概率密度的归一化问题（宋健等，1980；乔晓春，1991；谢韦克，1993），一般表达为一个总和生育率的标量（Scalar）和一个概率的生育模式。Keilman和Pham（2000）在使用Gamma函数进行拟合时，把生育密度（Fertility Intensity）表达成一个总和生育率和一个Gamma分布函数乘积的形式。近年来，中国总和生育率和分孩次总和生育率下降比较快，2000年一孩的总和生育率为0.87，2010年一孩的总和生育率为0.73，2015年一孩的总和生育率为0.56。本章没有使用概率密度函数来模拟年龄别生育率，而是使用时期或者队列按龄曾经生育一孩比例来拟合概率分布曲线，进而得到相关的生育指标如平均生育年龄、峰值生育年龄、生育年龄的标准差等。如果有全部育龄年龄的生育数据，我们可以根据概率分布曲线拟合出生育模式，如果只有部分年龄的曾经生育比例，我们也可以根据部分数据拟合出曲线并进行预测。

使用概率密度函数涉及的另外一个问题就是初育年龄和生育峰值年龄问题（亓昕，1989；谢韦克，1993）。在生育模式服从Gamma分布的假定下，孙以萍（1984）提出了利用峰值生育年龄以及峰值生育率估计参数的方法，该方法需要知道生育水平也即总和生育率。谢韦克（1993）指出，无论是Gamma分布还是Log-normal分布的生育模型，只要有生育率数据的年龄组包含峰值生育年龄与平均生育年龄，就可以同时估计模型中的参数以及生育水平。亓昕（1989）认为，在一个完整的生育模式的控制因素中，一个是初育年龄变量，它关系到曲线的开始并对曲线的位置有一定影响；另一个是峰值生育年龄，它决定了峰值生育年龄的位置，也影响到生育模式的形状及平均生育年龄。乔晓春（1991）研究发现，人口统计中女性初育年龄一般定为15岁，所以研究生育模式中初始生育年龄是不变的，而历史数据显示妇女峰值生育年龄几乎不变，有时变化很小但没有规律。

（二）本章模型

使用特定模型拟合观测的累计比例在人口学研究中应用比较广泛（Hernes，1972；Goldstein and Kenney，2001；Martin，2004）。可以研究每种函数的适用范围，对现有的函数进行改进，也可以比较诸多的函数形式，寻找拟合效果最好、适用范围最广的生育模式函数形式（谢韦克、王绍贤，1996）。本章使用多种概率分布来拟合曾经生育一孩女性的比例，把曾经生育一孩比例作为一个累计分布函数。假定生育起始年龄是 sa，而大多数概率分布的区间为［0，1］，本章把横轴设定为年龄减去起始生育年龄，从而从0开始拟合曲线，但描述还是从起始生育年龄开始。本章拟合的是累计分布函数，统一用 θ 表示尺度参数（Scale Parameter），用 k 表示形状参数（Shape Parameter），用 sa 表示起始生育年龄。具体使用的概率分布和公式如下。

1. 指数分布（Exponential Distribution）

概率密度函数为：

$$f(x;\theta)=\begin{cases}\frac{1}{\theta}e^{-(x-sa)/\theta}, & x\geqslant sa,\ \theta>0\\ 0, & x<sa\end{cases} \qquad (6-1)$$

累计分布函数为：

$$F(x;\theta)=\begin{cases}1-e^{-(x-sa)/\theta}, & x\geqslant sa,\ \theta>0\\ 0, & x<sa\end{cases} \qquad (6-2)$$

均值为：

$$E(X)=\theta+sa \qquad (6-3)$$

2. 威布尔分布（Weibull Distribution）

概率密度函数为：

$$f(x;\theta,k)=\begin{cases}\frac{k}{\theta}\left(\frac{x-sa}{\theta}\right)^{k-1}e^{-((x-sa)/\theta)^{k}}, & x\geqslant sa,\ \theta>0,\ k>0\\ 0, & x<sa\end{cases} \qquad (6-4)$$

累计分布函数为：

$$F(x;\theta,k)=\begin{cases}1-e^{-((x-sa)/\theta)^k}, & x\geqslant sa,\ \theta>0,\ k>0\\ 0, & x<sa\end{cases} \tag{6-5}$$

均值为：

$$E(X)=\theta\Gamma(1+1/k)+sa \tag{6-6}$$

3. 伽玛分布 (Gamma Distribution)

概率密度函数为：

$$f(x;\theta,k)=\frac{(x-sa)^{k-1}e^{-(x-sa)/\theta}}{\beta^k\Gamma(k)},\ x>sa,\ \theta>0,\ k>0 \tag{6-7}$$

累计分布函数为：

$$F(x;\theta,k)=\int_0^{x-sa}f(u;k,\theta)du=\int_0^{x-sa}\frac{(u-sa)^{k-1}e^{-(u-sa)/\theta}}{\theta^k\Gamma(k)}du=\frac{e^{-1/\theta}}{\theta^k}\frac{\gamma(k,x-sa)}{\Gamma(k)},$$

$$x>sa,\ \theta>0,\ k>0 \tag{6-8}$$

其中 $\gamma(k, x-sa)$是不完全伽玛函数 (The Lower Incomplete Gamma Function)。

不完全伽玛函数的定义是：$\gamma(k,x)=\int_0^x t^{k-1}e^{-t}dt$

均值为：

$$E(X)=k\theta+sa \tag{6-9}$$

4. 对数-逻辑分布 (Log-logistic Distribution)

概率密度函数为：

$$f(x;\theta,k)=\frac{\left(\frac{k}{\theta}\right)\left(\frac{(x-sa)}{\theta}\right)^{k-1}}{\left(1+\left(\frac{(x-sa)}{\theta}\right)^k\right)^2},\quad x>sa,\ \theta>0,\ k>0 \tag{6-10}$$

累计分布函数为：

$$F(x;\theta,k)=\frac{(x-sa)^k}{\theta^k+(x-sa)^k},\quad x>sa,\ \theta>0,\ k>0 \tag{6-11}$$

均值为：

$$E(X) = \frac{\theta\pi/k}{\sin(\pi/k)} + sa, \ k > 1 \tag{6-12}$$

5. 对数－正态分布（Log-normal Distribution）

概率密度函数为：

$$f(x;\mu,\sigma) = \frac{1}{x-sa}\cdot\frac{1}{\sigma\sqrt{2\pi}}\exp\left(-\frac{(\ln(x-sa)-u)^2}{2\sigma^2}\right), x > sa, \sigma > 0, \mu \in (-\infty, \infty) \tag{6-13}$$

累计分布函数为：

$$F(x;\mu,\sigma) = \Phi\left(\frac{\ln(x-sa)-u}{\sigma}\right), x > sa, \sigma > 0, \mu \in (-\infty, \infty) \tag{6-14}$$

其中，Φ 为 $N(0, 1)$的累计分布函数。

均值为：

$$E(X) = \exp\left(\mu + \frac{\sigma^2}{2}\right) + sa \tag{6-15}$$

6. 冈珀茨分布（Gompertz Distribution）

概率密度函数为：

$$f(x;\theta,k) = \theta k e^k e^{\theta(x-sa)}\exp(-ke^{\theta(x-sa)}), x \geqslant sa, \theta > 0, k > 0 \tag{6-16}$$

累计分布函数为：

$$F(x;\theta,k) = 1-\exp(-k(e^{\theta(x-sa)}-1)), x > sa, \theta > 0, k > 0 \tag{6-17}$$

均值为：

$$E(X) = (1/\theta)e^k Ei(-k) + sa \tag{6-18}$$

其中，$Ei(z) = \int_{-z}^{\infty}(e^{-v}/v)\,dv$

7. 逆高斯分布（Inverse Gaussian Distribution）

概率密度函数为：

$$f(x;\mu,k) = \left[\frac{k}{2\pi(x-sa)^3}\right]^{1/2}\exp\left\{\frac{-k((x-sa)-\mu)^2}{2\mu^2(x-sa)}\right\}, x > sa, \mu > 0, k > 0 \tag{6-19}$$

累计分布函数为：

$$F(x;\mu,k)=\Phi\left(\sqrt{\frac{k}{x-sa}}\left(\frac{x-sa}{\mu}-1\right)\right)+\exp\left(\frac{2k}{\mu}\right)\Phi\left(-\sqrt{\frac{k}{x-sa}}\left(\frac{x-sa}{\mu}+1\right)\right),$$
$$x>sa,\mu>0,k>0 \tag{6-20}$$

均值为：

$$E(X)=\mu+sa \tag{6-21}$$

8. 广义帕累托分布（Generalized Pareto Distribution）

概率密度函数为：

$$f(x;\mu,\sigma,k)=\frac{1}{\sigma}\left(1+\frac{k(x-\mu)}{\sigma}\right)^{\left(-\frac{1}{k}-1\right)},x\geqslant\mu,\sigma>0,\mu\in(-\infty,\infty),k\in(-\infty,\infty) \tag{6-22}$$

标准化的累计分布函数为：

$$F(x;\mu,\sigma,k)=\begin{cases}1-\left(1+\dfrac{k(x-\mu)}{\sigma}\right)^{-1/k}, & x\geqslant\mu,k\neq0,\sigma>0,\mu\in(-\infty,\infty)\\ 1-\exp\left(-\dfrac{x-\mu}{\sigma}\right), & x\geqslant\mu,k=0,\sigma>0,\mu\in(-\infty,\infty)\end{cases} \tag{6-23}$$

均值为：

$$E(X)=\mu+\frac{\sigma}{1-k},k<1 \tag{6-24}$$

上述公式中的均值也就是平均生育年龄，在表6-1中以平均生育年龄1表示。但曾经生育一孩比例不能达到100%，从而会影响平均生育年龄的计算。本章也使用另外一种常用计算平均生育年龄公式：$\frac{\sum(x+0.5)f(x)}{\sum f(x)}$，在表6-1中以平均生育年龄2表示。

（三）拟合实现

本章的拟合通过使用Matlab 2015软件实现。首先，根据上述公式，使用15~50岁曾经生育一孩女性的比例作为累计分布函数（CDF），通过Lsqcurvefit（）函数对CDF进行拟合，得到参数。其次，根据原始数据以及拟合曲线，计算得到拟合数值的残差平方和（SSE）。在残差的估计上还涉及一个权重问题（Van Imhoff，1991；Keilman and Pham，2000）。本章所有年龄上CDF值的权重均为1。最后，根据给定的参数以及上述概率密度函数

(PDF)，得到概率分布函数，可以得到离散型整数年龄的概率密度函数值。为了比较，本章也计算了从15~50岁每间隔0.01岁的概率密度函数值。对于整数年龄和间隔0.01岁的确切年龄，使用Matlab分别计算并找出峰值年龄和对应数值。

还可以使用Fitnlm（）函数来拟合曲线，并使用Predict函数给出置信区间。虽然本章拟合的是曾经生育一孩女性的比例，但曲线拟合置信区间的上限可能出现大于1的情况。所以，在拟合2010年年龄别曾经生育一孩女性比例的数据时没有给出置信区间，在使用2015年的生育数据拟合之后的预测阶段给出了95%置信区间。

三　数据

1982年、1990年、2000年和2010年四次人口普查数据和2015年全国1%人口抽样调查数据都提供了丰富的生育数据，可以使用上述八种统计模型对曾经生育一孩女性的比例进行拟合。如果数据可得，也可以对队列年龄别曾经生育一孩的比例，以及高孩次的年龄别比例进行拟合。

在人口普查数据中年龄别曾经生育一孩女性的比例，是完全年龄的曾经生育一孩比例，如15岁的曾经生育一孩比例，是所有处于15~16岁的女性曾经生育一孩比例，或者如果假定线性变化是15.5岁人口曾经生育一孩比例。我们可以按照线性假定，把15岁和16岁的比例进行算术平均，这样15.5岁和16.5岁的均值作为16岁时曾经生育一孩的比例。起始年龄15岁时曾经生育一孩比例为0。在本章中报告了使用2010年年龄别曾经生育一孩的比例数据拟合的结果和使用2015年全国1%人口抽样调查15~35岁数据拟合并进行预测的结果。

四　拟合结果

（一）拟合参数

通过各种模型拟合得到的参数、残差平方和如表6-1所示。可以看出，各个模型估计的尺度参数和形状参数存在差异。Exponential分布只有一个参数，Generalized Pareto分布拟合得到的形状参数为0。Exponential、Generalized Pareto分布的残差平方和较大，而其他六种模型得到的残差平方和较小。

表 6-1　曾经生育一孩女性比例拟合结果

分布	参数	SSE	平均生育年龄 1	平均生育年龄 2	生育峰值年龄	生育峰值年龄时 PDF	生育峰值年龄确切年龄	生育峰值年龄时 PDF
Exponential	11.9584	0.6654	26.96	24.60	15	0.0836	15.00	0.0836
Weibull	12.3173, 2.5950	0.0172	25.94	25.94	25	0.0844	25.21	0.0845
Gamma	0.9045, 10.5992	0.0534	25.63	25.55	27	0.0864	27.26	0.0866
Log-logistic	10.3577, 3.9772	0.0011	26.52	26.25	24	0.1023	24.10	0.1023
Log-normal	2.3372, 0.4283	0.0019	26.35	26.29	24	0.0981	23.62	0.0986
Gompertz	0.22, 0.0674	0.0534	25.63	25.55	27	0.0864	27.26	0.0866
Inverse Gaussian	11.3513, 55	0.0027	26.35	26.30	23	0.0969	23.37	0.0974
Generalized Pareto	11.9529, 0, 15	0.6654	26.95	24.60	15	0.0837	15.00	0.0837

（二）拟合得到的 CDF 数据

通过对作为累计分布函数的曾经生育一孩女性的比例进行拟合，得到拟合的年龄别曾经生育一孩比例，如表 6-2 所示。从拟合效果来看，Log-logistic 分布、Log-normal 分布和 Inverse Gaussian 分布拟合生育率效果最好，Weibull 分布、Gamma 分布和 Gompertz 分布次之，Exponential 分布和 Generalized Pareto 分布最差。

表 6-2　年龄别曾经生育一孩女性比例拟合结果

年龄（岁）	原始	Exponential	Weibull	Gamma	Log-logistic	Log-normal	Gompertz	Inverse Gaussian	Generalized Pareto
15	0	0	0	0	0	0	0	0	2E-09
16	0.0008	0.0802	0.0015	0.0000	0.0001	0.0000	0.0164	0.0000	0.0803
17	0.0040	0.1540	0.0089	0.0000	0.0014	0.0001	0.0366	0.0000	0.1541
18	0.0097	0.2219	0.0253	0.0005	0.0072	0.0019	0.0610	0.0013	0.2220
19	0.0228	0.2843	0.0526	0.0042	0.0222	0.0132	0.0907	0.0125	0.2844
20	0.0520	0.3417	0.0919	0.0186	0.0523	0.0447	0.1263	0.0461	0.3418
21	0.1032	0.3945	0.1433	0.0541	0.1023	0.1015	0.1688	0.1066	0.3947
22	0.1795	0.4431	0.2061	0.1185	0.1739	0.1805	0.2188	0.1886	0.4432
23	0.2724	0.4878	0.2784	0.2117	0.2636	0.2737	0.2769	0.2827	0.4879
24	0.3689	0.5289	0.3579	0.3255	0.3638	0.3720	0.3434	0.3797	0.5290

续表

年龄（岁）	原始	Exponential	Weibull	Gamma	Log-logistic	Log-normal	Gompertz	Inverse Gaussian	Generalized Pareto
25	0.4620	0.5667	0.4414	0.4474	0.4651	0.4678	0.4177	0.4731	0.5668
26	0.5545	0.6014	0.5256	0.5647	0.5595	0.5564	0.4986	0.5587	0.6016
27	0.6344	0.6334	0.6072	0.6682	0.6423	0.6349	0.5839	0.6345	0.6336
28	0.6975	0.6628	0.6834	0.7531	0.7117	0.7026	0.6702	0.7000	0.6630
29	0.7608	0.6899	0.7520	0.8185	0.7682	0.7595	0.7531	0.7555	0.6900
30	0.8121	0.7147	0.8113	0.8665	0.8135	0.8067	0.8278	0.8019	0.7149
31	0.8541	0.7376	0.8608	0.8999	0.8493	0.8453	0.8902	0.8402	0.7378
32	0.8873	0.7587	0.9005	0.9224	0.8777	0.8766	0.9373	0.8715	0.7588
33	0.9108	0.7780	0.9312	0.9370	0.9001	0.9017	0.9688	0.8971	0.7782
34	0.9292	0.7958	0.9540	0.9461	0.9178	0.9219	0.9869	0.9177	0.7960
35	0.9400	0.8122	0.9703	0.9517	0.9319	0.9379	0.9956	0.9344	0.8124
36	0.9490	0.8273	0.9816	0.9550	0.9433	0.9507	0.9989	0.9477	0.8274
37	0.9560	0.8411	0.9889	0.9570	0.9524	0.9608	0.9998	0.9584	0.8413
38	0.9643	0.8539	0.9936	0.9581	0.9598	0.9688	1.0000	0.9670	0.8540
39	0.9686	0.8656	0.9965	0.9587	0.9658	0.9752	1.0000	0.9738	0.8657
40	0.9711	0.8764	0.9981	0.9590	0.9708	0.9802	1.0000	0.9792	0.8765
41	0.9754	0.8863	0.9990	0.9592	0.9749	0.9842	1.0000	0.9835	0.8864
42	0.9779	0.8954	0.9995	0.9593	0.9783	0.9874	1.0000	0.9869	0.8955
43	0.9812	0.9038	0.9998	0.9594	0.9812	0.9899	1.0000	0.9896	0.9039
44	0.9839	0.9115	0.9999	0.9594	0.9836	0.9919	1.0000	0.9918	0.9116
45	0.9842	0.9186	1.0000	0.9594	0.9857	0.9935	1.0000	0.9935	0.9187
46	0.9839	0.9252	1.0000	0.9594	0.9874	0.9948	1.0000	0.9949	0.9252
47	0.9841	0.9312	1.0000	0.9594	0.9889	0.9958	1.0000	0.9959	0.9312
48	0.9849	0.9367	1.0000	0.9594	0.9901	0.9966	1.0000	0.9968	0.9368
49	0.9860	0.9418	1.0000	0.9594	0.9912	0.9973	1.0000	0.9974	0.9418
50	0.9870	0.9464	1.0000	0.9594	0.9922	0.9978	1.0000	0.9980	0.9465

（三）拟合数据的图形

评价模型的好坏，一方面看模型与实际符合的程度，另一方面看模型中参数的意义以及能否解释实际中不同现象（谢韦克、黄荣清，1993）。通过曲线拟合得到具体参数之后，就可以得到对应的年龄别生育率概率密度函数（PDF）。原始数据的年龄别曾经生育一孩的比例（CDF），拟合得到的年龄别曾经生育一孩的比例（拟合 CDF），以及累计分布函数对应的概率密度函数（PDF），分别如图 6－1 至图 6－8 所示。可以看出，与残差平方和相对应，图 6－1 和图 6－8 中的 CDF 和拟合 CDF 差别较大，拟合效果较差，对应的 PDF 在 15 岁之后呈现下降趋势，不符合现实中生育模式。与残差平方和相对应，图 6－2、图 6－3 和图 6－6 的曲线拟合优于图 6－1 和图 6－8，拟合效果较好；图 6－4 的 Log-logistic 分布，图 6－5 的 Log-normal 分布和图 6－7 的 Inverse Gaussian 分布拟合效果最好。

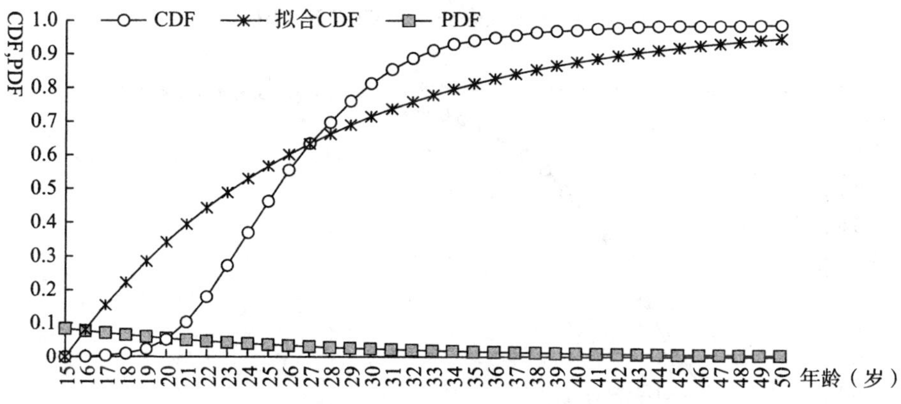

图 6－1　Exponential 分布的 CDF 和 PDF

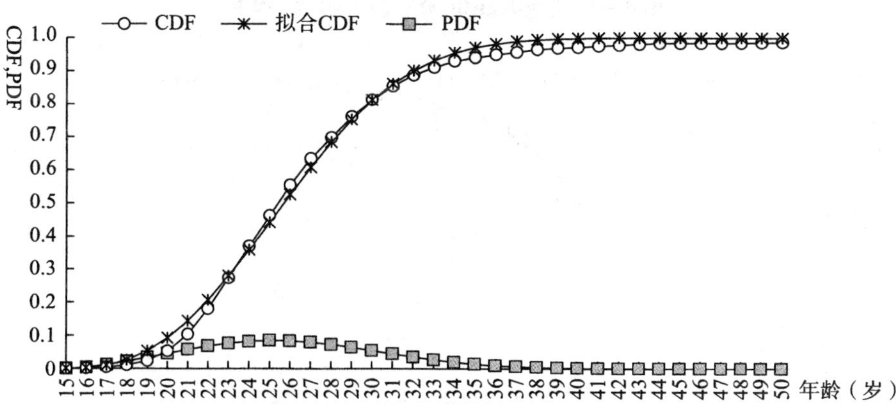

图 6－2　Weibull 分布的 CDF 和 PDF

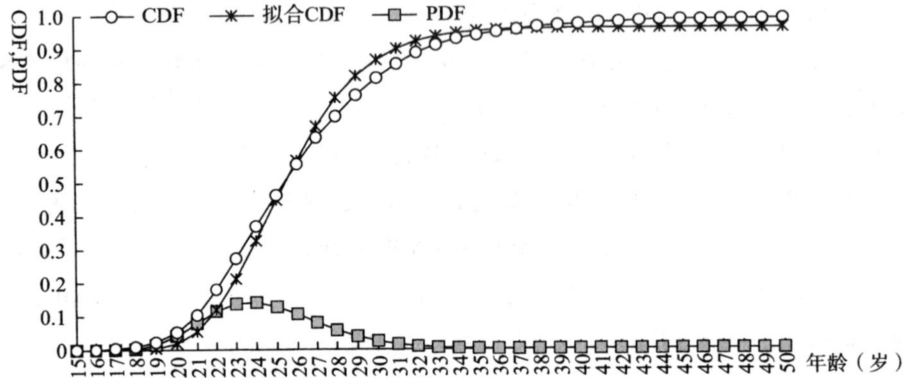

图 6-3　Gamma 分布的 CDF 和 PDF

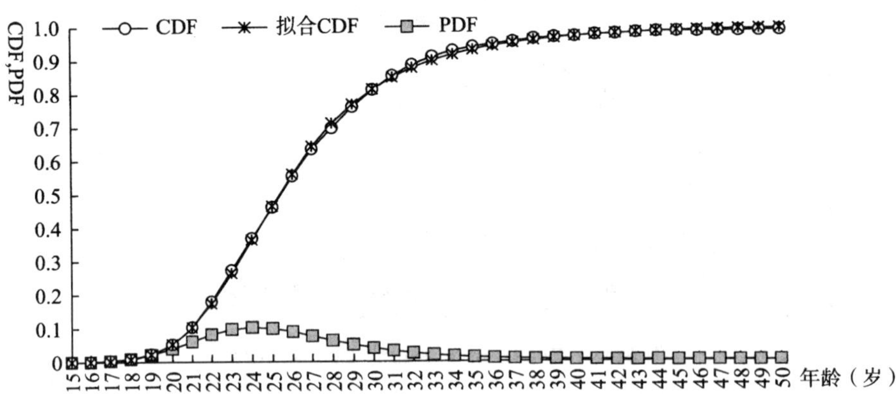

图 6-4　Log-logistic 分布的 CDF 和 PDF

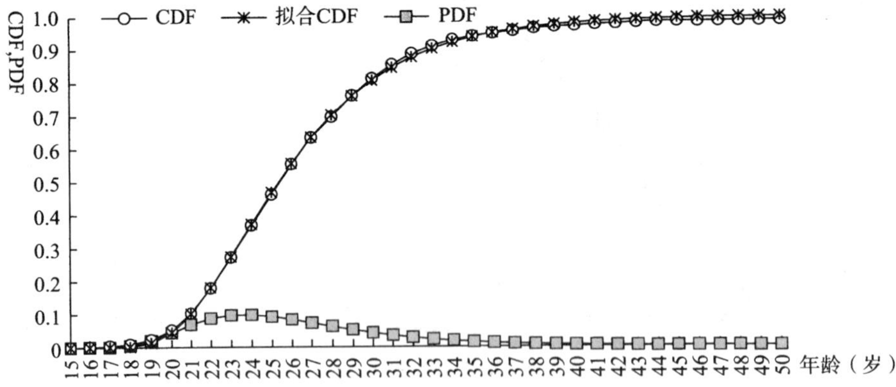

图 6-5　Log-normal 分布的 CDF 和 PDF

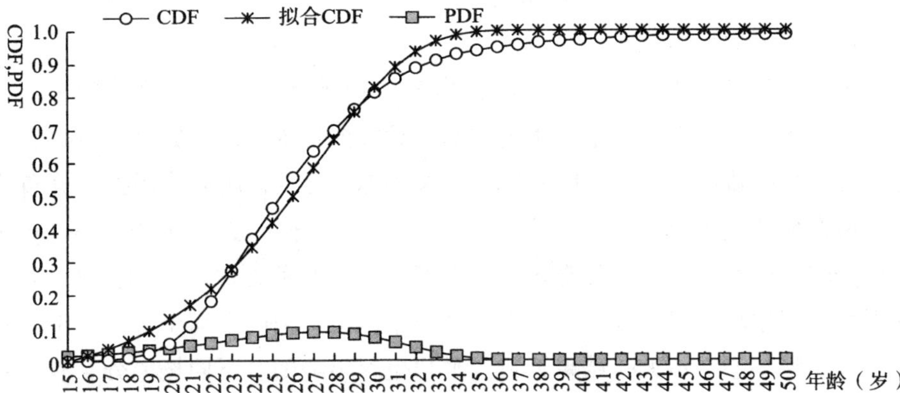

图 6-6　Gompertz 分布的 CDF 和 PDF

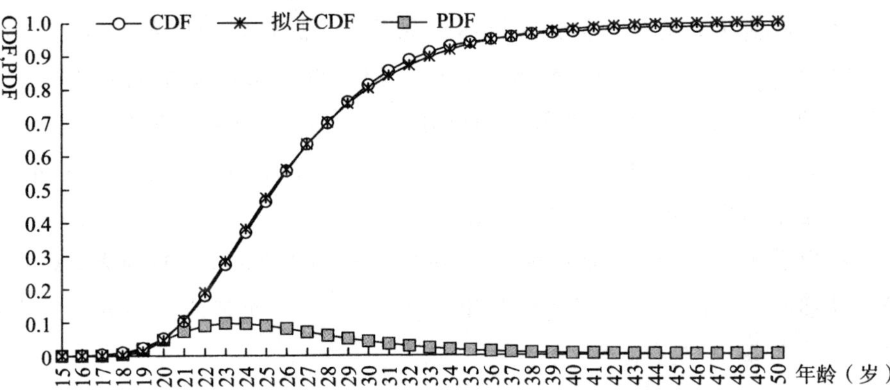

图 6-7　Inverse Gaussian 分布的 CDF 和 PDF

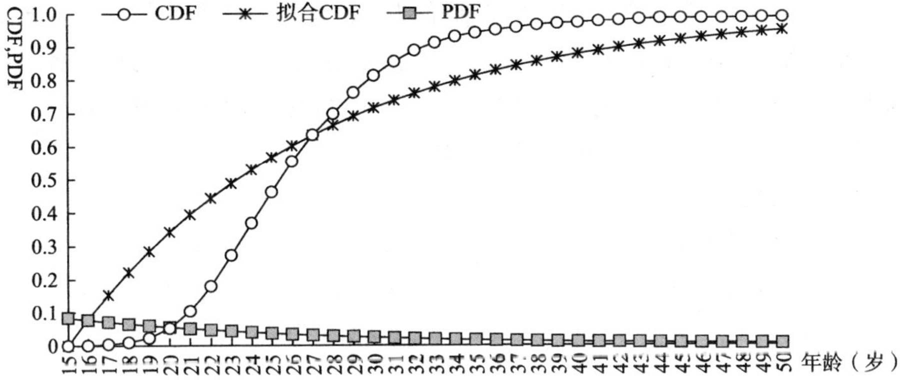

图 6-8　Generalized Pareto 分布的 CDF 和 PDF

（四）平均生育年龄

本章计算了两组平均生育年龄，如表 6－1 所示。平均生育年龄 1 是根据概率分布计算出来的，平均生育年龄 2 是根据传统离散型数据计算的。因为曾经生育一孩的比例在 49 岁或者 50 岁时略小于 1，所以使用概率分布计算均值的公式会有些偏差。总体来看，由于 Exponential 分布和 Generalized Pareto 分布的概率密度函数偏离了生育模式，这两种方法的平均生育年龄 1 和平均生育年龄 2 相差较大。其余六种分布模型得到的平均生育年龄 1 和平均生育年龄 2 差别不大，结果近似。平均生育年龄随着不同概率分布有所差别，但是基本上符合实际情况。

（五）生育峰值年龄

生育峰值年龄是一个重要的指标。本章拟合的是曾经生育一孩的比例，相当于拟合了一个累计分布函数。在通过拟合得到累计分布函数之后，得到对应的概率密度函数，使用 Matlab 求得概率密度函数在各个年龄的值，从而得到生育峰值年龄。本章提供了两种生育峰值年龄，一个是整数年龄，另一个是根据概率密度分布计算出来的。

可以看出，由于 Exponential 分布和 Generalized Pareto 分布的概率密度函数单调递减，所以其生育峰值年龄出现在 15 岁时，而其他几种分布的生育峰值年龄在 24 岁左右。

五 预测结果

本章使用 2015 年全国 1% 人口抽样调查数据的曾经生育一孩比例预测女性整个生育期曾经生育一孩比例，也相当于预测终身不育比例。首先根据 15～35 岁的数据，采用拟合方法对 15～35 岁年龄别曾经生育一孩女性的比例，也就是累计概率分布 CDF 进行拟合。

（一）拟合参数

各模型的参数如表 6－3 所示。可以看出，Exponential 分布和 Generalized Pareto 分布的 SSE 较大，adjusted R^2 相对较小，而其他模型的 SSE 相对较小，adjusted R^2 接近于 1，表明拟合效果较好。

表 6-3 模型拟合参数

分布	参数	SSE	adjusted R^2
Exponential	15.2633	0.4910	0.8003
Weibull	13.2519，2.6111	0.0143	0.9939
Gamma	0.915，10.7217	0.0099	0.9958
Log-logistic	11.1794，3.8705	0.0008	0.9997
Log-normal	2.4132，0.4321	0.0021	0.9991
Gompertz	0.2006，0.0708	0.0508	0.9782
Inverse Gaussian	12.3136，54.9999	0.0025	0.9989
Generalized Pareto	11.9504，0，17.3886	0.3199	0.8555

（二）预测得到的 CDF 数据

表 6-4 提供了各个模型拟合预测的曾经生育一孩女性的比例数据。可以看出，Exponential 分布和 Gamma 分布预测 50 岁时累计概率分布都在 0.9 以下，也就是超过 10% 的女性终身不育。Generalized Pareto 分布预测 50 岁时有大约 6% 的女性终身不育。而其他几种分布预测的结果显示接近 100% 会生育一孩。

表 6-4 预测 36～50 岁女性曾经生育一孩比例

年龄（岁）	Exponential	Weibull	Gamma	Log-logistic	Log-normal	Gompertz	Inverse Gaussian	Generalized Pareto
36	0.7474	0.9641	0.8646	0.9198	0.9280	0.9910	0.9284	0.7893
37	0.7634	0.9766	0.8665	0.9321	0.9416	0.9969	0.9423	0.8062
38	0.7784	0.9853	0.8676	0.9423	0.9527	0.9991	0.9535	0.8218
39	0.7925	0.9910	0.8683	0.9506	0.9616	0.9998	0.9627	0.8361
40	0.8056	0.9947	0.8686	0.9575	0.9689	1.0000	0.9700	0.8492
41	0.8180	0.9970	0.8688	0.9633	0.9747	1.0000	0.9759	0.8613
42	0.8295	0.9984	0.8689	0.9681	0.9795	1.0000	0.9807	0.8725
43	0.8403	0.9991	0.8689	0.9722	0.9833	1.0000	0.9845	0.8827
44	0.8505	0.9996	0.8690	0.9756	0.9864	1.0000	0.9876	0.8921
45	0.8599	0.9998	0.8690	0.9786	0.9889	1.0000	0.9901	0.9008
46	0.8688	0.9999	0.8690	0.9811	0.9909	1.0000	0.9921	0.9087
47	0.8771	1.0000	0.8690	0.9832	0.9926	1.0000	0.9937	0.9161
48	0.8849	1.0000	0.8690	0.9851	0.9939	1.0000	0.9949	0.9228

续表

年龄（岁）	Exponential	Weibull	Gamma	Log-logistic	Log-normal	Gompertz	Inverse Gaussian	Generalized Pareto
49	0.8922	1.0000	0.8690	0.9867	0.9950	1.0000	0.9959	0.9290
50	0.8991	1.0000	0.8690	0.9881	0.9959	1.0000	0.9968	0.9347

（三）预测数据的图形

图 6-9 至图 6-16 显示了不同分布模拟及预测的结果，包括其 95% 置信区间。正如 SSE 所示，图 6-9 显示的 Exponential 分布拟合与实际值相差较大，后面的预测结果在 50 岁时曾经生育一孩的比例大概在 0.9，有大约 10% 的女性不育，95% 置信区间下限和上限分别为 0.8446 和 0.9537。

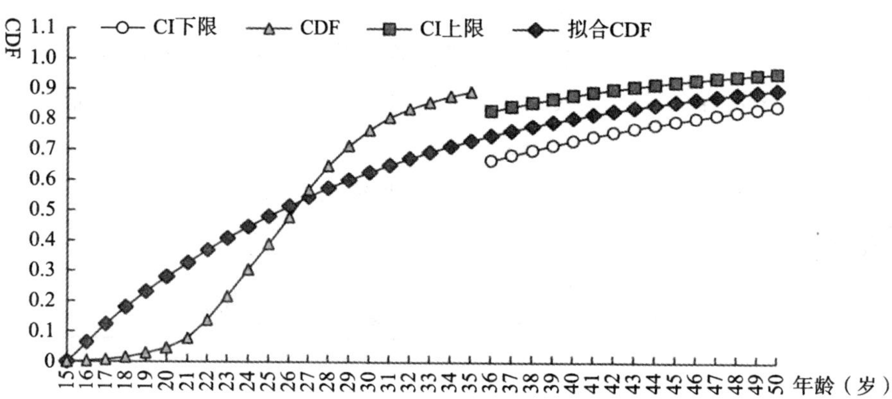

图 6-9　Exponential 分布的 CDF

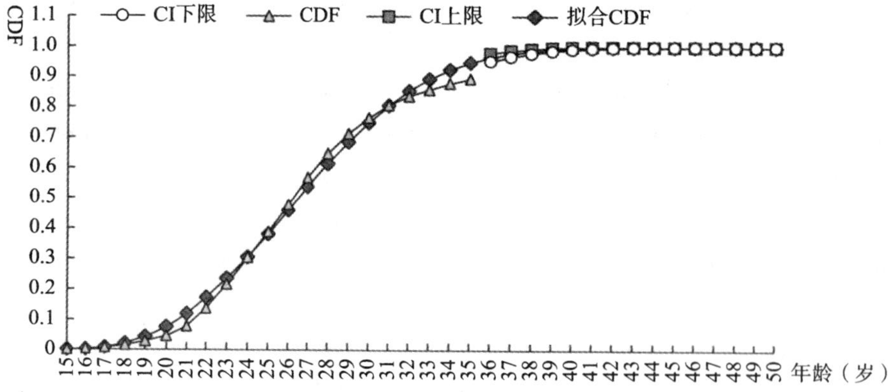

图 6-10　Weibull 分布的 CDF

如图 6-11 所示，虽然 Gamma 分布拟合时 SSE 很小，adjusted R^2 为

0.9958 接近于 1，但是可以看出其预测值在 35 岁之后基本保持不变，接近一条水平线。

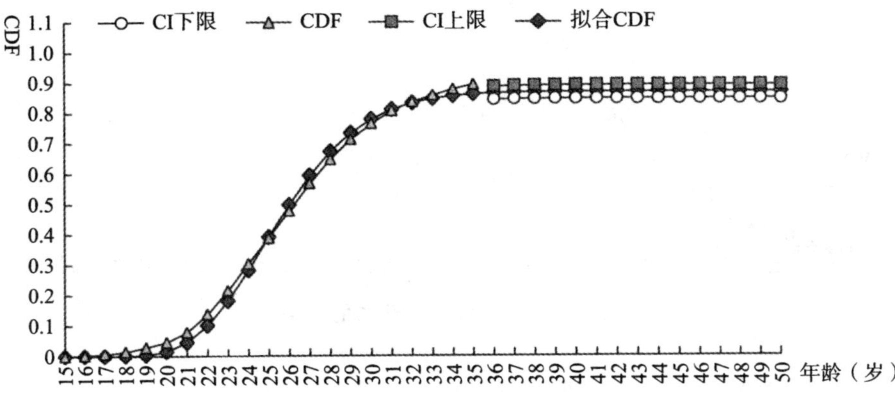

图 6 - 11　Gamma 分布的 CDF

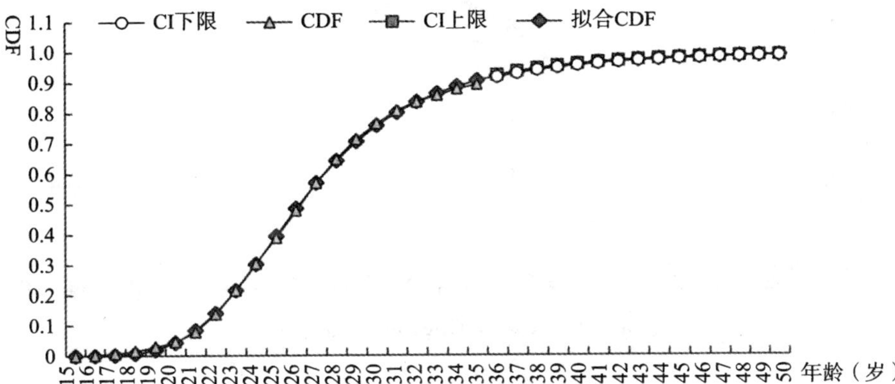

图 6 - 12　Log-logistic 分布的 CDF

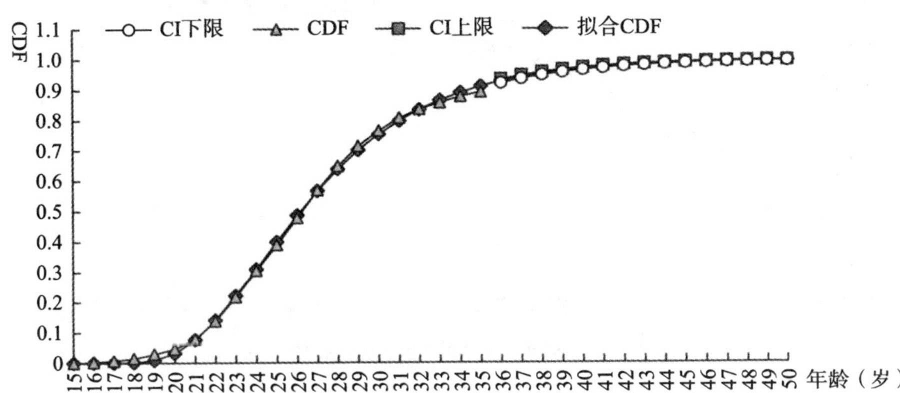

图 6 - 13　Log-normal 分布的 CDF

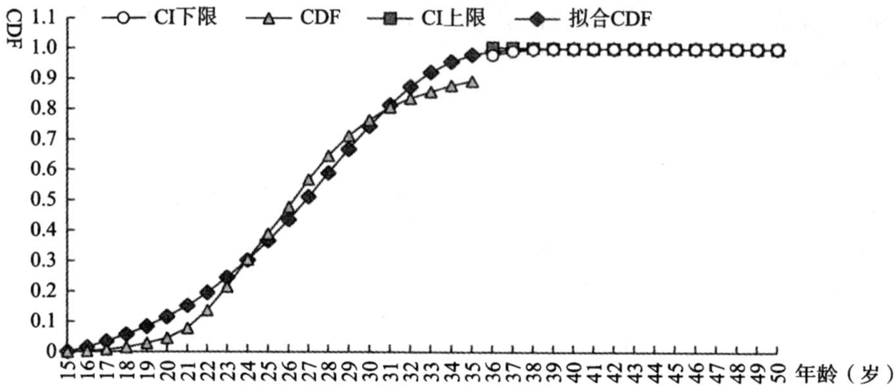

图 6－14　Gompertz 分布的 CDF

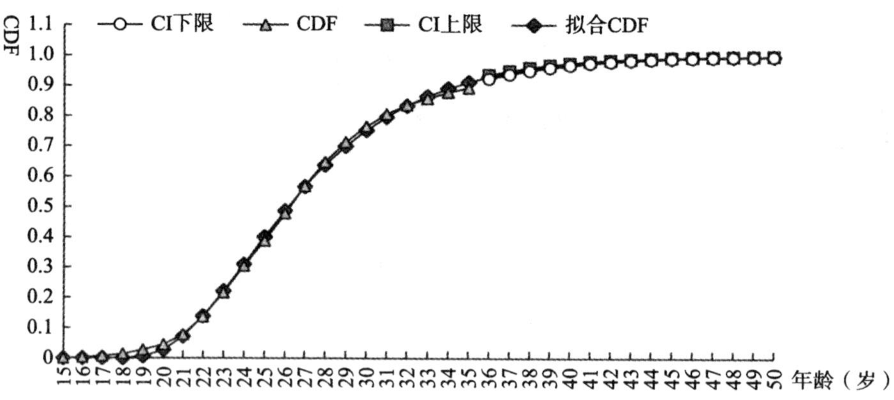

图 6－15　Inverse Gaussian 分布的 CDF

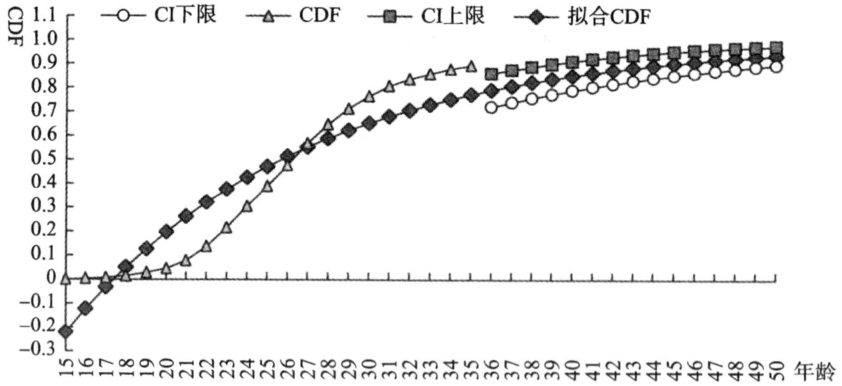

图 6－16　Generalized Pareto 分布的 CDF

六 本章小结

生育水平下降的过程伴随着生育模式的改变，一些研究通过人口普查或者其他来源的数据比较描述了生育模式的变动。本章使用八种概率分布拟合了年龄别曾经生育一孩女性的比例曲线，并预测了曾经生育一孩的比例。

就2010年人口普查数据来说，Exponential分布和Generalized Pareto分布拟合累计分布函数效果欠佳，概率密度函数单调下降，偏离实际生育率模式，所以用Exponential分布和Generalized Pareto分布来拟合年龄别曾经生育一孩女性的比例数据不太适合。另外六种分布拟合效果较好。

对2015年全国1%人口抽样调查数据年龄别曾经生育一孩比例数据进行拟合并预测，发现Exponential分布和Generalized Pareto分布拟合效果欠佳，SSE较大而adjusted R^2较小。Gamma分布拟合虽然拟合时SSE很小，adjusted R^2为0.9958接近于1，但是其预测值及95%置信区间上下限在35岁之后接近于一条水平直线，50岁时预测值为0.9。而其他分布预测的曾经生育一孩女性的比例50岁时接近1，也就是100%的女性都生育了一个孩子。

生育数据存在一定程度的漏报，所以本章选取了年龄别曾经生育一孩女性的比例这个指标进行拟合和预测。预测结果显示大部分概率分布预测的50岁时曾经生育一孩的比例接近100%。不同方法有各自的局限性，而真实的生育模式仍然是需要深入研究的课题。

第七章　总和生育率、生育模式和年龄的拟合和区间估计

生育模式作为生育研究的重要指标，一直以来都受到了广泛关注。在第六章我们拟合了年龄别曾经生育一孩女性的比例，并进行了预测。年龄别曾经生育一孩女性的比例提供了一孩的生育信息，但没有提供总体生育水平和模式信息。在本章，我们使用概率分布函数拟合总和生育率、生育模式及其置信区间，并计算生育年龄及置信区间。

一　方法和数据

本书第六章介绍了八种概率分布函数。本章使用 Gamma 分布拟合总和生育率和生育模式。

（一）拟合模型

以 f_x 表示 x 岁女性的生育率，α_1 为总和生育率，α_2、α_3 为 Gamma 分布的参数，sa 为生育的最低年龄，与第六章一样选为 15 岁，拟合模型如下：

$$f_x = \frac{1}{\Gamma(\alpha_3)}\alpha_1 \alpha_2^{\alpha_3}(x - sa)^{\alpha_3} e^{-\alpha_2(x-sa)}, \quad x \geqslant sa \tag{7-1}$$

其中 $\Gamma(p) = \int_0^{\alpha} \mu^{p-1} e^{-\mu} d\mu$ ，α_1、α_2、α_3 为待估计参数。

由公式（7-1）可以得到平均生育年龄为：

$$E(x) = sa + \alpha_3 / \alpha_2 \tag{7-2}$$

和生育年龄的方差为：

$$Var(x) = \alpha_3 / \alpha_2^2 \tag{7-3}$$

公式（7－2）和公式（7－3）提供了根据拟合模型估计的平均生育年龄和方差。如第六章一样，根据直接观察的离散年龄别生育率数据计算的平均生育年龄为：

$$MAB = \frac{(x + 0.5)f_x}{\sum f_x} \tag{7-4}$$

平均生育年龄的标准差为：

$$sd(MAB) = \sqrt{\frac{(x - \bar{x})^2 f_x}{\sum f_x}} \tag{7-5}$$

平均生育年龄的95%置信区间为：

$$\left[\frac{(x + 0.5)f_x}{\sum f_x} - 1.96 \times \sqrt{\frac{(x - \bar{x})^2 f_x}{\sum f_x}},\ \frac{(x + 0.5)f_x}{\sum f_x} + 1.96 \times \sqrt{\frac{(x - \bar{x})^2 f_x}{\sum f_x}}\right] \tag{7-6}$$

（二）拟合实现

本章使用 Matlab 2015 软件完成具体计算。首先，根据公式（7－1），使用 Lsqcurvefit（）函数拟合年龄别生育率，得到模型的参数。其次，依据参数使用 Nlinfit（）函数再次进行拟合，得到生育模式的置信区间，并根据公式（7－2）和公式（7－3）计算出年龄别生育率的置信区间。最后根据公式（7－4）、公式（7－5）和公式（7－6）计算出平均生育年龄及95%置信区间。

（三）数据

本章使用国家统计局公布的1989～2017年年龄别生育率，这些数据来自各年人口普查、全国1%人口抽样调查，以及年度人口变动抽样调查资料。在前面章节已经介绍了数据质量，普遍认为这些年度年龄别生育率由于受到漏报影响，可能偏低。关于数据质量这里不再进行讨论。

二　拟合结果

（一）参数变化趋势

表7－1提供了使用1989～2017年年龄别生育率数据拟合公式（7－1）得到的参数，拟合的总和生育率 α_1 与历年总和生育率数值非常接近。

表 7-1　估计的参数

年份	α_1	α_2	α_3
1989	2.1611	0.6702	7.3111
1990	2.0228	0.7153	7.8275
1991	1.8839	0.7738	8.4922
1992	1.7451	0.8505	9.3583
1993	1.6072	0.9518	10.4949
1994	1.4719	1.0853	11.9852
1995	1.3644	0.9899	9.9946
1996	1.3858	0.9985	10.6739
1997	1.4025	1.0889	12.1699
1998	1.4077	1.0344	11.6954
1999	1.4067	0.9829	11.2499
2000	1.1835	0.8735	9.4603
2001	1.1534	0.9936	10.8942
2002	1.3552	0.8378	9.7322
2003	1.3832	0.7761	8.7385
2004	1.4315	0.7090	8.1707
2005	1.3230	0.6125	7.0217
2006	1.3568	0.5896	7.1853
2007	1.4139	0.5454	6.9452
2008	1.4334	0.4964	6.4155
2009	1.3346	0.5008	6.4655
2010	1.1616	0.4788	6.3890
2011	1.0299	0.5185	6.7432
2012	1.2286	0.5512	7.3180
2013	1.2102	0.5107	6.9383
2014	1.2548	0.4785	6.2646
2015	1.0366	0.4361	6.0958
2016	1.2147	0.4364	6.2298
2017	1.5972	0.4134	6.2046

（二）总和生育率及区间

表 7-2 提供了拟合的总和生育率 α_1 和 95% 置信区间。拟合的总和生

育率与历年总和生育率数值基本一致，而观测的总和生育率都在拟合总和生育率的95%置信区间内。

表7-2　总和生育率及区间估计

年份	TFR	拟合 TFR	95% CI 下限	95% CI 上限
1989	2.250	2.161	2.004	2.318
1990	2.112	2.023	1.880	2.166
1991	1.973	1.884	1.750	2.018
1992	1.834	1.745	1.615	1.875
1993	1.695	1.607	1.478	1.737
1994	1.556	1.472	1.341	1.603
1995	1.427	1.364	1.281	1.448
1996	1.442	1.386	1.294	1.478
1997	1.458	1.402	1.282	1.522
1998	1.458	1.408	1.289	1.526
1999	1.452	1.407	1.291	1.522
2000	1.221	1.183	1.110	1.257
2001	1.194	1.153	0.973	1.334
2002	1.389	1.355	1.221	1.489
2003	1.414	1.383	1.291	1.476
2004	1.452	1.431	1.341	1.522
2005	1.338	1.323	1.219	1.427
2006	1.385	1.357	1.244	1.469
2007	1.453	1.413	1.290	1.537
2008	1.478	1.432	1.302	1.563
2009	1.374	1.334	1.230	1.437
2010	1.188	1.160	1.084	1.236
2011	1.035	1.029	0.965	1.093
2012	1.246	1.228	1.164	1.292
2013	1.223	1.209	1.152	1.266
2014	1.259	1.254	1.205	1.302

续表

年份	TFR	拟合 TFR	95% CI 下限	95% CI 上限
2015	1.047	1.034	1.006	1.063
2016	1.244	1.212	1.144	1.279
2017	1.580	1.590	1.524	1.657

（三）年龄别生育率拟合

图7-1、图7-2、图7-3和图7-4提供了1990年、2000年、2010年和2017年年龄别生育率、拟合的年龄别生育率及95%置信区间。拟合之后年龄别生育率曲线变得平滑。随着时间的推移，年龄别生育率降低，峰值年龄的生育率也降低，反映了生育率的下降；年龄别生育率峰值年龄右移，反映了生育的推迟。

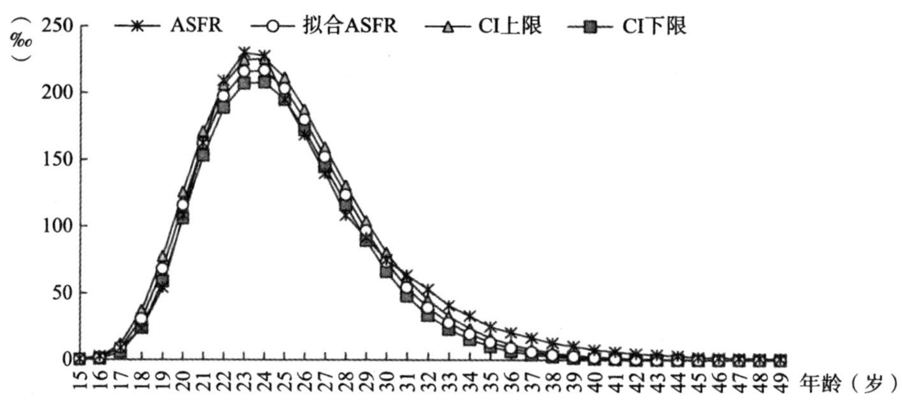

图7-1　1990年生育模式拟合

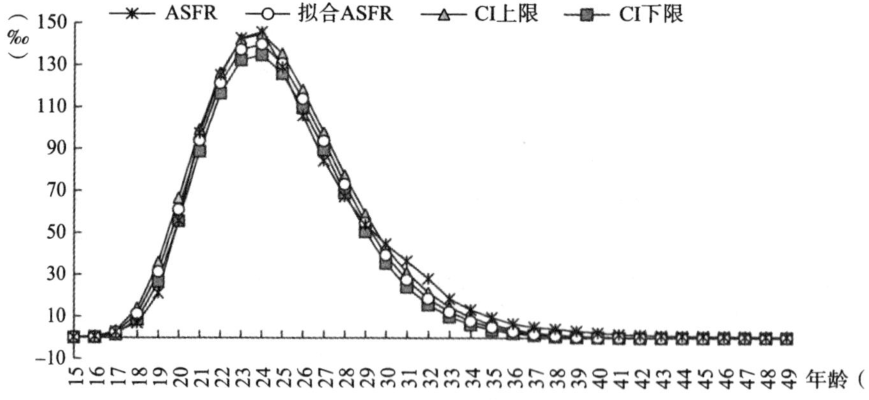

图7-2　2000年生育模式拟合

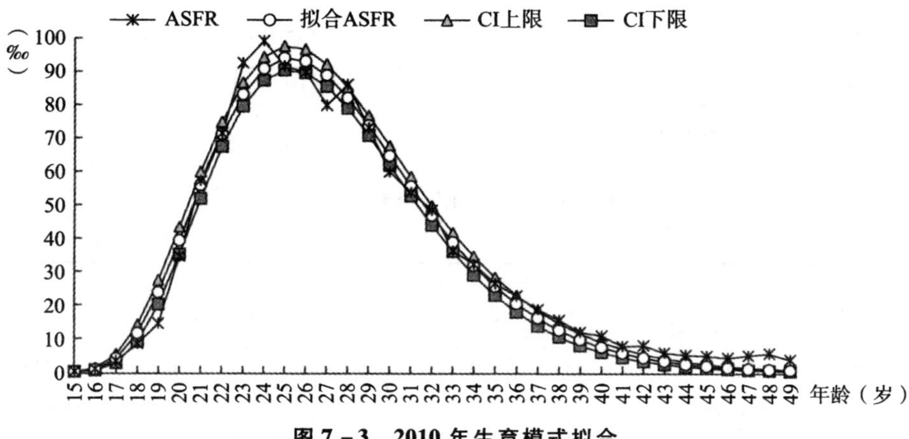

图 7-3　2010 年生育模式拟合

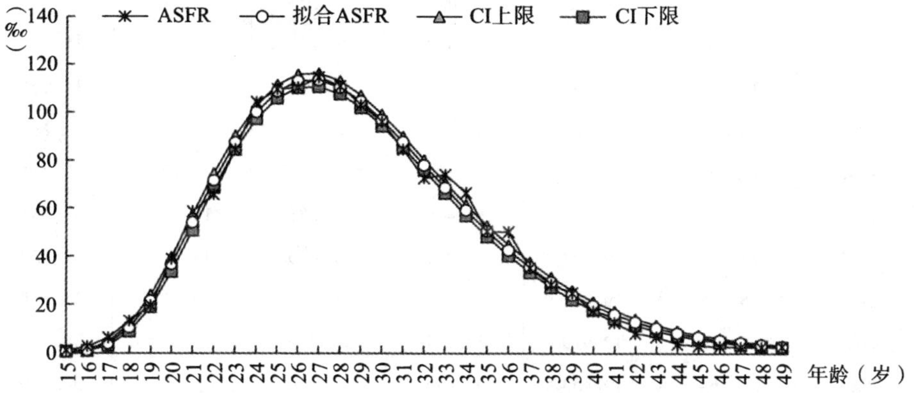

图 7-4　2017 年生育模式拟合

（四）平均生育年龄及区间

表 7-3 提供了平均生育年龄和区间估计。中国的平均生育年龄呈上升趋势，从 1989 年的约 26 岁上升到 2017 年的约 30 岁。拟合的平均生育年龄区间随时间的推移标准差增大，区间变大，反映了随着时间推移生育年龄分布的离散程度增大。果臻和江莎（2017）使用 2010 年人口普查数据发现育龄妇女的一孩生育年龄有 69% 集中在 22.09～33.63 岁，有 96% 集中在 16.32～39.4 岁。本章的结果显示，平均生育年龄的 95% 置信区间宽度经过 20 世纪 90 年代中期的下降之后，一直上升，反映了生育年龄的离散程度在 1990 年代中期之后逐渐增大。尤其是 2013 年和 2016 年开始实行单独两孩和全面两孩政策，一部分高年龄育龄妇女出现补偿性生育，使生育年龄的

离散程度更加扩大。

根据公式（7－4）、公式（7－5）和公式（7－6）使用离散型年龄别生育率计算平均生育年龄和标准差，并计算95%置信区间，其方差比拟合结果得到的方差要大，置信区间要宽。

表7－3　平均生育年龄和区间

单位：岁

年份	拟合			离散数据计算		
	平均生育年龄	下限	上限	平均生育年龄	下限	上限
1989	25.909	18.001	33.817	26.116	16.498	35.733
1990	25.944	18.277	33.610	26.147	16.689	35.606
1991	25.975	18.593	33.357	26.184	16.911	35.456
1992	26.003	18.953	33.052	26.226	17.172	35.279
1993	26.026	19.355	32.697	26.275	17.484	35.065
1994	26.044	19.791	32.296	26.332	17.864	34.801
1995	25.097	18.837	31.356	25.220	17.153	33.288
1996	25.690	19.277	32.103	25.757	17.780	33.734
1997	26.176	19.897	32.455	26.282	18.532	34.033
1998	26.307	19.827	32.787	26.415	18.473	34.358
1999	26.446	19.757	33.134	26.519	18.624	34.415
2000	25.830	18.929	32.731	25.870	17.577	34.163
2001	25.964	19.453	32.475	26.170	18.195	34.146
2002	26.616	19.318	33.915	26.690	18.384	34.996
2003	26.260	18.794	33.725	26.234	17.794	34.674
2004	26.524	18.622	34.426	26.402	17.829	34.975
2005	26.464	17.984	34.943	26.412	17.258	35.565
2006	27.186	18.276	36.097	27.331	17.192	37.469
2007	27.734	18.263	37.205	28.064	16.925	39.203
2008	27.924	17.923	37.925	28.349	16.555	40.143
2009	27.909	17.959	37.860	28.217	16.554	39.881
2010	28.344	17.997	38.691	28.441	16.807	40.075
2011	28.005	18.189	37.821	27.655	17.504	37.806
2012	28.275	18.657	37.894	27.984	17.737	38.230

续表

年份	拟合			离散数据计算		
	平均生育年龄	下限	上限	平均生育年龄	下限	上限
2013	28.586	18.477	38.695	28.105	17.659	38.551
2014	28.093	17.840	38.345	27.528	17.272	37.784
2015	28.979	17.882	40.077	28.481	17.027	39.935
2016	29.276	18.065	40.486	29.123	16.901	41.346
2017	30.009	18.199	41.818	29.155	18.127	40.183

三　本章小结

中国的生育模式和生育年龄发生了很大变化。在第六章使用八种概率分布拟合了年龄别曾经生育一孩比例曲线的基础上，本章使用 Gamma 曲线拟合了生育模式，得到总和生育率、年龄别生育率和平均生育年龄的区间。

总和生育率、年龄别生育率和平均生育年龄拟合效果较好。这种拟合一方面平滑了生育模式曲线，另一方面提供了置信区间，克服了以往只提供绝对数量而没有区间估计的缺点。

第八章　孩次性别结构与再生育

一　引言

中国政府于2013年和2016年分别实行了单独二孩和全面二孩的生育政策，但是2017年、2018年和2019年生育数量持续下降。生育数量的下降既受到育龄女性数量和结构因素的影响，也受到生育水平的影响（姜全保等，2019）。一方面，生育意愿很低，大部分家庭希望生育一个或者两个孩子，低生育意愿使得真实的生育水平很低（Jiang et al.，2016a）。另一方面，生育受到女性现有子女数量和性别构成的影响。在当前社会经济背景下，一些女性生育了一个孩子之后就不再生育，对于有男孩偏好的家庭来说，有可能在孕育第一个孩子时就进行了性别选择以保证生男孩，中国人口普查数据中一孩出生性别比偏高也能证明这一点（Jiang et al.，2016a）。在生育两个孩子的家庭中，如果第一个孩子是女孩，那么父母有可能在孕育第二个孩子时进行性别鉴定和性别选择性人工流产以确保第二个孩子是男孩。

现有子女数量是影响女性是否继续生育的重要因素。20世纪80年代开始严格执行计划生育政策，限制人们只能生育一个或者两个孩子。但当时生育意愿还比较高，人们希望多生孩子，所以人们尤其是农村人口通过外出躲避计划生育、交罚款等多种应对手段继续生育（White，2006；Greenhalgh，2008）。中国有数量庞大的计划生育政策外生育，估计在1.5亿~2亿人（易富贤，2013；陈剑，2015），数量庞大的政策外生育体现了父母对于生育数量和性别构成的追求。随着社会经济发展，在过去30多年中中国的生育意愿下降（侯佳伟等，2014）。社会经济发展对于生育水平下降和个体生育行为的影响越来越受到关注（Morgan et al.，2009；Zheng et al.，2009；

Cai, 2010; Chen et al. , 2010; Cai, 2013; Zhao and Zhang, 2018)。由于生育意愿很低，女性在生育了一个或者两个孩子之后就停止生育，这是生育数量对于继续生育的影响因素之一。2013 年中国单独二孩和 2016 年的全面二孩政策并没有带来预期的出生堆积，一个原因就是大部分女性已经实现了生育一个孩子或者两个孩子的愿望。

孩子的性别构成是女性是否继续生育的另外一个重要因素。父母会基于现有子女性别构成决定是否继续生育（Park, 1983; Pollard and Morgan, 2002）。美国、澳大利亚和欧洲一些国家偏好儿女双全，拥有两个相同性别孩子的父母比拥有一男一女两个孩子的父母更有可能继续生育（Teachman and Schollaert, 1989; Pollard and Morgan, 2002; Mills and Begall, 2010; Tian and Morgan, 2015）。在亚洲一些国家中，如中国、韩国、印度，男性在传宗接代、养老保障和农业生产劳动等方面具有优势，所以在这些国家存在较强烈的男孩偏好（Zhao, 1997; 高凌、郝虹生，1993）。在缺少胎儿性别鉴定技术的年代，父母会通过多生达到有儿子的目的，只有女儿的家庭生育下一个孩子的可能性要比有儿子的家庭高很多，男孩偏好提高了微观层面家庭的出生数量（Park and Cho, 1995; 陈卫、靳永爱，2011）和宏观层面的生育水平（Morgan, 2003; Morgan et al. , 2009）。近年来，随着性别鉴定技术的普及和人工流产被普遍接受，夫妇通过胎儿性别鉴定和性别选择性人工流产代替以往的多生多育来实现子女的性别偏好和性别构成，男孩偏好反而导致生育率下降（郭志刚，2008）。过去在二孩及二孩以上孩次才进行的性别选择，现在在一孩就开始进行以达到有儿子的目的，有了一个男孩之后家庭再生育的可能性降低（Jiang et al. , 2016a）。具有男孩偏好的家庭实际生育数量反而会少（宋健、陶椰，2012）。

一些研究使用微观数据研究子女数量和性别构成与再生育，分析再生育的可能性和再生育的性别（Jiang et al. , 2016a; Li et al. , 2017）。还有一些研究使用孩次递进模型研究生育模式，但没有区分现有子女孩次和性别构成（郭志刚，2004c; 王广州，2004）。杨书章和王广州（2006b）根据现有子女孩次和性别构造了孩次性别递进生育率，提供了丰富的研究结果，但没有给出生育模式。

本章使用 2000 年人口普查的微观数据，构建孩次性别递进生育模型，研究现有子女孩次性别结构情况下的生育模式。使用孩次性别递进生育模型一是希望消除当前生育水平和模式受到进度效应的影响，二是区分男孩偏好环境下拥有不同子女孩次性别构成女性的再生育行为。本章下文首先构建孩次性别递进生育模型，其次介绍所使用的数据，再次介绍结果，最后是结论和讨论。

二　方法

（一）递进生育模型

Feeney（1983、1985）、Feeney 和 Yu（1987）、Ni Bhrolchain（1987）使用女性生育史资料，根据已有孩子数量和距离上一孩次的间隔别生育率，构造了时期孩次递进比。这种基于生育间隔的孩次递进模型有一定的应用（Retherford et al., 2005；McDonald et al., 2015；Qin et al., 2018）。Rallu 和 Toulemon（1994）提出基于孩次别、年龄别和间隔别的总和生育率，包含了基于生育间隔计算时期孩次递进比的相关信息。上述递进生育模型涉及孩次递进的间隔信息，但中国缺乏孩次间隔的生育史信息数据，制约了基于孩次间隔的递进生育模型对于中国数据的应用（张翠玲等，2019）。马瀛通等（1986）使用年龄别妇女生育状况和已有子女情况资料，计算年龄别孩次递进比，然后假设妇女按照年龄别孩次递进比进行生育，构造了时期孩次递进生育模型。时期孩次递进生育模型在分孩次递进生育率的定义及其计算过程中运用了队列的概念，克服了常规生育水平和生育模式分析的缺陷，计算结果更贴近实际生育过程（马瀛通等，1986；郭志刚，2004c；王广州，2004）。孩次递进生育模型记录了子女数量，但没有区分现有子女的性别构成。王广州（2004）使用孩次递进生育模型，按照现有子女数量分类而没有区分子女的性别构成，给出了分孩次递进生育模式。郭志刚（2004c）把育龄女性按照现有子女数量分类，不同类别应用各自的递进生育率来预测未来人口。

在上述孩次递进生育模型基础上，杨书章和王广州（2006b）提出了孩次性别递进生育模型，根据现有子女数量和性别结构计算孩次性别递进生育率。他们提供了不同孩次性别结构下的递进生育比，但没有提供孩次性别递进生育模式。

（二）孩次性别递进生育模型

本章构建孩次性别递进生育模型，研究不同孩次性别结构状况下女性的再生育情况。具体方法如下。

用 i 和 j 两个参数表示人口普查或者调查时 a 岁妇女的状态，i 表示现有子女数，j 表示现有子女的性别结构，分为没有生育、只有男孩、只有女孩和儿女双全四类，分别用0、1、2 和 3 表示。$W_{i,j}(a)$ 表示期初有 i 个孩子，性别结构为 j 的 a 岁女性人数。期初状态为 i、j 的女性当年生育的孩子数用 $B_{i+1,j}^{k}(a)$ 表示，k 表示性别，取值为 1 表示男孩，2 表示女孩，x 表示不分性别的所有孩子。

1. 孩次性别递进生育比

$h_{i+1,j}^{k}(a)$ 表示 i、j 类女性在 a 岁生育第 $i+1$ 个孩子且性别为 k 的孩次性别递进生育比。例如，$h_{2,1}^{2}(a)$ 表示只有一个男孩的 a 岁女性生育一个女孩的孩次性别递进生育比，它的值为年初只有一个男孩的 a 岁女性在本年度生育的女孩数与年初只有一个男孩的 a 岁女性人数的比值。

$$h_{i+1,j}^{k}(a) = \frac{B_{i+1,j}^{k}(a)}{W_{i,j}(a)} \tag{8-1}$$

当 $i=0$，即年初没有孩子时，由于此时性别结构没有意义，故将 $h_{i+1,j}^{k}(a)$ 用 $h_{1}^{k}(a)$ 表示，其公式为：

$$h_{1}^{k}(a) = \frac{B_{1}^{k}(a)}{W_{0}(a)}$$

$h_{i,j}^{k}(a)$ 有如下性质：$h_{i,j}^{x}(a) = h_{i,j}^{1}(a) + h_{i,j}^{2}(a)$

2. 基于孩次性别递进生育比的累计生育概率

用 $P_{i+1,j}(a)$ 表示基于孩次性别递进生育比的累计生育概率，定义为具有 i、j 类孩次性别结构的女性到 a 岁（包含 a 岁）时已经生育第 $i+1$ 孩的概率，$P_{i+1,j}(a)$ 假定女性遵照某一时期年龄别孩次性别递进生育比进行生育，在 $15-a$ 岁期间经历了 i、j 状态并且又生育了第 $i+1$ 孩的女性人数，占该队列到 a 岁（包含 a 岁）时经历了 i、j 状态的女性人数的比例，公式为：

$$P_{i+1,j}(a) = 1 - \prod_{m=15}^{a}(1 - h_{i,j}^{x}(m)) \tag{8-2}$$

特别地，当 $i=0$ 时，$P_{i+1,j}(a)$ 记为 $P_{1}(a)$，表示在 $15-a$ 岁没有孩子的女性生育第一孩的累计概率。

$$P_1(a) = 1 - \prod_{m=15}^{a}(1 - h_1^x(m))$$

3. 基于孩次性别递进生育比的女性分布

基于孩次性别递进生育比的女性分布指的是，假设一批女性按照某一时期年龄别孩次性别递进生育比生育，那么不同孩次性别结构的 a 岁女性占该年龄所有女性的比例，a 岁 i、j 类女性占 a 岁队列女性总数的比例定义为 $R_{i,j}(a)$，特殊地，$i=0$ 时，$R_{i,j}(a)$ 记为 $R_0(a)$。$R_{i,j}(a)$ 的计算公式为：

$$R_0(a) = \prod_{i=15}^{a-1}(1 - h_1^x(i))$$

$$R_{1,1}(a) = \sum_{n=15}^{a-1}(h_{1,0}^1(n)\prod_{i=15}^{n-1}(1 - h_{1,0}^x(i))\prod_{j=n+1}^{a-1}(1 - h_{2,1}^x(j)))$$

$$R_{1,2}(a) = \sum_{n=15}^{a-1}(h_{1,0}^2(n)\prod_{i=15}^{n-1}(1 - h_{1,0}^x(i))\prod_{j=n+1}^{a-1}(1 - h_{2,2}^x(j)))$$

$$R_{2,1}(a) = \sum_{m=15}^{a-1}(R_{1,1}(m)\sum_{n=m+1}^{a-1}(h_{2,1}^1(n)\prod_{i=m+1}^{n-1}(1 - h_{2,1}^x(i))\prod_{j=n+1}^{a-1}(1 - h_{3,1}^x(j)))) \quad (8-3)$$

$$R_{2,2}(a) = \sum_{m=15}^{a-1}(R_{1,2}(m)\sum_{n=m+1}^{a-1}(h_{2,2}^2(n)\prod_{i=m+1}^{n-1}(1 - h_{2,2}^x(i))\prod_{j=n+1}^{a-1}(1 - h_{3,2}^x(j))))$$

$$R_{2,3}(a) = \sum_{m=15}^{a-1}(R_{1,1}(m)\sum_{n=m+1}^{a-1}(h_{2,1}^2(n)\prod_{i=m+1}^{n-1}(1 - h_{2,1}^x(i))\prod_{j=n+1}^{a-1}(1 - h_{3,3}^x(j)))) + \sum_{m=15}^{a-1}(R_{1,2}(m)\sum_{n=m+1}^{a-1}(h_{2,2}^1(n)\prod_{i=m+1}^{n-1}(1 - h_{2,2}^x(i))\prod_{j=n+1}^{a-1}(1 - h_{3,3}^x(j))))$$

4. 孩次性别总和递进生育率

公式（8-3）是基于一批女性按照某一时期年龄别孩次性别递进生育比进行生育这一假设，计算的拥有不同孩次性别结构的女性占该年龄所有女性的比例。在公式（8-1）和公式（8-3）的基础上，我们定义了孩次性别递进生育率 $f_{i+1,j}(a)$ 和孩次性别总和递进生育率 $F_{i+1,j}(a)$，孩次性别递进生育率 $f_{i+1,j}(a)$ 表示的是假设女性按照某一时期年龄别孩次性别递进生育比进行生育，在 15－a 岁期间经历了 i、j 状态并且在 a 岁递进生育下一孩的女性人数占这一出生队列女性人数的比例。孩次性别总和递进生育率 $F_{i+1,j}(a)$ 为孩次性别递进生育率 $f_{i+1,j}(a)$ 的加总，表示的是在 15－a 岁期间经历了 i、j 状态并且已经递进生育了下一孩的女性人数占这一出生队列所有 a 岁女性人数的比例。公式（8-2）中 $P_{i+1,j}(a)$ 指的是在 15－a 岁期间经历了 i、j 状态并在 a 岁生育下一孩的女性占所有 i、j 状态的 a 岁女性的比例，$P_{i+1,j}(a)$ 和 $F_{i+1,j}(a)$ 分子相同，分母不同。

孩次性别递进生育率 $f_{i+1,j}(a)$ 表示为：

$$f_{i+1,j}(a) = R_{i,j}(a)h^{x}_{i+1,j}(a) \tag{8-4}$$

孩次性别总和递进生育率 $F_{i+1,j}(a)$ 表示为：

$$F_{i+1,j}(a) = \sum_{l=15}^{a} f_{i+1,j}(l) \tag{8-5}$$

特别地，当 $i=0$ 时，公式（8－4）和公式（8－5）分别为：

$$f_1(a) = R_0(a)h^{x}_1(a)$$

$$F_1(a) = \sum_{l=15}^{a} f_1(l)$$

在公式（8－4）和公式（8－5）的基础上继续考虑性别因素，$f^{k}_{i+1,j}(a)$ 表示按照某一时期年龄别孩次性别递进生育比进行生育时，在 a 岁之前经历了 i、j 状态并在 a 岁时妇女生育下一孩且性别为 k 的孩子的孩次性别递进生育率。

$$f^{k}_{i+1,j}(a) = R_{i,j}(a)h^{k}_{i+1,j}(a) \tag{8-6}$$

同样

$$F^{k}_{i+1,j}(a) = \sum_{l=15}^{a} f^{k}_{i+1,j}(l) \tag{8-7}$$

公式（8－7）表示在 15 － a 岁期间经历了 i、j 状态并且已经递进生育了下一孩的女性人数占这一出生队列所有 a 岁女性人数的比例。

特别地，当 $i=0$ 时，公式（8－6）和公式（8－7）分别为：

$$f^{k}_1(a) = R_0(a)h^{k}_1(a)$$

$$F^{k}_1(a) = \sum_{l=15}^{a} f^{k}_1(l)$$

三　数据

本研究需要大量的微观个体数据测算递进比进而进行计算。目前，2010 年的人口普查结果是最新的、规模最大的调查数据，但是我们没有得到 2010 年人口普查数据的微观个体数据。所以本研究使用了中国 2000 年人口普查数据带，数据来自美国明尼苏达大学的 Integrated Public Use Microdata Series（IPUMS）数据库。

2000 年人口普查是基本成功的（Lavely，2001；张为民，2001），但社会经济发展的一些客观因素影响了数据质量（张为民，2001；段成荣等，2001；于学军，2002）。普查漏报率为 1.81%，按照国际标准是合理的（Walfish，2001）。虽然 2000 年人口普查数据存在一定的出生漏报（Lavely，2001），但是这一普查数据仍然是研究中国生育问题的最好的数据。

本章使用 2000 年人口普查 0.95‰的微观数据，共有 328455 位 15～49 岁的女性。普查时点之前的一年共生育 11873 个孩子，其中一孩 8139 人，二孩 3112 人，三孩及以上 622 人；男孩 6457 人，女孩 5416 人，出生性别比为 119.2。按照本章定义的公式，根据女性年龄、已有子女孩次性别结构对各类女性数量和当年有生育的女性进行汇总并按照前述公式进行计算。需要指出的是，由于本文根据女性年龄、现有子女孩次性别结构进行分类，而出生数量相对较小，因此会出现部分类别的女性人数和出生数量较少，特别是城市中已有两个孩子或者城镇和农村中已有两个男孩的女性人数较少，再生育数量很小，计算出来的孩次性别递进生育比有可能失真，基于孩次性别递进生育比计算出来的结果也受到一定的影响。

四 结果

（一）全国数据

1. 基于孩次性别递进生育比的累计生育概率

图 8－1 提供了基于 2000 年孩次性别递进生育比的累计生育概率，也就是如果遵照 2000 年年龄别孩次性别递进生育比进行生育，某孩次性别结构的女性到某一年龄时曾经生育下一孩次的人数占该队列中到该年龄具有该孩次性别结构的女性人数的比例。P_1 表示之前没有生育的女性到某一年龄时曾经生育过一孩的比例，到 49 岁时该比例为 97.36%，基本上是普遍生育。$P_{2,1}$表示现有一个男孩的女性中再生育一个孩子的比例，到 49 岁时该比例为 38.68%，而 $P_{2,2}$表示现有一个女孩的女性再生育一个孩子的比例，到 49 岁时该比例为 60.94%，高于 $P_{2,1}$，说明只有一个女孩的家庭比只有一个男孩的家庭再生育的可能性要大，反映了中国的男孩偏好。

对于已有两个孩子的家庭来说，比较 $P_{3,1}$、$P_{3,2}$和 $P_{3,3}$可以发现，已经有两个男孩的家庭继续生育的可能性最小，而一男一女家庭继续生育的可能性居中，有两个女儿的家庭继续生育的可能性最高。

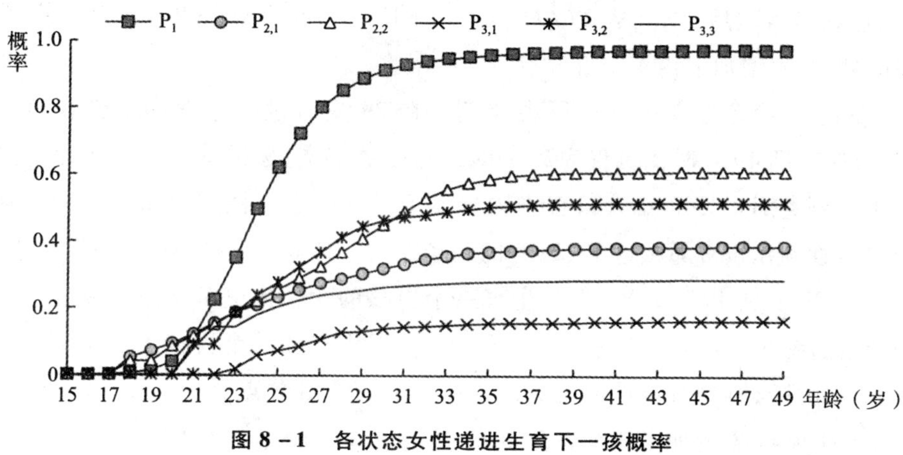

图 8－1 各状态女性递进生育下一孩概率

2. 基于孩次性别递进生育比的女性分布

图 8－2 提供了基于 2000 年孩次性别递进生育比的女性分布，也就是如果遵照 2000 年年龄别孩次性别递进生育比进行生育，不同孩次性别结构的女性占该年龄所有女性的比例。R_0表示没有生育女性所占的比例，在 20 岁之后迅速下降，到 35 岁下降到 5% 以下，到 49 岁时只有 2.64%，与前面 P_1 一致，说明中国的女性还是普遍生育的。

$R_{1,1}$和 $R_{1,2}$分别表示只有一个男孩和只有一个女孩的女性占该年龄所有女性的比例。20 岁之后生育过一孩的女性所占比例上升很快。$R_{1,1}$在 32 岁的时候达到峰值 39.93%，其后稍微下降，到 49 岁时为 38.79%。$R_{1,1}$曲线说明生了一个男孩的女性比例随着年龄增大而增大，在 32 岁达到峰值之后几乎不变，说明生育了一个男孩的女性绝大部分不再生育。而 $R_{1,2}$在 29 岁达到峰值 32.58% 之后下降，说明生育一个女孩的女性会再生育，从而使得只生育一个女孩的女性比例下降，到 49 岁时比例为 24.51%，比 29 岁的峰值下降了 8.07 个百分点。

$R_{2,1}$表示生育了两个男孩的女性所占比例，只有生育第一个男孩之后才能生育第二个男孩，所以 $R_{2,1}$随着 $R_{1,1}$的增大而缓慢增大，说明有了一个男孩之后再生育男孩的女性比例很小。$R_{1,1}$在 32 岁达到峰值，从 32 岁到 49 岁下降了 1.14 个百分点，而 $R_{2,1}$从 32 岁到 49 岁增加了约 1 个百分点，说明有了一个男孩之后再生育男孩的女性比例很小。

同样，$R_{2,2}$表示生育了两个女孩的女性所占比例，随着$R_{1,2}$的增大而缓慢地增大，说明有了一个女孩之后再生育女孩的女性比例较小。在29岁$R_{1,2}$达到峰值之后，$R_{1,2}$从29岁到49岁下降了约8个百分点，而$R_{2,2}$从29岁的到49岁增加了约4个百分点。

R_0表示没有生育的女性所占比例，在29岁时没有生育的女性比例为15.03%，到49岁时比例仅为2.64%，占总数12.39%的女性从没有生育进入了生育类别。2000年人口普查数据显示，一孩出生性别比基本正常，如果出生性别比正常那么这12.39%的一半左右，即6%左右会进入$R_{1,1}$类别。但是从29岁到49岁，$R_{1,1}$即只生育一个男孩的女性比例基本没有变化，所以$R_{1,1}$的约6个百分点会进入$R_{2,1}$和$R_{2,3}$。因为有了一个男孩之后生育第二个孩子很少会性别选择性人工流产，所以有3个百分点会进入了$R_{2,1}$（$R_{2,1}$从29岁到49岁增加了3个百分点），另外3个百分点会进入$R_{2,3}$。

同样，在R_0的12.39%中有6个百分点会在29岁之后进入$R_{1,2}$类别，但$R_{1,2}$代表的只生育一个女孩的女性比例从29岁的32.58%下降到49岁的24.51%，下降了8.07个百分点。这样，在29岁之后$R_{1,2}$里面占女性总数的14个百分点中，有4个百分点进入了$R_{2,2}$，使得$R_{2,2}$从29岁的2.32%上升到49岁的6.48%，另外10个百分点进入了$R_{2,3}$。

从$R_{2,3}$的变化来看，29岁时曾经生育过一男一女的女性比例为7.79%，到49岁时为19.00%，增加了11.21个百分点，其中大约3个百分点来自$R_{1,1}$，10个百分点来自$R_{1,2}$，一儿一女之后的女性可能继续生育，从而脱离了$R_{2,3}$的类别并使得$R_{2,3}$减少，这也是为什么$R_{1,1}$和$R_{1,2}$分别有3个和10个百分点进入$R_{2,3}$，但$R_{2,3}$只增加了11.21个百分点。

综上可以看出，如果按照2000年孩次性别递进生育比进行生育，那么最终只生育一个男孩的女性比例为40%，生育两个男孩的比例只有6%。农村高额婚姻花费和男性成婚困难动摇了中国农民“多子多福”和“传宗接代”的观念，传统的生育观念发生改变（栗志强，2012）。农村为儿子娶媳妇花费太大，如果有两个儿子都在农村，那么父母会在“盖房－娶媳妇，盖房－娶媳妇”的循环之中劳累终生（陶自祥，2013）。甘肃某村有三四年没有娶进来媳妇，全村光棍有四五十人。有两个儿子的家庭都愁死了（吴锋、丁艳，2007）。在山东农村，农民家庭分为三等，一等家庭只有女儿，不用操心建房和娶媳妇；二等家庭一儿一女，只需为一个儿子建房娶媳妇；

三等家庭有两个儿子，父母别指望过上好日子（陶自祥，2013）。河南某村妇女主任认为：农村的生育观念有所改变，第一孩是男孩的家庭就不再生育了，怕再生一个男孩负担重；第一孩是女孩的家庭一般还要再生一个，但如果第二个还是女孩很多人也就不再生育了。重男轻女的观念还在，但和以前相比有了很大的不同（栗志强，2012）。

第一个孩子是女孩的家庭，会有部分人进行性别选择性人工流产以确保第二孩是男孩。第一孩是女孩的女性比例 $R_{1,2}$，从 29 岁到 49 岁一共有女性总数的 4 个百分点进入了 $R_{2,2}$，另外 10 个百分点进入 $R_{2,3}$。如果没有性别选择性人工流产，那么 14 个百分点中大概有 7 个百分点会进入 $R_{2,2}$，另外 7 个百分点进入 $R_{2,3}$。2000 年普查数据显示，二孩出生性别比为 151.92，其中城市、城镇和农村分别为 147.62、154.59 和 152.14（国务院人口普查办公室、国家统计局人口和社会科技统计司，2002）。本章数据也证明了已有一个女孩的家庭会进行性别选择性人工流产从而使得二孩的出生性别比偏离正常范围。

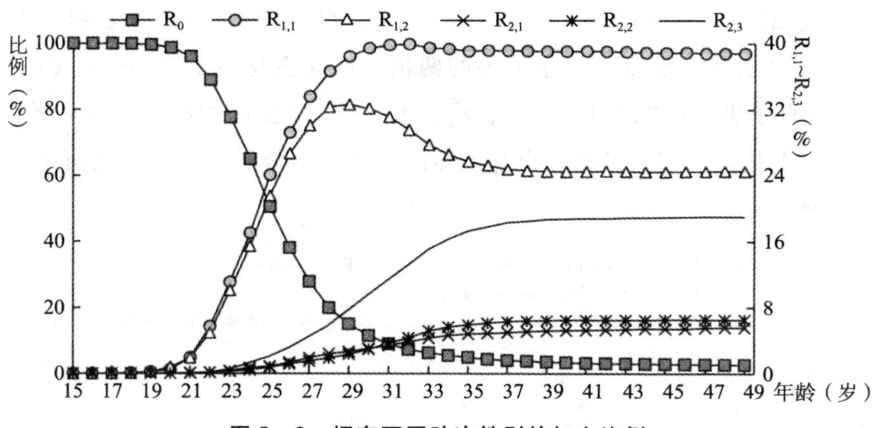

图 8－2　拥有不同孩次性别的妇女比例

3. 分孩次性别总和递进生育率

图 8－3a 和图 8－3b 分别提供了基于 2000 年孩次性别递进生育比的孩次性别总和递进生育率，也就是如果遵照 2000 年年龄别孩次性别递进生育比进行生育，15－a 岁期间经历了 i、j 状态并且已经递进生育了下一孩的女性人数占这一出生队列所有 a 岁女性人数的比例，表达的是经历 i、j 状态递进生育下一孩的女性生育的数量对于整个队列生育水平的贡献。图 8－3a 提供了一孩和二孩的分孩次性别总和递进生育率，图 8－3b 提供了三孩的分孩

次性别总和递进生育率。

在图 8 -3a 中，$F_{1,0}$、$F^1_{1,0}$和 $F^2_{1,0}$分别表示曾经生育一孩、生育一个男孩、生育一个女孩的女性占该年龄所有女性的比例，$F_{1,0}$为 $F^1_{1,0}$与 $F^2_{1,0}$之和。到 49 岁，97.36% 女性曾经生育过一个孩子，生育男孩和女孩女性占所有女性的比例分别为 50.17% 和 47.19%，性别比为 106.31，处于正常水平。

$F_{2,1}$、$F^1_{2,1}$和 $F^2_{2,1}$分别代表生育一个男孩之后又生育第二个孩子、又生育一个男孩、又生育一个女孩的女性占该年龄所有女性的比例，$F_{2,1}$为 $F^1_{2,1}$与 $F^2_{2,1}$之和。到 49 岁时，生育过一个男孩之后又生育第二个孩子的女性占所有女性的比例为 11.39%，又生育一个男孩和又生育一个女孩的女性比例分别为 5.91% 和 5.48%，性别比为 107.90，略微高于正常出生性别比。

$F_{2,2}$、$F^1_{2,2}$和 $F^2_{2,2}$分别代表生育一个女孩之后又生育第二个孩子、又生育一个男孩、又生育一个女孩的女性占该年龄所有女性的比例，$F_{2,2}$为 $F^1_{2,2}$与 $F^2_{2,2}$之和。到 49 岁时，$F_{2,2}$即生育过一个女孩之后又生育第二个孩子的女性比例为 22.68%，约是 $F_{2,1}$（11.39%）的两倍，即第一个是女孩的女性再生育的可能性约是第一个是男孩的两倍。而在占总数的 22.68% 女性中，$F^1_{2,2}$即生育了男孩比例为 14.78%，$F^2_{2,2}$即生育了女孩比例为 7.90%。$F^1_{2,2}$约为 $F^2_{2,2}$的两倍，也证明了第一个是女孩的女性再生育时，生男孩的可能性是生女孩的两倍。

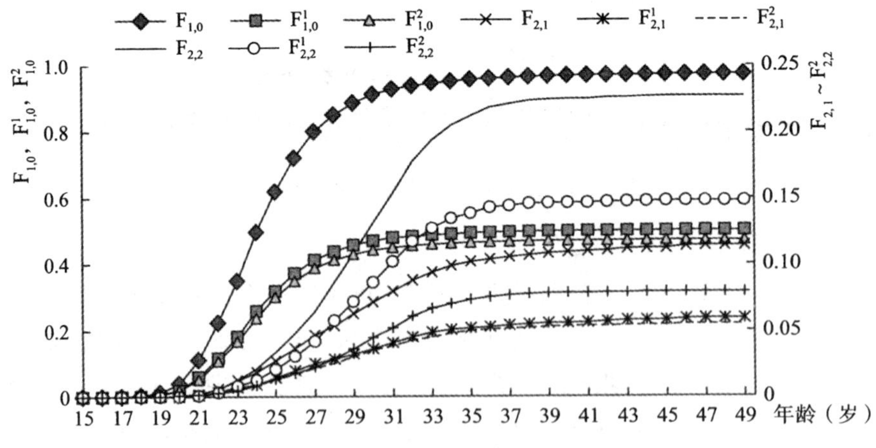

图 8 -3a 第一孩和第二孩孩次性别总和递进生育率

在图 8-3b 中，$F_{3,1}$、$F_{3,1}^{1}$和$F_{3,1}^{2}$分别表示生育两个男孩之后又生育第三个孩子、又生育一个男孩、又生育一个女孩的女性占所有女性的比例，$F_{3,1}$为$F_{3,1}^{1}$与$F_{3,1}^{2}$之和。到 49 岁，$F_{3,1}$只有 3.74‰，说明生育两个男孩之后继续生育的女性很少；$F_{3,1}^{1}$和$F_{3,1}^{2}$分别为 1.46‰和 2.28‰，生女孩的比例高于生男孩的比例，有两个男孩之后继续生育可能会偏好女孩。

$F_{3,2}$、$F_{3,2}^{1}$和$F_{3,2}^{2}$分别表示生育两个女孩之后又生育第三个孩子、又生育一个男孩、又生育一个女孩的女性占所有女性的比例，$F_{3,2}$为$F_{3,2}^{1}$与$F_{3,2}^{2}$之和。到 49 岁，$F_{3,2}$为 14.18‰，说明生育两个女孩之后继续生育的女性很少。但是与生育两个男孩之后继续生育的女性$F_{3,1}$相比，$F_{3,2}$约是$F_{3,1}$的 4 倍。$F_{3,2}^{1}$为 11.04‰，$F_{3,2}^{2}$为 3.14‰，生育两个女孩后继续生育男孩的比例约是继续生育女孩的 3.5 倍，这也说明了性别选择的存在。

$F_{3,3}$、$F_{3,3}^{1}$和$F_{3,3}^{2}$分别表示生育一个男孩和一个女孩之后又生育第三个孩子、又生育一个男孩、又生育一个女孩的女性占所有女性的比例，$F_{3,3}$为$F_{3,3}^{1}$与$F_{3,3}^{2}$之和。到 49 岁，$F_{3,3}$为 12.61‰，说明生育一男孩一女孩之后继续生育的女性很少。$F_{3,3}^{1}$和$F_{3,3}^{2}$分别为 6.68‰和 5.93‰。

图 8-3b 的数据显示，生育过两个孩子之后继续生育的女性比例很小。生育过两个女孩的女性继续生育的可能性最大，有一男孩一女孩的女性继续生育的可能性次之，生育过两个男孩的女性继续生育的可能性最小。生育过两个女孩继续生育的女性比例约为生育过两个男孩继续生育的女性比例的 4 倍。生育过两个女孩的女性，再生育时会性别选择性人工流产女胎，

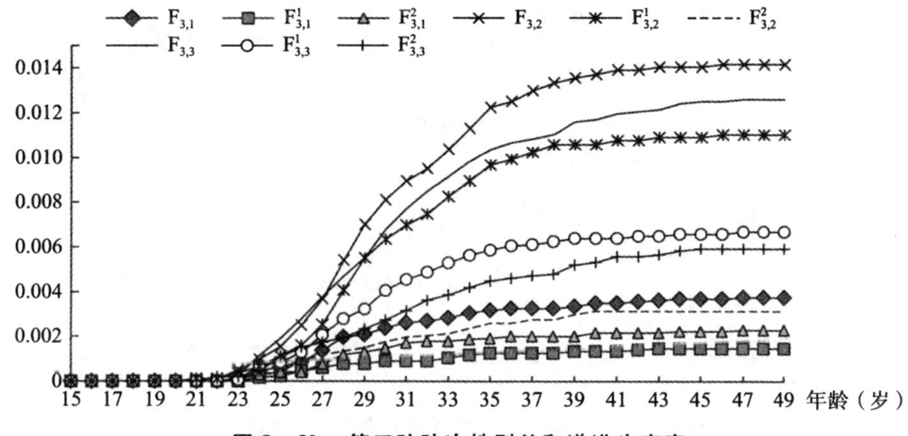

图 8-3b　第三孩孩次性别总和递进生育率

从而使得再生育时是男孩的比例约是再生育女孩的3.5倍。同样，生育过两个男孩的女性，再生育时可能会性别选择性人工流产男胎。

（二）城市、城镇、农村差异

1. 基于孩次性别递进生育比的生育概率

图8-4a、图8-4b和图8-4c提供了基于2000年孩次性别递进生育比的城市、城镇和农村的累计生育概率。受数据中出生数量较小的限制，部分孩次性别递进生育比的计算受到影响，由此也会对结果产生影响。本章仅对图8-4a城市中$P_{2,2}$的一个异常值做了处理。

在图8-4a、图8-4b和图8-4c中，到49岁，P_1分别为95.30%、97.36%和98.36%，说明城市、城镇和农村的女性是普遍生育的，在终身不育的比例中城市最高，城镇次之，农村最低，终身不育的比例都很低。

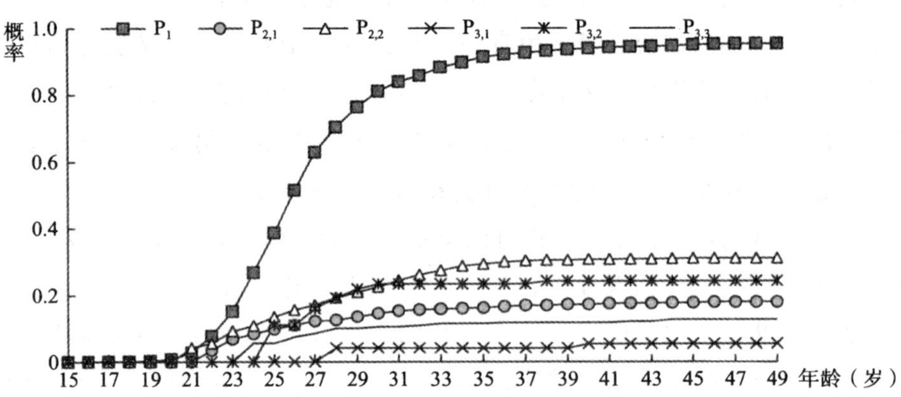

图8-4a 城市各状态女性递进生育下一孩概率

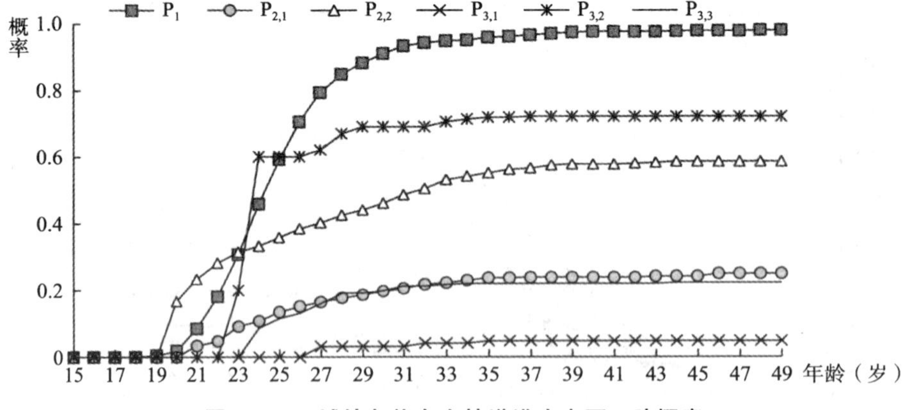

图8-4b 城镇各状态女性递进生育下一孩概率

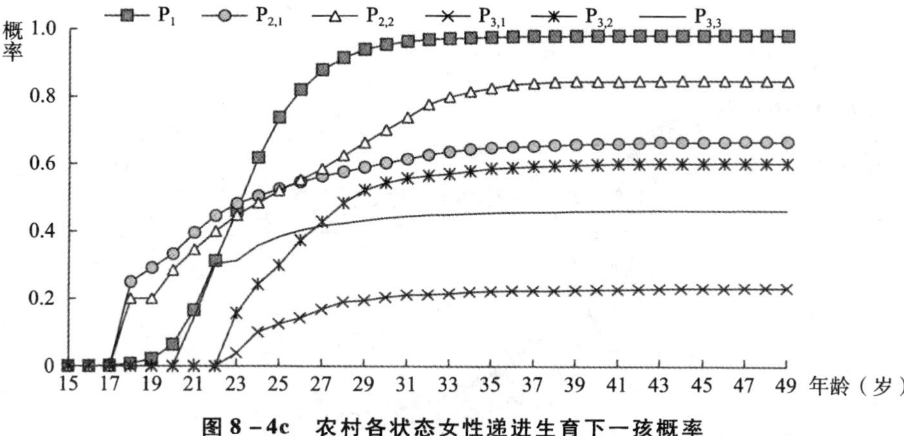

图 8-4c　农村各状态女性递进生育下一孩概率

对于已经生育过一个孩子的家庭来说，从 $P_{2,1}$ 和 $P_{2,2}$ 来看，农村最高，城镇次之，城市最高，说明在曾经生育过一个孩子的女性中，继续生育二孩的可能性是农村高于城镇，城市最低。到 49 岁，生育过一个女孩而选择继续生育的女性比例，高于生育过一个男孩而选择继续生育的女性比例，说明不管是在城市、城镇还是农村，只有一个女孩的家庭再生育可能性较大，反映了一定的男孩偏好。

对于已经有两个孩子的家庭来说，比较 $P_{3,1}$、$P_{3,2}$ 和 $P_{3,3}$ 可以发现，不管是在城市、城镇还是在农村，已经有两个男孩的家庭继续生育的可能性最小，而一男一女家庭继续生育的可能性居中，有两个女儿的家庭继续生育的可能性最高。

2. 基于孩次性别递进生育比的女性分布

图 8-5a 和图 8-5b 提供了城市、城镇和农村基于 2000 年孩次性别递进生育比的女性分布。

在图 8-5a 中，比较城市、城镇和农村的 R_0 可以看出，到某一年龄，没有生育女性的比例农村最低，城镇次之，城市最高；而到达某没有生育女性比例的年龄，农村最小，城镇次之，城市最大。这说明，农村生育早于城镇，城市最晚。到 49 岁，终身不育比例是农村最低，城镇次之，城市最高，但也只有 4.70%。这说明城市、城镇和农村的女性普遍生育。

在图 8-5a 中，比较城市、城镇和农村的 $R_{1,1}$ 和 $R_{1,2}$ 可以看出，城市最终只生育一个男孩的女性占所有女性的比例为 46.47%，只生育一个女孩的女性比例为 37.28%，只生育一个孩子的女性比例为 83.75%；城镇中对应

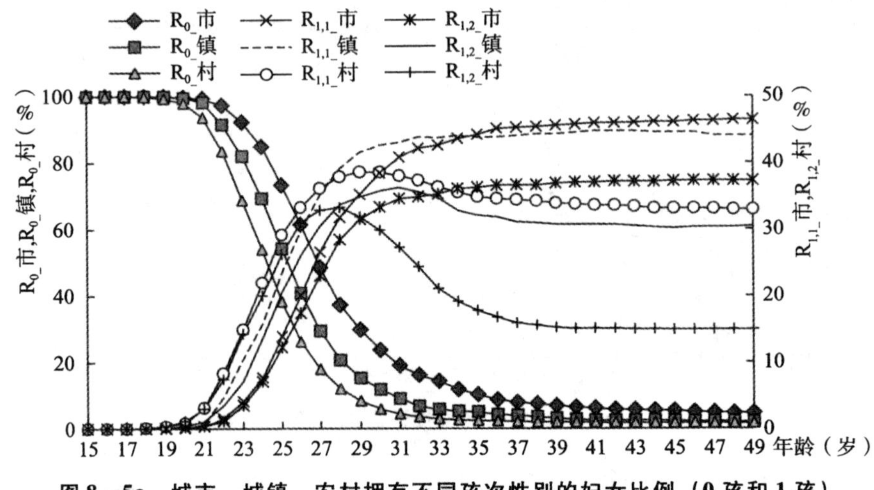

图 8－5a　城市、城镇、农村拥有不同孩次性别的妇女比例（0 孩和 1 孩）

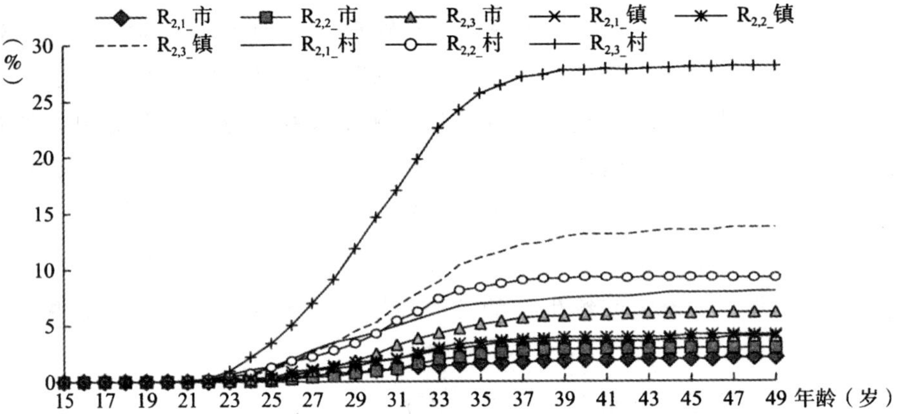

图 8－5b　城市、城镇、农村拥有不同孩次性别的妇女比例（2 孩）

比例为 44.10%、30.48% 和 74.58%；农村中对应比例为 32.96%、14.90% 和 47.86%。最终只生育一孩的女性比例，城市最高超过 80%，城镇基本达到 75%，农村低于 50%。有 32.96% 的农村女性生育了一个男孩之后不再生育。如果严格执行政策，那么农村应该有将近 50% 的女性生育一个男孩之后停止生育，但目前只有 32.96% 的农村女性生育了一个男孩，这也说明还是存在大量的计划外生育（易富贤，2013；陈剑，2015）。如果生育了一个女孩，一部分女性会继续生育，中国的计划生育政策也支持这种做法。在中国有 19 个省份的农村实行的是一孩半的政策，即农村女性生育一个女孩之后政策允许再生育一个孩子（郭志刚等，2003；Gu et al.，2007）。

城市的 $R_{1,1}$ 和 $R_{1,2}$ 显示，只生育一个男孩和只生育一个女孩的比例，到峰值之后保持稳定；但最终只有一个孩子的家庭性别比为 124.65（46.47% 除以 37.28%，以每 100 个女性对应的男孩数表示）。这种高性别比可能有两个原因，一是生育一个女孩的女性继续生育，二是在生育第一孩时就存在性别选择从而使得性别比升高。2000 年人口普查数据显示城市一孩出生性别比为 108.88（国务院人口普查办公室、国家统计局人口与社会科技统计司，2002），略高于正常出生性别比；而从图 8-5b 可以看出，城市 $R_{2,2}$ 和 $R_{2,3}$ 从 31 岁到 49 岁升高了大约 5 个百分点，其中大部分来自 $R_{1,2}$。

城镇的 $R_{1,1}$ 和 $R_{1,2}$ 显示，只有一个男孩的女性比例达到峰值后保持稳定，而只有一个女孩的女性比例在达到峰值后下降，而在图 8-5b 中有一男孩一女孩的女性比例上升，而有两个男孩的比例和有两个女孩的比例上升幅度很小。这说明，城镇中只有一个男孩的女性大部分没有继续生育，而只有一个女孩的女性中很大一部分继续生育并且生育了男孩。

农村的 $R_{1,1}$ 和 $R_{1,2}$ 显示，只有一个男孩的女性比例和只有一个女孩的女性比例在达到峰值后都出现了下降，说明无论第一孩是男孩还是女孩都有较高比例的女性继续生育，第一孩如果是女孩继续生育的可能性更大。与图 8-5a 中农村 $R_{1,2}$ 即只生育一个女孩的女性比例在 28 岁达到峰值之后大幅度下降相对应，图 8-5b 中农村 $R_{2,3}$ 迅速上升，即生育了一个男孩一个女孩的女性比例迅速上升，上升幅度远远超过农村中 $R_{2,1}$ 和 $R_{2,2}$ 即生育两个男孩或两个女孩的上升幅度，说明先生育一个女孩的女性再生育时是男孩的可能性要远高于是女孩的可能性。

3. 分孩次性别总和递进生育率

图 8-6a、图 8-6b、图 8-6c 和图 8-6d 提供了基于 2000 年孩次性别递进生育比的城市、城镇和农村的孩次性别总和递进生育率。

图 8-6a 提供了城市、城镇和农村的 $F_{1,0}$ 也就是生育过一孩女性的比例。到某一年龄的女性曾经生育过一孩的比例农村最高，城镇次之，城市最小；而没有生育的女性降低到某一比例的年龄，农村最小，城镇次之，城市最大。农村生育早于城镇，城市最晚。到 49 岁，女性生育过一孩的比例，农村为 98.36%，城镇为 97.98%，城市为 95.30%，说明城市、城镇和农村的女性普遍生育。

图 8-6b 显示，到 49 岁时，城市、城镇和农村曾经生育一个男孩的女性

比例与曾经生育过一个女孩的女性比例之比分别为（以曾经生育女性的比例为100）112.14、110.46、103.26，说明城市和城镇在生育第一孩时就存在着性别选择现象，而农村不存在性别选择现象。2000年人口普查数据显示城市、城镇和农村一孩的出生性别比分别为108.88、110.36和105.56（国务院人口普查办公室、国家统计局人口和社会科技统计司，2002），也证实了这一点。

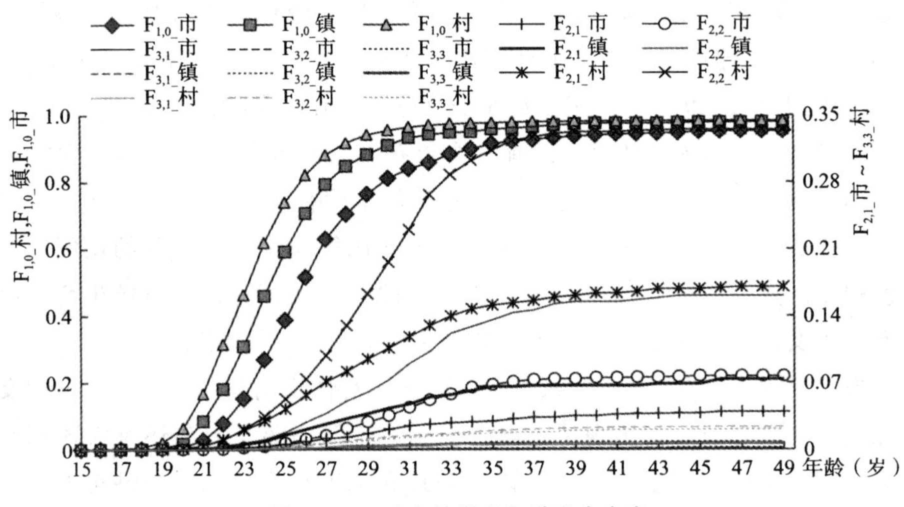

图8－6a 孩次性别总和递进生育率

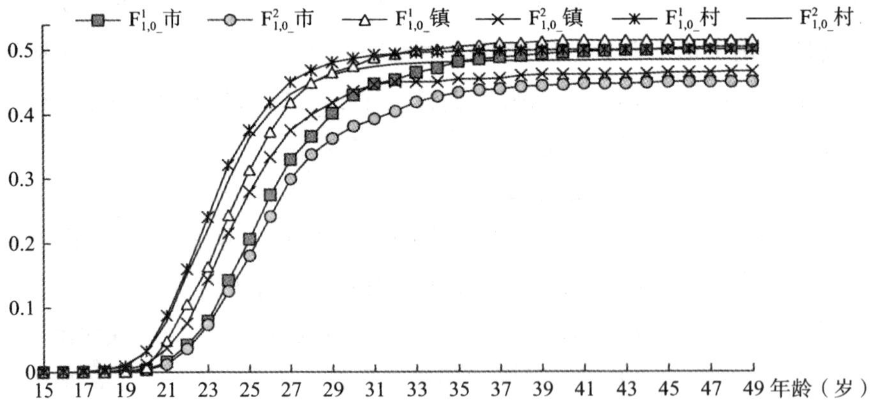

图8－6b 第一孩孩次性别总和递进生育率

图8－6a提供了城市、城镇和农村的 $F_{2,1}$ 和 $F_{2,2}$ 总和递进生育率，$F_{2,1}$ 表示生育一个男孩之后继续生育的女性占所有对应人口（城市、城镇或者农村）女性的比例，而 $F_{2,2}$ 代表生育一个女孩之后继续生育的女性占所有对

应人口（城市、城镇或者农村）女性的比例。不管是 $F_{2,1}$ 还是 $F_{2,2}$，都是农村高于城镇，城市最低，这符合城镇乡生育水平的差异。不管是城市、城镇还是农村，$F_{2,2}$ 的水平都远高于 $F_{2,1}$，说明第一孩是女孩的女性再生育的可能性远高于第一孩是男孩的女性。

在图 8－6c 中，比较 $F_{2,1}^1$ 与 $F_{2,1}^2$、$F_{2,2}^1$ 与 $F_{2,2}^2$，不管是在城市、城镇还是在农村，$F_{2,1}^1$ 与 $F_{2,1}^2$ 差别都不大，说明第一孩是男孩的女性再生育基本不存在性别选择，而第一孩是女孩的女性再生育存在明显的性别选择。

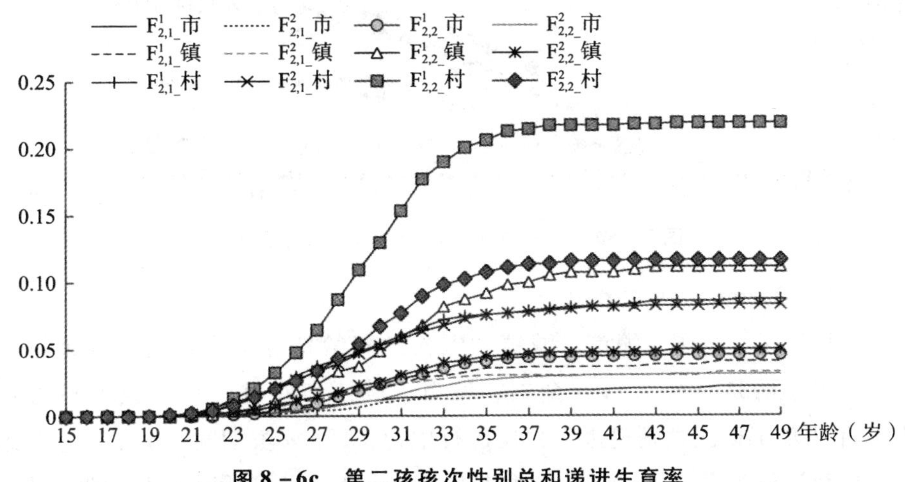

图 8－6c　第二孩孩次性别总和递进生育率

图 8－6a 提供了城市、城镇和农村的 $F_{3,1}$、$F_{3,2}$、$F_{3,3}$ 总和递进生育率，分别表示生育过两个男孩、两个女孩、一男一女孩之后再生育的女性占对应人口（城市、城镇或者农村）所有女性的比例。城市中生育过两个孩子继续生育的女性占城市所有女性的比例小于 2‰，城镇中生育过两个孩子继续生育的女性占城镇女性的比例小于 10‰，基本可以忽略不计。城镇和农村中，生育过两个女孩继续生育的女性比例高于生育过一男一女孩之后继续生育女性的比例，生育过两个男孩而继续生育的女性比例最低，说明生育过两个孩子之后是否继续生育与已有孩子的性别结构相关。

图 8－6d 显示，农村和城镇中生育过两个女孩后继续生育的女性要远远大于生育过两个男孩的比例；农村和城镇中生育过一个男孩一个女孩继续生育的女性，再生育男孩或者女孩的比例几乎没有差异；农村生育过两个男孩继续生育的女性，再生育男孩的比例要低于生育女孩的比例。这说明，儿女双全的女性再生育时几乎不存在性别选择，生育过两个女孩的女性再

生育时存在明显的性别选择，而生育了两个男孩的女性再生育时可能偏好生育女孩。

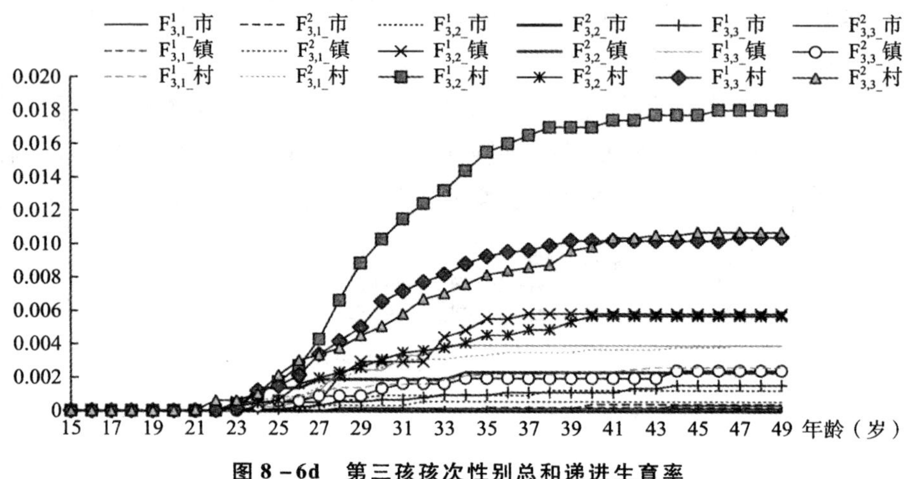

图 8－6d　第三孩孩次性别总和递进生育率

（三）总和递进生育率

前面提供了全国、城市、城镇和农村的年龄别分孩次性别总和递进生育率，表示的是对应人口（全国、城市、城镇和农村）中假设女性遵照2000 年年龄别孩次性别递进生育比进行生育，15－a 岁期间经历了 i、j 状态并且已经递进生育了下一孩的女性人数占这一出生队列所有 a 岁女性人数的比例，表达的是经历 i、j 状态递进生育下一孩的女性生育的数量对于整个队列生育水平的贡献。

在前面分析的基础上，我们提供了全国、城市、城镇和农村的年龄别总和递进生育率，表示的是对应人口（全国、城市、城镇和农村）中假设女性遵照2000 年年龄别孩次性别递进生育比进行生育，到 a 岁时的平均生育数量。这个平均生育数量是前面分孩次性别总和递进生育率的总和，也是遵照2000 年年龄别孩次性别递进生育比进行生育的女性分布与对应生育数量的加权平均之和，二者的数值相等。全国、城市、城镇和农村人口的年龄别总和递进生育率如图 8－7 所示。

就全国来说，有 2.64% 的女性终身不育，63.30% 的女性只生育 1 个孩子，31.01% 的女性生育了 2 个孩子，3.05% 的女性生育了 3 个孩子，全国女性终身生育水平为 1.34 个孩子。

就城市来说，有 4.70% 的女性终身不育，83.75% 的女性终身只生育 1

个孩子，11.18%的女性终身生育了2个孩子，0.37%的女性终身生育了3个孩子，城市女性终身生育水平为1.07个孩子。

就城镇来说，有2.02%的女性终身不育，74.58%的女性终身只生育1个孩子，21.87%的女性终身生育了2个孩子，1.53%的女性终身生育了3个孩子，城镇女性终身生育水平为1.23个孩子。

就农村来说，有1.64%的女性终身不育，47.86%的女性终身只生育1个孩子，45.36%的女性终身生育了2个孩子，5.14%的女性终身生育了3个孩子，农村女性终身生育水平为1.54个孩子。

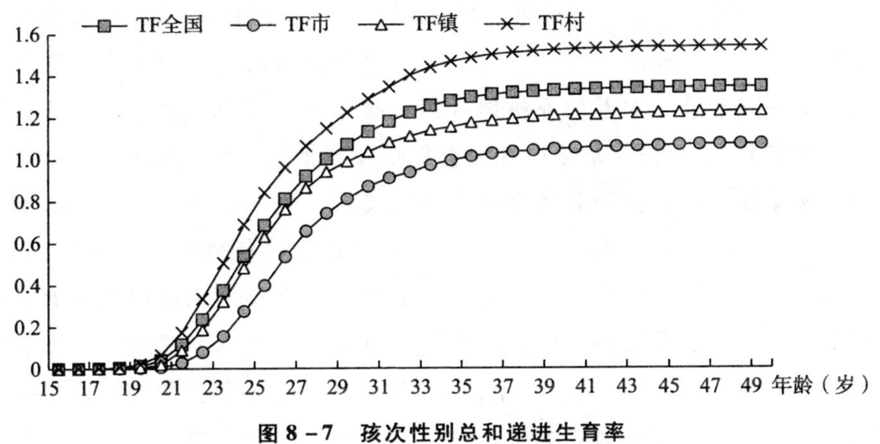

图8-7 孩次性别总和递进生育率

五 本章小结

已有孩次性别结构是影响女性再生育的重要因素。本章建构了孩次性别递进生育指标体系，包括孩次性别递进生育比、基于孩次性别递进生育比的累计生育概率、基于孩次性别递进生育比的女性分布、基于孩次性别递进生育比的分孩次性别总和递进生育率和总和递进生育率，使用2000年人口普查资料和这些指标分析了全国、城市、城镇和农村的孩次性别结构与女性再生育情况。主要结论如下：

首先，不管是城市、城镇还是农村，女性普遍生育，但生育水平较低，在生育水平和生育时间上存在城乡差异。从生育水平来看，终身不育比例农村最低，城镇次之，城市最高但也低于5%；农村只生育一孩的女性比例为47.86%，城镇为74.58%，城市超过83.75%；农村女性终身生育水平为1.54个孩子，城镇女性为1.23个孩子，城市女性为1.07个孩子。从生育时间来看，生育第一孩的年龄农村最小，城镇次之，城市最高。由于本章使用2000年人口普查数据带计算，可能存在出生漏报并影响本章结果的问题。随着女性面临接受更多教育、追求事业发展、采取策略应对房价高涨、面临养育孩子的经济压力的问题，未来女性会继续推迟生育，生育水平会进一步降低（Jiang et al.，2019a）。

其次，孩次性别结构是影响女性再生育的重要因素。第一，只生育一孩的比例很大。虽然女性还是普遍生育，但城市、城镇和农村分别有83.75%、74.58%和47.86%的女性终身只生育一个孩子，说明一孩观念已经固化为人们的生育观念和行为（Nie and Wyman，2005）。第二，城市生育二孩的比例较低，城镇次之，农村较高。这符合国家的计划生育政策即城镇人口是一孩政策，大部分农村地区是一孩半政策（郭志刚等，2003；Gu et al.，2007），也反映了城乡间在社会经济发展水平、受教育程度、生育观念、男孩偏好、社会保障等各方面存在的差异。第三，不管是城市、城镇还是农村，第一个孩子是女孩的家庭生育二孩的可能性较大。虽然城市、城镇和农村的一孩性别比基本正常，但生育一个女孩的家庭继续生育的可能性高于生育一个男孩的家庭，使得最终只有一个男孩和只有一个女孩家庭的比远远高出106：100这个出生性别比，反映了不管是城市、城镇还是农村人口都存在一定的男孩偏好。第四，在农村，即使第一个孩子是男孩也会有很大的比例生育第二个孩子。这反映了农村还是希望生育两个孩子，农村家庭偏好儿女双全。第五，不管是在城市、城镇还是农村，生育三孩的比例很小。这反映了在生育政策约束下的生育数量限制和社会经济发展下自发的生育水平的下降。1982年人口普查数据显示，45～49岁女性平均生育了5.36个孩子，到1990年下降到4.00个孩子，到2000年下降到2.35个孩子，不到20年时间终身生育水平下降了大约3个孩子。年轻人希望生育多孩的比例更少。第六，不管是在城市、城镇还是农村，有两个男孩的女性继续生育的可能性最小，有一男一女孩子的女性继续生育的可能性居中，有两个女孩的女性继续生育的可能性最高。第七，有两个男孩的女性继续生育，出生性别比偏低，可能存在流产男孩而偏好女孩情况，这在以往的研究中也得到证实（Zeng et al.，1993；Chu，2001），说明中国的家庭还是追求儿女双全。有两个女孩的女性继续生育可能性最高，而且生育的下一孩的性别比远远高于正常范围，说明存在性别选择性人工流产，反映了生育上的男孩偏好和儿女双全的偏好。

再次，孩次性别结构与女性再生育模式反映了中国的男孩偏好。第一，就一孩来看，城市和城镇在生育一孩时存在性别选择，而农村在生育一孩时不存在性别选择。2000 年人口普查数据显示，城市和城镇一孩的出生性别比分别是 108. 88 和 110. 36，而农村一孩的出生性别比为 105. 65（国务院人口普查办公室、国家统计局人口和社会科技统计司，2002），与本章的研究结论一致。导致出生性别干预最重要的两个因素是生育率下降和男孩偏好（Li et al. , 2000），生育率降低和男孩偏好使得女性进行生育性别选择的压力增大，不想生育第二个孩子而又偏好男孩的女性会在第一孩就进行性别选择（Jiang et al. , 2016a；Li et al. , 2017）。在农村，由于大部分农村地区是一孩半政策使得生育一个女孩的家庭还可以合乎政策地再生育一个，所以农村地区女性在生育第一孩时性别选择压力较小，一些女性反而希望第一孩是女孩，这样可以在不违反生育政策的前提下再生育一个，从而实现儿女双全的愿望（Short et al. , 2001）。第二，就二孩来看，有一个男孩的女性大部分不再生育了，即使生育也没有性别选择；而只有一个女孩的女性有较大比例会继续生育，继续生育男孩的概率要显著大于生育女孩的概率，城市、城镇和农村均存在此类现象。第三，就三孩来看，有两个女孩的女性继续生育的可能性最高，而且再生育的性别选择明显，生育男孩的可能性远远高于生育女孩的可能性；而生育过两个男孩之后继续生育的可能性最低，再生育存在女孩偏好。第四，性别选择主要发生在只有一个女孩或者只有两个女孩的女性再生育的时候。中国不仅存在着男孩偏好，也存在女孩偏好。中国的男孩偏好和女孩偏好同时在弱化，只是男孩偏好弱化程度比女孩偏好弱化程度低，因此男孩偏好始终强于女孩偏好（侯佳伟等，2018）。生育率下降和强烈的男孩偏好造成高出生孩次中女孩相对男孩受到不平等待遇的现象（Larsen et al. , 1998）。

最后，在城市和城镇，大量存在只生一个女孩即停止生育的情况，在农村有很多家庭生育一个女孩或者两个女孩之后停止了生育，传统中非得要男孩的观念已经发生了根本的变化。随着中国社会性别平等观念的普及（Li，2007）和男性成婚困难的现实（Wei and Zhang，2011），男孩偏好已经弱化，性别平等的观念逐渐深入人心（Guilmoto，2009；Das Gupta et al. , 2009），偏高出生性别比对人口发展的负面影响（Jiang et al. , 2011；Chen and Zhang, 2019）会逐渐消除。但是，低生育水平是中国面临的一个问题，会对中国长期可持续均衡发展产生深远影响。如何根据不同孩次性别结构的家庭，采取有针对性的措施鼓励生育，是我们面临的一个难题。

本章研究也存在一些不足。一是限于数据的可得性，研究使用了 2000 年的数据，可能并不能反映最新的生育情况。二是数据量有限，生育数量小，计算中可能带来偏差，从而影响结果。三是从宏观水平上探讨了孩次性别结构与女性再生育，没有从机理上探讨二者深层次的原因。但是，本章的研究结果和结论对于认识中国的生育水平、生育模式、性别选择，对于优化中国的生育政策仍然具有一定的借鉴意义。

第九章　生育意愿、男孩偏好与二孩生育*

一　引言

生育意愿是出于个人或家庭对子女的偏好、考虑到各种限制条件后的生育愿望表达，包括期望生育的子女数量、性别、生育时间和间隔（郑真真，2011a）。虽然生育意愿并不能为个体生育行为或者总体生育水平提供可靠的预测（Morgan，2001），但和未来的生育行为有着强烈的关系（Schoen et al.，1999）。在生育数量方面，低生育率国家积极的生育意愿（在将来打算再要一个孩子的意愿）倾向于高估实际生育率，消极的生育意愿（不想要更多孩子的意愿）能很好地预测随后的生育行为（Westoff and Ryder，1977；Testa and Toulemon，2006）。在性别方面，低生育率国家已有孩子的性别构成是父母是否继续生育的一个重要影响因素（Bongaarts and Potter，1983；Pollard and Morgan，2002）。

中国低生育水平是社会经济发展条件下人们生育意愿的反映（Gu et al.，2007；Zheng et al.，2009；Zhao and Zhang，2018）。生育意愿对生育行为的影响，既包括意愿生育数量对生育行为的影响，也包括意愿生育性别结构对生育行为的影响。中国的政策生育率在2000年左右为1.47（Gu et al.，2007），2006～2010年东部、中部和西部存在差异，处于1.3～1.5（尹文耀等，2013），如在东部江苏省人们理想子女数为1.45个孩子（“江苏生育意愿和生育行为研究”课题组，2008），在西部陕西省人们普遍希望

* 此章英文版发表于2016年*Social Indicators Research*第125卷第3期。作者为姜全保、李英、Jesús Javier Sánchez Barricarte。

生育 1.8 个孩子（Jiang et al.，2016a），2013 年国家卫生和计划生育委员会组织的对全国 20～44 周岁女性的 63417 份问卷调查显示，平均理想子女数为 1.93 个（中国人口学会，2013）。在子女的性别结构方面，陕西省超过 70% 的育龄女性希望儿女双全（姜全保等，2013），而全国的调查数据显示 81.70% 的人希望儿女双全（中国人口学会，2013）。如果只有一次生育机会的话，53.92% 的女性认为孩子的性别无所谓，30.04% 的女性选择生育男孩，16.04% 的女性选择生育女孩（姜全保等，2013）。这说明，在性别结构上中国人希望儿女双全，如果不可兼得则男孩偏好表现得更强烈一些。当前对于男孩偏好影响生育数量和生育行为的讨论还存在争议。有研究认为强烈的男孩偏好会提高总和生育率（Morgan et al.，2009），也有证据表明，由于性别鉴定技术和人工流产的普及，人们实现男孩偏好的手段是通过流产而不是通过多生来实现，男孩偏好降低了中国的生育水平（杨书章、王广州，2006a；郭志刚，2008；蔡泳，2011）。

中国的生育水平和家庭结构在过去几十年已经发生了根本性变化。年轻人不仅推迟结婚和生育，而且由于追求更多的教育、事业上的发展以及作为应对经济和社会压力的策略，他们自愿选择少生育甚至不生育孩子。大多数人的生育意愿和实际生育行为是一个或者两个孩子（Zheng et al.，2009；Jiang et al.，2016a；中国人口学会，2013）。在第八章我们分析了孩次性别结构与女性再生育问题，但没有从机理上探讨二者深层次的原因。在本章，我们重点研究生育意愿，包括意愿生育数量和性别（表现为男孩偏好）对人们生育二孩行为的影响。由于大部分人只生育一个或者两个孩子，而且是普遍生育一个孩子，所以我们研究意愿生育数量和男孩偏好对已经生育了一个孩子的女性生育二孩的影响。本章包括文献综述、分析使用的调查数据、变量设置、研究方法和研究结果等。本章是对第八章的承接和补充，也希望本章的研究有助于判断未来二孩生育形势。

二 文献综述

生育意愿是未来生育行为的一个重要预测因子。在低生育水平的人口中，生育意愿对于研究未来生育水平的变动具有重要意义（郑真真，2011a）。自 2000 年以来，中国的总和生育率大约在 1.5（Morgan et al.，2009；Cai，2013）。生育率的下降主要受到政府计划生育政策的影响，但社会经济的发展对于生育水平的降低和个人生育行为的影响也越来越受到关注（Morgan et al.，2009；Zheng et al.，2009；Merli and Morgan，2010；Cai，2013；Zhao and Zhang，2018）。

生育水平的普遍降低与人们的生育意愿分不开（Morgan and King，2001；Jiang et al.，2016a），生育意愿直接影响着生育水平。我们从两个方面来分析生育意愿，即意愿生育的数量和性别问题，性别方面我们使用是否存在男孩偏好来测量。

（一）意愿生育数量和生育行为

意愿生育更多孩子的女性，实际生育的孩子数量也就越多。Morgan（2003）和 Morgan 等（2009）把 Bongaarts（2001、2002）研究低生育率的理论模型和公式表达为对总和生育率的分解，公式表达为 $TFR = F_u \times F_s \times F_r \times F_t \times F_i \times F_c \times IP$，其中，IP（Intended Parity）代表意愿生育数量。该模型显示，意愿生育数量越多实际生育水平也会越高。Islam 和 Bairagi（2003）研究表明，相比于不想要更多孩子的女性，意愿生育更多孩子的女性在随后 5 年再生育的可能性更高。

但是，意愿生育孩子数量并不等同于实际生育孩子数量。一般来说，在低生育率环境下，实际生育数量会低于意愿生育数量。关于生育意愿与生育行为，美国父母认为，孩子过多会稀释维持自己富裕生活水准以及每个孩子获得充分发展所必要的资源，大家庭会导致人口过多、资源过度消耗以及环境破坏，这些因素导致了美国强烈的“二孩家庭”规范（Morgan and Rackin，2010）。意大利强烈地偏好二孩家庭，大约有 80% 的人希望生育两个孩子，但那些希望生育第二个孩子的女性只有大约 60% 实现了生育愿望。许多女性预想生育第二个孩子，但只有社会经济地位较高的人才能将这种计划转化成现实（Rinesi et al.，2011）。

江苏省的调查数据显示，人们意愿生育数量只有 1.45，而实际生育数量更少。虽然年轻夫妇列出许多生育两个孩子的好处，比如孩子有一个兄弟姐妹有益于他们的社会和心理发展，使孩子不会再以自我为中心。然而，出于养育孩子的经济成本、自身的经济条件、养育孩子的精力等方面的考虑，他们往往会选择放弃生育第二个孩子，使实际生育数量很低（Zheng et al.，2009）。结婚年龄和生育年龄的推迟以及不孕不育等因素也导致人们无法实现理想的生育目标（郭志刚，2009；Morgan et al.，2009），使得实际生育数量少于意愿生育数量。

（二）男孩偏好与生育行为

性别偏好是影响女性生育行为的另一个重要因素。很多父母会基于现有孩子的性别结构决定是否继续生育（Bongaarts and Potter，1983；Park，1983；Pollard and Morgan，2002）。中国一直存在强烈的男孩偏好，在当前的低生育水平下，人们希望儿女双全的性别结构，但男孩偏好更强烈一些（Jiang et al.，2016a）。

一些研究认为，性别偏好会提高个体的生育数量和总和生育率。Morgan（2003）对总和生育率的分解公式表明性别偏好会提高总和生育率，Morgan等（2009）认为性别偏好会导致实际生育水平的提高。在男孩偏好的环境下，为了满足理想的性别结构，父母会持续生育直至达到理想的孩子性别结构或是理想的男孩数量，因此男孩偏好会提高生育数量和生育水平（Park and Cho，1995；陈卫、靳永爱，2011）。对越南、阿尔巴尼亚、阿美尼亚、中国和印度的研究表明，男孩偏好会提高生育水平（UNFPA，2012）。在越南，人们希望至少生育一个男孩的意愿会提高孩次递进比，从而提高生育水平（UNFPA，2012）；在阿尔巴尼亚，只有两个女孩的家庭中有47%的家庭会继续生育，而如果前两个孩子中至少有一个男孩，则只有23%的父母会继续生育（UNFPA，2012）；在印度，只有两个女孩的家庭中有90%的可能性会生育第三孩，但如果前两个孩子中至少有一个男孩，则生育第三孩的可能性只有45%（UNFPA，2012）。在中国，当前生育水平比较低，如果第一孩是男孩只有40%的女性可能再生育第二孩；但如果第一孩是女孩则会有80%的女性可能再生育第二孩（UNFPA，2012）。本书第八章的研究也证实，一孩是女孩的女性再生育的可能性要比一孩是男孩的女性再生育的可能性高很多。

另外一些研究认为，男孩偏好会减少微观层面的家庭生育数量，降低宏观层面的生育水平。在早期的生育控制中，父母为了获得特定性别的孩子会倾向于多生育，因此社会学家鼓励生物学家去研究决定性别的方法，通过人为干预胎儿性别从而降低生育水平（Cohen et al.，1967）。Ehrlich（1968）在具有影响和争议的著作《人口爆炸》（*The Population Bomb*）中提到，为了降低生育水平和人口增长，提倡一种简单的决定性别的方法从而确保第一孩是男孩，从而降低生育水平。在印度，大部分想要男孩的夫妇会持续生育，不仅促进了人口增长，还导致了一系列社会、经济以及家庭精神压力等问题。羊膜穿刺术和产前性别鉴定技术为需要生育男孩的夫妇缓解了压力，有利于控制人口增长（Jeffery et al.，1984）。相比于女孩多于男孩的家庭，这类男孩多于女孩的家庭更不太可能继续生育（Chaudhuri，2012）。在中国，过去人们实现男孩偏好的手段主要是多生多育，但随着20世纪80年代以来胎儿性别鉴定技术的普及，人们通过性别选择性人工流产来满足男孩偏好，实现子女性别结构的手段已经从多生多育转变为性别选择性人工流产，降低了微观层面的家庭生育数量和宏观层面的生育水平（郭志刚，2008；蔡泳，2011）。陈卫（2005）、韦艳等（2005）研究发现，男孩偏好与人工流产之间存在显著的相关关系。当人们干预胎儿性别时，原来靠增加生育数量满足男孩偏好而多生的孩子可以不生，从而会促进生育率下降（杨书章、王广州，2006a）。

本章在已有研究的基础上，使用陕西省生育意愿与生育行为调查数据和事件史分析方法，研究意愿生育数量、男孩偏好对于育龄妇女生育二孩的影响。

三　数据

本章数据来源于2013年4～6月陕西省人口和计划生育委员会、西安交通大学人口与发展研究所联合调查组在陕西省开展的“陕西省生育意愿和生育行为研究调查”，调查对象是具有陕西省户籍的20～44岁育龄女性。调查采用分层分阶段概率抽样，把陕西省的样本点分为必选层和抽选层，在每层进行三阶段抽样。第一阶段抽样单元为区县，第二阶段抽样单元为居委会、村委会，第三阶段为家庭户育龄妇女。总样本量为3000份，回收有效问卷2920份。本章研究陕西省户籍人口中至少已经生育一孩的20～44岁育龄女性，共有2101人符合条件，其中第一孩是女孩的女性1019人，第一孩是男孩的女性1082人。

生育意愿的定义和操作化引起了学者的广泛关注和讨论（Morgan，2001）。理想子女数反映个人价值和生育观念，调查得到的生育意愿往往低于理想子女数（郑真真，2011a），但由于理想子女数的指标相对简单，容易获得，所以常用理想子女数量来代表生育意愿（郑真真，2011b）。在本研究中，我们用“如果不考虑生育政策，您认为有几个孩子最理想”来测量意愿生育数量。对于性别偏好的测量有两种方式。一种是关于意愿，侧重于被访者预期的或是未来生育的性别偏好；另一种是关于行为，集中观察已经完成生育的被访者的孩子性别结构（Grayand Evans，2004）。本章用“如果您只能生育一个孩子，您希望的孩子性别为男孩、女孩还是无所谓”来测量是否存在男孩偏好。

四　变量设置

（一）因变量

本章将“二孩生育”作为因变量，分析个体生育二孩的风险。对于那些尚未生育二孩的育龄女性，我们不知道她们最终是否会生育二孩，这种情况称为数据删截，或称右删截，通常使用事件史分析方法处理删截数据。

进行事件史分析时使用了两个变量。第一个变量是一孩和二孩的生育间隔。调查信息包含被访者的生育史信息，包括每次怀孕结束时间、每次生育的结果（活产、人工流产、自然流产、死产）等，可以得到两次生育的时间间隔，如果被访者还没有生育二孩，则记录从生育一孩到调查时点的间隔。事件史分析时使用的第二个变量是二分类变量：是否生育二孩。如果生育二孩则定义为事件发生，变量设为1，否则设为0。

（二）自变量

自变量为生育意愿，包括意愿生育数量和性别。使用“如果不考虑生育政策，您认为有几个孩子最理想”来测量意愿生育数量。使用“如果您只能生育一个孩子，您希望的孩子性别为哪一个”来测量育龄个体意愿生育孩子性别中是否存在男孩偏好。

（三）控制变量

控制变量主要分为四类。第一类是育龄女性的个人特征，包括年龄、年龄的平方、初育年龄、第一孩出生的年代、户口类型以及受教育程度。第二类为育龄女性的生育状况，包括一孩的性别以及是否有过人工流产。第三类是家庭环境因素，包括丈夫的兄弟姐妹数量、公婆是否在世以及公婆是否在世与育龄个体年龄的交互项。第四类是区域因素，陕西省分为三大区域，即关中地区、陕南地区、陕北地区。

女性的生育行为有着很强的时间特征，和女性的年龄、生育年龄有着密切的关系。年龄与生育之间不是简单的线性关系，不同年龄的年龄别生育率具有显著的差异。前面章节涉及的生育模式，也就是年龄别生育率曲线，是倒 U 型曲线。因此在控制变量中加入年龄的平方，以捕捉年龄与生育之间的非线性关系。初育年龄与完整的家庭规模呈负相关，初育年龄越低，生育水平越高（Bumpass et al.，1978；Jain and Mcdonald，1997）。因此，本章在生育行为的研究中把初育年龄作为一个重要的控制变量放入模型中。

在中国，不同年代的计划生育政策存在差别，出生队列是在生育研究中需要考虑的一个重要因素。Ryder（1965）将“队列”定义为由在同一时期经历过同样事件的个人组成的群体。由于所处的时代和环境不同，不同队列之间存在着社会性差异。所以本章把第一孩出生的年代作为控制变量放入模型中。

中国实行的是“城乡二元”与“区域多元”的差别化生育政策（郭志刚等，2003；Gu et al.，2007），不同区域的社会经济文化发展状况存在较大差异，生育水平也存在明显的城乡和区域差异。虽然本章研究使用的是陕西省数据，但陕西省也存在关中地区、陕南地区和陕北地区的差别，本章把户口类型和区域因素作为控制变量纳入模型。

受教育程度是生育研究的一个重要变量。通常认为受教育程度的提高使得人们减少生育的数量，降低生育率（Murthi et al.，1995；Drèze and Murthi，2001；Chaudhuri，2012）；一些研究认为受教育程度的提高能够降低男孩偏好（Murthi et al.，1995；Drèze and Murthi，2001），但也有研究认为受教育程度的提高使得人们更容易获取性别鉴定技术和性别选择性人工流产机会（Qian，1997；Chaudhuri，2012）。本章将受教育程度作为一个重要的控制变量纳入模型中。

现有子女的性别结构是影响再生育的一个重要因素（Bongaarts and Potter，1983；Pollard and Morgan，2002）。第一孩的性别对于是否生育二孩有很强的预测作用（Qian，1997）。存在性别偏好的情况下，前一孩子的性别会影响到是否中止下一次怀孕，也会影响到下一次怀孕的时间安排（陈卫，2002）。本章把第一孩的性别作为控制变量纳入模型中。

人工流产是生育研究中需要考虑的一个重要变量。中国的人工流产与生育政策的推行密切相关，在很大程度上受相应时期生育政策及其执行状况的影响（Wolf，1986；Wang et al.，2004）。人工流产被作为生育控制的手段（韦艳等，2005），20 世纪 70 ~80 年代人工流产数量约为 2 亿人次，相当于避免了 8000 万个活产婴儿的出生（Zeng，1991）。中国传统文化中的男孩偏好对于人工流产尤其是性别选择性人工流产也有着重要影响，而这又会影响到再生育孩子的性别。本章把人工流产作为一个重要的控制变量纳入模型。

女性生育会受到中国家庭体系的影响。中国传统上是严格的父系、父权和从夫居的家庭体系，丈夫的家庭环境会影响家庭的生育决策。一方面，如果丈夫从小生长在大家庭里面可能会倾向于多生孩子，另一方面生育的家庭支持比如父母帮忙照看孩子可能有助于年轻人平衡生育和工作的关系（Choe et al.，2004）。因此本研究将丈夫的兄弟姐妹数量和公婆是否健在的情况作为控制变量放入模型中。表 9－1 提供了本章中变量的定义和测量。

表 9－1　变量的定义与测量

变量	变量的定义与测量
因变量	
是否生育二孩	截至调查时点，二孩生育的事件是否发生 1 = 是（生育二孩），0 = 否（尚未生育二孩）
生存时间	第一孩生育和第二孩生育之间的生存时间间隔
自变量	
意愿生育数量	育龄女性理想子女数量
男孩偏好	育龄女性是否有男孩偏好 哑变量：1 = 有男孩偏好，0 = 没有男孩偏好
控制变量	
个人特征	
年龄	育龄女性的年龄。连续型变量
初育年龄	育龄女性的初育年龄。连续型变量
年龄平方	育龄女性的年龄取平方。连续型变量
第一孩出生年代	育龄女性第一个孩子的出生年代 哑变量：1 = 1980 年代和 1990 年代，0 = 2000 年代及以后
户口类型	育龄女性的户口类型 哑变量：1 = 农业户口，0 = 非农户口
受教育程度	育龄女性的受教育程度。参照类：小学及以下
初中	1 = 初中，0 = 其他
高中/中专	1 = 高中/中专，0 = 其他
大专	1 = 大专，0 = 其他
本科及以上	1 = 本科及以上，0 = 其他

续表

变量	变量的定义与测量
已有生育情况	
第一孩性别	育龄女性第一个孩子的性别 哑变量：1 = 男孩，0 = 女孩
有无人工流产	在生育第二个孩子之前有无人工流产史 哑变量：1 = 有，0 = 无
家庭环境	
丈夫兄弟姐妹数量	丈夫兄弟姐妹数量，不包括丈夫本人，但是包括丈夫已过世的兄弟姐妹
公婆是否健在	育龄女性公婆是否健在 哑变量：1 = 是，0 = 其他
区域因素	育龄女性所处区域。参照类：关中地区
陕南地区	1 = 陕南地区，0 = 其他
陕北地区	1 = 陕北地区，0 = 其他

五　研究方法

本章使用事件史分析方法研究育龄女性生育意愿数量、男孩偏好与二孩生育行为之间的关系。首先，通过描述性统计对陕西省育龄女性的生育意愿数量、男孩偏好情况进行分析；其次，使用 Kaplan-Meier 生存分析对至少已经生育了一孩的育龄女性的二孩生育情况进行描述性分析；最后，通过 Cox 比例风险模型研究生育意愿数量、男孩偏好与二孩生育行为之间的关系。本章使用 Stata12 软件。

因变量是“二孩生育”，截至调查时点尚未生育二孩的育龄女性可能存在数据删截，或称右删截问题，事件史分析方法可以处理具有删截的观测个体。本章将使用两种事件史方法进行分析：Kaplan-Meier 生存分析和 Cox 比例风险模型（Blossfeld et al.，2007）。

（一）Kaplan-Meier 生存分析

在具有删截数据的情况下，对密度函数、生存函数和风险函数进行非参数估计的方法之一即 Kaplan-Meier 方法，也就是乘积限（Product-Limit）估计。假设有 N 个初始状态和目的状态（或是右删失）相同的观测对象和 q 个时间点，在时间点结束时间至少有一个事件发生，q 排序情况如下：

$$\tau_1 < \tau_2 < \tau_3 <, \cdots, < \tau_q$$

令 R_l 表示处在时间 τ_l 风险集的观测对象数量，E_l 表示在 τ_l 时间点发生该事件的观测对象数量，Z_l 表示在区间 $[\tau_{l-1}, \tau_l]$ 结束的删失观测对象数量，$l=1, 2, \cdots, q$。生存函数乘积限估计可定义为：

$$\hat{S}(t) = \prod_{l:\tau_l<t}(1 - \frac{E_l}{R_l}) \tag{9-1}$$

Kaplan-Meier 生存分析一般表达式为：

$$\hat{S}(t_{j-1}) = \prod_{i=1}^{j-1}(\hat{P}r(T > t_i) \mid T \geqslant t_i) \text{ 或 } \hat{S}(t_j) = \hat{S}(t_{j-1}) \times (\hat{P}r(T > t_j) \mid T \geqslant t_j) \tag{9-2}$$

基于 Kaplan-Meier 生存分析方法，本章育龄妇女二孩生存曲线估计公式如下：

$$\begin{aligned}\hat{S}(t_j) &= 1 \times \frac{\text{生存时间超过 1 个月的观测个数}}{\text{观测总个数}} \times \frac{\text{生存时间超过 2 个月的观测个数}}{\text{生存时间超过 1 个月的观测个数}} \\ &\times \frac{\text{生存时间超过 3 个月的观测个数}}{\text{生存时间超过 2 个月的观测个数}}, \cdots, \times \frac{\text{生存时间超过 } j \text{ 个月的观测个数}}{\text{生存时间超过 } j-1 \text{ 个月的观测个数}} \\ &= \frac{\text{生存时间超过 } j \text{ 个月的观测个数}}{\text{观测总个数}}\end{aligned} \tag{9-3}$$

其中，$j=1, 2, \cdots, n$。

（二）Cox 比例风险模型

Cox（1972）提出以下比例风险模型：

$$\ln h(t) = a(t) + b_1 X_1 + b_2 X_2(t) \tag{9-4}$$

$h(t)$ 代表风险率，$a(t)$ 是基准风险函数。X_1 代表独立于时间的变量，$X_2(t)$ 代表随时间变化的变量。在生存时间分布连续且协变量之间相互作用可以被忽视的条件下，风险函数可表示为：

$$h_i(t) = h_0(t)\exp(\beta_1 x_{i1} + \beta_2 x_{i2} +, \cdots, + \beta_k x_{ik}) \tag{9-5}$$

风险函数两边同时除以 $h_0(t)$ 并取对数即为 Cox 回归模型：

$$\log\frac{h_i(t)}{h_0(t)} = \beta_1 x_{i1} + \beta_2 x_{i2} +, \cdots, + \beta_k x_{ik} \tag{9-6}$$

其中，$\beta_j (j = 1,2,\cdots,k)$ 称为 Cox 回归系数，是模型的待定参数。

根据该模型，本章育龄女性二孩生育行为发生风险的估计公式如下：

$$\begin{aligned}\log\frac{h_i(t)}{h_0(t)} = {} & \beta_1 \times (\text{生育意愿数量}) + \beta_2 \times (\text{男孩偏好}) + \beta_3 \times (\text{年龄}) \\ & + \beta_4 \times (\text{年龄平方}) + \beta_5 \times (1980 \sim 1990\text{ 年第一孩出生队列}) \\ & + \beta_6 \times (\text{农业户口}) + \beta_7 \times (\text{初中}) + \beta_8 \times (\text{高中/中专}) \\ & + \beta_9 \times (\text{大专}) + \beta_{10} \times (\text{本科及以上}) + \beta_{11} \times (\text{第一孩为男孩}) \\ & + \beta_{12} \times (\text{有过人工流产}) + \beta_{13} \times (\text{丈夫兄弟姐妹数量}) \\ & + \beta_{14} \times (\text{公婆健在}) + \beta_{15} \times (\text{陕北地区}) + \beta_{16} \times (\text{陕南地区})\end{aligned} \tag{9-7}$$

其中，$\log\frac{h_i(t)}{h_0(t)}$是因变量，表示二孩生育风险，即二孩生育事件发生的风险。β_1，β_2，…，β_{16}分别代表解释变量“生育意愿数量”“男孩偏好”“年龄”“年龄平方”“1980～1990 年第一孩出生队列”“农业户口”“初中”“高中/中专”“大专”“本科及以上”“第一孩为男孩”“有过人工流产”“丈夫兄弟姐妹数量”“公婆健在”“陕北地区”“陕南地区”的斜率，即 Cox 模型的回归系数。

六　结果

（一）描述性统计结果

表 9－2 提供了描述性统计结果。本次调查了具有陕西省户籍 20～44 岁至少已经生育了一个孩子的女性共 2101 人，其中第一孩是女孩的女性 1019 人、是男孩的女性 1082 人。

截至调查时点，平均生育意愿数量为 1.84 个孩子，大约 30% 的女性存在男孩偏好，总样本的生存时间（一孩二孩生育间隔或者对没有生育二孩的女性是从生育一孩到调查时点的间隔）为 69 个月，32.94% 已经生育了二孩。一孩是女孩的女性中 40.73% 已经生育了二孩，一孩是男孩的女性中 25.60% 已经生育了二孩。一孩是女孩的样本生存时间为 65 个月，一孩是男孩的样本生存时间为 75 个月，两类样本在二孩生育上存在显著的差异。两个子样本在生育意愿数量上差异虽然不大但是统计上显著；两个子样本的性别偏好也表现出显著差异，第一孩是男孩的样本中具有男孩偏好的比例显著高于第一孩是女孩的样本。

表 9－2 描述性统计结果（$N=2101$）

变量	总样本		第一孩是女孩		第一孩是男孩		P 值
	样本量	均值/%	样本量	均值/%	样本量	均值/%	
二孩生育							***
否	1409	67.06	604	59.27	805	74.40	
是	692	32.94	415	40.73	277	25.60	
生存时间（月）	2101	69.00①	1019	65.00	1082	75.00	***
意愿生育数量	2101	1.84	1019	1.87	1082	1.81	**
男孩偏好							***
无	1468	69.87	789	77.43	679	62.75	
有	633	30.13	230	22.57	403	37.25	
个体特征							
年龄（岁）	2101	33.68	1019	33.37	1082	33.97	ns
初育年龄（岁）	2101	23.69	1019	23.77	1082	23.61	+
第一孩出生年代							ns
2000 年代及以后	1349	64.21	671	65.85	678	62.66	
1980 年代和 1990 年代	752	35.79	348	34.15	404	37.34	
户口类型							ns
非农户口	809	38.51	381	37.39	428	39.56	
农业户口	1292	61.49	638	62.61	654	60.44	
受教育程度							**
小学及以下	86	4.10	24	2.36	63	5.74	
初中	1094	52.10	543	53.29	551	50.97	
高中/中专	450	21.43	223	21.88	227	21.00	
大专	289	13.76	150	14.72	139	12.86	
本科及以上	181	8.62	79	7.75	102	9.44	
已有生育情况							
有无人工流产							**
无	1934	92.05	956	93.82	978	90.39	
有	167	7.95	63	6.18	104	9.61	
家庭环境							
丈夫兄弟姐妹数量	2101	2.03	1019	2.02	1082	2.03	ns
公婆是否健在							ns
否	230	10.95	104	10.21	126	11.65	

续表

变量	总样本		第一孩是女孩		第一孩是男孩		P值
	样本量	均值/%	样本量	均值/%	样本量	均值/%	
是	1871	89.05	915	89.79	956	88.35	
区域因素							ns
关中地区	1120	53.31	549	53.88	571	52.77	
陕南地区	537	25.56	273	26.79	264	24.40	
陕北地区	444	21.13	197	19.33	247	22.83	

①由于生存时间分布的不对称性，所以与表中其他平均值不一样的是，这些值是中位数。

注：*** $p<0.001$；** $p<0.01$；* $p<0.05$；+ $p<0.1$；ns：不显著。

表9-3提供了分户口类型样本的描述性统计结果。非农业户口女性809人，农业户口女性1292人。截至调查时点，非农业户口女性平均生育意愿数量为1.82个，22.50%的人存在男孩偏好，平均生存时间为104.79个月，12.48%的人生育了二孩；农业户口女性平均生育意愿数量为1.85个，34.91%的人存在男孩偏好，平均生存时间为75.01个月，45.74%的人生育了二孩。按照户口性质分类，生育意愿数量上的差异并不显著，但其他指标差异显著。

表9-3　分城乡样本的描述性统计

变量	非农业户口		农业户口		P值
	样本量	均值/%	样本量	均值/%	
二孩生育					***
否	708	87.52	701	54.26	
是	101	12.48	591	45.74	
生存时间（月）	809	104.79①	1292	75.01②	***
意愿生育数量	809	1.82	1292	1.85	ns
男孩偏好					***
无	627	77.50	841	65.09	
有	182	22.50	451	34.91	
个体特征					
年龄（岁）	809	34.63	1292	33.08	***
初育年龄（岁）	809	25.01	1292	22.86	***

续表

变量	非农业户口		农业户口		P 值
	样本量	均值/%	样本量	均值/%	
第一孩出生年代					*
2000 年代及以后	539	66.63	810	62.69	
1980 年代和 1990 年代	270	33.37	482	37.31	
受教育程度					***
小学及以下	6	0.74	80	6.20	
初中	184	22.74	910	70.49	
高中/中专	219	27.07	231	17.89	
大专	234	28.92	55	4.26	
本科及以上	166	20.52	16	1.16	
已有生育情况					
第一孩性别					ns
女孩	381	47.10	638	49.38	
男孩	428	52.90	654	50.62	
有无人工流产					***
无	715	88.38	1219	94.35	
有	94	11.62	73	5.65	
家庭环境					
丈夫兄弟姐妹数量	809	1.77	1292	2.19	***
公婆是否健在					ns
否	89	11.00	141	10.91	
是	720	89.00	1151	89.09	
区域因素					***
关中地区	529	65.39	591	45.74	
陕南地区	178	22.00	359	27.79	
陕北地区	102	12.61	342	26.47	

①②由于生存时间分布的不对称性，所以与表中其他平均值不一样的是，这些值是中位数。

注：*** $p<0.001$；** $p<0.01$；* $p<0.05$；+ $p<0.1$；ns：不显著。

（二）Kaplan-Meier 生存分析结果

图 9-1 提供了二孩生育 Kaplan-Meier 生存分析曲线。生育一孩和二孩之间需要一定间隔，所以最初几个月存活概率（尚未生育二孩概率）为 1，

即没有人生育二孩。随着生育间隔变长，未生育二孩的比例下降，间隔 60 个月时有大约 75% 的女性尚未生育二孩，间隔 180 个月时有大约一半尚未生育二孩。

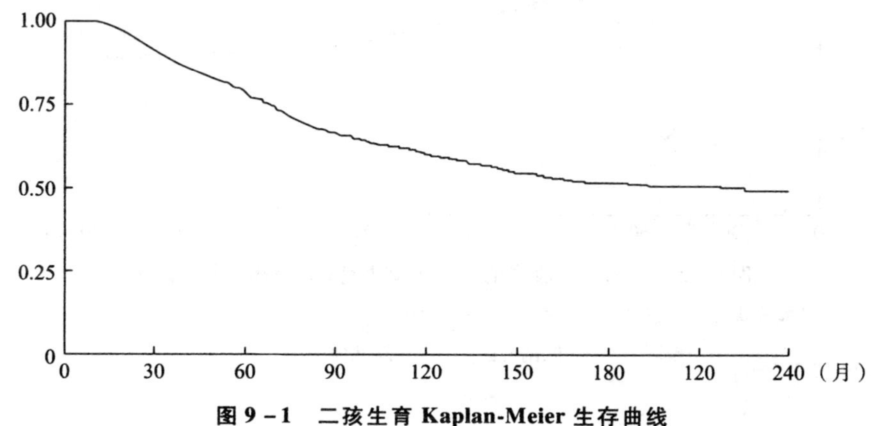

图 9－1　二孩生育 Kaplan-Meier 生存曲线

图 9－2 提供了分一孩性别的二孩生育 Kaplan-Meier 生存曲线。相比于一孩为女孩的情况，一孩为男孩会显著降低生育二孩的概率，平均生育间隔要长，Log-rank 检验显示两组生存曲线差异显著。

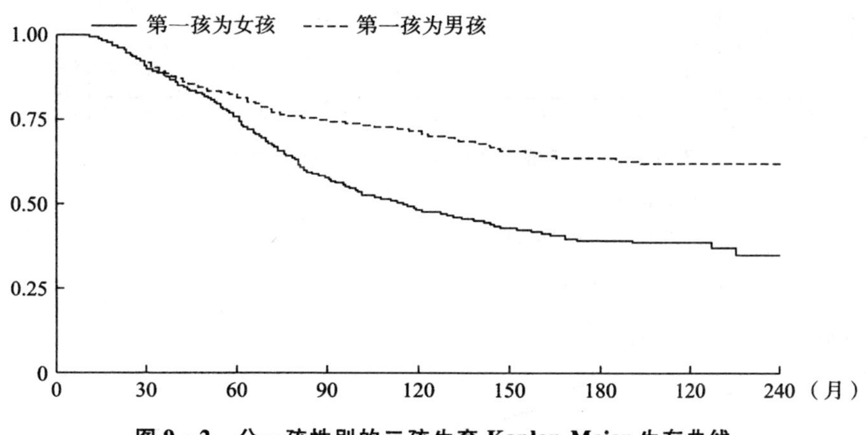

图 9－2　分一孩性别的二孩生育 Kaplan-Meier 生存曲线

注：Log-rank 检验：χ2（1）＝64.84，P＜0.001。

图 9－3、图 9－4 和图 9－5 分别提供了有无人工流产、分区域、分户口类别的二孩生育 Kaplan-Meier 生存曲线。这些因素会对二孩生育产生不同的影响，因此需要对这些影响因素进行控制。

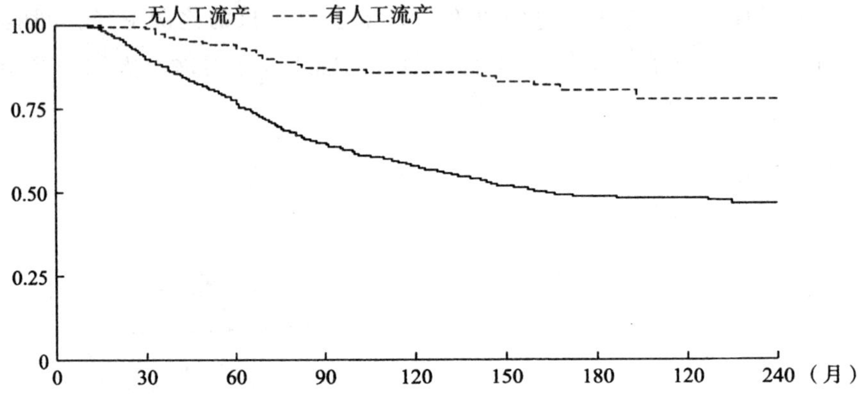

图 9－3　有无人工流产的二孩生育 Kaplan-Meier 生存曲线

注：Log-rank 检验：χ2（1） = 40.17，P＜0.001。

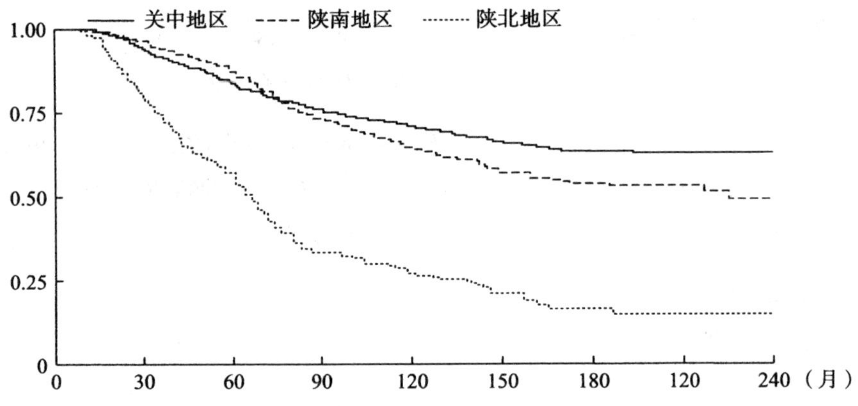

图 9－4　分区域二孩生育 Kaplan-Meier 生存曲线

注：Log-rank 检验：χ2（2） = 303.36，P＜0.001。

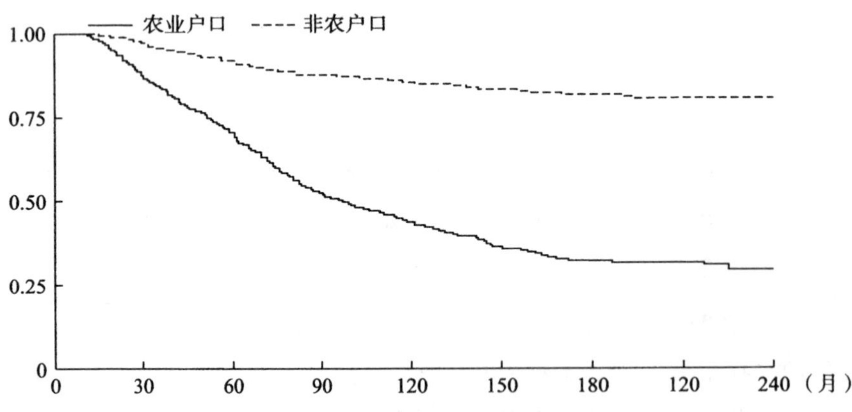

图 9－5　分户口类别二孩生育 Kaplan-Meier 生存曲线

注：Log-rank 检验：χ2（1） = 293.87，P＜0.001。

（三）Cox 回归结果

表 9－4 提供了二孩生育的 Cox 回归结果，检验了生育意愿数量、男孩偏好及控制变量与二孩生育之间的关系。模型 1 主要纳入了个体特征、已有生育情况、家庭环境和区域因素，结果显示：就个体特征来说，女性是非农业户口、初育年龄越大、受教育程度越高生育二孩的风险（可能性）越低；就已有生育情况来说，第一孩是男孩、有过人工流产会降低生育二孩的风险；就家庭环境来说，丈夫家兄弟姐妹数量多、公婆在世会提高二孩生育的风险；就区域因素而言，相比于关中地区，陕南地区的二孩生育的风险较低，但统计上并不显著，陕北地区的二孩生育的风险较高。

在模型 1 的基础上，模型 2 加入了生育意愿数量，模型得到明显的改进。在当前低生育水平背景下，以理想子女数量测度的生育意愿数量对育龄女性的二孩生育行为依然有着显著的影响，表现为生育意愿数量越多，育龄女性生育二孩的可能性越大。模型 3 进一步加入男孩偏好变量，结果显示，相比于没有男孩偏好的育龄女性，有男孩偏好的育龄女性生育二孩的可能性反而有所降低。

表 9－4　陕西省育龄女性二孩生育的 Cox 回归结果

变量	模型 1	模型 2	模型 3
	系数（标准误）	系数（标准误）	系数（标准误）
自变量			
意愿生育数量		0.615 ***	0.632 ***
		(0.107)	(0.108)
有无男孩偏好（参照类：无）		－0.162 +	
有			(0.091)
个体特征			
年龄	－0.252 **	－0.261 **	－0.251 *
	(0.098)	(0.097)	(0.098)
年龄平方	0.006 ***	0.006 ***	0.006 ***
	(0.001)	(0.001)	(0.001)
初育年龄	－0.188 ***	－0.187 ***	－0.187 ***
	(0.019)	(0.019)	(0.019)

续表

变量	模型 1	模型 2	模型 3
	系数（标准误）	系数（标准误）	系数（标准误）
第一孩出生年代（参照类：2000 年代及以后）1980 年代和 1990 年代	-0.710***	-0.736***	-0.738***
	(0.147)	(0.148)	(0.147)
户口类型（参照类：非农户口）			
农业户口	0.827***	0.812***	0.822***
	(0.123)	(0.124)	(0.124)
教育程度（参照类：小学及以下）			
初中	-0.311*	-0.145	-0.164
	(0.137)	(0.141)	(0.142)
高中/中专	-0.499**	-0.350 +	-0.373*
	(0.175)	(0.179)	(0.180)
大专	-2.059***	-1.908***	-1.942***
	(0.374)	(0.376)	(0.377)
本科及以上	-3.355***	-3.337**	-3.372***
	(1.016)	(1.016)	(1.016)
已有生育情况			
第一孩性别（参照类：女）			
男	-0.718***	-0.678***	-0.658***
	(0.080)	(0.079)	(0.081)
有无人工流产（参照类：无）			
有	-0.916***	-0.939***	-0.937***
	(0.215)	(0.215)	(0.215)
家庭环境			
丈夫兄弟姐妹数量	0.086**	0.076*	0.073*
	(0.029)	(0.029)	(0.029)
公婆是否健在（参照类：否）			
是	3.614**	3.337**	3.384**
	(1.284)	(1.256)	(1.261)
公婆健在 × 年龄	-0.087**	-0.080**	-0.081**
	(0.031)	(0.031)	(0.031)
区域（参照类：关中地区）			
陕南地区	-0.151	-0.202*	-0.197*
	(0.099)	(0.100)	(0.100)

续表

变量	模型 1	模型 2	模型 3
	系数（标准误）	系数（标准误）	系数（标准误）
陕北地区	0.746 ***	0.654 ***	0.727 ***
	(0.099)	(0.101)	(0.110)
样本量	2101	2101	2101
-2LL	871.57 **	906.53 ***	909.71 ***

注：*** p<0.001；** p<0.01；* p<0.05，+ p<0.1。

一孩性别对于是否生育二孩有显著的影响（Qian，1997），通常认为一孩是女孩的家庭更可能生育二孩（Cai et al.，2010）。本章继续使用 Cox 模型检验不同一孩性别的情况下男孩偏好与二孩生育之间的关系，结果如表 9-5 所示。

表 9-5 显示，无论一孩是男孩还是女孩，生育意愿数量与二孩生育均有着显著的正向相关关系，生育意愿数量越多生育二孩的可能性越高。如果一孩是女孩，存在男孩偏好会降低生育二孩的风险，但这种关系统计上并不显著；如果一孩是男孩，存在男孩偏好会显著降低生育二孩的风险。

表 9-5 不同一孩性别的 Cox 回归结果

变量	第一孩为女孩	第一孩为男孩
	系数（标准误）	系数（标准误）
自变量		
意愿生育数量	0.710 ***	0.557 ***
	(0.165)	(0.150)
有无男孩偏好（参照类：无）		
有	-0.078	-0.294 *
	(0.121)	(0.140)
个体特征		
年龄	-0.027	-0.510 ***
	(0.137)	(0.151)
年龄平方	0.004 *	0.009 **
	(0.002)	(0.002)
初育年龄	-0.155 ***	-0.238 ***
	(0.025)	(0.032)

续表

变量	第一孩为女孩	第一孩为男孩
	系数（标准误）	系数（标准误）
第一孩出生年代（参照类：2000年代及以后）		
1980年代和1990年代	-0.785***	-0.683**
	(0.183)	(0.258)
户口类型（参照类：非农户口）		
农业户口	0.852***	0.807***
	(0.160)	(0.199)
教育程度（参照类：小学及以下）		
初中	0.034	-0.217
	(0.244)	(0.178)
高中/中专	-0.022	-0.692*
	(0.276)	(0.275)
大专	-2.125***	-1.649**
	(0.573)	(0.504)
本科及以上	-2.846**	-34.210
	(1.038)	(8.268e+06)
已有生育情况		
有无人工流产（参照类：无）		
有	-1.198***	-0.751**
	(0.324)	(0.288)
家庭环境		
丈夫兄弟姐妹数量	0.086*	0.069
	(0.039)	(0.047)
公婆是否健在（参照类：否）		
是	6.090**	1.097
	(2.065)	(1.545)
公婆健在×年龄	-0.150**	-0.021
	(0.051)	(0.038)
区域（参照类：关中地区）		
陕南地区	-0.089	-0.296+
	(0.123)	(0.173)

续表

变量	第一孩为女孩	第一孩为男孩
	系数（标准误）	系数（标准误）
陕北地区	0.592***	0.914***
	(0.146)	(0.169)
样本量	1019	1082
-2LL	432.03***	453.60***

注：*** p<0.001；** p<0.01；* p<0.05；+ p<0.1。

考虑到城乡人口在男孩偏好上存在的显著差异，本章根据户口类型分别进行回归，结果如表9-6所示。农业户口、非农业户口都表现为生育意愿数量越多，生育二孩的可能性越高，但非农业户口中生育意愿数量的影响强度更大；在非农业户口样本中具有男孩偏好生育二孩的可能性增加，而在农业户口样本中男孩偏好则会降低生育二孩的可能性。

表9-6　分户口类型的Cox回归结果

变量	非农户口	农业户口
	系数（标准误）	系数（标准误）
自变量		
意愿生育数量	1.261***	0.605***
	(0.370)	(0.115)
有无男孩偏好（参照类：无）		
有	0.411+	-0.224*
	(0.240)	(0.100)
个体特征		
年龄	-0.345	-0.283**
	(0.302)	(0.103)
年龄平方	0.009*	0.007***
	(0.004)	(0.001)
初育年龄	-0.182***	-0.183***
	(0.051)	(0.022)
第一孩出生年代（参照类：2000年代及以后）		
1980年代和1990年代	-0.407	-0.785***
	(0.392)	(0.161)

续表

变量	非农户口	农业户口
	系数（标准误）	系数（标准误）
教育程度（参照类：小学及以下）		
初中	0.924	-0.269+
	(0.660)	(0.146)
高中/中专	0.339	-0.330+
	(0.664)	(0.195)
大专	-1.322+	-1.183*
	(0.797)	(0.527)
本科及以上	-2.356*	-36.400
	(1.198)	(3.851e+07)
已有生育情况		
第一孩性别（参照类：女孩）		
男孩	-0.961***	-0.637***
	(0.226)	(0.0875)
有无人工流产（参照类：无）		
有	-0.995*	-0.904***
	(0.435)	(0.249)
家庭环境		
丈夫兄弟姐妹数量	0.117	0.069*
公婆是否健在（参照类：否）		
是	10.87**	2.674*
	(4.073)	(1.336)
公婆健在×年龄	-0.270**	-0.062+
	(0.099)	(0.033)
区域（参照类：关中地区）		
陕南地区	0.232	-0.270*
	(0.285)	(0.107)
陕北地区	1.443***	0.642***
	(0.263)	(0.121)
样本量	809	1292
-2LL	231.55***	407.51***

注：*** $p<0.001$；** $p<0.01$；* $p<0.05$；+ $p<0.1$。

七　本章小结

本章使用2013年“陕西省生育意愿和生育行为研究调查”数据，检验生育意愿数量、男孩偏好与二孩生育行为之间的关系。本章的研究证实了生育意愿数量对于二孩生育行为的预测作用，阐明了男孩偏好对于二孩生育行为的影响。

首先，本章验证了在中国低生育水平的背景下，以理想子女数量测度的生育意愿仍然对于后续生育行为有着显著的预测作用，生育意愿数量越多，生育二孩的可能性越高。由于实际生育数量往往低于生育意愿数量，根据陕西省当前的平均生育意愿水平状况，考虑社会经济文化发展因素，陕西省的低生育水平可能会继续下降。鉴于陕西省处于中等程度的社会经济发展水平，具有一定的代表性，可以预期当前中国低生育水平会持续，未来可能会进一步下降。

其次，本章发现男孩偏好降低了生育二孩的可能性，这与以往的研究结论不同（UNFPA，2012）。进一步研究发现，一孩是女孩的情况下，是否存在男孩偏好对于生育二孩的影响在统计上不显著；一孩是男孩的情况下，相比于没有男孩偏好的育龄女性，存在男孩偏好会降低生育二孩的风险。养育成本的增加以及较低的生育意愿，使得女性生育二孩的意愿下降。一些偏好男孩但只希望生育一个孩子的父母可能在第一孩时就进行性别鉴定以及性别选择性人工流产以确保第一个孩子是男孩。微观数据显示的生育行为与宏观数据的一孩出生性别比上升是一致的。人口普查数据显示，2000年一孩出生性别比为107.12，二孩出生性别比为150.92；2010年一孩出生性别比上升为113.73，二孩出生性别比下降为130.29。这可能表明，为了在少生少育的情况下实现男孩偏好，以前在生育二孩时才进行的性别选择，到2010年时在一孩就开始进行了性别选择性人工流产，这会进一步降低中国的生育水平。已有研究指出，男孩偏好会增加一孩是女孩的家庭生育二孩的可能性（Qian，1997；Cai et al.，2010）。在本章中，一孩是女孩的家庭生育二孩的可能性在统计上并不显著。已有研究指出，在“一孩半”生育政策的地区，一些女性反而希望一孩生育女儿，这样就可以在不违反生育政策的情况下继续生育并实现儿女双全的愿望（Short et al.，2001）。所以，在实施“一孩半”政策的陕西省，一孩为女孩的情况下，可能大部分女性都会选择生育二孩，有无男孩偏好对于这类女性来说并没有多大意义。然而真实原因如何，还需要进一步深入访谈进行质性研究。

再次，本章还发现生育意愿数量、男孩偏好与二孩生育行为之间的关系存在城乡差异。就生育意愿数量来说，虽然非农业户口和农业户口女性的生育意愿数量与二孩生育行为都是正向关系，但非农业户口女性的生育意愿数量对于是否生育二孩的影响强度更大。就男孩偏好与二孩生育来说，非农业户口女性具有男孩偏好会提高育龄妇女生育二孩的可能性；而农业户口女性中具有男孩偏好降低了生育二孩的可能性。本章调查数据显示，在非农业户口样本中一孩是男孩的女性中具有男孩偏好的比例为 30.37%；而在农业户口样本中该比例为 41.74%。相比于非农业户口女性，农业户口女性更有可能因为男孩偏好在一孩就进行性别选择，从而降低生育二孩的可能性。在非农业户口样本中，具有男孩偏好的女性生育意愿数量为一孩及以下的比例为 14.84%，二孩及以上比例为 85.17%；而在农业户口样本中，具有男孩偏好的女性生育意愿数量为一孩及以下的比例为 21.21%，二孩及以上的比例为 78.78%。相比于农业户口样本，非农业户口样本中具有男孩偏好的女性生育意愿数量为二孩及以上的比例较高，因此生育二孩的可能性会较大。

最后，女性的生育行为有着很强的时间特征，这与女性的年龄、生育年龄等因素有着密切的关系。结婚年龄、生育年龄越晚，女性生育意愿数量就越少（Quesnel-Vallée and Morgan，2003）。再加上生育意愿以及实现这种意愿还会受到诸多限制，如不孕不育、结构性障碍（很难找到配偶或是充分就业）以及社会规范等（Morgan and Rackin，2010），所以低生育水平下实际生育数量少于意愿生育孩子数量。本章研究结果也显示，晚婚晚育会降低生育二孩的可能性。有学者认为受教育程度较高的女性更倾向于少生孩子（Murthi et al.，1995；Chaudhuri，2012）。本章研究发现，在控制了其他因素后，随着受教育程度的提高，女性生育二孩的风险会有所降低。

本章还存在一些研究局限。第一，由于数据限制，研究在事件史分析中只纳入了不随时间变化的变量，没有纳入一些随时间变化的变量以对二孩生育行为进行更深入的研究；第二，收入是重要指标，但由于回答率偏低造成缺失值较多，所以没能纳入模型；第三，对于男孩偏好的测度也存在一定争议。

虽然存在一定的局限性，但本章不但丰富了已有关于生育意愿数量、男孩偏好和生育行为的研究，而且为中国生育政策的调整完善提供了一定的参考。当前中国的生育意愿较低，生育水平远远低于更替水平。鉴于当前激烈的社会竞争、养育成本增加等因素，即使放开生育政策限制，人们的生育意愿数量也不会提高，男孩偏好还会在较长一段时间内继续存在，城市化水平继续提高，结婚和生育还在持续推迟，这些因素都会抑制二孩生育并降低生育水平。中国 2013 年的单独二孩和 2016 年的全面二孩政策效果非常有限。生育政策作为影响国计民生的重大公共政策，不仅包括对生育数量的规定，还应该包括与生育相关的各种配套政策。在当前低生育水平、低生育意愿以及男孩偏好仍然存在的社会背景下，中国未来生育政策的调整不仅仅是放开生育数量上的控制，还要完善相关配套政策，以切实提高居民生育意愿、弱化性别偏好，从而适当提高生育水平，促进中国的长期可持续均衡发展。

第十章　性别选择性人工流产的估计

一　引言

人工流产是一个备受关注的问题。据统计，中国每年登记的人工流产数量从 1970 年代初的 500 万人上升到 1983 年的峰值 1437 万人，其后十年间在 1000 万～1400 万人波动。自 1993 年以来，年流产数量在 1000 万人以下，2017 年为 963 万人（国家卫生和计划生育委员会，2017；国家卫生健康委员会，2018）。人工流产可分为三类：第一类是自愿流产；第二类是计划生育政策限制下的非自愿流产；第三类是和前两类交织在一起的性别选择性人工流产。对于自愿流产来说，中国早在 1950 年代就通过合法化取消了对流产的限制，以满足人民对于过多生育的自愿控制（Luk，1977；Rigdon，1996；梁中堂，2014）。2000 年以后，一些小规模的关于年轻女性的调查数据显示，25 岁以下年轻未婚女性的流产数量所占比例越来越大（吴尚纯、邱红燕，2010）。非自愿流产主要和过去几十年中国的计划生育政策有关（Nie，2005）。自 20 世纪 80 年代初期以来，人工流产在计划生育政策的执行过程中很普遍，服从计划生育政策是人工流产的一个主要原因（Rigdon，1996；White，2006；Li，2012）。很多省份的计划生育条例把人工流产作为补救措施（Basten and Jiang，2014）。

自 20 世纪 80 年代初期以来，随着严格的计划生育政策的实施和性别鉴定技术的普及，出现了性别选择性人工流产（Hull，1990；Zeng et al.，1993；Rigdon，1996）。生育水平的下降，不管是自发下降还是由于服从计划生育政策的强制下降，增加了男孩偏好环境下父母进行性别选择的压力（Li et al.，2000；Guilmoto，2009；Dubuc and Sivia，2018）。随着 B 超机的大量应用和性别鉴定技术的普及，性别选择性人工流产女婴的行为在中国变得很普遍。由于法律法规禁止性别选择性人工流产，性别选择性人工流产的实施程度存在争议，性别选择性人工流产的数量只能依靠估计（Hesketh et al.，2005；Chen and Zhang，2019）。1990 年的数据估计显示，即使性别选择性人工流产女婴能够解释当时出生性别比的全部偏高部分，但性别选择性人工流产占所有流产数量的比例也低于 5%（Hull，1990）。另外，2000 年在河南农村对 820 名女性的调查显示，在 301 例流产中，109 例承认是性别鉴定之后的选择性流产，占比 36%（Chu，2001）。随着性别鉴定技术的提高，性别鉴定的准确性越来越高，性别选择性人工流产的数字也会发生变化（Rigdon，1996）。

一些研究定量分析了中国的出生性别比，把性别选择性人工流产作为影响出生性别比的一个主要因素，把出生性别比作为性别选择性人工流产的一个指标（Goodkind，1996；Hesketh et al.，2005；Jha et al.，2011），但性别选择性人工流产的定量分析不多。在本章中，我们使用公布的出生数量、人工流产数量和出生性别比数据，估计了自 1980 年以来性别选择性人工流产的数量和比例。对于一些人口普查和全国 1% 人口抽样调查年份，可以得到分孩次、分城乡和分省份的出生数据，我们也计算了部分年份的分孩次、分城乡和分省份的性别选择性人工流产数据。下面本章先介绍方法，然后介绍数据，最后是结果、结论和讨论。

二　方法

由于需要估计性别选择性人工流产的程度和数量（Hesketh et al.，2005；Chen and Zhang，2019），我们用每年的出生数量、人口流产数量和出生性别比数据来计算过去几十年间每年的性别选择性人工流产数量和比例。

用 N_a 表示人工流产数据，N_{ssa} 表示性别选择性人工流产数量，B 表示出生数量，B_m 和 B_f 分别表示出生男婴和女婴数量。SRB_o 表示观测的出生性别比，SRB_n 表示没有性别选择的正常性别比。中国的正常出生性别比通常为每 100 名活产女婴对应 106 名活产男婴（Coalc and Banister，1994），本章也选取 106 作为 SRB_n 的值。

为了估计某一年的性别选择性人工流产数量，我们将当年出生的女婴数量和作为标准的或者期望出生的女婴数量进行比较，其差值为性别选择性人工流产数量。通常假定没有针对男性胎儿的性别选择性人工流产，所以可以把男婴的出生数量作为一个基准（Coale and Banister，1994；Bongaarts and Guilmoto，2015；Chao et al.，2019）。性别选择性人工流产数量计算如下：

$$N_{ssa} = \frac{B_m}{SRB_n} \times 100 - B_f \tag{10-1}$$

根据公式（10－1）中估计的性别选择性人工流产数量，我们可以计算性别选择性人工流产占当年所有人工流产的比例。中国每年登记人工流产和其他计划生育手术的数量。如果我们假设自然流产和死产是自然怀孕，是性别中性的，而且性别选择性人工流产包含在人工流产总数里面，那么这个比例为：

$$P_{ssa/a} = \frac{N_{ssa}}{N_a} \times 100\% \tag{10-2}$$

我们还可以计算性别选择性人工流产占期望出生数量，也就是出生数量与性别选择性人工流产数量之和的比例，公式表示为：

$$P_{ssa/(ssa+B_f)} = \frac{N_{ssa}}{(N_{ssa} + B_f)} \times 100\% \tag{10-3}$$

上述公式可以分孩次、分城乡和分省份来计算。

三 数据

本章中所使用的数据包括每年出生数量、人工流产数量和出生性别比。中国有几个机构负责数据收集，如公安部门负责户籍登记，计划生育部门负责监测计划生育政策的执行，国家统计局负责人口普查和人口抽样调查。但正如前面所述，数据质量存在争议。

漏报是影响出生人口数据质量的一个主要问题（Goodkind，2011）。国家统计局也了解在人口普查、全国1%人口抽样调查和每年1‰人口变动调查中的漏报问题，所以会往上调整调查数据（Zhang and Zhao，2006；Goodkind，2011）。2000年人口普查数据显示总和生育率为1.22，但国家统计局内部使用的是1.40（Morgan et al.，2009），表明普查数据中出生登记存在较为严重的漏报。2000年和2010年人口普查数据显示粗出生率分别为

9.85‰和 9.43‰，但在相关年鉴中公布的粗出生率分别为 14.03‰和 11.90‰。近来的一个共识是国家统计局过高调整了生育水平（Zhang and Zhao，2006；Morgan et al.，2009；Goodkind，2011）。

与出生漏报同时存在的是对于女婴的选择性漏报。性别选择性漏报是中国偏高出生性别比的一个决定因素（Hull，1990；Zeng et al.，1993；Chu，2001；Goodkind，2011；Chen et al.，2015）。虽然大部分研究认为在漏报中女婴占绝大多数，所以实际的出生性别比低于观测的出生性别比，但是也有研究发现男婴的漏报更多（Goodkind，2011）。也有研究认为中国的出生性别比偏高主要是性别选择性人工流产女婴造成的，女婴漏报只是一个很小的因素（Coale and Banister，1994；Zhu et al.，2009）。

人工流产数据也存在争议。中国登记有年度人工流产数据（国家卫生和计划生育委员会，2017），一些学者认为这些官方数据很准确，能够代表人工流产总数（Rigdon，1996）。但是，由于中国还不能普遍接受未婚先孕（Banister，1987），以及非医学需要性别选择性人工流产的非法性（Rigdon，1996；Chen and Zhang，2019），有一部分人工流产并没有登记在官方数据之内（Tu and Smith，1995）。近年来，年轻未婚女性流产所占比例越来越高（吴尚纯、邱红燕，2010）。一些小规模调查数据显示人工流产和性别选择性人工流产中存在漏报（Chu，2001；Nie，2011），漏报程度没有官方估计数据。

在本章中我们主要使用官方数据。国家统计局每年公布年末人口和粗出生率，根据年末人口按照线性假设估算得出年中人口数，然后再与粗出生率相乘得到该年出生数量。通过这种方式我们计算了 1980～2017 年历年的出生人口数量，其中 1997～2017 年的数量与国家统计局的统计公报数据一致。由于这样计算的出生人口数据只有总数而没有分性别数据，我们使用人口普查年份、全国 1% 人口抽样调查年份或者年度人口变动抽样调查得到的性别比数据把总量分为男婴数量和女婴数量。

对于出生性别比数据，人口普查年份、全国 1% 人口变动抽样调查年份提供了分孩次、分城乡和分省份的出生数量数据，所以这些年份可以计算分孩次、分城乡和分省份的出生性别比。1986 年之后的非普查和非全国 1% 人口变动抽样调查年份，出生性别比数据依据年度 1‰抽样调查数据计算。1986 年及之前和 1988 年的数据来自 1988 年举行的全国 2‰生育调查数据，其中涉及 15 ~57 岁女性 45.9 万人（梁济民、陈胜利，1993）。由于历年用于计算出生性别比的出生数量差距较大，比如普查年有 2000 多万人，而人口年度变动抽样调查只有 1 万多人，可能存在对于可比性的担忧。我们计算了出生性别比的 95% 置信区间，结果如图 10 -1 所示。

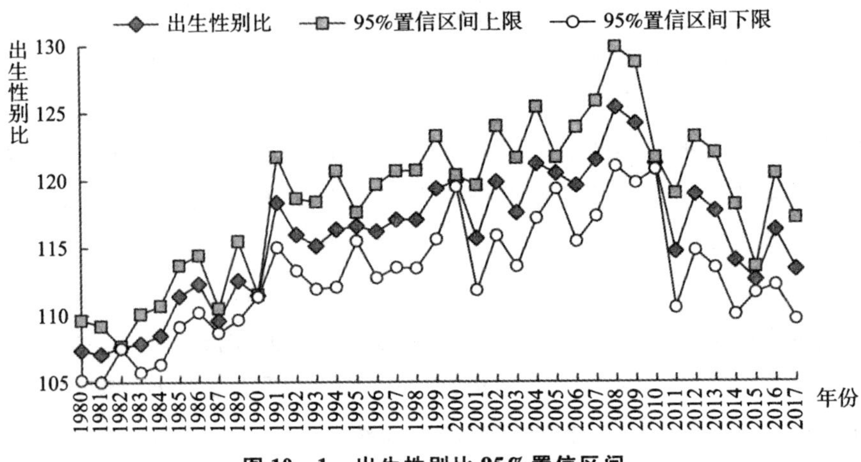

图 10 -1 出生性别比 95%置信区间

对于人工流产数据，我们采用了国家卫生部（2013 年改为国家卫生和计划生育委员会，2018 年改为国家卫生健康委员会）历年公布的人口流产数据。国家卫生健康委员会登记有年度计划生育手术数量，包括登记在医院、诊所和计划生育服务站的人工流产数据。但这些人工流产数据是否包括官方没有记录的流产数据，如果包括了是怎么进行估计的，这些并不清楚。在 2006 年出版的比较权威的《中国妇产科学》中（曹泽毅，2006），作者提到每年人工流产数量为 1300 万人，但并没有给出数据出处。而把 1300 万人与对应年份及前几年的《中国卫生年鉴》中的官方数据比较，那么官方数据有可能漏报 40% ~50%。在更可靠的数据出现之前，本章研究还是使用官方登记数据。

四 结果

（一）出生性别比趋势

图 10 -2 描述了 1980 ~2017 年出生性别比的变化趋势，以及 1982 年、1987 年、1990 年、2000 年、2005 年、2010 年和 2015 年分孩次出生性别比变化趋势。图 10 -3 描述了 1987 年、1990 年、2000 年、2005 年、2010 年

和 2015 年分城乡出生性别比变化趋势。关于中国出生性别比趋势以及孩次和城乡差异已经有很多研究文献（姜全保、李树茁，2019），在此不再赘述。

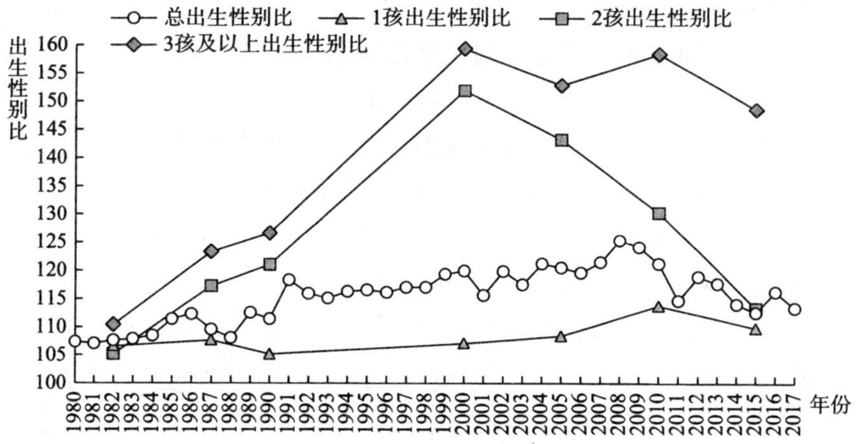

图 10-2　分孩次出生性别比

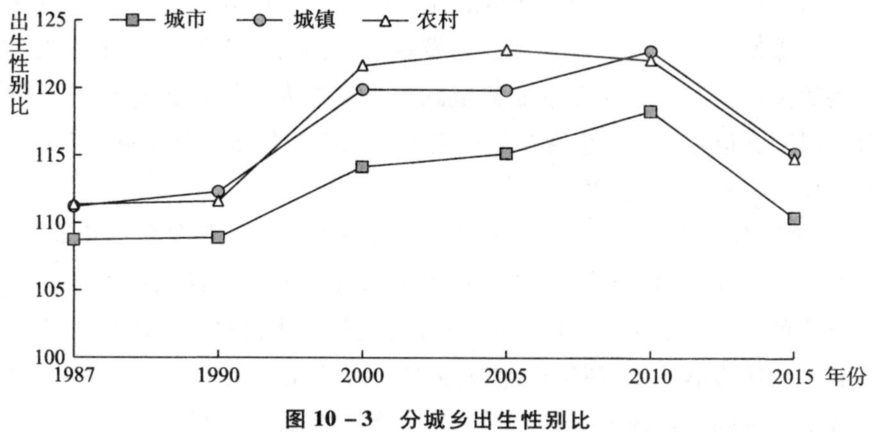

图 10-3　分城乡出生性别比

（二）人工流产

表 10-1 提供了 1980～2017 年历年人工流产数量。早在 20 世纪 70 年代，伴随着计划生育宣传推广，控制生育的手术就变得普遍（White，2006；Whyte et al.，2015）。尤其是在 1979～1980 年，中国的第五个五年计划结束之年，同时也是“一对夫妻一个孩子”政策的开始之年，人工流产发生率显著提高（Tien，1987；White，2006；Whyte et al.，2015）。作为计划外怀孕的补救措施，人工流产在中国的计划生育政策执行过程中发挥了显著作

用，也是完成政府计划生育目标的最有效的办法。地方政府采用人工流产来应对完不成计划生育政策规定的目标而可能导致的惩罚，而家庭也采用人工流产的办法来避免因为计划外生育带来的惩罚（Tu and Smith，1995）。1979 年和 1980 年，全国人工流产数量分别为 786 万人和 953 万人，比 1978 年的 539 万人增加很多。随着计划生育政策的严格执行，人工流产数量在 1982 年达到了 1242 万人，1983 年达到了 1437 万人。通过奖励、劝说和强制等手段相结合，1983 年共进行了 5821 万人计划生育手术，其中人工流产 1437 万人（White，2006；梁中堂，2014）。1984 年，中央 7 号文件的颁布部分放松了严格的计划生育政策（Hardee-Cleaveland and Banister，1988；White，2006；梁中堂，2014），1984 年人工流产数量急剧下降。

1980 年代晚期和 1990 年代初期，人工流产数量又有所升高。政府为了消除 1984 年政策放松带来的不利影响，采取了严格的措施，加强了人工流产和结扎（Hardee-Cleaveland and Banister，1988；Wang，2014），之后人工流产数量又有下降。在 1994 年开罗召开的国际人口与发展大会之后，中国政府实行了计划生育执行中的知情选择、优质服务等措施（Wang，2014）。人工流产被避孕节育和征收社会抚养费取代。同时，中国的生育水平下降到更替水平以下，计划外怀孕的数量减少，虽然人工流产仍然是官方提倡的补救措施，但是在计划生育执行过程中人工流产的重要性下降（Li，Y.，2012；Basten and Jiang，2014）。

自 1990 年代中期以来，人工流产的数量比较稳定，但是数量开始上升。随着计划生育政策的逐渐放宽和生育水平的自发下降，自愿流产在人工流产中所占的比重越来越大。早在 1950 年代，针对人民群众要求避孕和流产的呼声，中国政府就积极回应，使人工流产合法化（梁中堂，2014）。但是计划生育中的强制性流产，使自愿流产及其在生育率下降过程中的作用被忽视了。即使在一些关于人工流产的实证研究中，计划生育政策也是作为流产的一个主要影响因素（Wang，2014）。2009 ~ 2017 年，中国的计划生育手术数量从 2277 万人下降到 1940 万人，但人工流产的数量从 611 万人上升到 963 万人，比例从 26.8% 上升到 50.6%。一方面，育龄妇女的避孕率从 2009 年的 89.0% 下降到 2017 年的 80.6%（国家卫生健康委员会，2018），增加了计划外怀孕和人工流产的可能性；另一方面，未婚年轻女性尤其是农村到城市的流动人口女性所占人工流产比例越来越高（吴尚纯、邱红燕，2010）。从全球来看，2010～2014 年 27% 的人工流产是未婚女性（Sedgh et al.，2016），20～24 岁女性人工流产率（每 1000 名女性中的人工流产数）最高，人工流产中的很大一部分是 20 多岁的女性（Singh et al.，2018）。与全球的趋势一致，中国对于未婚先孕也越来越宽容。1990～1994 年世界范围内估计每年有 5040 万人实施人工流产，2010～2014 年每年有 5630 万人实施人工流产（Sedgh et al.，2016）。

表 10－1　性别选择性人工流产数量和比例

年份	出生性别比	出生人数（百万人）	Na（百万人）	Nssa（万人）	Pssa/a（%）	Pssa/(ssa + Bf)（%）
1980	107.40	17.87	9.53	11.38	1.19	1.30
1981	107.10	20.78	8.70	10.41	1.20	1.03
1982	107.63	22.47	12.42	16.64	1.34	1.51
1983	107.90	20.66	14.37	17.81	1.24	1.76
1984	108.50	20.63	8.89	23.34	2.62	2.30
1985	111.40	22.11	10.93	53.28	4.87	4.85
1986	112.30	23.96	11.58	67.08	5.79	5.61
1987	109.60	25.29	10.49	40.98	3.91	3.28
1988	108.10	24.64	12.68	23.46	1.85	1.94
1989	112.54	24.14	10.38	70.08	6.75	5.81
1990	111.45	23.91	13.49	58.12	4.31	4.89
1991	118.33	22.65	14.09	120.64	8.56	10.42
1992	115.94	21.25	10.42	92.26	8.86	8.57
1993	115.11	21.32	9.50	85.20	8.97	7.92
1994	116.30	21.10	9.47	94.82	10.02	8.86
1995	116.57	20.63	7.48	94.99	12.71	9.07
1996	116.16	20.67	8.83	91.67	10.38	8.75
1997	117.04	20.38	6.59	97.84	14.85	9.44
1998	117.03	19.91	7.38	95.45	12.93	9.42
1999	119.35	19.09	6.76	109.61	16.20	11.19
2000	119.92	17.71	6.66	105.76	15.88	11.61

续表

年份	出生性别比	出生人数（百万人）	Nα（百万人）	Nssα（万人）	Pssα/α（%）	Pssα/(ssα + Bf)（%）
2001	115.65	17.02	6.28	71.83	11.43	8.34
2002	119.86	16.47	6.81	97.92	14.37	11.56
2003	117.54	15.99	7.22	79.99	11.09	9.81
2004	121.20	15.93	7.14	103.27	14.46	12.54
2005	120.49	16.17	7.11	100.28	14.11	12.03
2006	119.58	15.84	7.31	92.42	12.65	11.36
2007	121.48	15.94	7.63	105.07	13.77	12.74
2008	125.35	16.08	9.17	130.26	14.20	15.44
2009	124.16	16.15	6.11	123.43	20.20	14.63
2010	121.21	15.92	6.36	103.24	16.23	12.55
2011	114.66	16.04	6.63	61.03	9.20	7.55
2012	118.88	16.35	6.69	90.77	13.57	10.83
2013	117.64	16.40	6.24	82.77	13.27	9.90
2014	113.98	16.87	9.62	59.37	6.17	7.00
2015	112.55	16.55	9.85	48.10	4.88	5.82
2016	116.23	17.86	9.64	79.73	8.27	8.80
2017	113.31	17.23	9.63	55.73	5.79	6.45

（三）性别选择性人工流产的数量和比例

表 10－1 和图 10－4 显示了性别选择性人工流产的数量和比例，该数量和比例随时间变化而变化。在 1979 年中国制造出第一台 B 超机以前，没有轻易可得的性别鉴定技术，1980 年代之前比较稳定的出生性别比也能证明这一点（Coale and Banister，1994；蔡菲，2009）。从 1980 年代初期开始，中国大规模进口和生产 B 超机，并且很快被用于性别鉴定及性别选择性人工流产（Zeng et al.，1993；Coale and Banister，1994；Goodkind，1996）。

1980 年代初期，性别选择性人工流产的数量和比例开始上升。一些西方学者认为在 1980 年代初期 B 超技术在中国很难实现，所以性别选择性人工流产可以忽略（Aird，1990；Johansson and Nygren，1991）。大部分学者认为 1980 年代 B 超技术已经应用于性别选择性人工流产，尤其是 1980 年代中期之后（Hull，1990；Zeng et al.，1993；Coale and Banister，1994）。鉴

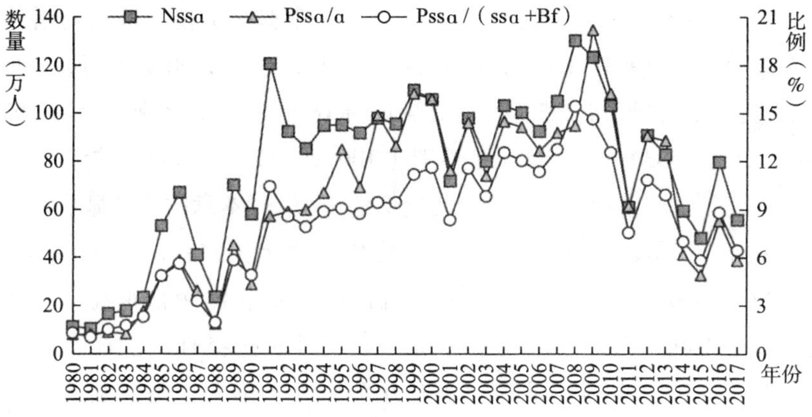

图 10-4 性别选择性人工流产数量和比例

于B超鉴定技术的使用程度难以确定，而且政府对于非法使用B超进行性别鉴定技术的关注，很难度量性别选择性人工流产的发生率（Hull，1990）。Zeng等（1993）虽然把出生性别比失衡部分归因于女婴漏报，但是认为性别鉴定技术并不罕见。本章的估计显示，1980～1984年，性别选择性人工流产开始扩散。一方面，B超和性别鉴定技术刚刚开始，技术扩散需要时间；另一方面，全国范围内实行的结扎运动没有给育龄妇女多次怀孕的机会，减少了人工流产的机会。

1984年之后性别选择性人工流产的数量和比例较高。1985年性别选择性人工流产的数量为53.28万人，比例接近5%。一个原因是性别鉴定技术的普及和B超设备的增多。1987年，全国有13000多台B超机，平均每个县6台（Chu，2001）。1989年全国就进口了2175台高质量的彩色B超机，而1985年进口的还要更多一些（Zeng et al.，1993）。1990年前后，中国年产B超机近10000台，绝大多数的乡镇及以上的医院和计划生育服务站配备有B超设备（Zeng et al.，1993；Chu，2001）。另一个原因是随着1984年中央7号文件和1986年中央13号文件的颁布，计划生育政策有所放松（Bongaarts and Greenhalgh，1985；Gu et al.，2007；梁中堂，2014；陈剑，2015），使部分省份农村夫妇可以生育二孩，从而有机会进行性别选择性人工流产。一项涉及124万人次怀孕的医疗记录显示，1988～1991年的出生性别比分别为108.0、108.3、109.1和109.7，这些医疗记录应该不存在女性胎儿漏报，那么只能说明这些女性在入院之前就有过性别选择性人工流产经历，也证明了 1980 年代晚期 B 超技术和性别鉴定技术使用范围越来越广（Zeng et al.，1993；Coale and Banister，1994）。在 1990 年前后，一项农村 500 例人工流产和城市 1226 例人工流产调查的性别比分别为 94.6 和 96.8（Zeng et al.，1993），比正常出生性别比 106 低。Hull（1990）估计 1986 年性别选择性人工流产占所有人工流产的比例低于 5%。本章的估计显示，1980 年代中期之后，每年性别选择性人工流产数量在 50 万人左右，比例在 5% 左右。

1990 ~ 2010 年，性别选择性人工流产的数量和比例都很高，大部分年份数量多于 100 万人，比例高于 10%，表明性别选择性人工流产的快速扩散和普遍。这种很高的数量和比例有几个原因：第一，是性别鉴定技术的扩散和设备的普及。到 2000 年，几乎所有乡镇以上的医院和计划生育服务站都配备了高质量的 B 超机和熟练的技术人员（Chu，2001）。有一些私人诊所和个人也有 B 超机，提供性别鉴定服务，甚至一些贫穷的山区农民也求助于 B 超设备进行性别鉴定（Hardee et al.，2000；Chu，2001）。2000 年，在河南农村的调查显示超过 1/3 的 B 超检查是在私人诊所做的，虽然私人诊所要比医院收费高，但在私人诊所进行 B 超检查有可能得到胎儿性别信息（Chu，2001）。性别选择性人工流产如此普遍，以至于 2002 年开始执行的《中华人民共和国人口与计划生育法》第三十五条明确规定：严禁利用超声技术和其他技术手段进行非医学需要的胎儿性别鉴定；严禁非医学需要的选择性别的人工终止妊娠，通常称为“两非”。各级人口和计划生育机构会经常突击打击“两非”，也会经常性地检查“两非”情况（Li，2007；Murphy，2014）。第二，是大部分农村地区实行一孩半的计划生育政策。1983 年结扎运动之后，中央政府在 1984 年的 7 号文件和 1986 年的 13 号文件中放宽了计划生育政策，允许部分省份的农村夫妇生育二孩（Greenhalgh，1986；White，2006；Gu et al.，2007；梁中堂，2014）。到 1990 年，有十几个省份在农村地区实行一孩半政策（Zeng，1989；White，2006；Gu et al.，2007；梁中堂，2014）。一孩半政策实际上说明女孩的作用不如男孩大，也刺激了人们流产女孩（Zeng，2007；Murphy，2014）。第三，是生育挤压影响，也就是生育率下降使得夫妻求助于性别选择性人工流产从而确保生育一个男孩的压力增大（Li et al.，2000；Guilmoto，2009；Bongaarts，2013；Dubuc and Sivia，2018）。中国 1980 年代的生育率在更替水平以上，在 1990 年代降低到 1.5 左右的水平。生育率下降和家庭小型化使得没有男孩的概率增加，很多夫妻陷入性别选择境地，增加了夫妻进行性别选择的可能性，通常在第二孩时进行性别选择。韩国1980年代和1990年代的经验表明，随着性别鉴定技术的迅速扩散和家庭规模小型化，产前进行性别鉴定的可能性增加（Kashyap and Villavicencio，2016）。2000年在河南农村进行的调查显示，在427个男性胎儿和279个女性胎儿中，有25.4%的女性胎儿被流产，而男性胎儿被流产的比例只有1.6%（Chu，2001）。另外一项估计表明，在一孩半政策地区，19.1%的夫妻进行了性别选择性人工流产，而在普遍实行二孩的地区进行性别选择性人工流产的比例只有4.6%（Zeng，2007）。2007年，国家人口和计划生育委员会宣教司和科技司对于一些省份在2000~2006年人工流产行为进行了调查，这些调查具体由调查地的省市县计划生育部门负责。2000~2006年可以鉴定出性别的流产胎儿数量分别为12677人、10922人、12301人、13742人、14937人、15541人和18549人，性别比分别为74.02、70.47、73.45、72.51、71.79、71.31和64.89，平均性别比为72.25。大约有1/3的女性胎儿是选择性流产（蔡菲，2009）。

自2010年以来，性别选择性人工流产数量下降到100万人以下，比例基本在10%以下。性别鉴定技术已经非常普及，并且价格便宜，生育率自发地维持在较低水平，这些都促使人们进行性别选择性人工流产。也有一些因素促使性别选择性人工流产数量和比例下降。中国一直倡导性别平等，女性地位显著提高，而且一直在打击"两非"（Li，2007；Murphy，2014）。2014年，湖北省查处"两非"典型案件1132例，处理从事"两非"行为的执业医师422人，吊销执业医师证书90个，行政开除42人，刑事处罚80人（江中三等，2015）。经过几十年的性别选择性人工流产和性别失衡，中国当前面临着婚龄女性短缺，男性过剩的问题。在这样一个环境里，父母尤其是农村父母为了孩子结婚不得不积累一些财富。不断上升的彩礼和婚姻花费不仅耗尽了父母的终身积蓄，往往还需要借债（Jiang et al.，2015a）。一些研究认为女性短缺会提高女性的社会地位（Park and Cho，1995）。在中国的一些调查中确实发现，女性在婚姻方面的议价能力提高，在家庭内部权力分配方面也具有优势，而且父母对于儿子和女儿的态度也发生了根本的改变。一些研究乐观地认为中国会沿着韩国的足迹，性别选择性人工流产消失，出生性别比回归正常（Guilmoto，2009；Das Gutpa et al.，2009）。

性别选择性人工流产的数量和比例在 1980 年代开始上升，在 1990 ~ 2010 年保持在较高水平，在 2010 年之后开始下降。在 2000 年和 2010 年，性别选择性人工流产占人工流产总数的比例分别为 15.88% 和 16.23%，而占期望出生数量的比例分别为 11.61% 和 12.55%。1980 ~ 2017 年性别选择性人工流产数量为 2866 万人，我们也根据图 10 - 1 中的出生性别比的 95% 置信区间估计了性别选择性人工流产的数量区间，结果如表 10 - 2 所示。

表 10 - 2 出生性别比 95% 置信区间对应的性别选择性人工流产数量和比例

年份	出生性别比下限				出生性别比上限			
	出生性别比	Nssa（万人）	Pssa/a（%）	Pssa/（ssa + Bf）（%）	出生性别比	Nssa（万人）	Pssa/a（%）	Pssa/（ssa + Bf）（%）
1980	105.17	-6.80	-0.71	-0.79	109.66	29.43	3.09	3.34
1981	105.02	-9.41	-1.08	-0.94	109.22	30.18	3.47	2.95
1982	107.54	15.71	1.26	1.43	107.72	17.58	1.42	1.60
1983	105.75	-2.38	-0.17	-0.24	110.10	38.06	2.65	3.73
1984	106.33	3.14	0.35	0.31	110.71	43.48	4.89	4.25
1985	109.15	31.45	2.88	2.89	113.69	75.04	6.86	6.76
1986	110.21	45.25	3.91	3.82	114.43	88.90	7.68	7.37
1987	108.70	30.85	2.94	2.48	110.50	51.03	4.87	4.07
1988		23.46				23.46		
1989	109.67	39.88	3.84	3.35	115.49	100.24	9.66	8.21
1990	111.37	57.35	4.25	4.83	111.52	58.88	4.36	4.95
1991	115.01	89.53	6.36	7.83	121.74	151.66	10.77	12.93
1992	113.28	68.43	6.57	6.43	118.66	116.06	11.14	10.67
1993	111.93	56.24	5.92	5.29	118.39	114.09	12.01	10.46
1994	112.07	56.95	6.02	5.41	120.70	132.58	14.00	12.18
1995	115.47	85.55	11.44	8.20	117.60	103.75	13.88	9.86
1996	112.74	61.76	6.99	5.98	119.69	121.51	13.75	11.44
1997	113.51	67.65	10.27	6.62	120.69	127.95	19.42	12.17
1998	113.45	65.53	8.87	6.56	120.72	125.28	16.97	12.19
1999	115.57	79.99	11.82	8.28	123.25	139.15	20.57	14.00
2000	119.49	102.67	15.42	11.29	120.36	108.84	16.35	11.93

续表

年份	出生性别比下限				出生性别比上限			
	出生性别比	Nssa（万人）	Pssa/a（%）	Pssa/(ssa + Bf)（%）	出生性别比	Nssa（万人）	Pssa/a（%）	Pssa/(ssa + Bf)（%）
2001	111.81	44.08	7.01	5.20	119.61	99.51	15.83	11.38
2002	115.86	70.94	10.41	8.51	123.99	124.82	18.32	14.51
2003	113.57	53.49	7.41	6.67	121.64	106.41	14.75	12.85
2004	117.13	77.05	10.79	9.50	125.41	129.41	18.12	15.48
2005	119.32	92.64	13.04	11.16	121.68	107.91	15.19	12.89
2006	115.42	65.34	8.94	8.16	123.89	119.41	16.34	14.44
2007	117.27	78.03	10.22	9.61	125.83	132.03	17.30	15.76
2008	121.01	103.05	11.23	12.41	129.84	157.36	17.15	18.36
2009	119.79	95.56	15.64	11.51	128.70	151.20	24.74	17.63
2010	120.77	100.48	15.79	12.23	121.64	106.01	16.66	12.86
2011	110.50	32.35	4.88	4.07	118.97	89.62	13.52	10.90
2012	114.74	62.77	9.38	7.62	123.17	118.68	17.74	13.94
2013	113.45	53.99	8.66	6.57	121.99	111.47	17.87	13.11
2014	110.00	30.33	3.15	3.64	118.11	88.34	9.18	10.25
2015	111.59	41.27	4.19	5.01	113.51	54.92	5.57	6.62
2016	112.16	48.95	5.08	5.50	120.45	110.41	11.45	11.99
2017	109.63	28.11	2.92	3.31	117.13	83.30	8.65	9.50

（四）分孩次数量和比例

上面我们提供了全国性别选择性人工流产的数量和比例，下面我们提供分孩次的性别选择性人工流产数量和比例，如图 10 - 5 所示。女胎是否被流产在一定程度上取决于本次怀孕的孩次和已有子女的孩次性别构成。孩次越高，女胎被流产的可能性越高（Chu，2001）。

对于一孩，在 2010 年之前性别选择性人工流产的数量和比例可以忽略不计，2010 年之后数量和比例均有上升。2000 年之后，随着生育率自发性地进一步下降，人们开始在第一孩就进行性别选择性人工流产。2013 年在陕西省进行的调查显示，具有男孩偏好的夫妻在第一孩就进行性别选择，降低了生育二孩的意愿（Jiang et al.，2016a）。

对于二孩、三孩及以上孩次，性别选择性人工流产数量和比例在 1980

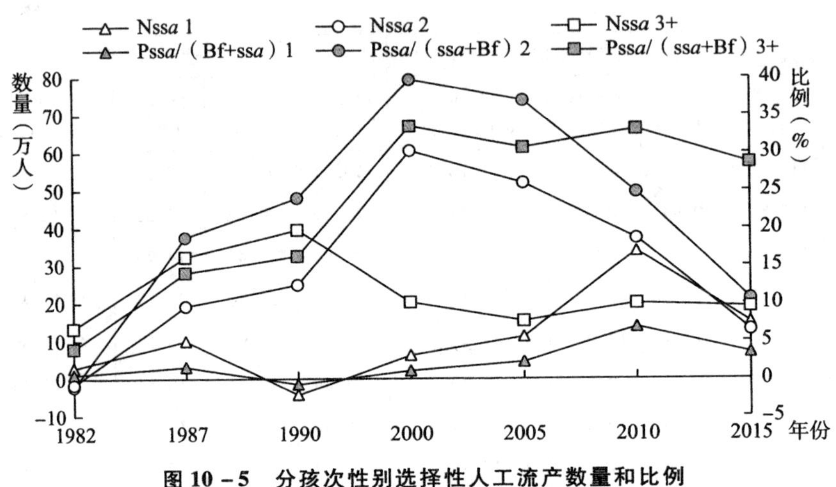

图 10－5　分孩次性别选择性人工流产数量和比例

年代开始上升，很长一段时间保持在较高水平，2010 年之后出现下降。有学者发现，在 1980 年代二孩的性别选择性人工流产使得中国的出生性别比偏高（Coale and Banister, 1994）。2005 年全国 1% 人口抽样调查数据显示，一孩出生性别比正常，二孩出生性别比陡然升高到 146（Zhu et al.，2009）。本章的估计显示，二孩的性别选择性人工流产占了所有性别选择性人工流产中的绝大多数，三孩性别选择性人工流产次之。2000 年，二孩性别选择性人工流产数量占所有性别选择性人工流产数量的 75.08%，但一孩性别选择性人工流产数量只占所有性别选择性人工流产数量的 5.8%。2010 年，由于出生的孩次结构发生变化，以及人们在一孩就开始进行性别选择，一孩性别选择性人工流产占所有性别选择性人工流产比例上升到 32.70%。就分孩次性别选择性人工流产占期望出生数量的比例来说，一孩比例很低，二孩、三孩及以上孩次的比例较高，说明性别选择性人工流产主要发生在二孩及以上孩次。

除了与出生孩次有关之外，女胎被流产的升高趋势也与孩次构成有关。只有女孩的家庭更可能流产一个女胎以保证生一个男孩。1990 年人口普查数据显示，只有一个女孩的家庭其二孩出生性别比为 149.44，只有两个女孩的家庭其三孩出生性别比是 224.88（Li, 1992; Das Gupta, 2006）。2000 年，在河南农村的调查显示，如果第一个孩子是女孩，那么再次怀孕如果是女孩时 92% 会被流产，而如果是男孩时则只有 5% 会流产（Chu, 2001）。蔡菲（2009）在其文中提到的国家人口和计划生育委员会的调查中，只有一个女孩的家庭流产的性别比为 50.18，即每流产 100 个女孩才流产 50.18 个男孩，而只有两个女孩的家庭中该性别比为 70.06（蔡菲，2009）。

我们计算了 1990 年和 2000 年根据现有子女孩次性别构成的性别选择性人工流产占期望出生数量的比例。1990 年数据来自美国明尼苏达大学与各国家统计机构、国际组织以及各类大学合作建立的微观共享整合数据库（IPUMS），数据是中国 1990 年人口普查 1% 数据带，包括 15～49 岁 321 万名女性，包含她们在普查标准时点 1990 年 7 月 1 日的子女数量及性别，以及普查时点之前一年半之内的生育情况。对于 2000 年数据，根据孙婧（2005）提供的出生性别比数据计算。计算的比例为性别选择性人工流产数量占期望出生数量的比例，结果表明女胎是否被流产与现有子女孩次性别构成紧密相关，如表 10－3 所示。

表 10－3　现有子女孩次性别构成的性别选择性人工流产比例

孩次性别构成		比例（%，女孩数）	
男孩	女孩	1990 年	2000 年
0	0	－0.14（59338）	－0.47
1	0	－5.31（17377）	1.21
0	1	26.53（15096）	44.21
2	0	－38.10（3218）	－38.56
1	1	7.67（5513）	13.19
0	2	48.64（3360）	72.15
3	0	－51.76（461）	
2	1	－17.62（1063）	
1	2	25.54（1480）	
0	3	48.70（903）	

数据来源：1990 年的数据是作者根据 IPUMS（Integrated Public Use Microdata Series，https://ipums.org/）的数据计算得出的。2000 年的数据是使用孙婧（2005）的出生性别比数据计算得出的。

（五）分城乡数量和比例

图 10－6 提供了城市、城镇和农村的性别选择性人工流产的数量和比例数据。1987 年和 1990 年数据显示的性别选择性人工流产数量占期望出生数量的比例较低，但是在 2000 年急剧上升，之后水平较高。农村和城镇的比例高于城市的比例。在农村，由于男孩能够提供劳动力、传宗接代和提供

养老照料，所以男孩的效用比女孩大。大多数农村地区实行的是一孩半政策，农民希望第一孩生个女孩，这样就能在不违反计划生育政策的情况下再生一个男孩实现“儿女双全”。

大多数性别选择性人工流产女胎发生在农村。在2000年，城市、城镇和农村的性别选择性人工流产数量分别为12.5万人、13.8万人和79.5万人，占所有性别选择性人工流产的比例分别为11.79%、13.08%和75.14%。在2010年，农村性别选择性人工流产数量下降到59.4万人，占所有性别选择性人工流产的比例下降到57.57%。由于中国城市化率从2000年的36.92%上升到2010年的50.27%，而且在城市和城镇人口中也有进行性别选择性人工流产的倾向，所以城市和城镇性别选择性人工流产的占比分别上升到21.75%和20.68%。

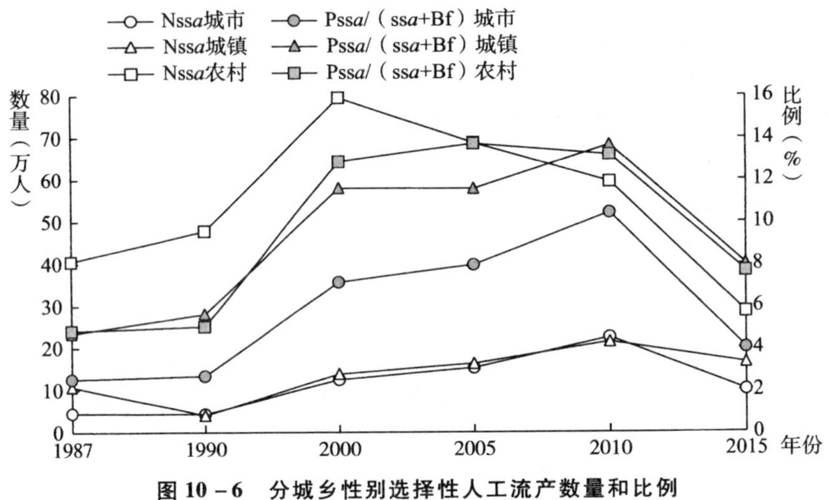

图10-6　分城乡性别选择性人工流产数量和比例

通常认为农村人口更可能进行性别选择，事实上在所有性别选择性人工流产中也是农村占绝大多数。但是，这并不意味着城市人口进行性别选择性人工流产的可能性低。使用2000年和2010年人口普查数据，我们计算了城市、城镇和农村的分孩次性别选择性人工流产比例占该孩次期望出生数量的比例，结果如表10-4所示。正如出生性别比的分孩次分析一样（Goodkind，2011；Jha et al.，2011），当我们把城市、城镇和农村的性别选择性人工流产分孩次比较之后，我们发现城市人口的性别选择性人工流产的可能性不比农村人口低。但是由于城市人口和城镇人口中第一孩占所有出生数量的比例在2000年为87.14%和80.08%，在2010年为78.28%和

64.04%，而农村该比例分别为66.22%和57.58%，而性别选择可能性更高的二孩在农村出生人口中占有较高比重，所以总体上农村人口性别选择性人工流产的比例较高。

表10－4　分城乡、分孩次性别选择性人工流产比例和数量

单位：%，人

孩次	2000年			2010年		
	城市	城镇	农村	城市	城镇	农村
1	2.64 (94324)	3.95 (56390)	-0.33 (237653)	6.56 (112956)	7.41 (64641)	6.71 (168579)
2	28.19 (12456)	31.43 (12042)	30.33 (97865)	19.81 (28618)	20.21 (31639)	17.80 (101409)
3+	37.33 (1458)	41.23 (1985)	32.47 (23355)	39.55 (2722)	37.27 (4660)	31.27 (22763)
总计	7.14 (108238)	11.59 (70417)	12.88 (358874)	10.42 (144296)	13.65 (100940)	13.18 (292751)

注意：括号中的数字是女孩出生的数字。

（六）分省份数量和比例

图10－7、图10－8和图10－9提供了分省份的性别选择性人工流产数量和比例变化情况。图10－7提供了各省的变化趋势以及分省份的比较。总体来说，1990年、2000年和2010年比例表现为上升，2015年表现为下降，省级之间存在较大差异。图10－8和图10－9展示了省级之间的区域差异。东部和中部省份比例较高，数量较大。

中国的一个显著特点就是在人口指标方面如人口总量、出生数量和孩次构成上存在巨大的省际差距。在2000年和2010年人口普查中，有9个省份的人口超过了5000万人，2000年有5个省份、2010年有4个省份的人口总量在1000万人以下（国务院人口普查办公室、国家统计局人口和社会科技统计司，2002；国务院人口普查办公室、国家统计局人口和就业统计司，2012）。与人口指标省际差异相对应的是计划生育政策的省际差异。1990年，中国的计划生育政策就已经形成了省际差异（Zeng，1989；White，2006；Gu et al.，2007；梁中堂，2014）。2000年前后，有6个省市执行普遍一孩政策，包括北京、天津、上海、重庆、江苏和四川；5个省区执行二孩政策，包括海南、宁夏、青海、云南和新疆，其余19个省区执行一孩半政策（Gu et al.，2007）。每个省份有自己的政策生育率（Gu et al.，2007；尹文耀等，2013）。在一孩政策地区的出生性别比为111.6，低于一孩半政策地区的124.7，但高于二孩政策地区的出生性别比（Zeng，2007）。在一孩半政策地区，人们在一孩很少进行性别选择性人工流产，但是如果一孩是女孩，

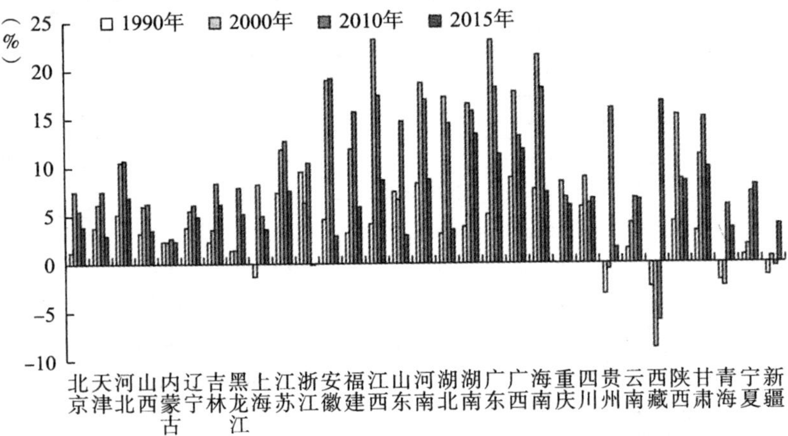

图10－7　分省份性别选择性人工流产比例变化趋势

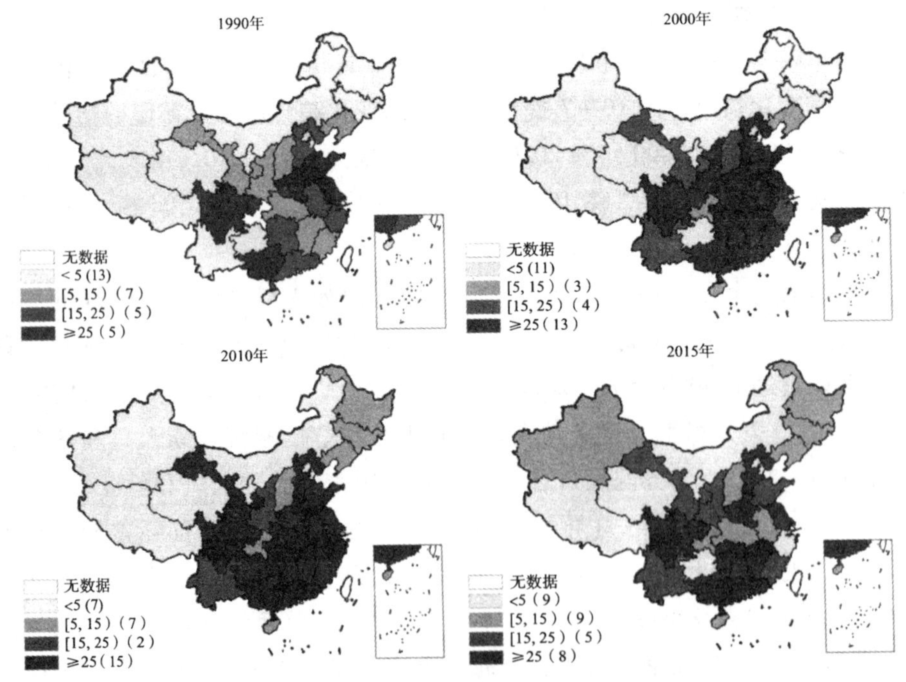

图10－8　分省份性别选择性人工流产数量变化趋势（千人）

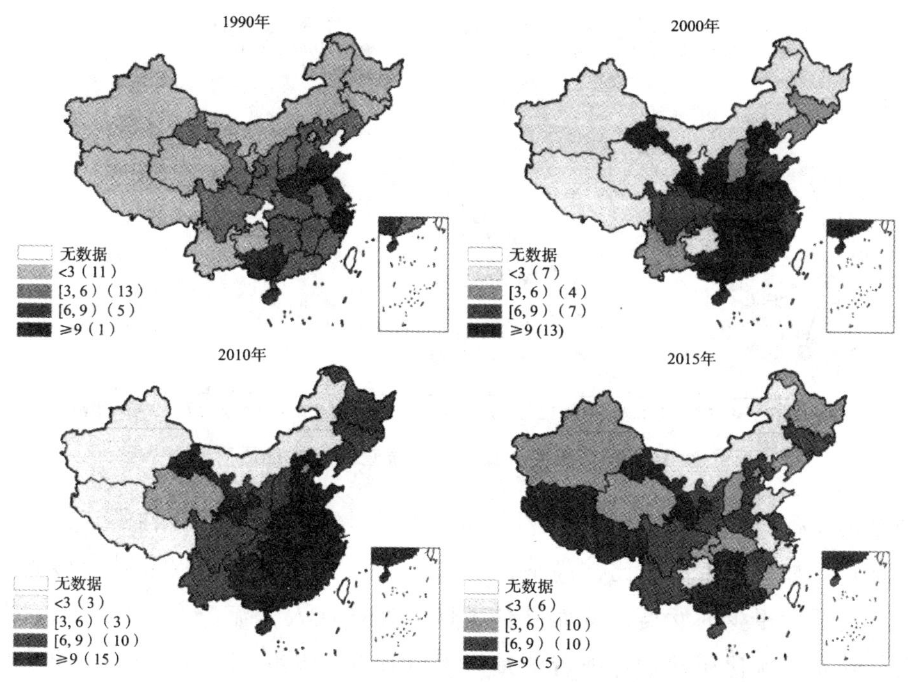

图 10－9　分省份性别选择性人工流产比例变化趋势（%）

那么二孩严重依赖于性别选择性人工流产从而保证生育一个男孩（Ebenstein，2010）。各省性别选择性人工流产的差异是社会经济发展、文化环境、人口基数、计划生育政策和其他多种因素综合作用的结果，限于篇幅，我们在这里不再阐述。

（七）关于结果的讨论

有一些因素会影响估计结果。第一个因素是出生人口数量的计算。出生人口数量的高估或者低估会影响性别选择性人工流产数量和比例的估计。我们做了一个存活分析，比较了出生人口数量在其后人口普查年份的存活率。计算的出生人口数量是一整年，但由于普查的时点不同，所以我们采用线性差值方法（Cai，2008）折算之后计算存活率，结果如图 10－10 所示。表明出生人口数量没有显著的高估或者低估。

第二个因素是出生性别比。用于标准的出生性别比是 106，但没有严格的证明。观测的出生性别比受到性别选择性人工流产、性别选择性漏报、溺婴以及测量误差的影响。据估计 1987 年（Johansson and Nygren，1991）和 1990 年代（Chen et al.，2015）送养但是没有登记的女孩数量占到女孩

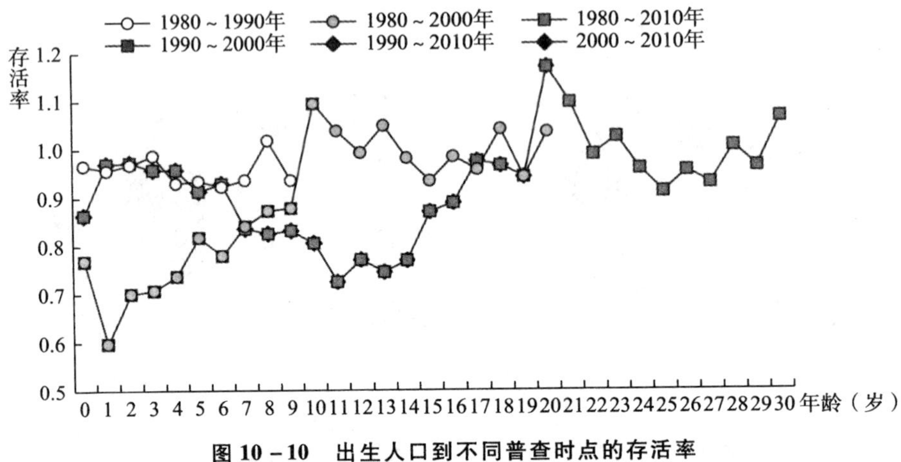

图 10－10　出生人口到不同普查时点的存活率

总数的4%。在本章中我们把出生性别比的失衡的原因归结于性别选择性人工流产。如果出生性别比被高估，那么我们计算出生人口数量时会得到更多的男婴和更少的女婴，从而高估了性别选择性人工流产女婴的数量。此外，出生性别比还常常伴随着测量误差（Hull，1990；Zeng et al.，1993）。如果我们使用95%置信区间的上下限来估计，那么估计的性别选择性人工流产的数量也会形成一个区间，正如表10－2中所表示的那样。

第三个因素是公式（10－2）中估计的性别选择性人工流产数量占所有人工流产的比例。通常人工流产尤其是那些在私人诊所进行的人工流产会存在漏报。但是这些漏报是否在官方公布的统计数据中予以估计不是很清楚。如果漏报率达到50%（曹泽毅，2006），那么性别选择性人工流产比例会降低到估算的一半。除此之外，人们研究了30多个人口和环境因素对于出生性别比的影响（Hesketh and Zhu，2006）。即使不进行人工流产，当前的辅助性生育技术也能达到性别选择的效果（Dubuc and Sivia，2018），目前来说影响可以忽略不计。

第四个因素是本章没有考虑性别选择性人工流产男婴。性别选择性人工流产男婴不是非常普遍，但确实存在（Li，1992；Zeng et al.，1993；Chu，2001）。性别选择性人工流产男婴会抵消掉一部分性别选择性人工流产女婴，使估计的性别选择性人工流产女婴数量偏低。

第五个因素是生育中逢男即止的停止规则。这种规则使得最后一胎的出生性别比偏高（Goodkind，2011；Bongaarts，2013）。但是，这种最后一胎性别比的极度升高表明在此之前女性已经进行过一次或者多次性别选择性人工流产女胎了（Chu，2001）。

此外，并不是所有的性别选择性人工流产都是“两非”事件，性别选择性人工流产女婴完全可以在计划生育政策规定之内以执行计划生育政策的名义实施。对于符合二孩政策的夫妻来说，通常会要求一孩和二孩之间存在一定时间间隔。如果在生育一个孩子之后再次怀孕不满足生育时间间隔，按照计划生育条例这次怀孕要予以流产。所以有夫妻就利用这个规定，在不满足生育间隔的时候怀孕。如果怀的男孩，他们就会生下这个男孩，或者瞒报或者交纳一定的社会抚养费。如果怀的女孩，那么就以计划外怀孕的名义合法地流产。2002 年之前，海南省不满足生育间隔流产的胎儿中 80% 是女胎（席小平、陈胜利，2005）。

五　本章小结

自 1980 年代初期以来，性别选择性人工流产在中国已经存在了四十年，在未来一段时间之内还将继续存在。性别选择性人工流产涉及产前性别鉴定技术。性别选择性人工流产最初作为农民应对计划生育政策，如生育数量限制与生育意愿的冲突而采取的适应性策略，现在已经成为低生育意愿和水平下具有男孩偏好的父母主动采取的行为。出于法律、伦理和道德的考虑，人们会瞒报性别选择性人工流产，所以性别选择性人工流产数据很难得到。本章使用官方公布数据估计了历年性别选择性人工流产女婴的数量和比例，研究结果如下。

性别选择性人工流产的数量和比例在 20 世纪 80 年代开始上升，1990 ~ 2010 年保持在较高水平，然后开始下降。1980 年代早期，中国开始大规模进口和生产 B 超机，使性别选择性人工流产变得可能，而计划生育政策的执行和男孩偏好环境下的追求儿子是性别选择性人工流产的主要动力。在开始阶段，性别选择性人工流产数量和比例较低；但随着性别鉴定技术的扩散以及强制的计划生育政策，数量和比例保持在较高水平；之后随着性别平等主流化、女性地位的提高，数量和比例开始下降。世界范围内性别选择性人工流产占所有人工流产的比例为 3%，但中国高于这个比例。最近，随着计划生育政策的宽松和自发的生育率下降，大多数人的生育意愿是一个或者两个孩子，但性别选择性人工流产还是比较普遍。中国也许会遵循韩国性别选择性人工流产和高出生性别比变化趋势（Das Gupta et al.，2009；Guilmoto，2009）。1980～2017年共有2866万人性别选择性人工流产女胎，这个数字高于Chao等（2019）估计的1190万人（区间为850万～1580万人），低于普遍宣称的3000万～4000万人，其中包含性别选择流产女婴和女孩偏高死亡的数量（Nie，2011；Bongaarts and Guilmoto，2015）。由于受到很多因素的影响，性别选择性人工流产女胎人数需要慎重解读。如果我们使用出生性别比的下限或者上限，那么性别选择性人工流产的数量会低至2041万人，或者高达3688万人（梁济民、陈胜利，1993）。由于总的人工流产数据有可能存在漏报，所以计算的性别选择性人工流产数量占总人工流产的比例有可能需要下调。

性别选择性人工流产的数量和比例随着出生孩次和已有孩子的孩次性别构成而变化。2010年之前，一孩的性别选择性人工流产女胎的数量和比例可以忽略不计，但是在2010年之后比例开始升高。具有男孩偏好的夫妻在一孩就开始进行性别选择性人工流产。二孩、三孩及以上孩次的性别选择性人工流产女胎的数量和比例在1980年代开始上升，大部分年份保持在较高水平，2010年之后开始下降。二孩的性别选择性人工流产占所有性别选择性人工流产的很大比例，2000年比例为75.08%。随着性别鉴定技术的普及，一个县在二孩或者三孩及以上孩次生育男孩的概率分别增加1.3个百分点和2.4个百分点；而对于没有儿子的家庭，则在二孩和三孩及以上孩次生男孩的概率分别增加了4.8个百分点和6.8个百分点（Chen et al.，2013）。中国部分农村地区实行的一孩半政策刺激了农村夫妻流产女胎（Zeng，2007；Goodkind，2011）。通常一孩半政策地区的农村夫妻倾向于先生育一个女孩，这样就能在不违反计划生育政策的情况下实现“儿女双全”。而如果一孩是女孩，那么性别选择性人工流产女胎的可能性增大。女孩越多，流产女胎的可能性越大。而孩次越高，那么女性为得到孩子性别信息而去收费更高的私人诊所进行性别鉴定的可能性也越高（Chu，2001）。但是，随着生育率自发下降，孩次构成变化，一孩性别选择性人工流产女胎数量占所有性别选择性人工流产女胎的比例大幅度增加，从2000年的5.8%上升到2010年的32.70%。急剧上升的养育成本使得父母不得不在更少的生育数量下实现有男孩的意愿（Murphy，2014）。生育水平的下降增加了父母进行性别选择的压力，而具有强烈男孩偏好的父母在一孩就开始了性别选择（Jiang et al.，2016a）。

城市、城镇和农村在人口普查或者全国人口1%抽样调查年份的性别选择性人工流产比例和数量方面表现出了差异。2000年，性别选择性人工流产占期望出生数量的比例从过去的低水平急剧上升，农村和城镇比例要高于城市比例。大部分性别选择性人工流产发生在农村，在2000年占所有性别选择性人工流产的75.15%，但是由于快速城镇化导致出生的数量在农村和城镇发生变化，在2010年农村性别选择性人工流产所占比例下降到57.57%，而城市、城镇的比例有所上升。总体上，农村人口的性别选择性人工流产数量占期望出生数量的比例最高。但如果分孩次比较可以发现，在同一孩次，基本上城市、城镇的比例高于农村，城镇人口进行性别选择性人工流产的可能性不比农村人口低。正如出生性别比中的分孩次研究（Jha et al.，2011；Goodkind，2011），如果分孩次比较城乡差异，可能更具启发性。

分省份的人口、社会经济发展和文化差异带来了性别选择性人工流产的数量和比例的巨大差异。总的来说，这个比例从1990年到2000年再到2010年一直处于上升阶段，在2015年处于下降阶段。东部和中部省份的性别选择性人工流产数量和比例较高，而地方化的计划生育政策对于这种省际间的差异贡献很大。

经过40年的性别选择性人工流产女胎以及随后的出生性别比偏高和失踪女孩现象，中国目前面临着很多由性别选择性人工流产女胎带来的具有挑战性的人口和公共政策问题（Nie，2011；Bongaarts and Guilmoto，2015），导致了性别结构失衡和男性婚姻挤压（Guilmoto，2012），这些都对人口长期发展产生深远的影响（Attané，2006）。相应地，人们在这种女性短缺的大环境下也调整了自己的经济行为，如攒钱为儿子结婚（Wei and Zhang，2011），增加彩礼数额、增加婚姻花费以使得儿子在婚姻市场竞争中处于优势（Jiang et al.，2015a）。长期的性别选择性人工流产女胎已经并且还会对中国社会的各个方面产生影响，中国需要慎重应对各种可能的后果。

中国的计划生育政策和人工流产已经引起争议（White，2006），性别结构失衡以及潜在的风险引起广泛重视。此外，性别选择性人工流产女胎还有直接和间接的社会成本，如性别选择性人工流产手术和后遗症的直接医疗费用、长期护理的医疗费用等。性别选择性人工流产往往被污名化，进行性别选择性人工流产的母亲承受着心理压力和健康风险，也影响到她们的身体健康和生殖健康。更广泛地，性别选择性人工流产剥夺了女胎的生存权，也影响了女性的生育权。

随着全面二孩政策的实行，学者乐观地预测全面二孩会减少性别选择性人工流产，从而使得出生性别结构恢复正常。但是，韩国自愿进行性别选择性人工流产的经验表明，在男孩偏好、生育水平自发下降和家庭的小型化以及性别鉴定技术非常普及的情况下，性别选择性人工流产是非常普遍的（Park and Cho，1995）。在中国，由于长期强烈的男孩偏好，普及的性别鉴定技术，自发的生育率下降（Zeng and Hesketh，2016），性别选择性人工流产女胎会继续存在很长时间，性别失衡需要很长时间才能恢复正常。中国已经通过法律手段禁止性别选择性人工流产，但是这种行为还是存在。随着时间的推移，当一个国家达到较高现代化和城市化发展水平时，男孩和女孩的价值趋向平等（Chung and Das Gupta，2007）。随着社会和经济转型，男孩偏好会弱化（Chung and Das Gupta，2007；Bongaarts，2013）。在中国，由于低生育率、男性婚姻挤压的压力、沉重的结婚负担以及女性地位的提高等原因，男孩偏好正在弱化，希望这些都会减少性别选择性人工流产女胎、促进性别平等。

第十一章　生育水平变化的分解

一　引言

生育水平的变化是多种因素综合作用的结果，很多研究对生育水平的变化做了分解（Canudas Romo，2003；Retherford et al.，2005；Jiang et al.，2019a）。就总和生育率来说，Bongaarts 和 Feeney（1998）把总和生育率变化看成数量效应（Quantum Effect）和进度效应（Tempo Effect）两个因素综合作用的结果。对于粗出生率来说，Zeng 等（1991）把中国 1984～1987 年粗出生率变化分解为已婚生育率变化、已婚女性比例变化、女性在总人口中所占比例变化三个因素作用的结果。但对于中国自 1990 年代生育水平变化的分解，目前还缺少研究。

就中国的情况来说，一方面人们的生育意愿降低，大部分人只想生一个或者两个孩子（Jiang et al.，2016a），实际的生育水平较低；另一方面随着社会经济的发展，婚育年龄的推迟，所产生的进度效应使得生育水平继续下降。1990～2000 年，总和生育率和粗出生率变化明显，但 2000～2010 年总和生育率和粗出生率水平变化不大。2000 年前后中国女性平均生育数量少于两个孩子，已经接近完成生育率转变的程度（Bongaarts，2002）。当前即使放开计划生育政策，中国的生育率也很难回升（Basten and Jiang，2015）。中国政府在 2013 年和 2016 年分别执行了单独二孩和全面二孩政策，但是 2016 年以来生育水平仍继续下降。

本章使用 1990 年、2000 年和 2010 年人工普查数据，采用总和生育率和粗出生率两个指标，对中国的生育水平进行分解，把总和生育率分解为已婚生育率变动和婚姻推迟两个效应，把粗出生率的变化分解为四个因素变动的结果：已婚生育率、已婚比例、性别结构和年龄结构的变动效应。在这些因素分解的基础上，本章也分解了人口的粗再生产率的变动，从而考察这些因素变动对人口发展的影响。本章分六个部分，首先介绍了所采用的分解方法，其次介绍了所使用的数据，再次给出了分解的结果，然后使用粗再生产率的分解分析了这些因素对人口发展的影响，最后是结论和讨论。

二 方法

虽然非婚生育现象在西方国家比较普遍（Lesthaeghe，2010），在中国也开始增多，但非婚生育的观念在中国还不被普遍接受，非婚生育的数量相对较小（Zeng et al.，1991）。尤其是在中国的计划生育政策执行过程中，非婚生育被认为是非法生育，要交纳社会抚养费，所以非婚生育的孩子登记的可能性比较小。一些关于中国生育水平的研究没有考虑非婚生育（Retherford et al.，2005；Yip et al.，2015），我们在本章研究中同样不考虑非婚生育。

生育推迟难以度量。年龄别生育率的变化既受到已婚生育率变化的影响，也受到该年龄已婚女性比例变动的影响。在中国，将近70%的女性在婚后一年半以内生育，90%的女性在婚后2年半内生育。自20世纪80年代以来，育龄女性初婚初育间隔总体上呈下降的趋势（李玉柱、姜玉，2009）。本章使用已婚比例的变化来表示生育时间的变化，如果某个年龄段的已婚比例降低，那么这个年龄段的生育将推迟。

用$ASMFR_a$表示a岁育龄已婚女性的生育率（Age Specific Marital Fertility Rate），MP_a表示a岁育龄女性的已婚比例，那么a岁育龄女性的年龄别生育率为$ASFR_a = ASMFR_a \times MP_a$。用$SRP_a(t)$表示$a$岁女性人口所占$a$岁人口的比例，$TP_a$表示$a$岁人口占总人口的比例，$SR_a(t)$表示$a$岁女性生育女孩占该年龄女性生育孩子的比例。参考Zeng等（1991）、Das Gupta（1993）、Canudas Romo（2003）和Jiang等（2017、2019a）的分解方法，本章设计的分解方法如下。

总和生育率可以表示为：

$$TFR(t) = \sum_a ASFR_a(t) = \sum_a ASMFR_a(t) \times MP_a(t) \tag{11-1}$$

两个总和生育率的差值可以分解为：

$$\begin{aligned} & TFR(t+h) - TFR(t) \\ &= \sum_a ASMFR_a(t+h) \times MP_a(t+h) - \sum_a ASMFR_a(t) \times MP_a(t) \\ &= \sum_a \frac{MP_a(t+h) + MP_a(t)}{2} \times (ASMFR_a(t+h) - ASMFR_a(t)) \\ &+ \sum_a \frac{ASMFR_a(t+h) + ASMFR_a(t)}{2} \times (MP_a(t+h) - MP_a(t)) \end{aligned} \tag{11-2}$$

公式（11－2）右边的两项分别表示已婚生育率变化的影响和已婚比例变化的影响，前者可以看作数量变化效应，后者可以看作进度效应。

粗出生率可以表示为：

$$CBR(t) = \sum_a ASMFR_a(t) \times MP_a(t) \times SRP_a(t) \times TP_a(t) \tag{11-3}$$

两个粗出生率的差值可以分解为：

$$\begin{aligned} & CBR(t+h) - CBR(t) \\ &= \sum_a \Delta ASMFR_a \times MP_a(t+h) \times SRP_a(t+h) \times TP_a(t+h) \\ &+ \sum_a ASMFR_a(t) \times \Delta MP_a \times SRP_a(t+h) \times TP_a(t+h) \\ &+ \sum_a ASMFR_a(t) \times MP_a(t) \times \Delta SRP \times TP_a(t+h) \\ &+ \sum_a ASMFR_a(t) \times MP_a(t) \times SRP_a(t) \times \Delta TP_a \end{aligned} \tag{11-4}$$

或者

$$\begin{aligned} & CBR(t+h) - CBR(t) \\ &= \sum_a \Delta ASMFR_a \times MP_a(t) \times SRP_a(t) \times TP_a(t) \\ &= \sum_a ASMFR_a(t+h) \times \Delta MP_a \times SRP_a(t) \times TP_a(t) \\ &= \sum_a ASMFR_a(t+h) \times MP_a(t+h) \times \Delta SRP \times TP_a(t) \\ &= \sum_a ASMFR_a(t+h) \times MP_a(t+h) \times SRP_a(t+h) \times \Delta TP_a \end{aligned} \tag{11-5}$$

将公式（11－4）和公式（11－5）结合起来可以得到公式（11－6）

$$
\begin{aligned}
&CBR(t+h) - CBR(t) \\
&= \sum_a \Delta ASMFR_a \times \frac{MP_a(t+h) \times SRP_a(t+h) \times TP_a(t+h) + MP_a(t) \times SRP_a(t) \times TP_a(t)}{2} \\
&+ \sum_a \Delta MP_a \times \frac{ASMFR_a(t) \times SRP_a(t+h) \times TP_a(t+h) + ASMFR_a(t+h) \times SRP_a(t) \times TP_a(t)}{2} \\
&+ \sum_a \Delta SRP_a \times \frac{ASMFR_a(t) \times MP_a(t) \times TP_a(t+h) + ASMFR_a(t+h) \times MP_a(t+h) \times TP_a(t)}{2} \\
&+ \sum_a \Delta TP \times \frac{ASMFR_a(t) \times MP_a(t) \times SRP_a(t) + ASMFR_a(t+h) \times MP_a(t+h) \times SRP_a(t+h)}{2}
\end{aligned}
\tag{11-6}
$$

公式（11-6）右边四项分别表示已婚生育率变化影响、已婚比例变化影响、性别结构变化影响和年龄结构变化影响。

粗再生产率可以表示为：

$$
GRR(t) = \sum_a ASFR_a(t) \times SR_a(t) = \sum_a ASMFR_a(t) \times MP_a(t) \times SR_a(t) \tag{11-7}
$$

两个粗再生产率的差值可以分解为：

$$
\begin{aligned}
&GRR(t+h) - GRR(t) \\
&= \sum_a \Delta ASMFR_a \times \frac{MP_a(t+h) \times SR_a(t+h) + MP_a(t) \times SR_a(t)}{2} \\
&+ \sum_a \Delta MP_a \times \frac{ASMFR_a(t) \times SR_a(t+h) + ASMFR_a(t+h) \times SR_a(t)}{2} \\
&+ \sum_a \Delta SR_a \times \frac{ASMFR_a(t) \times MP_a(t) + ASMFR_a(t+h) \times MR_a(t+h)}{2}
\end{aligned}
\tag{11-8}
$$

公式（11-8）右边三项分别表示已婚生育率变化影响、已婚比例变化影响和出生女婴比例变化也就是出生性别比变化的影响。

三　数据

中国有几个部门统计人口数据。国家卫生和计划生育委员会负责监测出生人口及人口变动情况，如登记出生人口数量和一些关键统计数据如出生率、死亡率和自然增长率。国家统计局是法定的权威统计部门，负责中国的人口普查和每年的人口抽样调查，但数据质量一直存在争议（Gu and Cai，2009；Morgan et al.，2009）。中国 2000 年和 2010 年人口普查数据显示的粗出生率为9.85‰和9.43‰，但实际上国家统计局公布的2000年的粗出生率为14.03‰，2010年为11.90‰。

虽然人口普查数据存在不一致或者矛盾，但在没有其他数据可以佐证的情况下，人口普查数据是相对比较全面的数据。目前有研究试图对全国及分省的生育数据做出调整（Li et al.，2007），但这项研究没有包含2000年人口普查之后的数据。本章数据来自普查数据的汇总数据，主要包括全国、城市、城镇、农村和各省的1990年、2000年和2010年三次人口普查的生育数据、婚姻数据、年龄性别结构数据，其中2000年的数据缺少分城市、城镇和农村的数据。本章对汇总数据没有进行调整。

四　结果

（一）全国总变化分解结果

1. 总和生育率变化分解结果

表11－1提供了全国总和生育率变化分解结果。1990年全国总和生育率为2.25，到2000年下降到1.22，下降了1.03。其中0.61是由已婚生育率变化引起，0.42是由已婚比例变化（婚姻推迟）引起，已婚生育率降低带来的影响较大。

2000年全国总和生育率为1.22，到2010年下降为1.19，下降了0.03。已婚比例变化（婚姻推迟）使得总和生育率降低了0.17，而已婚生育率的变化使得总和生育率提高了0.14，两个因素的作用相反。

分城市、城镇和农村来看，由于缺少2000年数据，所以对1990～2010年的变化做了分解。城市、城镇、农村的总和生育率分别下降了0.63、0.47和1.09，城市和城镇总和生育率的变化中婚姻推迟的作用较大，农村已婚生育率下降的作用较大。

表11－1　全国及城市、城镇、农村总和生育率变化分解

初始TFR		总变化	已婚生育率变化影响	已婚比例变化影响	终了TFR	
1990年	2.25	－1.03	－0.61	－0.42	1.22	2000年
2000年	1.22	－0.03	0.14	－0.17	1.19	2010年
1990年城市	1.52	－0.63	－0.18	－0.45	0.89	2010年城市

续表

初始 TFR		总变化	已婚生育率变化影响	已婚比例变化影响	终了 TFR	
1990 年城镇	1.63	-0.47	-0.19	-0.28	1.16	2010 年城镇
1990 年农村	2.54	-1.09	-0.58	-0.51	1.44	2010 年农村

资料来源：基于 1990 年、2000 年和 2010 年人口普查资料计算。

2. 粗出生率变化分解结果

全国、城市、城镇和农村的粗出生率变化分解结果如表 11－2 所示。1990～2000 年，全国粗出生率下降了 11.91 个千分点，其中已婚生育率降低使其下降 5.36 个千分点，婚姻推迟使其下降 3.72 个千分点，年龄结构变化使其下降 3.18 个千分点，性别结构变化使其上升 0.36 个千分点。

2000～2010 年，粗出生率下降了 0.42 个千分点，其中婚姻推迟使其下降了 1.40 个千分点，年龄结构变化使其下降了 0.35 个千分点，而已婚生育率提升使其增加 1.25 个千分点，性别结构变化使其增加 0.08 个千分点。

分城市、城镇和农村来看，1990～2010 年，已婚生育率下降、婚姻推迟和年龄结构变化三个因素均使得城市、城镇和农村的粗出生率下降，性别结构使得城市、城镇和农村的粗出生率上升，但性别结构变化的影响较小。在城市，影响最大的是婚姻推迟；在城镇，影响最大的是年龄结构变化；在农村，已婚生育率下降、婚姻推迟和年龄结构变化三者的影响都比较大，使粗出生率下降幅度很大。

表 11－2　全国、城市、城镇和农村粗出生率变化分解

单位：‰

初始 CBR		总变化	已婚生育率影响	已婚比例影响	性别结构影响	年龄结构影响	终了 CBR	
1990 年	21.76	-11.91	-5.36	-3.72	0.36	-3.18	9.85	2000 年
2000 年	9.85	-0.42	1.25	-1.40	0.08	-0.35	9.43	2010 年
1990 年城市	15.70	-7.30	-2.28	-4.69	0.64	-0.98	8.40	2010 年城市
1990 年城镇	17.26	-8.09	-2.12	-2.59	0.67	-4.05	9.17	2010 年城镇
1990 年农村	23.77	-13.63	-5.11	-4.42	0.31	-4.42	10.14	2010 年农村

资料来源：同表 11－1。

（二）全国总变化分年龄分解结果

1. 总和生育率变化分年龄分解结果

总和生育率变化的分年龄分解结果如表 11－3 所示。1990～2000 年，几乎所有年龄段的已婚生育率变化和婚姻推迟都是降低了总和生育率，较年轻的年龄段（18～26 岁）婚姻推迟作用更加明显，而 35 岁及以后年龄段的婚姻推迟作用非常小。

2000～2010 年，26 岁之前年龄段的已婚生育率下降使得总和生育率下降，而 26 岁及以上年龄段的已婚生育率上升使得总和生育率上升；已婚比例变化使得总和生育率下降，但是 35 岁及以后年龄段的婚姻推迟的作用非常小。

1990～2010 年，在城市和城镇，28 岁之前年龄段已婚生育率的下降使得总和生育率下降，28 岁及以上年龄段已婚生育率的增加使得总和生育率上升；在农村，40 岁之前的年龄段已婚生育率是下降的，40 岁及以后的已婚生育率是上升的。婚姻推迟降低了总和生育率，但 35 岁之后的作用非常小。

2. 粗出生率变化分年龄分解结果

粗出生率变化的分年龄分解结果如表 11－4 所示。1990～2000 年，粗出生率下降了 11.91 个千分点，几乎所有年龄的已婚生育率变化都使得粗出生率下降；婚姻推迟使得粗出生率下降主要集中于 32 岁及以前的年龄段；从年龄结构来看，1990 年的 17～27 岁年龄组（1963～1973 年出生，出生队列较大）所占总人口的比例较大，而 2000 年中 17～27 岁的年龄组所占总人口的比重下降，年龄结构变动使得粗出生率下降主要是由于这个年龄组引起的。

2000～2010 年，粗出生率下降了 0.42 个千分点，在 19～27 岁年龄组出现下降，在 31 岁及以上年龄组出现上升。与 1990～2000 年变化不同的是，2000～2010 年已婚生育率变动使得粗出生率上升了 1.25 个千分点，在较低年龄组（17～25 岁）已婚生育率变动使得粗出生率下降，但 26 岁及以上年龄组使得粗出生率上升；20～34 岁的女性处于生育高峰期，这个年龄段女性的婚姻推迟使得粗出生率下降，而 35 岁及以上年龄段的已婚比例变化对粗出生率影响不大；年龄结构变化使得粗出生率下降 0.35 个千分点，1963～1973 年出生的人口出生队列比较大，在 2000 年处于 27～37 岁的生育旺盛期，但 2010 年 27～37 岁年龄组所占总人口的比例下降，使得粗出生率下降。

表 11－3　总和生育率变化分年龄分解结果（结果×100）

年龄（岁）	1990～2000年			2000～2010年			1990～2010年城市			1990～2000年城镇			1990～2010年农村		
	总变化	已婚生育率影响	已婚比例影响	总变化	已婚生育率影响	已婚比例影响	总变化	已婚生育率影响	已婚比例影响	总变化	已婚生育率影响	已婚比例影响	总变化	已婚生育率影响	已婚比例影响
合计	-102.98	-61.32	-41.66	-3.28	13.79	-17.07	-62.96	-17.84	-45.12	-46.77	-18.98	-27.79	-109.27	-58.46	-50.81
15	-0.05	0.03	-0.07	0.00	-0.01	0.01	-0.02	-0.01	-0.01	-0.02	0.00	-0.02	-0.05	-0.01	-0.04
16	-0.22	0.05	-0.27	0.02	-0.05	0.07	-0.09	-0.04	-0.04	-0.09	-0.04	-0.05	-0.20	-0.07	-0.12
17	-0.77	0.08	-0.85	0.05	-0.17	0.22	-0.28	-0.16	-0.12	-0.27	-0.14	-0.12	-0.72	-0.33	-0.39
18	-2.06	-0.15	-1.91	0.14	-0.28	0.43	-0.81	-0.51	-0.30	-0.74	-0.43	-0.32	-1.94	-0.85	-1.09
19	-4.29	0.23	-4.53	-0.67	-1.33	0.66	-2.27	-1.32	-0.95	-2.22	-1.44	-0.77	-5.34	-2.78	-2.57
20	-6.84	-0.57	-6.27	-2.14	-1.74	-0.40	-5.02	-2.37	-2.65	-4.25	-2.42	-1.83	-9.13	-3.61	-5.51
21	-8.29	-0.56	-7.73	-4.01	-2.65	-1.36	-8.15	-3.44	-4.71	-6.35	-3.14	-3.21	-11.90	-4.54	-7.36
22	-9.78	-3.01	-6.77	-5.40	-3.06	-2.33	-11.61	-5.49	-6.13	-9.01	-5.10	-3.91	-14.50	-6.97	-7.54
23	-9.98	-4.53	-5.45	-5.02	-2.09	-2.93	-14.24	-6.61	-7.63	-9.92	-5.21	-4.71	-13.65	-6.42	-7.23
24	-8.74	-5.26	-3.48	-4.66	-1.60	-3.06	-14.11	-6.77	-7.34	-8.92	-4.71	-4.22	-12.06	-6.40	-5.67
25	-7.08	-5.12	-1.97	-3.74	-1.21	-2.53	-10.61	-5.31	-5.30	-6.55	-3.46	-3.09	-10.18	-6.08	-4.10
26	-6.24	-5.22	-1.02	-1.60	0.29	-1.89	-6.63	-3.01	-3.62	-3.46	-1.41	-2.04	-7.77	-4.90	-2.87
27	-6.24	-5.67	-0.57	-0.46	0.80	-1.26	-3.76	-1.45	-2.32	-2.56	-1.34	-1.22	-7.42	-5.49	-1.93
28	-4.67	-4.38	-0.29	1.87	2.78	-0.91	0.90	2.32	-1.41	0.39	1.16	-0.77	-4.44	-3.05	-1.38
29	-4.27	-4.12	-0.15	1.91	2.50	-0.59	1.23	2.07	-0.84	0.18	0.65	-0.47	-3.80	-2.83	-0.97
30	-3.66	-3.56	-0.10	1.51	1.90	-0.39	0.70	1.23	-0.53	-0.31	0.01	-0.32	-2.93	-2.24	-0.69
31	-3.06	-2.99	-0.07	1.72	1.97	-0.25	0.98	1.30	-0.33	0.10	0.30	-0.20	-1.84	-1.39	-0.45

续表

年龄（岁）	1990～2000 年			2000～2010 年			1990～2010 年城市			1990～2000 年城镇			1990～2010 年农村		
	总变化	已婚生育率影响	已婚比例影响	总变化	已婚生育率影响	已婚比例影响	总变化	已婚生育率影响	已婚比例影响	总变化	已婚生育率影响	已婚比例影响	总变化	已婚生育率影响	已婚比例影响
32	-2.72	-2.66	-0.05	2.03	2.20	-0.18	1.02	1.26	-0.24	0.42	0.57	-0.15	-0.88	-0.56	-0.32
33	-2.63	-2.60	-0.03	1.76	1.87	-0.11	0.62	0.78	-0.15	0.08	0.19	-0.10	-1.14	-0.93	-0.20
34	-2.28	-2.26	-0.02	1.88	1.96	-0.07	0.79	0.90	-0.11	0.26	0.33	-0.07	-0.52	-0.38	-0.14
35	-1.89	-1.87	-0.02	1.68	1.73	-0.05	0.83	0.91	-0.08	0.38	0.44	-0.05	-0.39	-0.30	-0.10
36	-1.60	-1.58	-0.02	1.60	1.63	-0.03	0.77	0.84	-0.07	0.63	0.67	-0.04	-0.14	-0.07	-0.06
37	-1.30	-1.28	-0.01	1.35	1.37	-0.02	0.78	0.84	-0.05	0.53	0.56	-0.03	-0.07	-0.02	-0.04
38	-1.00	-0.99	-0.01	1.12	1.13	-0.02	0.72	0.76	-0.04	0.57	0.59	-0.02	0.00	0.03	-0.03
39	-0.85	-0.84	-0.01	0.86	0.87	-0.01	0.62	0.65	-0.03	0.53	0.55	-0.01	-0.16	-0.14	-0.02
40	-0.59	-0.59	-0.01	0.84	0.85	-0.01	0.67	0.70	-0.03	0.62	0.62	-0.01	0.15	0.16	-0.01
41	-0.49	-0.49	0.00	0.60	0.60	-0.01	0.48	0.49	-0.02	0.40	0.40	-0.01	0.02	0.02	-0.01
42	-0.37	-0.37	0.00	0.65	0.65	-0.01	0.62	0.63	-0.02	0.50	0.51	0.00	0.18	0.18	0.00
43	-0.30	-0.30	0.00	0.46	0.46	0.00	0.42	0.43	-0.01	0.34	0.34	0.00	0.09	0.09	0.00
44	-0.26	-0.26	0.00	0.42	0.42	0.00	0.39	0.40	-0.01	0.32	0.32	0.00	0.10	0.10	0.00
45	-0.17	-0.17	0.00	0.40	0.41	0.00	0.43	0.44	-0.01	0.28	0.28	0.00	0.19	0.19	0.00
46	-0.11	-0.12	0.00	0.35	0.35	0.00	0.36	0.37	-0.01	0.26	0.26	0.00	0.22	0.21	0.00
47	-0.08	-0.09	0.00	0.43	0.43	0.00	0.47	0.48	-0.01	0.36	0.36	0.00	0.30	0.30	0.00
48	-0.06	-0.06	0.00	0.49	0.50	0.00	0.51	0.52	-0.01	0.47	0.47	0.00	0.40	0.40	0.01
49	-0.05	-0.05	0.00	0.32	0.32	0.00	0.33	0.33	-0.01	0.28	0.28	0.00	0.25	0.24	0.01

资料来源：同表 11－1。

表 11－4　粗出生率变化分年龄分解结果

单位：‰

年龄（岁）	1990～2000年					2000～2010年					1990～2010年城市					1990～2010年城镇					1990～2010年农村				
	总变化	已婚生育率影响	已婚比例影响	性别结构影响	年龄结构影响	总变化	已婚生育率影响	已婚比例影响	性别结构影响	年龄结构影响	总变化	已婚生育率影响	已婚比例影响	性别结构影响	年龄结构影响	总变化	已婚生育率影响	已婚比例影响	性别结构影响	年龄结构影响	总变化	已婚生育率影响	已婚比例影响	性别结构影响	年龄结构影响
合计	－11.91	－5.36	－3.72	0.36	－3.18	－0.42	1.25	－1.40	0.08	－0.35	－7.30	－2.28	－4.69	0.64	－0.98	－8.09	－2.12	－2.59	0.67	－4.05	－13.63	－5.11	－4.42	0.31	－4.42
15	0.00	0.00	－0.01	0.00	0.00	0.00	0.00	0.00	0.00	0.00	0.00	0.00	0.00	0.00	0.00	0.00	0.00	0.00	0.00	0.00	－0.01	0.00	0.00	0.00	0.00
16	－0.02	0.00	－0.02	0.00	0.00	0.00	0.00	0.00	0.00	0.00	－0.01	0.00	0.00	0.00	0.00	－0.01	0.00	0.00	0.00	0.00	－0.03	－0.01	－0.01	0.00	－0.01
17	－0.09	0.01	－0.08	0.00	－0.02	0.00	－0.01	0.02	0.00	0.00	－0.03	－0.01	－0.01	0.00	－0.01	－0.03	－0.01	－0.01	0.00	－0.01	－0.10	－0.03	－0.03	0.00	－0.04
18	－0.23	－0.01	－0.18	0.00	－0.04	0.00	－0.02	0.03	0.00	－0.01	－0.09	－0.05	－0.03	0.00	－0.02	－0.10	－0.04	－0.03	0.00	－0.03	－0.26	－0.08	－0.09	0.00	－0.09
19	－0.57	0.02	－0.41	0.00	－0.18	－0.04	－0.10	0.05	0.00	0.01	－0.26	－0.14	－0.09	0.01	－0.04	－0.31	－0.14	－0.07	－0.01	－0.10	－0.70	－0.27	－0.21	－0.01	－0.22
20	－1.04	－0.06	－0.56	0.01	－0.43	－0.03	－0.14	－0.03	0.00	0.15	－0.55	－0.28	－0.32	0.03	0.01	－0.59	－0.26	－0.18	－0.01	－0.15	－1.17	－0.38	－0.54	－0.01	－0.24
21	－1.44	－0.06	－0.72	0.03	－0.69	－0.14	－0.22	－0.12	0.00	0.19	－0.97	－0.41	－0.57	0.05	－0.04	－0.99	－0.33	－0.32	0.00	－0.33	－1.69	－0.48	－0.72	0.02	－0.52
22	－1.49	－0.28	－0.58	0.04	－0.67	－0.25	－0.24	－0.19	0.00	0.18	－1.18	－0.58	－0.66	0.06	－0.01	－1.19	－0.49	－0.36	0.03	－0.36	－1.81	－0.67	－0.68	0.05	－0.51

续表

年龄（岁）	1990~2000年					2000~2010年					1990~2010年城市					1990~2010年城镇					1990~2010年农村				
	总变化	已婚生育率影响	已婚比例影响	性别结构影响	年龄结构影响	总变化	已婚生育率影响	已婚比例影响	性别结构影响	年龄结构影响	总变化	已婚生育率影响	已婚比例影响	性别结构影响	年龄结构影响	总变化	已婚生育率影响	已婚比例影响	性别结构影响	年龄结构影响	总变化	已婚生育率影响	已婚比例影响	性别结构影响	年龄结构影响
23	-1.43	-0.38	-0.44	0.04	-0.64	-0.10	-0.16	-0.24	0.01	0.29	-1.17	-0.64	-0.79	0.08	0.18	-1.15	-0.50	-0.44	0.06	-0.27	-1.57	-0.60	-0.66	0.05	-0.36
24	-1.41	-0.49	-0.31	0.05	-0.65	-0.29	-0.13	-0.24	0.02	0.06	-1.51	-0.69	-0.74	0.08	-0.15	-1.43	-0.47	-0.40	0.09	-0.64	-1.73	-0.60	-0.50	0.06	-0.69
25	-1.09	-0.48	-0.18	0.04	-0.48	-0.35	-0.09	-0.19	0.01	-0.08	-1.31	-0.54	-0.51	0.07	-0.33	-1.27	-0.34	-0.29	0.08	-0.73	-1.48	-0.52	-0.33	0.04	-0.66
26	-0.92	-0.51	-0.10	0.03	-0.34	-0.27	0.02	-0.15	0.01	-0.15	-1.12	-0.33	-0.38	0.06	-0.46	-0.98	-0.14	-0.20	0.08	-0.72	-1.22	-0.41	-0.23	0.02	-0.60
27	-0.94	-0.58	-0.06	0.03	-0.33	-0.19	0.06	-0.10	0.01	-0.16	-0.82	-0.17	-0.26	0.06	-0.46	-0.84	-0.14	-0.12	0.07	-0.65	-1.25	-0.47	-0.15	0.02	-0.65
28	-0.15	-0.36	-0.02	0.01	0.22	0.06	0.24	-0.08	0.01	-0.11	0.32	0.21	-0.13	0.04	0.19	0.05	0.09	-0.06	0.05	-0.03	-0.29	-0.20	-0.09	0.00	0.01
29	0.04	-0.30	-0.01	0.00	0.35	-0.01	0.21	-0.05	0.00	-0.17	0.23	0.16	-0.07	0.02	0.11	0.08	0.04	-0.03	0.03	0.04	-0.05	-0.14	-0.05	-0.01	0.15
30	-0.02	-0.30	-0.01	0.02	0.27	-0.07	0.17	-0.04	0.00	-0.20	0.07	0.10	-0.04	0.02	-0.02	-0.04	0.00	-0.02	0.03	-0.05	-0.13	-0.13	-0.04	0.01	0.02
31	-0.05	-0.24	-0.01	0.02	0.17	0.03	0.17	-0.02	0.00	-0.12	0.13	0.11	-0.03	0.02	0.03	0.03	0.02	-0.01	0.03	-0.01	-0.08	-0.08	-0.03	0.01	0.02

续表

年龄（岁）	1990～2000年					2000～2010年					1990～2010年城市					1990～2010年城镇					1990～2010年农村				
	总变化	已婚生育率影响	已婚比例影响	性别结构影响	年龄结构影响	总变化	已婚生育率影响	已婚比例影响	性别结构影响	年龄结构影响	总变化	已婚生育率影响	已婚比例影响	性别结构影响	年龄结构影响	总变化	已婚生育率影响	已婚比例影响	性别结构影响	年龄结构影响	总变化	已婚生育率影响	已婚比例影响	性别结构影响	年龄结构影响
32	-0.14	-0.25	-0.01	0.02	0.10	0.04	0.20	-0.02	0.00	-0.15	0.05	0.12	-0.02	0.02	-0.07	-0.03	0.05	-0.01	0.03	-0.10	-0.15	-0.04	-0.02	0.01	-0.10
33	-0.19	-0.21	0.00	0.01	0.02	0.08	0.14	-0.01	0.00	-0.05	0.01	0.07	-0.01	0.01	-0.05	-0.04	0.01	-0.01	0.02	-0.07	-0.16	-0.06	-0.01	0.00	-0.09
34	-0.14	-0.20	0.00	0.00	0.05	0.11	0.17	-0.01	0.00	-0.05	0.06	0.08	-0.01	0.01	-0.01	0.02	0.03	-0.01	0.01	-0.01	-0.06	-0.03	-0.01	0.00	-0.03
35	-0.14	-0.17	0.00	0.00	0.02	0.11	0.15	0.00	0.00	-0.04	0.06	0.09	-0.01	0.00	-0.02	0.03	0.04	0.00	0.01	-0.02	-0.06	-0.02	-0.01	0.00	-0.04
36	-0.11	-0.14	0.00	0.00	0.02	0.13	0.15	0.00	0.00	-0.02	0.08	0.08	-0.01	0.00	0.00	0.07	0.06	0.00	0.01	0.00	-0.01	-0.01	0.00	0.00	0.00
37	-0.08	-0.12	0.00	0.00	0.04	0.11	0.14	0.00	0.00	-0.03	0.09	0.08	0.00	0.00	0.02	0.07	0.05	0.00	0.01	0.02	0.01	0.00	0.00	0.00	0.01
38	-0.07	-0.08	0.00	0.00	0.01	0.10	0.10	0.00	0.00	0.01	0.08	0.07	0.00	0.00	0.02	0.08	0.05	0.00	0.01	0.02	0.02	0.00	0.00	0.00	0.02
39	-0.06	-0.05	0.00	0.00	-0.01	0.09	0.06	0.00	0.00	0.04	0.08	0.06	0.00	0.00	0.02	0.07	0.04	0.00	0.01	0.02	0.02	-0.01	0.00	0.00	0.03
40	-0.04	-0.04	0.00	0.00	0.00	0.10	0.07	0.00	0.00	0.03	0.08	0.06	0.00	0.00	0.02	0.08	0.05	0.00	0.01	0.02	0.05	0.01	0.00	0.00	0.03

续表

年龄（岁）	1990～2000年					2000～2010年					1990～2010年城市					1990～2010年城镇					1990～2010年农村				
	总变化	已婚生育率影响	已婚比例影响	性别结构影响	年龄结构影响	总变化	已婚生育率影响	已婚比例影响	性别结构影响	年龄结构影响	总变化	已婚生育率影响	已婚比例影响	性别结构影响	年龄结构影响	总变化	已婚生育率影响	已婚比例影响	性别结构影响	年龄结构影响	总变化	已婚生育率影响	已婚比例影响	性别结构影响	年龄结构影响
41	-0.03	-0.03	0.00	0.00	0.00	0.06	0.04	0.00	0.00	0.02	0.05	0.04	0.00	0.00	0.02	0.05	0.03	0.00	0.00	0.02	0.03	0.00	0.00	0.00	0.03
42	-0.02	-0.02	0.00	0.00	0.00	0.07	0.05	0.00	0.00	0.01	0.07	0.05	0.00	0.00	0.02	0.06	0.04	0.00	0.00	0.02	0.05	0.01	0.00	0.00	0.03
43	-0.01	-0.02	0.00	0.00	0.01	0.04	0.04	0.00	0.00	0.00	0.03	0.03	0.00	0.00	0.01	0.03	0.02	0.00	0.00	0.01	0.02	0.01	0.00	0.00	0.02
44	-0.01	-0.02	0.00	0.00	0.00	0.04	0.03	0.00	0.00	0.01	0.04	0.03	0.00	0.00	0.01	0.04	0.02	0.00	0.00	0.01	0.03	0.01	0.00	0.00	0.02
45	0.00	-0.01	0.00	0.00	0.00	0.04	0.03	0.00	0.00	0.00	0.04	0.03	0.00	0.00	0.01	0.03	0.02	0.00	0.00	0.01	0.03	0.01	0.00	0.00	0.02
46	0.00	-0.01	0.00	0.00	0.00	0.03	0.03	0.00	0.00	0.00	0.03	0.02	0.00	0.00	0.01	0.03	0.02	0.00	0.00	0.01	0.03	0.01	0.00	0.00	0.01
47	0.00	0.00	0.00	0.00	0.00	0.04	0.04	0.00	0.00	0.01	0.05	0.04	0.00	0.00	0.02	0.04	0.03	0.00	0.00	0.01	0.04	0.02	0.00	0.00	0.02
48	0.00	0.00	0.00	0.00	0.00	0.04	0.04	0.00	0.00	0.00	0.04	0.03	0.00	0.00	0.01	0.04	0.03	0.00	0.00	0.01	0.04	0.02	0.00	0.00	0.01
49	0.00	0.00	0.00	0.00	0.00	0.01	0.02	0.00	0.00	0.00	0.01	0.02	0.00	0.00	0.00	0.01	0.01	0.00	0.00	0.00	0.01	0.01	0.00	0.00	0.00

资料来源：同表11－1。

分城市、城镇和农村来看，城市和城镇在16~27岁年龄段使得粗出生率下降，农村在15~36岁这个更宽的年龄段上使得粗出生率下降。城市和城镇在16~27岁的年龄段上已婚生育率下降使得粗出生率下降，农村在15~36岁年龄段上已婚生育率下降使得粗出生率下降。在17~35岁年龄段由于婚姻推迟使得城市、城镇和农村的粗出生率下降，其他年龄段的影响基本可以忽略；年龄结构的变动使得城镇和农村的粗出生率分别下降4.05个千分点和4.42个千分点，年龄结构使得粗出生率下降的年龄段在17~27岁，1990年17~27岁年龄段出生在1963~1973年，出生队列较大，而到了2010年17~27岁年龄段所占的总人口的比例下降，导致了粗出生率的下降。性别结构变化对城市、城镇和农村粗出生率变化的影响比较小。

（三）分省分解结果

1. 分省总和生育率变化分解结果

分省总和生育率变化的分解结果如表11－5、图11－1和图11－2所示。1990~2000年，各省总和生育率都在下降，除贵州的已婚比例变化导致总和生育率上升外，其他省份已婚生育率变化和已婚比例变化都使得总和生育率下降。西部地区（新疆和西藏）、部分中部地区、广东、海南的已婚生育率变化对总和生育率下降的影响较大，东部沿海地区的已婚生育率变化影响较小。已婚生育率变化导致的总和生育率的下降幅度，从西部到东部逐渐减小，西部省份最大，中部次之，东部最小。婚姻推迟在环渤海地区和珠三角地区对总和生育率下降的影响较大，在大部分西部地区影响较小。婚姻推迟导致的总和生育率下降幅度，从东部到西部逐渐增大，东部省份最大，中部次之，西部最小。

2000~2010年，有11个省份总和生育率上升，有18个省份总和生育率下降。除了山西、辽宁、山东、贵州、云南、西藏和宁夏7省区外，其他省份的已婚生育率变化提高了总和生育率，总和生育率升高幅度较大的省份集中在湖北、湖南、陕西、贵州。除安徽和山东外，其他各省份的婚姻推迟使得总和生育率下降，大部分省份由于婚姻推迟使得总和生育率下降幅度在0~0.25，吉林、江西和中部地区省份婚姻推迟对总和生育率的影响较大。

表 11-5　分省总和生育率变化分解

省份	1990 年 TFR	2000 年与 1990 年比较			2000 年 TFR	2010 年与 2000 年比较			2010 年 TFR
		总变化	已婚生育率影响	已婚比例影响		总变化	已婚生育率影响	已婚比例影响	
全国	2.25	-1.03	-0.61	-0.42	1.22	-0.03	0.14	-0.17	1.19
北京	1.30	-0.62	-0.39	-0.23	0.69	0.02	0.17	-0.16	0.70
天津	1.70	-0.82	-0.57	-0.24	0.88	0.03	0.24	-0.20	0.91
河北	2.46	-1.14	-0.47	-0.66	1.32	0.00	0.02	-0.02	1.32
山西	2.42	-0.98	-0.73	-0.25	1.44	-0.33	-0.03	-0.30	1.11
内蒙古	1.99	-0.91	-0.65	-0.26	1.09	-0.02	0.15	-0.16	1.07
辽宁	1.50	-0.51	-0.25	-0.25	1.00	-0.26	-0.01	-0.25	0.74
吉林	1.72	-0.87	-0.46	-0.41	0.85	-0.09	0.05	-0.14	0.76
黑龙江	1.70	-0.81	-0.54	-0.28	0.88	-0.13	0.06	-0.19	0.75
上海	1.32	-0.64	-0.54	-0.10	0.68	0.05	0.13	-0.08	0.74
江苏	1.94	-0.97	-0.59	-0.38	0.98	0.09	0.21	-0.12	1.07
浙江	1.44	-0.40	-0.13	-0.27	1.04	-0.03	0.02	-0.05	1.02
安徽	2.50	-1.17	-0.84	-0.32	1.33	0.17	0.16	0.01	1.50
福建	2.38	-1.36	-0.53	-0.83	1.02	0.11	0.24	-0.13	1.13
江西	2.51	-0.91	-0.55	-0.36	1.60	-0.22	0.17	-0.38	1.39
山东	2.14	-0.96	-0.29	-0.67	1.18	0.00	-0.04	0.04	1.18
河南	2.94	-1.50	-1.12	-0.37	1.44	-0.14	0.03	-0.17	1.30
湖北	2.57	-1.51	-1.16	-0.35	1.06	0.28	0.51	-0.24	1.34
湖南	2.38	-1.12	-0.58	-0.53	1.27	0.16	0.40	-0.24	1.43
广东	2.53	-1.58	-1.08	-0.50	0.94	0.12	0.19	-0.07	1.06
广西	2.74	-1.20	-0.84	-0.36	1.54	0.24	0.48	-0.24	1.78
海南	2.89	-1.34	-1.01	-0.34	1.54	-0.03	0.17	-0.20	1.51
重庆					1.28	-0.10	0.25	-0.35	1.18
四川	1.76	-0.51	-0.35	-0.16	1.25	-0.16	0.19	-0.35	1.09
贵州	2.98	-0.79	-0.82	0.02	2.19	-0.41	-0.11	-0.30	1.77
云南	2.57	-0.76	-0.64	-0.13	1.81	-0.40	-0.23	-0.17	1.41
西藏	4.22	-2.37	-2.08	-0.29	1.85	-0.80	-0.70	-0.10	1.05
陕西	2.71	-1.58	-1.29	-0.29	1.13	-0.07	0.25	-0.32	1.05
甘肃	2.39	-1.07	-0.70	-0.37	1.32	-0.04	0.22	-0.26	1.28
青海	2.42	-0.89	-0.77	-0.12	1.53	-0.15	0.04	-0.19	1.38

续表

省份	1990 年 TFR	2000 年与 1990 年比较			2000 年 TFR	2010 年与 2000 年比较			2010 年 TFR
		总变化	已婚生育率影响	已婚比例影响		总变化	已婚生育率影响	已婚比例影响	
宁夏	2.61	-0.93	-0.74	-0.19	1.68	-0.32	-0.13	-0.18	1.37
新疆	3.22	-1.70	-1.54	-0.16	1.52	0.01	0.16	-0.15	1.53

资料来源：同表 11-1。

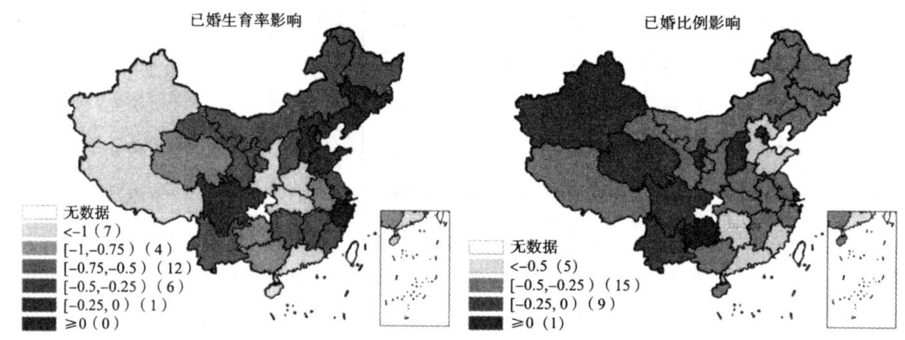

图 11-1 1990～2000 年总和生育率变化分解结果

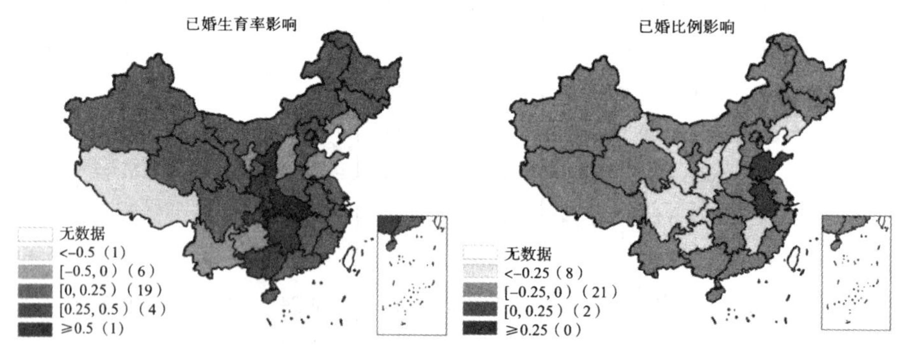

图 11-2 2000～2010 年总和生育率变化分解结果

2. 分省粗出生率变化分解结果

分省粗出生率变化分解结果如表 11-6、图 11-3 和图 11-4 所示。1990～2000 年，各省份已婚生育率变化均使粗出生率下降，使粗出生率下降最多的省区为新疆、西藏、陕西、河南、湖北和广东，东部地区已婚生育率变化使得粗出生率下降的幅度较小；除贵州外，其他省份由于婚姻推迟使得粗出生率下降，影响较大的集中在东部环渤海和珠三角区域，上海、浙江、东北等地的影响次之。这可能是因为上海、浙江、东北等地 1990 年的粗出

表 11－6　分省粗出生率变化分解

单位：‰

省份	1990 年		2000 年与 1990 年比较				2000 年		2010 年与 2000 年比较				2010 年
	CBR	总变化	已婚生育率影响	已婚比例影响	性别结构影响	年龄结构影响	CBR	总变化	已婚生育率影响	已婚比例影响	性别结构影响	年龄结构影响	CBR
全国	21.76	-11.91	-5.36	-3.72	0.36	-3.18	9.85	-0.42	1.25	-1.40	0.08	-0.35	9.43
北京	12.80	-7.12	-3.49	-1.92	0.13	-1.84	5.69	1.49	1.57	-1.57	0.28	1.20	7.17
天津	15.70	-9.01	-4.93	-1.87	0.18	-2.39	6.69	1.00	1.87	-1.80	-0.37	1.29	7.69
河北	22.79	-12.98	-3.96	-5.78	0.08	-3.32	9.81	1.33	0.06	-0.11	0.15	1.22	11.14
山西	22.79	-11.63	-6.37	-2.09	0.47	-3.64	11.16	-2.61	-0.07	-2.37	0.02	-0.20	8.55
内蒙古	19.78	-10.58	-6.10	-2.35	0.35	-2.47	9.21	-0.60	1.56	-1.34	-0.09	-0.73	8.61
辽宁	15.24	-7.53	-2.32	-2.16	0.19	-3.25	7.71	-2.14	0.22	-1.93	0.02	-0.45	5.57
吉林	18.41	-11.51	-4.34	-3.88	0.05	-3.34	6.90	-0.78	0.61	-1.17	0.13	-0.35	6.12
黑龙江	18.08	-10.82	-5.19	-2.53	0.12	-3.22	7.26	-1.21	0.86	-1.59	0.11	-0.59	6.05
上海	10.82	-5.57	-4.22	-0.75	0.31	-0.90	5.25	2.02	1.10	-0.82	0.08	1.66	7.27
江苏	20.10	-12.82	-5.31	-3.38	0.56	-4.70	7.28	1.22	1.94	-0.96	-0.11	0.34	8.50
浙江	14.72	-5.89	-1.19	-2.41	0.24	-2.52	8.83	-0.41	0.39	-0.45	-0.19	-0.16	8.42
安徽	26.72	-16.46	-7.67	-2.91	-0.98	-4.91	10.25	0.37	1.50	0.10	0.44	-1.66	10.63
福建	23.58	-14.23	-4.84	-7.90	0.25	-1.74	9.35	0.65	2.13	-1.22	0.06	-0.32	10.01
江西	24.08	-11.88	-4.55	-3.21	0.87	-4.98	12.20	-1.33	1.56	-3.06	-0.01	0.17	10.87
山东	20.07	-10.35	-2.59	-5.53	0.22	-2.45	9.71	-0.46	-0.16	0.39	0.05	-0.74	9.25
河南	26.42	-15.02	-9.34	-3.31	0.01	-2.38	11.40	-1.21	0.16	-1.45	0.59	-0.50	10.19

续表

省份	1990 年		2000 年与 1990 年比较				2000 年		2010 年与 2000 年比较				2010 年 CBR
	CBR	总变化	已婚生育率影响	已婚比例影响	性别结构影响	年龄结构影响	CBR	总变化	已婚生育率影响	已婚比例影响	性别结构影响	年龄结构影响	
湖北	25.13	-17.85	-9.94	-2.87	0.38	-5.42	7.28	3.09	4.18	-1.78	0.22	0.47	10.37
湖南	24.22	-15.05	-5.18	-4.46	0.15	-5.56	9.17	1.84	3.37	-1.84	0.44	-0.12	11.00
广东	22.87	-13.25	-10.10	-5.35	0.70	1.50	9.62	0.32	1.37	-0.64	-0.43	0.02	9.94
广西	23.12	-11.70	-6.44	-2.96	0.02	-2.32	11.42	1.48	3.71	-1.78	0.53	-0.99	12.90
海南	24.65	-12.42	-7.96	-2.96	0.22	-1.72	12.23	0.30	1.31	-1.64	0.20	0.44	12.53
重庆							8.04	-0.52	2.43	-2.16	0.14	-0.94	7.52
四川	18.37	-9.62	-2.98	-1.44	0.63	-5.82	8.75	-1.41	1.90	-2.39	0.03	-0.94	7.35
贵州	25.02	-7.88	-6.23	0.19	0.04	-1.89	17.14	-5.97	-0.68	-2.06	0.59	-3.82	11.17
云南	24.14	-7.96	-5.59	-1.21	-0.10	-1.06	16.18	-5.21	-1.85	-1.42	0.28	-2.22	10.97
西藏	30.70	-15.14	-15.22	-2.48	0.26	2.30	15.56	-5.90	-6.02	-0.95	-0.03	1.10	9.66
陕西	24.93	-16.68	-10.89	-2.42	0.40	-3.77	8.25	0.25	2.05	-2.68	0.04	0.84	8.50
甘肃	25.00	-14.53	-6.29	-3.46	0.30	-5.08	10.46	-0.89	1.86	-2.02	0.36	-1.09	9.57
青海	24.27	-9.75	-7.08	-1.20	0.94	-2.41	14.51	-3.40	0.39	-1.64	-0.02	-2.14	11.11
宁夏	25.84	-10.05	-6.87	-1.87	0.52	-1.82	15.79	-4.57	-1.14	-1.59	0.08	-1.92	11.22
新疆	26.90	-12.85	-12.34	-1.63	0.11	1.01	14.05	-0.75	1.34	-1.36	0.26	-0.99	13.30

资料来源：同表 11 -1。

生率已经比较低，同其他省份相比下降幅度不大，另外这些地区平均初婚年龄已经较高，婚姻推迟幅度较小，带来的影响也小。总体来说，与总和生育率变化趋势一致，已婚生育率变化导致的粗出生率的下降幅度，从西部到东部逐渐减小，西部省份最大，中部次之，东部最小。婚姻推迟导致的粗出生率下降幅度，从东部到西部逐渐增大，东部省份最大，中部次之，西部最小。除新疆、西藏和广东外，其他省份的年龄结构变化使得粗出生率下降，影响较大的省份有甘肃、四川和部分东南部省份。广东的年龄结构促使粗生育率上升，这与大量年轻劳动力的流入有关。

2000～2010 年，18 个省份粗出生率下降，13 个省份粗出生率上升。有 6 个省份已婚生育率下降使得粗出生率下降，有 25 个省份已婚生育率变化使得粗出生率上升，影响较大的包括湖南、湖北、广西等省份；除安徽和山东外，其他各省婚姻推迟使得粗出生率下降，影响较大的省份主要在中部省份。年龄结构对粗出生率变化的影响相比 1990～2000 年减弱很多，有 11 个省份年龄结构的变动使得粗出生率上升，其他省份年龄结构的变动使得粗出生率下降；性别结构对粗出生率的影响较小。

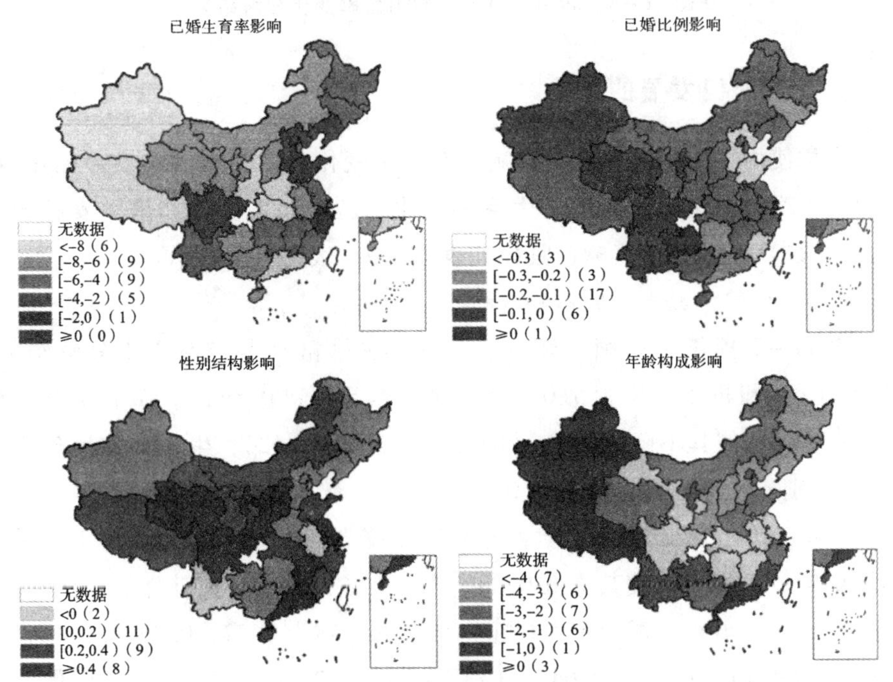

图 11－3 1990～2000 年粗出生率变化分解结果

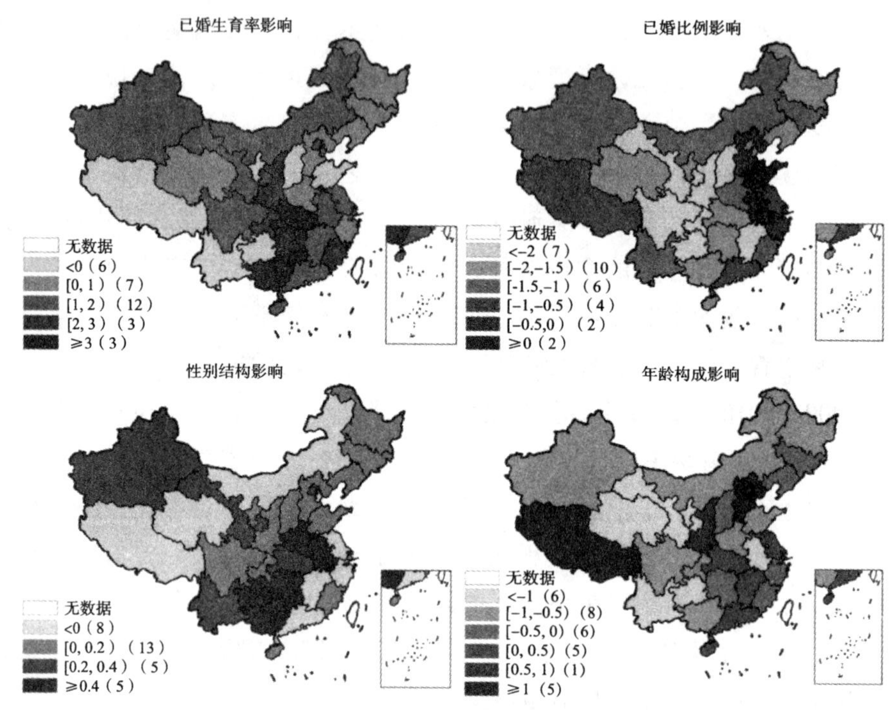

图 11－4　2000～2010 年粗出生率变化分解结果

五　对人口发展的影响

本章使用粗再生产率度量影响生育水平变化的因素对人口发展的影响，把粗再生产率变化分解为已婚生育率变化、已婚比例变化和出生女孩比例（出生性别比）变化的影响，具体如表 11－7、表 11－8 所示。

（一）全国、城市、城镇和农村

表 11－7 提供了全国、城市、城镇和农村粗再生产率变化分解结果。1990 年全国粗再生产率为 1.05，到 2000 年下降到 0.56，下降了 0.49。已婚生育率降低使其下降 0.28，婚姻推迟使其下降 0.20，生育女孩比例变化（出生性别比上升）使其下降 0.01。

2000～2010 年，粗再生产率从 0.56 下降到 0.53。已婚生育率上升使其增加 0.05，婚姻推迟使其降低 0.08，生育女孩比例变化使其降低 0.01。

1990 年，城市、城镇和农村粗再生产率分别为 0.72、0.76 和 1.18，到 2010 年为 0.40、0.52 和 0.64，分别下降了 0.32、0.24 和 0.54。促使城市

和城镇粗再生产率下降的第一位因素是婚姻推迟，其次是已婚生育率变化，出生性别比变化使其分别下降 0.02 和 0.03；促使农村粗再生产率下降的第一位因素是已婚生育率下降，其次是婚姻推迟，出生性别变化使其下降 0.03。

表 11－7　全国、城市、城镇和农村粗再生产率变化分解

初始 GRR		总变化	已婚生育率影响	已婚比例影响	女孩比例影响	终了 GRR	
1990 年	1.05	－0.49	－0.28	－0.20	－0.01	0.56	2000 年
2000 年	0.56	－0.03	0.05	－0.08	－0.01	0.53	2010 年
1990 年城市	0.72	－0.32	－0.09	－0.21	－0.02	0.40	2010 年城市
1990 年城镇	0.76	－0.24	－0.09	－0.13	－0.03	0.52	2010 年城镇
1990 年农村	1.18	－0.54	－0.27	－0.24	－0.03	0.64	2010 年农村

资料来源：同表 11－1。

（二）分省粗再生产率变化分解结果

分省粗再生产率变化分解结果如表 11－8、图 11－5 和图 11－6 所示。1990 年，全国粗再生产率为 1.05，其中 10 个省份粗再生产率小于 1.0，其他 20 个省份粗再生产率高于 1.0。到 2000 年，除贵州外，各省粗再生产率均下降到 1.0 以下。各省已婚生育率变化均使得粗再生产率降低，影响最大的是西藏，使得粗再生产率下降超过 1；其次是新疆，使得粗再生产率下降 0.83，部分东部省市（辽宁、山东、浙江、上海、北京）和四川已婚生育率变化使得粗再生产率下降的幅度最小。除贵州外，其他省份婚姻推迟使得粗再生产率降低，影响较大的省份分布在东部地区（包括河北、山东、浙江）。有 4 个省份的生育女孩比例上升使得粗再生产率升高，分布较为零散，9 个省份的生育女孩比例对粗再生产率的影响几乎为 0。四川生育女孩比例使得粗再生产率降低幅度最大，其次是部分东南部地区（包括湖北、江西、广东和海南）。

2000～2010 年，粗再生产率下降的有 19 个省份，上升的有 11 个省份。仅有 7 个省份的已婚生育率使得粗再生产率降低，西藏和云南粗再生产率下降的幅度最大，22 个省份的已婚生育率升高使得粗再生产率升高，其中天津和中部以及南部部分地区（包括陕西、湖北、重庆、湖南、广西）粗再生率上升幅度最大；除山东和安徽外，其他省份婚姻推迟使得粗再生产率降低，在中部地区影响最大；有 16 个省份出生女孩比例下降使得粗再生产率下降，在 9 个省份中出生女孩比例变化使得粗再生产率增加。

表 11 - 8　分省粗再生产率变化分解

省份	1990 年 GRR	2000 年与 1990 年比较				2000 年 GRR	2010 年与 2000 年比较				2010 年 GRR
		总变化	已婚生育率影响	已婚比例影响	女孩比例影响		总变化	已婚生育率影响	已婚比例影响	女孩比例影响	
全国	1.05	-0.49	-0.28	-0.20	-0.01	0.56	-0.03	0.05	-0.08	-0.01	0.53
北京	0.63	-0.31	-0.18	-0.11	-0.02	0.32	0.01	0.08	-0.07	0.00	0.33
天津	0.80	-0.39	-0.27	-0.12	0.00	0.41	0.01	0.11	-0.10	-0.01	0.42
河北	1.15	-0.53	-0.22	-0.31	-0.01	0.61	-0.02	0.00	-0.01	-0.01	0.60
山西	1.14	-0.47	-0.34	-0.12	0.00	0.68	-0.16	-0.01	-0.14	-0.01	0.52
内蒙古	0.95	-0.43	-0.31	-0.12	0.00	0.52	-0.01	0.07	-0.08	0.00	0.51
辽宁	0.71	-0.24	-0.12	-0.12	0.00	0.47	-0.13	-0.01	-0.12	0.00	0.35
吉林	0.82	-0.41	-0.22	-0.20	0.00	0.41	-0.06	0.02	-0.06	-0.01	0.35
黑龙江	0.82	-0.39	-0.26	-0.13	0.00	0.43	-0.08	0.03	-0.09	-0.01	0.35
上海	0.65	-0.33	-0.26	-0.05	-0.02	0.32	0.03	0.06	-0.04	0.01	0.35
江苏	0.88	-0.44	-0.26	-0.17	-0.01	0.45	0.03	0.09	-0.06	0.00	0.48
浙江	0.65	-0.16	-0.06	-0.13	0.02	0.49	-0.03	0.01	-0.02	-0.01	0.46
安徽	1.17	-0.57	-0.36	-0.17	-0.04	0.59	0.05	0.05	0.01	-0.01	0.64
福建	1.10	-0.63	-0.24	-0.39	0.00	0.47	0.03	0.10	-0.06	-0.01	0.50
江西	1.16	-0.48	-0.24	-0.16	-0.08	0.68	-0.08	0.07	-0.17	0.02	0.60
山东	0.98	-0.43	-0.13	-0.31	0.01	0.56	-0.03	-0.03	0.02	-0.03	0.52
河南	1.34	-0.69	-0.49	-0.17	-0.03	0.64	-0.08	0.00	-0.08	-0.01	0.56
湖北	1.22	-0.75	-0.52	-0.17	-0.06	0.48	0.11	0.21	-0.11	0.01	0.59
湖南	1.12	-0.56	-0.27	-0.25	-0.04	0.57	0.05	0.17	-0.11	0.00	0.62
广东	1.18	-0.78	-0.48	-0.23	-0.07	0.40	0.06	0.07	-0.03	0.01	0.46
广西	1.24	-0.56	-0.37	-0.17	-0.03	0.68	0.11	0.20	-0.11	0.02	0.80
海南	1.33	-0.67	-0.44	-0.16	-0.08	0.66	-0.01	0.07	-0.09	0.01	0.65
重庆						0.52	0.03	0.13	-0.15	0.05	0.55
四川	1.11	-0.53	-0.18	-0.09	-0.25	0.58	-0.07	0.08	-0.17	0.01	0.51
贵州	1.46	-0.38	-0.39	0.01	-0.01	1.08	-0.30	-0.06	-0.15	-0.09	0.78
云南	1.23	-0.37	-0.30	-0.06	-0.01	0.86	-0.20	-0.11	-0.08	-0.01	0.66

续表

省份	1990 年 GRR	2000 年与 1990 年比较				2000 年 GRR	2010 年与 2000 年比较				2010 年 GRR
		总变化	已婚生育率影响	已婚比例影响	女孩比例影响		总变化	已婚生育率影响	已婚比例影响	女孩比例影响	
西藏	2.06	-1.12	-1.04	-0.14	0.06	0.94	-0.42	-0.36	-0.05	-0.01	0.52
陕西	1.27	-0.76	-0.58	-0.14	-0.04	0.51	-0.03	0.11	-0.15	0.01	0.48
甘肃	1.12	-0.51	-0.32	-0.18	-0.01	0.61	-0.05	0.09	-0.12	-0.02	0.56
青海	1.10	-0.35	-0.37	-0.06	0.07	0.75	-0.11	0.01	-0.09	-0.03	0.65
宁夏	1.25	-0.45	-0.35	-0.09	0.00	0.81	-0.17	-0.06	-0.09	-0.02	0.64
新疆	1.56	-0.83	-0.75	-0.08	0.00	0.74	0.00	0.07	-0.07	0.00	0.74

资料来源：同表 11-1。

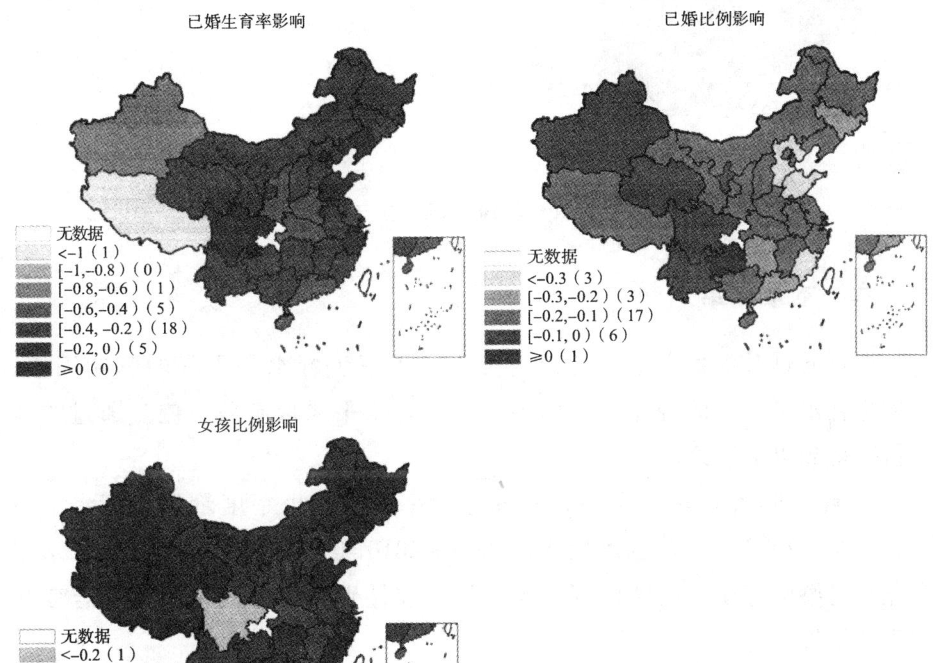

图 11-5　1990～2000 年粗再生产率分解结果

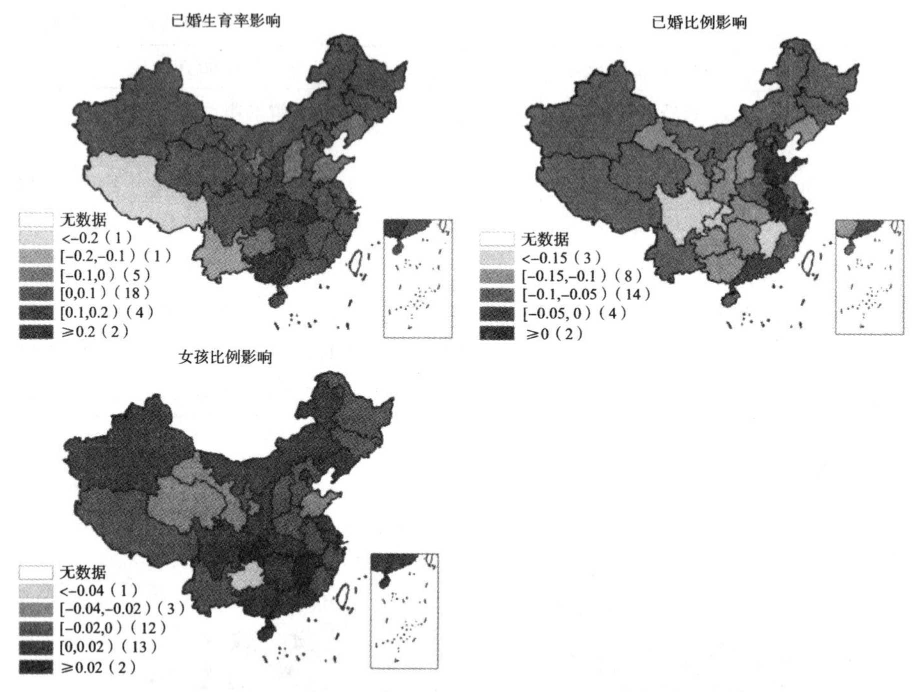

图 11-6　2000～2010 年粗再生产率分解结果

六　本章小结

本章通过对生育水平变化进行分解，了解生育水平下降的影响因素，借鉴生育水平下降的经验，进而为提高生育水平采取有效措施。通过本章分析，得到以下结论。

1. 自 1990 年以来，中国以总和生育率和粗出生率度量的生育水平下降，1990～2000 年下降幅度较大，2000～2010 年下降幅度很小。生育水平变化是已婚生育率、已婚比例、年龄结构和性别结构等几个因素综合变化作用的结果。

2. 已婚生育率变化是影响生育水平变化的一个主要因素，在不同时期对生育水平变化的影响作用不同。1990～2000 年，已婚生育率下降是总和生育率和粗出生率下降的最主要因素；已婚生育率下降使得生育水平下降幅度最大的省份集中在中国西部和部分中部地区，这些省份也是生育水平比较高的地区。2000～2010 年，已婚生育率变动使得总和生育率和粗出生率上升，大部分省份已婚生育率上升使得生育水平提高，影响较大的省份集中在中部偏南地区（包括陕西、重庆、湖北、湖南和广西），部分省份已婚生育率变动使得生育水平下降，主要集中在西部省份，也是在2000年生育水平仍然较高的省份。可以看出，已婚生育率下降到一定程度后将可能上升并使得生育水平提高。

3. 婚姻推迟以及相应生育推迟使得生育水平下降。20世纪90年代生育推迟对生育水平下降的影响较大（郭志刚，2004a；赵梦晗，2016），本章的结论也验证了这一点，2000～2010年婚姻推迟对生育水平下降的影响减弱很多。1990～2000年，婚姻推迟对生育率影响较大的省份主要分布在东部地区；2000～2010年，婚姻推迟对生育率影响较大的省份主要分布在中部地区，这体现了婚姻推迟在地域上的传递效应。1990～2000年，东部省份率先掀起晚婚的风气，使生育率下降；2000～2010年，中部地区也受到晚婚风气的影响，使生育率下降。而东部地区由于晚婚晚育已成风气，下降空间变小，因此婚姻推迟使得生育率下降幅度较大的省份集中在中部地区。可以预见，在未来婚姻推迟的效应会继续传递到西部地区。生育进度效应减弱是进入21世纪后欧洲国家生育率回升的主要原因（Goldstein et al.，2009）。可以推测，生育推迟对中国总和生育率下降的影响在未来会减弱，一段时间以后生育时间的变动会使得生育水平提高。

4. 1990～2000年，已婚生育率变化导致总和生育率和粗出生率下降的幅度，从西部到东部逐渐减小，西部省份最大，中部次之，东部最小。婚姻推迟导致总和生育率和粗出生率下降的幅度，从西部到东部逐渐增大，东部省份最大，中部次之，西部最小。而2000～2010年，婚姻推迟导致总和生育率和粗出生率下降幅度最大的省份，已经从1990～2000年的东部地区转移到西部地区。这体现了中国巨大的地区差异，东部、中部和西部社会经济文化差异也影响了生育水平变动及影响因素的不同作用上。

5. 不同年龄段已婚生育率变化对于生育水平变化的影响不同。1990～2000年几乎全部年龄的已婚生育率下降，使得生育水平降低。2000～2010年低年龄组已婚生育率下降使得生育水平降低，26岁及以上年龄组已婚生育率上升促使生育水平升高。

6. 婚姻推迟对于生育水平变化的影响主要集中于30岁之前。1990～2000年，婚姻推迟使得生育水平下降主要集中在18～26岁，2000～2010年主要集中于20～28岁。由于中国女性依然是普遍结婚和普遍生育，到35岁时未婚的比例很小，所以35岁及以后年龄段的婚姻推迟对于生育水平变动几乎没有影响。但是，未来随着初婚年龄进一步上升，年龄别已婚比例继续下降，30岁之后的婚姻推迟可能也会对生育水平变化产生较大影响。

7. 从分城市、城镇和农村来看，1990～2010年，影响城市和城镇生育水平变化的主要因素是婚姻推迟，影响农村生育水平变化的主要因素是已婚生育率下降。由于缺少2000年数据，没有按照1990～2000年和2000～2010年两段分解城市、城镇和农村数据。可能已婚生育率变化的影响在1990～2000年和2000～2010年会发生改变，就像全国数据分解结果一样。

8. 年龄结构变化对1990～2000年粗出生率下降有较大影响（使粗出生率下降3.18），对2000～2010年粗出生率变化的影响较小（使粗出生率下降0.35）。1990～2000年年龄结构变化的影响主要是由17～27岁生育旺盛期的育龄女性引起，在1990年处于17～27岁女性出生于1963～1973年，出生队列较大，而2000年17～27岁人口比例变小，使得年龄结构对于粗出生率的影响较大。2000～2010年，处于生育高峰期的女性年龄结构变化不大，对粗出生率变化的影响很小。

9. 1990年全国粗再生产率为1.05，略高于更替水平；2000年粗再生产率下降到0.56，远低于更替水平，2010年下降到0.53。已婚生育率变化在1990～2000年使得粗再生产率下降，2000～2010年粗再生产率上升。婚姻推迟在1990～2010年使得粗再生产率下降，但在2000～2010年促使粗再生产率下降的幅度变小。出生女孩比例（出生性别比）变化对粗再生产率的影响不容忽视。

中国政府在2013年和2016年分别实行了单独二孩和全面二孩的政策，希望能提高生育水平，但是没有达到预期效果。本章分析表明，在未来，已婚生育率会提高，婚姻推迟幅度越来越小，出生性别比逐渐恢复正常，这些因素都会使得总和生育率和粗再生产率提高。但中国未来的总和生育率和粗再生产率也会远远低于更替水平，这会对中国长期发展产生深远的影响。中国需要像其他低生育水平国家一样，放弃生育控制的政策而转向鼓励生育的政策。

第十二章　出生人口数量变化的分解

一　引言

自20世纪80年代以来，中国的出生人口数量变化很大。人口普查数据显示，1982年出生人口数量为2042.92万人，1989年增加到2385.02万人，2000年下降到1411.45万人，2010年出生人口数量减少到1383.62万人（国务院人口普查办公室、国家统计局人口统计司，1985、1993；国务院人口普查办公室、国家统计局人口和社会科技统计司，2002；国务院人口普查办公室、国家统计局人口和就业统计司，2012）。出生人口数量变化是育龄女性总量、育龄女性年龄结构和生育率及其他多种因素变化综合作用的结果（王广州，2016a；翟振武等，2016）。人口普查数据显示，1982年、1990年、2000年、2010年15~49岁育龄女性总量分别为24804万人、30635万人、34970万人和37978万人，总量逐步增加但增加速度放缓。同时，20~29岁生育旺盛期育龄女性占育龄女性总量的比例先增加后逐渐减少，1982年、1990年、2000年、2010年比例分别为32.72%、36.65%、29.74%、29.91%。在生育水平方面，人口普查数据显示1982年总和生育率为2.61，1990年为2.25，2000年为1.22，2010年为1.19（国务院人口普查办公室、国家统计局人口统计司，1985、1993；国务院人口普查办公室、国家统计局人口和社会科技统计司，2002；国务院人口普查办公室、国家统计局人口和就业统计司，2012）。虽然存在出生数量和生育水平漏报的情况，但出生人口数量和生育水平大幅度下降是一个共识（Zhang and Zhao，2006；Cai，2008；Morgan et al.，2009；Cai，2013；Zhao and Zhang，2018；Jiang et al.，2019a）。

中国省际之间存在较大差异。就人口指标来说，人口总量、育龄女性人数、人口年龄结构、生育率省际之间的差异很大。就社会经济发展来说，自改革开放以来尤其是20世纪90年代以来，省际社会经济发展差距呈现扩大趋势（金相郁、郝寿义，2006）。就生育政策来说，2013年单独二孩政策执行之前有6个省份实行一孩政策，19个省份实行一孩半政策，5个省份允许生育两个孩子（Gu et al.，2007）。人口社会经济发展和生育政策的区域差异使得中国出生数量和生育问题呈现区域化特点，也使研究中国出生人口数量变化规律变得复杂。

中国生育水平的持续降低和出生人口数量的减少已引起广泛关注。中国政府在2013年实行单独二孩政策和2016年实行全面二孩政策并没有带来预期的出生堆积，这引起了学界的广泛讨论和担忧（乔晓春，2015；翟振武等，2016；王广州，2016a；Basten and Jiang，2015；Jiang and Liu，2016），2017年、2018年和2019年出生总数持续下降。在第八章我们讨论了生育水平变化的分解，本章我们通过出生人口数量变化的分解，研究以下几个问题：（1）20世纪80年代到2010年育龄女性总量、育龄女性年龄结构和生育率三个因素的变化对于出生人口数量变化的贡献；（2）鉴于中国巨大的区域差异，通过横截面分析（Cross-sectional Analysis）和纵贯分析（Longitudinal Analysis）研究这三个因素变化对出生人口数量变化影响的区域差异；（3）根据这些分解结果及对未来育龄女性的预测，判断未来出生人口数量的变化趋势。希望通过这些分析，能从育龄女性总量变化、育龄女性年龄结构变化和生育率变化角度揭示出生人口数量变化的内在机理，掌握过去四十年中国出生人口数量变化的规律；得出三个因素对出生人口数量变化的影响在时间空间上的差异和趋势，为不同地区有针对性地应对出生人口数量的变化提供依据；基于三个因素的变化趋势预测中国未来的出生人口数量的变化趋势，对当前人口形势及未来出生人口数量的变化作一个基本判断，为评价中国全面二孩等人口政策效果提供分析的思路和方法上的借鉴，进而为调整和完善政策提供依据。

二 研究方法

出生人口数量受多种因素的影响，其中育龄女性总量、育龄女性年龄结构和生育率是三个重要因素。参考Das Gupta（1993）、Dietzenbacher和Los（1998）、Canudas-Romo（2003）、Jiang等（2019a）的分解方法，本章研究分解方法如下。

用 B 表示出生人口数量，W 表示育龄女性总量，P^a 表示 a 岁育龄女性占育龄女性总量的比例，$ASFR^a$ 表示年龄别生育率，下角标 1、2 分别代表两个时间段 t_1 和 t_2。那么，t_1 时间段内的出生人口数量可以表示为：

$$B_1 = \sum_{a=15}^{49} W_1 \times P_1^a \times ASFR_1^a \tag{12-1}$$

t_2 时间段和 t_1 时间段内出生人口数量的差值为：

$$B_2 - B_1 = \sum_{a=15}^{49} W_2 \times P_2^a \times ASFR_2^a - \sum_{a=15}^{49} W_1 \times P_1^a \times ASFR_1^a \tag{12-2}$$

可以得到：

$$\begin{aligned} B_2 - B_1 = & \sum_{a=15}^{49} (W_2 - W_1) \times \frac{(P_1^a \times ASFR_1^a + P_2^a \times ASFR_2^a)}{2} \\ & + \sum_{a=15}^{49} (P_2^a - P_1^a) \times \frac{(W_2 \times ASFR_1^a + W_1 \times ASFR_2^a)}{2} \\ & + \sum_{a=15}^{49} (ASFR_2^a - ASFR_1^a) \times \frac{(W_1 \times P_1^a + W_2 \times P_2^a)}{2} \end{aligned} \tag{12-3}$$

公式（12－3）右边三项分别表示育龄女性总量变化影响、育龄女性年龄结构变化影响和生育率变化影响。

三　数据来源

中国有多个统计人口数据的部门。但各个部门提供的同一指标数据可能不一致，有时候甚至相差很大（Zhang and Zhao，2006；Jiang et al.，2019a）。就出生人口数量来说，人口和计划生育系统统计出生人口数据，但由于出生是计划生育系统考核的重要指标，所以存在瞒报现象。国家统计局是法定统计机关，但人口普查的出生人口数据也存在较大争议（Lavely，2001；Zhang and Zhao，2006；Cai，2008；Morgan et al.，2009；Goodkind，2011；Cai，2013；Zeng，2007；张广宇、原新，2004；郭志刚，2011；崔红艳等，2013；郭志刚，2017）。

就中国人口普查数据质量来说，普遍认为 1982 年和 1990 年的普查数据质量相对可靠（Banister，1987；Banister，1994；Johansson and Arvidsson，1994），2000 年和 2010 年的数据存在一定的问题（郭志刚，2017；Lavely，

2001；Cai，2013）。本书前面已经使用大量篇幅讨论了数据质量问题。虽然出生人口数量可能存在漏报，但在没有其他数据可以佐证的情况下，人口普查数据是相对比较全面的数据。本章数据来自人口普查汇总数据，主要包括1982年、1990年、2000年和2010年全国和各省人口普查生育数据和年龄结构数据。本章对汇总数据没有进行调整。需要说明的是，由于1990年人口普查数据登记的出生人数包括1989年上半年、下半年和1990年上半年出生的数量，本章中使用的是1989年全年的出生人口数量。

四 分解结果

（一）全国总变化趋势

表12－1是根据普查数据直接计算的出生人口数量变化分解结果。由于2000年和2010年人口普查的生育率数据是10%抽样结果，因此，由育龄女性总量、育龄女性年龄结构和生育率计算出的出生人口数量与普查公布的全部出生人口数量不一致。人口普查数据质量问题主要是低龄组的漏报（陶涛、张现苓，2013），本章将女性年龄别生育率上调，使计算得出的出生人口数量与人口普查公布的出生人口数量一致（见表12－2）。

表12－1 全国出生人口数量变化分解

单位：万人

初始年份	初始出生人口数量	总变化	育龄女性总量影响	育龄女性年龄结构影响	生育率影响	期末出生人口数量	期末年份
1982	2042.92	342.13	422.03	108.92	－188.81	2385.05	1989
1989	2385.05	－1105.83	287.18	－314.49	－1078.53	1279.22	2000
2000	1279.22	10.09	106.07	－62.44	－33.54	1289.31	2010

资料来源：基于1982年、1990年、2000年和2010年人口普查资料计算。

表12－2显示，1989年出生人口数量比1982年增加342.13万人，1982年育龄女性总量增加使得出生人口数量增加422.03万人，而生育率下降使得出生人口数量减少188.81万人；2000年出生人口数量比1989年减少973.60万人，1989年生育率下降使得出生人口数量下降944.99万人，育龄女性总量增加使得出生人口数量增加296.54万人；2010年出生人口数量比2000年下降27.83万人，2000年育龄女性总量增加使得出生人口数量增加115.49万人，育龄女性年龄结构变化和生育率降低分别使得出生人口数量

减少 67.44 万人和 75.89 万人，最终出生人口数量减少 27.83 万人。

在三个阶段育龄女性总量增加使得出生人口数量增加，但是该影响使得出生人口数量增加的数量越来越小；1982 ~ 1989 年育龄女性年龄结构变化使得出生人口数量增加，1989 ~ 2000 年和 2000 ~ 2010 年使得出生人口数量减少；在三个阶段生育率下降都使得出生人口数量减少，1989 ~ 2000 年该影响使得出生人口数量减少幅度最大，2000 ~ 2010 年使得出生人口数量减少幅度最小。

表 12 - 2　调整后全国出生人口数量变化分解结果

单位：万人

初始年份	初始出生人口数量	总变化	育龄女性总量影响	育龄女性年龄结构影响	生育率影响	期末出生人口数量	期末年份
1982	2042.92	342.13	422.03	108.92	-188.81	2385.05	1989
1989	2385.05	-973.60	296.54	-325.15	-944.99	1411.45	2000
2000	1411.45	-27.83	115.49	-67.44	-75.89	1383.62	2010

资料来源：基于 1982 年、1990 年、2000 年和 2010 年人口普查资料计算。

（二）分省横截面分析

分省出生人口数量变化分解结果如表 12 - 3、表 12 - 4、图 12 - 1、图 12 - 2 和图 12 - 3 所示。在每个阶段，三个因素对各省出生人口数量变化的影响不同。

1. 第一阶段（1982 ~ 1989 年）

1982 ~ 1989 年，18 个省份出生人口数量增加，增加最多的省份主要分布在中部偏东地区，包括河南、安徽、湖北和湖南，增加人数在 30 万人以上，增加主要受育龄女性总量增加的影响；8 个省份出生人口数量减少，减少最多的省份分布在最北方和最南方及浙江省，最多减少了 8.24 万人，减少主要受生育率下降的影响。

从育龄女性总量变化的影响来看，在所有省份，育龄女性总量增加使得出生人口数量增加，该影响使得出生人口数量增加最多的省份为四川、河南、安徽、湖南、山东、河北，增加 20 万 ~ 41 万人。从育龄女性年龄结构变化的影响来看，除河北和天津外，育龄女性年龄结构变化使得出生人口数量增加，出生人口数量增加较多的省份集中在南部地区，最多的为四川、湖南和安徽，增加 15 万 ~ 21 万人。

从生育率变化的影响来看，5 个省份生育率上升使得出生人口数量增加，该影响使得河南省出生人口数量增加最多，为20.71万人，其他省份增加的出生人口数量在10万人以内。除了这5个省份，生育率下降使得出生人口数量减少，该影响使得出生人口数量减少最多的省份集中在四川、贵州、云南、广西、广东和浙江省，减少15万~30万人，四川省因为生育率下降因素使得出生人口数量减少47.68万人。

这一阶段，育龄女性总量和育龄女性年龄结构都使得出生人口数量增加，这是由于第二次出生高峰的女性（1962~1976年出生）进入生育年龄的结果。

表12-3 分省出生人口数量变化分解（一）

单位：万人

省份	1982年出生人口	1989年与1982年比较				1989年出生人口	2000年与1989年比较				2000年出生人口
		变化	育龄女性总量	育龄女性年龄结构	生育率		变化	育龄女性总量	育龄女性年龄结构	生育率	
北京	15.49	-1.23	1.61	0.48	-3.32	14.26	-6.4	3.51	-3.21	-6.69	7.86
天津	13.89	0.06	1.44	-0.63	-0.75	13.95	-7.17	1.95	-3.07	-6.04	6.78
河北	123.95	6.28	21.05	-0.61	-14.16	130.24	-63.88	16.79	-25.51	-55.16	66.37
山西	50.08	14.01	10.98	1.47	1.57	64.09	-27.34	8.76	-10.47	-25.63	36.75
内蒙古	43.22	-1.62	7.82	0.67	-10.11	41.61	-19.69	5.87	-7.19	-18.37	21.92
辽宁	64.03	-3.1	9.45	0.17	-12.71	60.93	-28.14	3.76	-13.47	-18.43	32.79
吉林	38.59	7.26	7.02	0.59	-0.36	45.85	-26.69	4.83	-8.90	-22.62	19.16
黑龙江	63.01	-0.07	10.15	0.60	-10.82	62.94	-35.84	4.49	-12.62	-27.71	27.10
上海	-	-	-	-	-	15.05	-6.15	3.62	-2.11	-7.65	8.90
江苏	108.88	22.57	19.2	6.60	-3.22	131.45	-76.40	11.20	-26.93	-60.68	55.05
浙江	68.55	-8.24	9.10	3.36	-20.69	60.31	-18.08	8.69	-12.18	-14.59	42.23
安徽	91.49	42.85	27.12	15.85	-0.12	134.33	-71.2.	7.17	-19.87	-58.50	63.13
福建	55.55	13.24	13.68	3.80	-4.24	68.80	-35.17	15.40	-9.06	-41.52	33.62
江西	66.85	20.56	17.36	5.84	-2.64	87.41	-29.30	13.04	-11.37	-30.97	58.11
山东	136.20	29.70	27.28	0.26	2.16	165.90	-77.28	15.88	-23.35	-69.81	88.62
河南	150.54	66.30	40.73	4.86	20.71	216.84	-111.48	16.22	-20.48	-107.22	105.36
湖北	93.84	36.50	19.73	6.95	9.82	130.34	-80.00	15.93	-24.36	-71.58	50.34
湖南	111.30	31.04	23.74	18.06	-10.76	142.35	-78.42	11.48	-28.05	-61.85	63.94
广东	144.78	-6.84	15.98	4.93	-27.76	137.94	-53.56	58.81	1.83	-114.21	84.38
广西	97.61	-3.59	16.78	7.08	-27.46	94.02	-40.48	11.51	-10.95	-41.05	53.53
海南	-	-	-	-	-	15.57	-5.96	3.34	-1.90	-7.40	9.61

续表

省份	1982年出生人口	1989年与1982年比较				1989年出生人口	2000年与1989年比较				2000年出生人口
		变化	育龄女性总量	育龄女性年龄结构	生育率		变化	育龄女性总量	育龄女性年龄结构	生育率	
四川	174.39	13.19	40.33	20.54	-47.68	187.58	-107.65	-37.70	-27.02	-42.93	79.93
贵州	77.64	-0.87	16.88	4.17	-21.92	76.77	-15.47	6.82	-2.24	-20.04	61.30
云南	80.66	5.28	17.53	8.66	-20.91	85.94	-15.89	17.31	-6.35	-26.85	70.05
西藏	-	-	-	-	-	6.50	-2.54	1.51	0.10	-4.14	3.96
陕西	57.57	22.32	11.17	1.29	9.86	79.88	-49.67	5.75	-10.84	-44.59	30.21
甘肃	38.34	14.70	10.54	7.23	-3.07	53.05	-26.35	3.81	-9.09	-21.07	26.70
青海	10.00	0.32	2.49	1.50	-3.67	10.32	-2.79	1.90	-0.78	-3.91	7.53
宁夏	11.10	0.40	3.07	1.09	-3.76	11.49	-2.84	2.46	-0.95	-4.35	8.66
新疆	-	-	-	-	-	39.12	-12.83	8.90	1.59	-23.33	26.29

资料来源：基于各省1982年、1990年、2000年和2010年人口普查资料计算。重庆市因建立直辖市时间较晚，数据未单独列出。上海、海南、西藏和新疆1982年数据缺失。

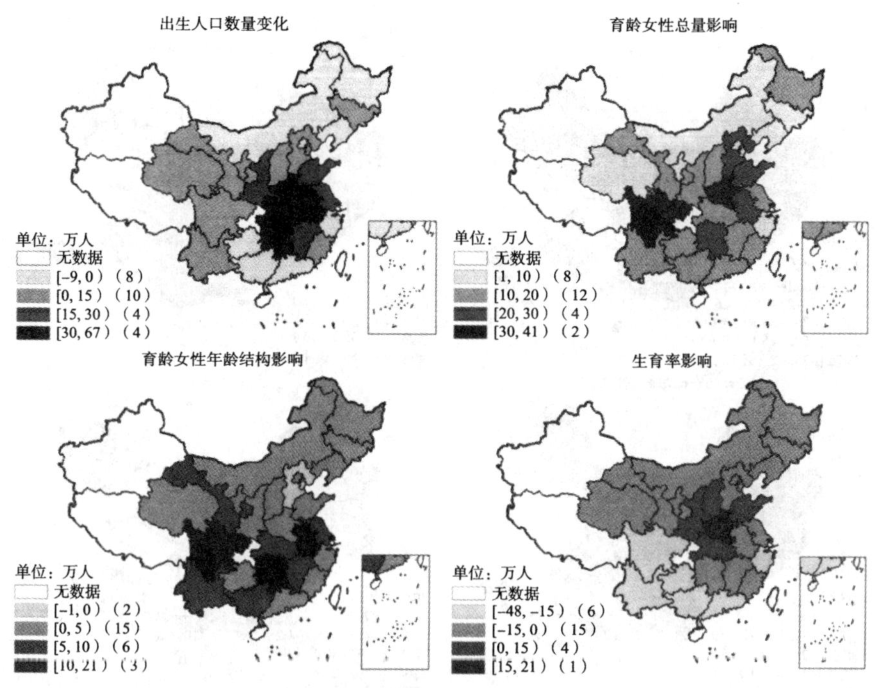

图12-1 1982~1989年出生人口数量变化分解结果

资料来源：基于各省1990年和2000年人口普查资料计算。

2. 第二阶段（1989～2000年）

1989～2000年，所有省份出生人口数量大幅度减少，减少最多的省份主要分布在中部偏东和南部部分地区，大部分省份减少了50万～80万人，河南和四川的出生人口数量下降最多，分别下降了111.48万人和107.65万人，分别占该省1989年出生人口数量的53%和57%。生育率下降是出生人口数量减少的最主要因素。

从育龄女性总量变化的影响来看，除四川省以外，育龄女性总量增加使得出生人口数量增加，该因素使得出生人口数量增加最多的省份是广东，为58.81万人，因育龄女性总量减少四川出生人口数量减少37.70万人。

从育龄女性年龄结构变化的影响来看，除新疆、西藏和广东以外的省份，育龄女性年龄结构变化使得出生人口数量减少，出生人口数量减少最多的省份集中在部分中部和东部地区，减少20万～29万人。新疆、西藏和广东育龄女性年龄结构变化使得出生人口数量小幅度增加，增加数量不到2万人。

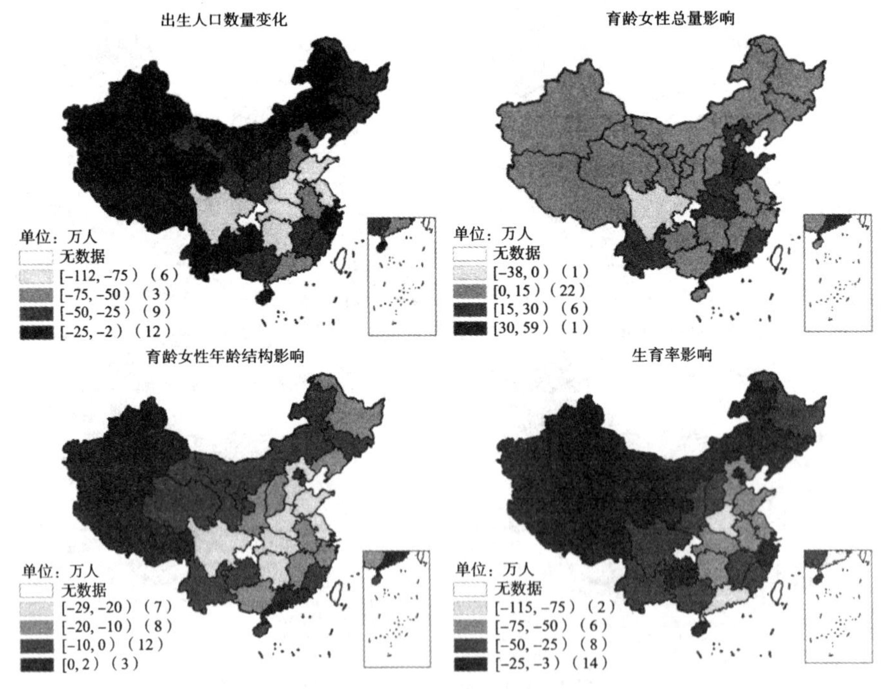

图12-2　1989～2000年出生人口数量变化分解结果

资料来源：基于各省1990年和2000年人口普查资料计算。

从生育率变化的影响来看，在所有省份，生育率下降促使出生人口数量减少，减少最多的省份大多分布在东南部地区，减少 50 万 ~75 万人，河南、广东由于生育率下降导致出生人口数量减少最多，分别为 107.22 万人和 114.21 万人。

这一阶段，所有省份出生人口数量均有下降，且下降幅度很大。各省出生人口数量下降的主要因素均为生育率下降，中部偏东地区出生人口数量下降幅度最大。各省育龄女性总量变化仍然使得出生人口数量增加，但增加幅度减小，育龄女性年龄结构变化降低出生人口数量，这是由于第二次出生高峰的女性年龄增长到 24 ~28 岁，逐渐退出生育高峰期使得处于生育高峰期的育龄女性比例减少。

3. 第三阶段（2000 ~2010 年）

2000 ~2010 年，16 个省份出生人口数量增加，增加最多的省份分布在东部沿海地区和中南部地区；15 个省份出生人口数量减少。导致各省出生人口数量变化的主要影响因素各有不同。

从育龄女性总量变化的影响来看，大部分省份的育龄女性总量增加使得出生人口数量增加，该因素使得出生人口数量增加最多的省区是广东、新疆、云南和东中部的省份。由于育龄女性总量减少使得出生人口数量减少的省份有 5 个，减少 1 万 ~2 万人。

从育龄女性年龄结构变化的影响来看，育龄女性年龄结构变化使得 8 个省份出生人口数量增加，该因素使得出生人口数量增加最多的是河北，增加 10.42 万人，另外 7 个省份由于该因素增加的出生人口数量都少于 4 万人。育龄女性年龄结构变化使得 23 个省份出生人口数量减少，该因素使得出生人口数量减少最多的省份分布在云南、贵州、四川和安徽省，减少数量在 10 万 ~12 万人。

从生育率变化的影响来看，生育率下降使东北及西部地区省份出生人口数量减少，该因素使得云南、贵州和河南出生人口数量减少最多，减少数量在 10 万 ~15.2 万人 。绝大部分东南省份因为生育率上升使得出生人口数量增加，增加最多的省份是湖北省，增加 13.23 万人 。

这一阶段，生育率已经下降到较低水平，东南地区省份生育率上升使得出生人口数量增加，而中西部和东北地区省份生育率继续下降使得出生人口数量减少。

表 12－4　分省出生人口数量变化分解（二）

单位：万人

省份	2000 年出生人口	2010 年与 2000 年比较				2010 年出生人口
		变化	育龄女性总量	育龄女性年龄结构	生育率	
北京	7.86	6.43	4.28	2.44	－0.29	14.29
天津	6.78	3.66	1.69	2.04	－0.08	10.44
河北	66.37	14.58	4.86	10.42	－0.70	80.95
山西	36.75	－5.81	4.99	－2.16	－8.64	30.94
内蒙古	21.92	－0.38	0.56	－1.45	0.51	21.54
辽宁	32.79	－8.20	－0.90	0.26	－7.56	24.59
吉林	19.16	－2.03	－0.28	－0.06	－1.70	17.13
黑龙江	27.10	－3.46	0.30	－0.68	－3.08	23.64
上海	8.90	7.95	4.08	3.55	0.32	16.85
江苏	55.05	13.27	5.30	1.27	6.70	68.32
浙江	42.23	4.03	7.34	－3.36	0.05	46.26
安徽	63.13	3.09	4.97	－11.38	9.50	66.22
福建	33.62	4.42	3.87	－2.31	2.86	38.05
江西	58.11	－8.26	5.42	－5.83	－7.85	49.84
山东	88.62	1.06	2.70	－3.66	2.02	89.68
河南	105.36	－7.43	6.54	－3.34	－10.63	97.93
湖北	50.34	12.05	－0.68	－0.49	13.23	62.39
湖南	63.94	10.77	2.66	－0.74	8.85	74.71
广东	84.38	20.51	20.92	－7.20	6.79	104.88
广西	53.53	10.13	2.60	－0.90	8.44	63.66
海南	9.61	1.36	1.99	－0.25	－0.39	10.97
重庆	28.35	－5.41	－1.82	－3.71	0.12	22.94
四川	79.93	－18.18	－1.72	－10.43	－6.03	61.75
贵州	61.30	－20.03	0.72	－10.61	－10.15	41.27
云南	70.05	－17.74	7.43	－10.04	－15.13	52.31
西藏	3.96	－1.09	0.81	0.03	－1.93	2.87
陕西	30.21	2.24	3.50	1.05	－2.31	32.45
甘肃	26.70	－1.31	2.72	－3.71	－0.31	25.39
青海	7.53	－1.24	0.91	－1.46	－0.70	6.29

续表

省份	2000 年出生人口	2010 年与 2000 年比较				2010 年出生人口
		变化	育龄女性总量	育龄女性年龄结构	生育率	
宁夏	8.66	-1.47	1.48	-1.33	-1.61	7.19
新疆	26.29	2.60	6.57	-3.85	-0.12	28.89

资料来源：基于各省 1982 年、1990 年、2000 年和 2010 年人口普查资料计算。

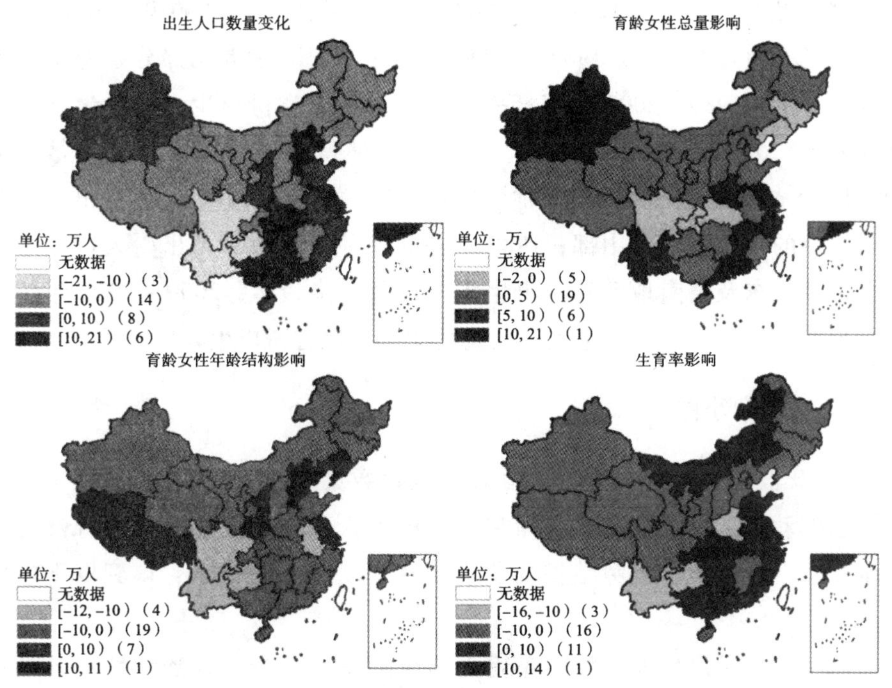

图 12-3　2000~2010 年出生人口数量变化分解结果

资料来源：基于各省 2000 年和 2010 年人口普查资料计算。

（三）分省纵贯分析

1982~1989 年，大部分省份出生人口数量增加；1989~2000 年，所有省份出生人口数量大幅度减少；2000~2010 年，东南部分省份出生人口数量增加，西部和东北地区省份出生人口数量减少。各种因素在不同时间段对各省出生人口数量变化的影响呈现一定的趋势性。

第一，育龄女性总量变化。育龄女性总量变化使得出生人口数量增加，但影响越来越小。1982~1989 年，所有省份育龄女性总量增加使得出生人口数量增加；1989~2000 年，除四川外，育龄女性总量增加使得出生人口数量增加，但增加幅度小于1982~1989年；2000~2010年，育龄女性总量变化使得26个省份出生人口数量增加，5个省份出生人口数量减少，增加幅度小于1989~2000年。

第二，育龄女性年龄结构变化。1982~1989年育龄女性年龄结构变化使得24个省份出生人口数量增加，1989~2000年育龄女性年龄结构变化使得27个省份出生人口数量减少，2000~2010年育龄女性年龄结构变化使得23个省份出生人口数量减少，而且减少的幅度比1989~2000年要小。

第三，生育率变化。1982~1989年生育率下降使得大部分省份出生人口数量减少，1989~2000年生育率下降使得所有省份出生人口数量减少且减少幅度较大；2000~2010年，生育率变化使得19个省份出生人口数量减少，12个省份出生人口数量增加。1982~1989年生育率变化使得出生人口数量增加的省份集中在中部；1989~2000年使得所有省份出生人口数量下降，中部偏东及偏南地区省份出生人口数量下降最多；2000~2010年使得东南沿海省份和内蒙古出生人口数量增加，其他省份出生人口数量减少。

五　本章小结

自20世纪80年代以来，中国出生人口数量经历了由增加到大幅度下降与平缓波动的过程。本章把全国和各省出生人口数量变化分解为育龄女性总量变化、育龄女性年龄结构变化和生育率变化三个因素，得到以下主要结论。

第一，全国出生人口数量变化受到育龄女性总量、育龄女性年龄结构和生育率变化的影响，不同时间段发挥主要作用的因素不同。1982~1989年，全国出生人口数量增加主要受到育龄女性总量增加的影响；1989~2000年，全国出生人口数量大幅下降主要受到生育率降低的影响；2000~2010年，育龄女性总量增加使全国出生人口数量增加，育龄女性年龄结构变化和生育率降低使得出生人口数量减少，两种作用相互抵消，出生人口数量变化较小。

第二，在不同时期，各省出生人口数量变化的主要影响因素不同。1982~1989年，18个省份出生人口数量增加，主要受育龄女性总量增加的影响；8个省份出生人口数量减少，主要受生育率下降的影响；1989~2000年，所有省份的出生人口数量大幅减少，主要受生育率下降的影响；2000~

2010 年，出生人口数量增加的省份有 16 个，减少的省份有 15 个，各省出生人口数量变化的主要影响因素不同。

第三，育龄女性总量变化、育龄女性年龄结构变化和生育率变化对各省出生人口数量变化的影响随时间变化呈现一定的规律。育龄女性总量变化使得出生人口数量增加，但影响越来越小；育龄女性年龄结构变化在 1982～1989 年使得 24 个省份出生人口数量增加，1989～2000 年使得 27 个省份出生人口数量减少，2000～2010 年使得 23 个省份出生人口数量减少，但减少幅度相比于 1989～2000 年的减少幅度要小；生育率变化在 1982～1989 年使得大部分省份出生人口数量减少，1989～2000 年使得所有省份出生人口数量减少并且减少幅度较大，2000～2010 年转而使得东南沿海省份和内蒙古出生人口数量增加，继续使得其他省份出生人口数量减少。

第四，使用 2010 年全国人口普查数据，不考虑死亡和迁移，2010～2020 年全国育龄女性总量将由 37978 万人减少到 33387 万人，处于 20～29 岁生育旺盛期的女性占育龄女性总量的比例由 29.91% 下降到 24.75%。也就是说，育龄女性总量变化和育龄女性年龄结构变化都将使得出生人口数量减少。从过去经验及全面二孩政策实施效果来看，生育率不会大幅度提高（郭志刚，2017；姜全保等，2018；Jiang et al.，2019a）。可以预测，中国未来出生人口数量会继续减少。

第十三章　生育水平预测

一　引言

未来生育水平变动对人口发展具有重要影响，对未来生育水平的预测尤其重要。从历史经验来看，对于生育率的预测往往会偏离实际（申卯兴，1995；李南、申卯兴，1996）。联合国曾经估计1995～2010年中国的平均总和生育率是1.8（Myrskylä et al.，2012）。不过，随着时间的推移，联合国下调了对于中国这一时期总和生育率的估计，1985～1990年、1990～1995年、1995～2000年、2000～2005年、2005～2010年和2010～2015年的总和生育率分别为2.73、1.90、1.51、1.55、1.58和1.60（United Nations，2017）。United Nations（2017）中方案预测2015～2020年、2020～2025年和2025～2030年总和生育率分别为1.63、1.66和1.69，呈逐步上升趋势。但是，2013年的单独二孩政策和2016年的全面二孩政策没有提升中国的生育水平，2017年、2018年和2019年出生数量连续下降，当前的生育水平没有提高，未来总和生育率上升的可能性也不大。

近来，概率预测成了当前的主流预测方法（Raftery et al.，2013；Raftery et al.，2014；United Nations，2017）。这种方法在生育、死亡等各个因素预测的时候采用了贝叶斯预测，在对人口预测的时候采用高中低三种可能的方案，给出了置信区间。

Lee和Carter（1992）在研究死亡预测的时候提出了Lee-Carter方法，根据死亡率变化中水平变化远比模式变化显著的特点，利用矩阵奇异值分解（Singular Value Decomposition）方法将历年按龄死亡率即时间序列向量转化成了时间序列变量，进而利用时间序列分析方法进行了美国人口的随机死亡率预测。在此基础上，Lee 和 Tuljapurkar（1994）提出人口随机预测的 LTC 方法，基于生育率和死亡率随机预测，对分年龄人口数、抚养比、老年人口比例等人口指标进行预测。

Lee-Carter 方法最初用于研究死亡预测，但很快推广到研究生育预测。不少学者和研究机构将 Lee-Carter 模型应用到生育率预测研究中（Hollmann et al.，2000；Hyndman and Ullah，2007；Zhao，2012）。申卯兴（1995）、李南和申卯兴（1996）将 Lee-Carter 方法用于中国生育率预测，基于年龄别生育率的历史数据，对年龄别生育率矩阵进行奇异值分解从而得到时间序列数据，将生育率的预测问题转化为时间序列建模预测问题。申卯兴（1995）、李南和申卯兴（1996）在 20 世纪 90 年代中期做的预测，其结果存在两个问题：（1）依据当时的数据，他们预测 2050 年的总和生育率为 2.0165，而中国目前的总和生育率已经远远低于他们的预测并且还有继续下降的趋势；（2）他们给出 2050 年总和生育率 95% 置信区间上限为 3.1704，下限为 1.3100，相差 1.8604，置信区间过大（姜全保，2010）。姜全保（2010）参考申卯兴（1995）、李南和申卯兴（1996）的方法，使用校正过的生育率数据，预测了 1998 年以后的生育水平，结果显示 2028 年总和生育率有可能降到 1.3 的超低生育水平。但这个结果是基于 1998 年之前的数据预测的，而且没有考虑用于预测数据的多种可能情况。包自宁（2011）基于《中国人口统计年鉴》1988～2009 年数据，利用 Zhao（2012）改进的 Lee-Carter 模型分别对全国、城市、城镇和农村总和生育率和年龄别生育率进行估计和预测，发现从 20 世纪 90 年代初到 2000 年全国生育率持续下降，2000 年以来全国及城市（27 岁以上）、城镇（26 岁以上）、乡村（25 岁以上）的育龄女性一孩生育率均有上升趋势，城市和农村育龄女性二孩及以上生育率有上升趋势。

本章使用几个来源的数据，使用 Lee-Carter 方法预测未来的生育水平。

二 预测方法

Lee 和 Carter（1992）提出了 Lee-Carter 死亡预测方法，使用美国连续年份数据对死亡水平进行了随机预测。假定具有连续 n 年（$t = t_1, t_2, \cdots, t_n$）的年龄别死亡率数据，按照时间顺序和年龄顺序把这些数据组成一个矩阵，利用矩阵奇异值分解方法把年龄别死亡率即时间序列向量问题转化成时间序列单变量问题，进而利用时间序列分析方法进行随机死亡率分析，得到公式如下：

$$\ln m_x(t) = \alpha_x + \beta_x \kappa_t + \varepsilon_{x,t} \tag{13-1}$$

模型中 α_x 是 x 岁对数死亡率的平均数，表示死亡率随年龄 x 的变化：$\alpha_x = \frac{1}{t_n - t_1 + 1}\sum_{t=t_1}^{t_n} \ln m_x(t)$；$\beta_x$ 表示年龄 x 对于死亡率变动的敏感程度；κ_t 表示死亡率随时间 t 的变动程度，也是由死亡率矩阵通过奇异值分解得到的一个序列；通常假定 $\sum_x \beta_x = 1$，$\sum_t \kappa_t = 0$，$\varepsilon_{x,t}$表示残差项，且 $\varepsilon_{x,t} \sim N(0, \sigma^2)$。对于 κ_t 有不少的估计方法，比如奇异值分解法（SVD）、最小二乘法（OLS）、加权最小二乘法（WLS）和极大似然法（MLE）（李志生、刘恒甲，2010）。Lee-Carter（1992）使用通过对矩阵 $\ln m_x(t) - \alpha_x$ 进行奇异值分解得到 κ_t。对于年龄别死亡率矩阵 $M \in R^{m \times m}$，存在正交矩阵 $U = [u_1, u_2, \cdots, u_m] \in R^{m \times m}$ 和正交矩阵 $V = [v_1, v_2, \cdots, v_m] \in R^{m \times m}$，使得 $U^T MV = diag[\sigma_1, \sigma_2, \cdots, \sigma_m] \equiv w$，即 $M = UWV^T$，因此，$M = \sum_{l=1}^{p} Udiag(0, \cdots, 0, \sigma_i, 0, \cdots, 0) V^T$，当 $\sigma_i \neq 0$ 时，$rank(Udiag(0, \cdots, 0, \sigma_i, 0, \cdots, 0) V^T) = 1$，$M = \sum_{l=1}^{p} \sigma_i u_i v_i^T$，其中 $\sigma_1 \geqslant \sigma_2, \cdots, \geqslant \sigma_p \geqslant 0$，$p = \min\{m, n\}$。正数 σ_i 称为矩阵 M 的奇异值（Singular Value），u_i 和 v_i 分别为响应于奇异值 σ_i 的左、右奇异向量（Singular Vector）。奇异值和奇异向量之间满足以下关系：$\begin{cases} Mv_i = \sigma_i u_i \\ M^T u_i = \sigma_i v_i \end{cases} (i = 1, 2, \cdots, p)$，以上为矩阵 M 的 SVD 分解。$rank(M) = r \geqslant s$，令 $W_s = diag(\sigma_1, \sigma_2, \cdots, \sigma_3)$，

$$M_s = U\begin{bmatrix} W_s & 0 \\ 0 & 0 \end{bmatrix}V^T = \sum_{i=1}^{s} \sigma_i u_i v_i^T \tag{13-2}$$

从而，$rank(M_s) = rank(W_s) = s$，则 $| M - M_S |_F = \min\{| M - C |_F\} C \in R_s^{n \times m}$，在 Frobenius 范数意义下，$M_s$ 是在空间 $R_s^{n \times m}$（秩 s 的 $n \times m$ 阶矩阵构成的线性空间）中 M 的一个最佳逼近。这样，就可以在不丢失生育率矩阵主要数字信息的前提下得到原矩阵的一定秩下的最佳逼近，不同阶数逼近程度可以通过贡献率来比较（申卯兴，1995；李南、申卯兴，1996；Li et al.，2004）。

Lee-Carter 模型使用一阶逼近，即采用单序列 κ_t（对应上面的 u_1），利用 Box-Jenkins 方法对一系列估计值 $\hat{\kappa}_t$ 进行建模，采用 ARIMA（p，d，q）模型进行拟合并预测 $\hat{\kappa}_t$ 值，外推预测年份的 $\hat{\kappa}_t$，然后利用 $\hat{\kappa}_t$、α_x 和 β_x 得出预测年度的 $\hat{m}_x(t)$，即

$$\ln \hat{m}_x(t) = \ln \alpha_x + \beta_x \hat{\kappa}_t \tag{13-3}$$

ARIMA（p，d，q）模型假设较多，往往 κ_t 序列因为有个趋势变化要差分，但差分之后的序列很可能成为白噪声而不能继续预测（姜全保，2010；韩猛、王晓军，2010）。很多发达国家和发展中国家的经验数据证实 $\hat{\kappa}_t$ 近似服从带漂移的随机游走过程，带漂移的随机游走模型更适合实际应用（Lee and Carter，1992；Li et al.，2004；韩猛、王晓军，2010；吴晓坤等，2018）。

Li 等（2004）把 Lee-Carter 模型扩展到有限数据和非连续数据的情况。他们假定收集到不同时间 u_0，u_1，…，u_T 共 $T+1$ 年的年龄别死亡率数据 $m_x(u_0)$，$m_x(u_1)$，…，$m_x(u_T)$，

$$\alpha_x = \frac{1}{T+1}\sum_{t=0}^{T} \ln m_x(u_t) \tag{13-4}$$

对矩阵 $\ln m_x(u_t) - \alpha_x$ 进行奇异值分解可以求得相应的 β_x 和 $\hat{\kappa}_{u_0}$，$\hat{\kappa}_{u_1}$，…，$\hat{\kappa}_{u_T}$。采用带漂移的随机游走模型拟合时间因子序列，

$$\hat{\kappa}_{u_t} - \hat{\kappa}_{u_{t-1}} = d(u_t - u_{t-1}) + (\varepsilon_{u_{t-1}+1} + \varepsilon_{u_{t-1}+2} + ,\cdots, \varepsilon_{u_t}) \tag{13-5}$$

其中，$\varepsilon_i \sim N(0, \sigma^2)$，$\sigma$ 是常数。漂移参数 d 的无偏估计量可以为：

$$\hat{d} = \frac{\sum_{t=1}^{T} (\hat{\kappa}_{u_t} - \hat{\kappa}_{u_{t-1}})}{\sum_{t=1}^{T} (u_t - u_{t-1})} = \frac{\hat{\kappa}_{u_T} - \hat{\kappa}_{u_0}}{u_T - u_0} \tag{13-6}$$

方差 σ^2 为：

$$\sigma^2 = \frac{\sum_{t=1}^{T} [(\kappa_{u_t} - \kappa_{u_{t-1}}) - d(u_t - u_{t-1})]^2}{u_T - u_0 - \frac{\sum_{t=1}^{T} (u_t - u_{t-1})^2}{u_T - u_0}} \approx \frac{\sum_{t=1}^{T} [(\kappa_{u_t} - \kappa_{u_{t-1}}) - \hat{d}(u_t - u_{t-1})]^2}{u_T - u_0 - \frac{\sum_{t=1}^{T} (u_t - u_{t-1})^2}{u_T - u_0}} \tag{13-7}$$

从公式（13－7）和公式（13－8）推导漂移参数 d 的估计标准误差为 $\sqrt{\mathrm{var}(\hat{d})}$，

$$\sqrt{\mathrm{var}(\hat{d})} = \sqrt{\frac{\mathrm{var}\left[\sum_{t=1}^{T}(\varepsilon_{u_{t-1}+1} + \varepsilon_{u_{t-1}+2} + ,\cdots,\varepsilon_{u_t})\right]}{(u_T - u_0)^2}} = \sqrt{\frac{\sigma^2}{u_T - u_0}} \approx \frac{\sigma}{\sqrt{u_T - u_0}} \tag{13-8}$$

有了以上数据就可以在 $t > u_T$ 时，对 κ_t 做出估计，即

$$\dot{\kappa}_{u_{T+1}} = \hat{\kappa}_{u_T} + d + \varepsilon_{u_{T+1}} \tag{13-9}$$

总的来讲，时间因子主要用于预测，时间因子预测中产生的随机性是导致最终预测结果不确定性的最主要随机成分；如果要全面度量预测结果的不确定性就需要同时考虑时间因子预测中和模型参数估计中的随机性（吴晓坤等，2018）。韩猛和王晓军（2010）采用双随机模型，$d = \hat{d} + \xi$，$\xi \sim N(0，\mathrm{var}(\hat{d}))$，可得：

$$\dot{\kappa}_{u_{T+1}} = \hat{\kappa}_{u_T} + \hat{d} + \xi + \varepsilon_{u_{T+1}} \tag{13-10}$$

$$\dot{\kappa}_{u_{T+k}} = \hat{\kappa}_{u_T} + \sum_{i=1}^{k}(\hat{d} + \xi_i) + \sum_{j=1}^{k}\varepsilon_{u_{T+j}} = \hat{\kappa}_{u_T} + k\hat{d} + \sum_{i=1}^{k}\xi_i + \sum_{j=1}^{k}\varepsilon_{u_{T+j}} \tag{13-11}$$

其中，$\zeta = \sum_{i=1}^{k}\xi_i \sim N(0,k \times \mathrm{var}(\hat{d}))$，$\zeta = \sum_{j=1}^{k}\varepsilon_{uT+j} \sim N(0,k \times \sigma^2)$

由公式（13－11）可以得到相应 $\kappa_{u_{T+k}}$ 的点估计和区间估计值。有了 $\dot{\kappa}_{u_{T+k}}$ 就可以用公式（13－3）对 $\ln \dot{m}_x(u_T + k)$ 做出预测。

在应用 Lee-Carter 方法进行生育预测时，申卯兴（1995）、李南和申卯兴（1996）和姜全保（2010）使用年龄别生育率（5 岁组）原始数值，即令 f_{tx} 为生育率时间序列，其中 $t = t_1，t_2，\cdots，t_n$ 代表时间，$x = 1，2，\cdots，7$ 代表 15～19 岁，20～24 岁，25～29 岁，…，45～49 岁年龄组，以 f_{tx} 为元素得到一个矩阵 $A = (f_{tx})_{n \times 7}$，令 7 维行向量 g_x 为 f_{tx} 对时间的平均值 $g_x = \frac{\sum_t f_{tx}}{n}$。本章把以上的方法应用于生育率预测，但使用的是取对数之后的生育率。

本章使用上述方法，使用连续年份数据和非连续年份数据预测中国未

来生育水平趋势，希望能对当前生育政策的调整完善提供依据。首先介绍生育率随机预测方法中的矩阵奇异值分解，并根据采用的数据，给出奇异值分解的结果；其次给出时间序列分析方法；再次预测未来生育率变化趋势；最后是本章的结论和讨论。

三　数据

本章使用的数据即包括连续年份生育数据，也包括非连续年份生育数据。连续年份生育数据包含三组：一是中华人民共和国国家统计局和美国东西方中心（2007）提供的1975~2000年年龄别生育率数据；二是国家统计局人口普查和抽样调查数据中1989~2016年年龄别生育率数据；三是基于第三章中调整之后的国家统计局人口普查和抽样调查数据中1989~2016年年龄别生育率数据。此外，1990年、2000年和2010年人口普查数据，以及1995年、2005年和2015年全国1%人口抽样调查数据的年龄别死亡率，通过组合比如选取1990年、2000年和2010年人口普查数据可以得到若干组非连续年份数据用于预测。

中华人民共和国国家统计局和美国东西方中心（2007）提供了详尽的1975~2000年中国全国和分省的按年龄生育率数据，而且由于国家统计局的参与使得数据具有一定的代表性。1975~2000年按年龄生育率和总和生育率数据如表13-1所示。

表13-1　1975~2000年年龄别生育率和总和生育率

年份	年龄别生育率（‰）							总和生育率
	15~19岁	20~24岁	25~29岁	30~34岁	35~39岁	40~44岁	45~49岁	
1975	24.7	188.8	242.3	153.6	93.6	46.7	9.3	3.79
1976	22.9	175.7	233.2	136.8	76.3	37.7	7.2	3.45
1977	21.0	164.9	220.4	119.6	64.2	31.3	6.9	3.14
1978	16.8	154.0	214.0	108.9	55.3	26.2	5.1	2.90
1979	12.6	154.9	217.3	104.3	48.3	21.5	4.3	2.82
1980	12.2	161.5	211.8	91.8	40.5	17.1	3.9	2.69
1981	14.1	165.2	193.1	74.4	32.4	14.0	3.3	2.48
1982	22.0	212.4	218.3	80.4	33.5	14.1	3.3	2.92
1983	25.3	193.0	190.1	68.4	26.6	11.7	2.6	2.59

续表

年份	年龄别生育率（‰）							总和生育率
	15～19岁	20～24岁	25～29岁	30～34岁	35～39岁	40～44岁	45～49岁	
1984	24.8	177.1	168.8	60.3	22.5	9.5	2.0	2.33
1985	25.7	184.6	161.2	60.6	22.4	9.3	1.9	2.33
1986	25.5	193.3	157.5	63.1	23.1	9.0	2.0	2.37
1987	25.6	210.1	165.8	74.2	25.0	8.4	2.3	2.56
1988	24.5	203.4	165.2	69.2	23.4	8.0	2.3	2.48
1989	22.9	191.0	158.2	59.3	20.9	6.7	2.1	2.31
1990	24.0	197.8	163.3	64.7	24.9	6.2	1.9	2.41
1991	19.1	158.8	119.2	47.5	17.5	4.8	1.2	1.84
1992	17.7	150.1	105.8	41.6	14.3	4.1	1.2	1.67
1993	17.1	145.3	99.5	39.6	12.9	3.6	1.1	1.60
1994	14.9	133.8	94.1	35.8	11.0	3.3	0.9	1.47
1995	14.5	138.8	98.5	35.2	10.3	3.2	1.0	1.51
1996	11.8	127.4	92.4	32.0	9.0	2.8	1.1	1.38
1997	9.8	125.1	92.7	31.0	9.0	2.4	1.0	1.35
1998	9.0	126.3	93.5	31.7	9.3	2.3	0.9	1.37
1999	8.1	124.9	98.2	33.8	9.3	2.0	0.7	1.39
2000	6.4	126.3	101.2	35.3	8.1	2.0	0.6	1.40

资料来源：中华人民共和国国家统计局历年统计数据和美国东西方中心，2007。

注：1999年数据，总和生育率采用1998年和2000年均值，并按比例调整年龄别生育率。

国家统计局历年人口普查和抽样调查数据包含年龄别生育率数据，从1989～2016年的数据如表13－2所示。

表13－2　1989～2016年年龄别生育率和总和生育率

年份	年龄别生育率（‰）							总和生育率
	15～19岁	20～24岁	25～29岁	30～34岁	35～39岁	40～44岁	45～49岁	
1989	21.99	198.81	155.55	55.74	19.56	5.67	1.63	2.295
1990	18.49	186.84	149.21	52.69	17.29	5.19	1.54	2.156
1991	14.99	174.86	142.87	49.63	15.01	4.71	1.45	2.018
1992	11.49	162.89	136.53	46.58	12.74	4.23	1.36	1.879

续表

年份	年龄别生育率（‰）							总和生育率
	15～19岁	20～24岁	25～29岁	30～34岁	35～39岁	40～44岁	45～49岁	
1993	7.99	150.91	130.19	43.52	10.46	3.75	1.27	1.740
1994	4.49	138.95	123.85	40.47	8.19	3.27	1.18	1.602
1995	10.89	154.07	91.84	26.50	5.71	1.58	0.63	1.456
1996	7.30	151.51	109.46	31.37	6.91	1.78	0.82	1.546
1997	2.73	129.32	121.83	34.86	7.27	1.22	0.63	1.489
1998	2.63	126.77	119.28	37.65	8.69	1.75	0.79	1.488
1999	2.60	122.00	118.80	40.00	9.80	1.30	0.40	1.475
2000	5.96	114.49	86.19	28.62	6.22	1.46	0.68	1.218
2001	2.70	107.70	115.37	40.06	9.22	1.83	0.60	1.387
2002	2.68	113.15	106.09	42.68	9.68	1.88	0.37	1.383
2003	5.25	122.67	102.44	38.28	8.65	1.77	0.56	1.398
2004	5.56	120.85	107.60	42.21	10.14	1.93	0.41	1.444
2005	6.34	114.46	91.70	40.22	10.98	2.05	0.77	1.333
2006	4.59	101.52	99.70	47.00	16.23	4.42	2.26	1.379
2007	3.83	93.67	103.78	52.34	20.41	6.70	5.19	1.430
2008	5.26	94.60	101.44	53.85	21.93	9.93	6.65	1.468
2009	6.16	86.61	96.58	50.29	19.84	7.57	5.78	1.364
2010	5.93	69.47	84.08	45.84	18.71	7.51	4.68	1.181
2011	6.16	66.51	77.23	40.85	12.56	3.40	1.25	1.040
2012	6.72	72.80	96.82	50.81	17.15	5.47	1.56	1.257
2013	7.84	69.53	93.97	50.84	18.68	4.66	1.76	1.236
2014	11.19	79.77	93.62	49.03	17.04	3.96	1.07	1.278
2015	9.19	54.96	74.31	45.31	18.60	5.37	3.11	1.054
2016	8.33	61.12	88.05	52.27	25.00	9.07	6.10	1.250

资料来源：中华人民共和国国家统计局历年人口普查、人口抽样调查数据。

注：1990～1993年的生育率是通过线性插值得到。

在表13－2数据的基础上，我们曾经使用间接估计方法（具体见第三章），估计得到另外一组1989～2016年的数据，如表13－3所示。

表 13-3　间接估计的 1989～2016 年年龄别生育率和总和生育率

年份	年龄别生育率（‰）							总和生育率
	15～19 岁	20～24 岁	25～29 岁	30～34 岁	35～39 岁	40～44 岁	45～49 岁	
1989	21.99	198.81	155.55	55.74	19.56	5.67	1.63	2.295
1990	18.49	186.84	149.21	52.69	17.29	5.19	1.54	2.156
1991	15.01	175.07	143.04	49.69	15.03	4.72	1.45	2.020
1992	11.37	161.23	135.15	46.11	12.61	4.19	1.35	1.860
1993	8.45	159.54	137.63	46.01	11.06	3.96	1.34	1.840
1994	5.02	155.26	138.38	45.22	9.15	3.65	1.32	1.790
1995	13.17	186.22	111.01	32.03	6.90	1.91	0.76	1.760
1996	8.41	174.47	126.05	36.12	7.96	2.05	0.94	1.780
1997	3.23	152.83	143.97	41.20	8.59	1.44	0.74	1.760
1998	3.11	149.96	141.10	44.54	10.28	2.07	0.93	1.760
1999	3.05	143.14	139.39	46.93	11.50	1.53	0.47	1.730
2000	5.96	114.49	86.19	28.62	6.22	1.46	0.68	1.218
2001	3.13	124.98	133.88	46.49	10.70	2.12	0.70	1.610
2002	3.06	129.30	121.23	48.77	11.06	2.15	0.42	1.580
2003	5.90	137.75	115.04	42.99	9.71	1.99	0.63	1.570
2004	6.05	131.44	117.03	45.91	11.03	2.10	0.45	1.570
2005	7.61	137.43	110.10	48.29	13.18	2.46	0.92	1.600
2006	5.19	114.88	112.82	53.18	18.37	5.00	2.56	1.560
2007	4.21	102.87	113.97	57.48	22.41	7.36	5.70	1.570
2008	5.62	101.15	108.47	57.58	23.45	10.62	7.11	1.570
2009	7.04	99.04	110.45	57.51	22.69	8.66	6.61	1.560
2010	5.93	69.47	84.08	45.84	18.71	7.51	4.68	1.181
2011	8.77	94.67	109.93	58.14	17.88	4.84	1.78	1.480
2012	8.02	86.90	115.57	60.65	20.47	6.53	1.86	1.500
2013	9.51	84.35	114.00	61.68	22.66	5.65	2.14	1.500
2014	13.39	95.47	112.05	58.68	20.39	4.74	1.28	1.530
2015	13.25	79.24	107.14	65.33	26.82	7.74	4.48	1.520
2016	10.93	80.21	115.55	68.59	32.81	11.90	8.01	1.640

资料来源：同表 3-13。

本章下面提供了使用表 13-1、表 13-2 和表 13-3 中数据预测的未来生育水平，没有提供使用非连续年份数据预测的结果。

四　生育水平预测结果

表 13－4 提供了根据中华人民共和国国家统计局和美国东西方中心（2007）的数据预测的 2001～2050 年数据。可以看出，根据 Lee-Carter 方法预测的总和生育率不断下降，到 2025 年下降到 1.252，95% 置信区间上限为 1.332；到 2050 年下降到 1.125，95% 置信区间上限为 1.224。

表 13－4　预测 2001～2050 年年龄别生育率和总和生育率

年份	年龄别生育率（‰）							总和生育率	95% 置信区间	
	15～19 岁	20～24 岁	25～29 岁	30～34 岁	35～39 岁	40～44 岁	45～49 岁		下限	上限
2001	6.37	126.03	100.64	35.02	8.01	1.97	0.59	1.393	1.376	1.411
2002	6.34	125.76	100.09	34.75	7.92	1.94	0.59	1.387	1.363	1.412
2003	6.31	125.50	99.53	34.48	7.82	1.91	0.58	1.381	1.351	1.411
2004	6.29	125.23	98.99	34.21	7.73	1.88	0.57	1.374	1.341	1.409
2005	6.26	124.96	98.44	33.94	7.65	1.85	0.56	1.368	1.331	1.407
2006	6.23	124.70	97.90	33.68	7.56	1.82	0.56	1.362	1.321	1.405
2007	6.20	124.43	97.36	33.41	7.47	1.80	0.55	1.356	1.312	1.402
2008	6.17	124.17	96.82	33.15	7.39	1.77	0.54	1.350	1.304	1.399
2009	6.15	123.90	96.28	32.89	7.30	1.74	0.54	1.344	1.295	1.395
2010	6.12	123.64	95.75	32.64	7.22	1.71	0.53	1.338	1.287	1.392
2011	6.09	123.38	95.23	32.38	7.13	1.69	0.52	1.332	1.279	1.388
2012	6.06	123.11	94.70	32.13	7.05	1.66	0.52	1.326	1.271	1.385
2013	6.04	122.85	94.18	31.88	6.97	1.64	0.51	1.320	1.263	1.381
2014	6.01	122.59	93.66	31.63	6.89	1.61	0.51	1.314	1.256	1.377
2015	5.98	122.33	93.14	31.38	6.81	1.59	0.50	1.309	1.248	1.373
2016	5.96	122.07	92.63	31.14	6.74	1.56	0.49	1.303	1.241	1.369
2017	5.93	121.81	92.12	30.89	6.66	1.54	0.49	1.297	1.234	1.365
2018	5.90	121.55	91.61	30.65	6.58	1.51	0.48	1.291	1.227	1.361
2019	5.88	121.29	91.10	30.41	6.51	1.49	0.48	1.286	1.220	1.357
2020	5.85	121.04	90.60	30.18	6.43	1.47	0.47	1.280	1.213	1.353

续表

年份	年龄别生育率（‰）							总和生育率	95%置信区间	
	15～19岁	20～24岁	25～29岁	30～34岁	35～39岁	40～44岁	45～49岁		下限	上限
2021	5.82	120.78	90.10	29.94	6.36	1.45	0.46	1.275	1.206	1.349
2022	5.80	120.52	89.60	29.71	6.28	1.42	0.46	1.269	1.199	1.344
2023	5.77	120.27	89.11	29.47	6.21	1.40	0.45	1.263	1.192	1.340
2024	5.75	120.01	88.62	29.24	6.14	1.38	0.45	1.258	1.186	1.336
2025	5.72	119.75	88.13	29.02	6.07	1.36	0.44	1.252	1.179	1.332
2026	5.69	119.50	87.64	28.79	6.00	1.34	0.44	1.247	1.173	1.327
2027	5.67	119.25	87.16	28.56	5.93	1.32	0.43	1.242	1.167	1.323
2028	5.64	118.99	86.68	28.34	5.86	1.30	0.43	1.236	1.160	1.319
2029	5.62	118.74	86.20	28.12	5.80	1.28	0.42	1.231	1.154	1.314
2030	5.59	118.49	85.72	27.90	5.73	1.26	0.42	1.226	1.148	1.310
2031	5.57	118.23	85.25	27.68	5.67	1.24	0.41	1.220	1.142	1.306
2032	5.54	117.98	84.78	27.47	5.60	1.22	0.41	1.215	1.136	1.301
2033	5.52	117.73	84.31	27.25	5.54	1.20	0.40	1.210	1.130	1.297
2034	5.49	117.48	83.85	27.04	5.47	1.18	0.40	1.205	1.124	1.293
2035	5.47	117.23	83.39	26.83	5.41	1.17	0.39	1.199	1.118	1.288
2036	5.44	116.98	82.93	26.62	5.35	1.15	0.39	1.194	1.113	1.284
2037	5.42	116.73	82.47	26.41	5.29	1.13	0.38	1.189	1.107	1.280
2038	5.40	116.49	82.01	26.20	5.23	1.11	0.38	1.184	1.101	1.275
2039	5.37	116.24	81.56	26.00	5.17	1.10	0.37	1.179	1.096	1.271
2040	5.35	115.99	81.11	25.80	5.11	1.08	0.37	1.174	1.090	1.267
2041	5.32	115.74	80.66	25.60	5.05	1.06	0.36	1.169	1.085	1.262
2042	5.30	115.50	80.22	25.40	4.99	1.05	0.36	1.164	1.079	1.258
2043	5.28	115.25	79.78	25.20	4.93	1.03	0.35	1.159	1.074	1.254
2044	5.25	115.01	79.34	25.00	4.88	1.01	0.35	1.154	1.068	1.250
2045	5.23	114.76	78.90	24.80	4.82	1.00	0.35	1.149	1.063	1.245
2046	5.21	114.52	78.46	24.61	4.77	0.98	0.34	1.144	1.058	1.241
2047	5.18	114.28	78.03	24.42	4.71	0.97	0.34	1.140	1.052	1.237
2048	5.16	114.03	77.60	24.23	4.66	0.95	0.33	1.135	1.047	1.232
2049	5.14	113.79	77.17	24.04	4.60	0.94	0.33	1.130	1.042	1.228
2050	5.11	113.55	76.75	23.85	4.55	0.92	0.33	1.125	1.037	1.224

资料来源：基于表13－1预测数据。

表 13－5 提供了根据国家统计局历年人口普查和抽样调查数据预测的 2017～2050 年数据。总和生育率在 2025 年为 1.255，95% 置信区间上限为 1.313；总和生育率在 2050 年为 1.269，95% 置信区间上限为 1.424。

表 13－5　预测 2017～2050 年年龄别生育率和总和生育率

年份	年龄别生育率（‰）							总和生育率	95% 置信区间	
	15～19 岁	20～24 岁	25～29 岁	30～34 岁	35～39 岁	40～44 岁	45～49 岁		下限	上限
2017	8.35	61.07	88.03	52.31	25.06	9.10	6.13	1.250	1.236	1.267
2018	8.36	61.01	88.01	52.36	25.11	9.14	6.16	1.251	1.231	1.275
2019	8.38	60.96	87.99	52.40	25.17	9.17	6.20	1.251	1.228	1.281
2020	8.39	60.90	87.96	52.45	25.23	9.21	6.23	1.252	1.225	1.287
2021	8.41	60.85	87.94	52.49	25.29	9.24	6.26	1.252	1.223	1.293
2022	8.42	60.79	87.92	52.54	25.34	9.28	6.29	1.253	1.221	1.298
2023	8.44	60.74	87.90	52.58	25.40	9.32	6.32	1.253	1.219	1.303
2024	8.45	60.68	87.88	52.63	25.46	9.35	6.36	1.254	1.218	1.308
2025	8.47	60.63	87.86	52.67	25.52	9.39	6.39	1.255	1.217	1.313
2026	8.48	60.57	87.84	52.72	25.58	9.42	6.42	1.255	1.215	1.318
2027	8.50	60.52	87.81	52.76	25.63	9.46	6.46	1.256	1.214	1.322
2028	8.52	60.47	87.79	52.80	25.69	9.49	6.49	1.256	1.213	1.327
2029	8.53	60.41	87.77	52.85	25.75	9.53	6.52	1.257	1.212	1.332
2030	8.55	60.36	87.75	52.89	25.81	9.57	6.56	1.257	1.211	1.336
2031	8.56	60.30	87.73	52.94	25.87	9.60	6.59	1.258	1.210	1.340
2032	8.58	60.25	87.71	52.98	25.93	9.64	6.63	1.259	1.210	1.345
2033	8.59	60.20	87.69	53.03	25.99	9.68	6.66	1.259	1.209	1.349
2034	8.61	60.14	87.66	53.07	26.05	9.71	6.69	1.260	1.208	1.354
2035	8.63	60.09	87.64	53.12	26.11	9.75	6.73	1.260	1.207	1.358
2036	8.64	60.03	87.62	53.16	26.17	9.79	6.76	1.261	1.207	1.362
2037	8.66	59.98	87.60	53.21	26.22	9.83	6.80	1.261	1.206	1.367
2038	8.67	59.93	87.58	53.25	26.28	9.86	6.83	1.262	1.206	1.371
2039	8.69	59.87	87.56	53.30	26.34	9.90	6.87	1.263	1.205	1.375
2040	8.71	59.82	87.54	53.35	26.40	9.94	6.90	1.263	1.205	1.380
2041	8.72	59.77	87.51	53.39	26.46	9.98	6.94	1.264	1.204	1.384
2042	8.74	59.71	87.49	53.44	26.53	10.01	6.98	1.264	1.204	1.389

续表

年份	年龄别生育率（‰）							总和生育率	95%置信区间	
	15~19岁	20~24岁	25~29岁	30~34岁	35~39岁	40~44岁	45~49岁		下限	上限
2043	8.75	59.66	87.47	53.48	26.59	10.05	7.01	1.265	1.203	1.393
2044	8.77	59.61	87.45	53.53	26.65	10.09	7.05	1.266	1.203	1.397
2045	8.79	59.55	87.43	53.57	26.71	10.13	7.08	1.266	1.202	1.402
2046	8.80	59.50	87.41	53.62	26.77	10.17	7.12	1.267	1.202	1.406
2047	8.82	59.45	87.39	53.66	26.83	10.21	7.16	1.268	1.202	1.410
2048	8.84	59.39	87.37	53.71	26.89	10.25	7.20	1.268	1.201	1.415
2049	8.85	59.34	87.34	53.75	26.95	10.28	7.23	1.269	1.201	1.419
2050	8.87	59.29	87.32	53.80	27.01	10.32	7.27	1.269	1.200	1.424

资料来源：基于表13-2预测数据。

表13-6提供了使用调整的国家统计局历年人口普查和抽样调查数据预测的2017~2050年数据。总和生育率在2025年为1.613，95%置信区间上限为1.682；总和生育率在2050年为1.623，95%置信区间上限为1.787。

表13-6　基于调整数据预测2017~2050年年龄别生育率和总和生育率

年份	年龄别生育率（‰）							总和生育率	95%置信区间	
	15~19岁	20~24岁	25~29岁	30~34岁	35~39岁	40~44岁	45~49岁		下限	上限
2017	8.61	72.06	111.14	80.54	38.41	9.05	2.26	1.610	1.593	1.630
2018	8.62	72.03	111.12	80.58	38.46	9.07	2.26	1.611	1.586	1.640
2019	8.63	71.99	111.11	80.63	38.51	9.09	2.27	1.611	1.581	1.648
2020	8.64	71.95	111.10	80.67	38.56	9.11	2.27	1.611	1.578	1.654
2021	8.65	71.92	111.08	80.71	38.61	9.12	2.28	1.612	1.574	1.660
2022	8.66	71.88	111.07	80.75	38.66	9.14	2.29	1.612	1.572	1.666
2023	8.66	71.84	111.06	80.79	38.70	9.16	2.29	1.613	1.569	1.672
2024	8.67	71.81	111.04	80.83	38.75	9.18	2.30	1.613	1.567	1.677
2025	8.68	71.77	111.03	80.87	38.80	9.20	2.31	1.613	1.565	1.682
2026	8.69	71.73	111.02	80.91	38.85	9.22	2.31	1.614	1.563	1.687
2027	8.70	71.70	111.00	80.95	38.90	9.24	2.32	1.614	1.561	1.692
2028	8.71	71.66	110.99	80.99	38.95	9.25	2.32	1.614	1.560	1.696
2029	8.71	71.63	110.98	81.03	39.00	9.27	2.33	1.615	1.558	1.701

续表

年份	年龄别生育率（‰）							总和生育率	95% 置信区间	
	15～19 岁	20～24 岁	25～29 岁	30～34 岁	35～39 岁	40～44 岁	45～49 岁		下限	上限
2030	8.72	71.59	110.96	81.07	39.05	9.29	2.34	1.615	1.557	1.705
2031	8.73	71.55	110.95	81.11	39.10	9.31	2.34	1.616	1.556	1.710
2032	8.74	71.52	110.94	81.15	39.15	9.33	2.35	1.616	1.554	1.714
2033	8.75	71.48	110.92	81.19	39.20	9.35	2.35	1.616	1.553	1.719
2034	8.76	71.45	110.91	81.24	39.25	9.37	2.36	1.617	1.552	1.723
2035	8.76	71.41	110.90	81.28	39.30	9.39	2.37	1.617	1.551	1.727
2036	8.77	71.37	110.88	81.32	39.35	9.41	2.37	1.617	1.550	1.731
2037	8.78	71.34	110.87	81.36	39.40	9.42	2.38	1.618	1.549	1.735
2038	8.79	71.30	110.86	81.40	39.45	9.44	2.39	1.618	1.548	1.739
2039	8.80	71.26	110.84	81.44	39.51	9.46	2.39	1.619	1.547	1.743
2040	8.81	71.23	110.83	81.48	39.56	9.48	2.40	1.619	1.546	1.748
2041	8.82	71.19	110.82	81.52	39.61	9.50	2.40	1.619	1.545	1.752
2042	8.82	71.16	110.80	81.56	39.66	9.52	2.41	1.620	1.545	1.756
2043	8.83	71.12	110.79	81.60	39.71	9.54	2.42	1.620	1.544	1.760
2044	8.84	71.08	110.78	81.64	39.76	9.56	2.42	1.620	1.543	1.764
2045	8.85	71.05	110.76	81.69	39.81	9.58	2.43	1.621	1.542	1.768
2046	8.86	71.01	110.75	81.73	39.86	9.60	2.44	1.621	1.542	1.771
2047	8.87	70.98	110.74	81.77	39.91	9.62	2.44	1.622	1.541	1.775
2048	8.87	70.94	110.72	81.81	39.96	9.64	2.45	1.622	1.540	1.779
2049	8.88	70.90	110.71	81.85	40.01	9.66	2.46	1.622	1.540	1.783
2050	8.89	70.87	110.70	81.89	40.07	9.68	2.46	1.623	1.539	1.787

资料来源：基于表 13－3 预测数据。

五　本章小结

低生育水平是一个世界性问题，引起了很多国家政府和公众的极大关注，也得到了联合国的特别重视。目前，世界上很多国家不是在控制生育，而是在积极地鼓励生育，以延缓或逆转人口负增长的趋势。然而事实证明，大部分国家鼓励生育的政策效果不佳，低生育率现象会持续下去。中国已经长时期处于低生育水平。本章使用三种来源的数据，对中国未来的生育水平进行预测，研究发现：

1. 未来生育水平大幅度上升的可能性很小

使用三种来源的数据进行的预测都表明，中国未来生育水平大幅度上升的可能性很小。使用中华人民共和国国家统计局和美国东西方中心（2007）的数据预测的总和生育率到2050年下降到1.125；使用国家统计局历年人口普查和抽样调查数据预测的2050年总和生育率为1.269；即使使用调整之后的历年人口普查和抽样调查数据预测的2050年总和生育率也只是1.623。三种方案都显示未来生育水平没有大幅度上升的趋势。

2. 未来总和生育率恢复到1.8的可能性很小

三种方案的预测数据显示，总和生育率低于1.8的水平，更是低于更替水平。即使使用调整之后的历年人口普查和抽样调查数据预测的总和生育率95%置信区间上限，2025年为1.682，2050年为1.787。

从2013年的单独二孩和2016年的全面二孩政策实施效果来看，虽然2016年和2017年生育水平有所升高（石人炳等，2019；王金营等，2019），但生育堆积已经释放完毕，2018年和2019年的出生人口数量分别下降到1523万人和1465万人，未来生育水平有可能继续下降。

3. 需要使用更多方法对中国生育水平进行预测

Lee-Carter方法的一个适用条件是水平变化比模式变化显著（Lee and Carter，1992）。李南和申卯兴（1996）的文章中使用的生育率数据中生育模式变动不是很大。但是，自20世纪90年代以来，由于中国女性的生育推迟，生育模式发生了较大变化，这可能影响了Lee-Carter方法对于中国生育水平数据的使用。需要使用更多预测方法比如贝叶斯预测（United Nations，2017、2019），采用更多数据，得到更可靠的预测结果，为中国调整完善生育政策服务。

McDonald（2005）认为，如果一个国家总和生育率降低到1.5以下，将很难被逆转，而降到1.3以下，被称为超低生育率。如果总和生育率低于1.3，对于理论上的稳定人口来说，在30岁的平均生育年龄情况下，人口规模将以每年1.5%的速度递减，45年之后人口减半；如果总和生育率下降到1.0，则29年之后人口减半，基本上是一代人之后人口总量就减少一半（Kohler et al.，2002）。长期低生育水平会导致未来进入生育年龄的女性越来越少，育龄女性群体规模的缩小将导致出生数量和粗出生率的降低，给未来出生数量和粗出生率的回升带来压力。即使低生育水平国家的总和生育率回归至更替水平，其人口总量的缩减趋势在短期内也不会停止（Lutz et al.，2003）。中国长期以来宣传计划生育政策，认为人口基数很大，过度关注人口正增长惯性，而忽略了未来的人口负增长惯性。我们必须适时做更长远的展望，及时调整完善生育政策，这样才可能遏制生育水平继续下降，促进人口可持续发展。

第十四章　生育水平与人口发展

一　引言

生育水平是人口发展的基本要素，对人口发展具有决定性的影响。中国长期的低生育水平缓解了人口过快增长带来的压力，形成了一个有利于经济社会发展的人口结构，使中国收获了低生育水平和人口转变所带来的人口红利（蔡昉，2010；铁瑛等，2019）。然而，随着时间的推移，低生育水平所带来的问题也逐渐显现：人口快速老龄化、劳动力老化、社会缺乏活力、独生子女家庭问题、经济因人口负债而陷入"结构性衰退"等（陈友华，2009b）。进入21世纪以来，中国的人口结构正在发生深刻变化，人口红利逐渐消失，人口老龄化、劳动力供给短缺等问题开始凸显（蔡昉，2010；铁瑛等，2019）。低生育水平会影响出生人口数量，进而影响人口总量。如果总和生育率维持在1.3的水平，到2300年中国人口总量只剩下0.28亿人（原新，2005）。

长期低生育水平对于出生人口数量、少儿人口数量、劳动年龄人口数量、人口总量、老年人口比例、人口年龄结构和性别结构等都会产生影响。而且，由于出生性别比偏高，生育水平变化使得可供婚配人口的年龄结构也发生变化，从而对婚姻市场上的过剩男性产生影响。低生育水平加快了中国的老龄化进程。虽然中国政府和社会正在积极应对老龄化，但是在经济不太发达的情况下步入老龄社会，将对老龄社会的到来准备不足。低生育水平影响劳动年龄人口数量。虽然中国劳动年龄人口数量庞大，但劳动力总供给和总需求已经出现缺口，这会导致产业结构和就业结构的调整，给中国经济带来负面影响（王德文，2007）。

为了把握未来中国人口发展的趋势，本章基于不同生育水平预测未来人口发展，描述低生育水平下各种人口指标的发展趋势，希望能够引起决策者和社会公众的重视，从而调整和优化当前的人口政策，以更好地促进社会经济发展。

二　预测方法

早期人口预期使用内插和外推的数学方法，预测结果限于估算人口规模，不能反映出生、死亡和人口年龄结构等人口重要因素的变化过程（蒋正华，1984）。后来通常使用队列 - 因素法（Cohort Component Method），把初始人口按照年龄和性别分成不同出生队列，根据假定的出生、死亡和迁移水平，随年份变化不断更新人口队列，从而预测未来人口数量和结构变化趋势（O'Neill et al.，2001）。近年来，概率预测成为主流预测方法（Raftery et al.，2013；Raftery et al.，2014；United Nations，2017、2019）。这种方法采用贝叶斯预测生育和死亡趋势，然后采用高中低三种方案预测未来人口，并给出置信区间。

本章基于前面预测得到的生育水平结果，预测中国未来人口发展趋势。使用队列 - 因素法，具体使用中国人口与发展研究中心开发的 PADIS-INT 软件①实现预测。

三　数据

精确的人口数据的预测，包括人口规模、年龄性别结构、生育率、死亡率和迁移率等指标，对生成精确的人口预测结果至关重要（Keilman，1990）。本章使用的预测数据如下。

（一）基年人口总量和年龄性别结构

虽然有学者认为 2010 年人口普查数据存在一定的质量问题（Cai，2013），但该数据是目前可能得到的最全面数据。本文使用 2010 年的人口总量和年龄性别结构数据，人口总量为 13.33 亿人（国务院人口普查办公室、国家统计局人口和就业统计司，2012）。

---

① PADIS-INT 是在联合国人口司指导下，由中国人口与发展研究中心开发的国际化人口预测软件。

(二) 生育水平和模式

本章采用的生育水平和模式来自第十三章使用的 Lee-Carter 方法预测得到的生育水平和模式，共有四种生育水平方案：第一种方案为第十三章中表 13-4，根据中华人民共和国国家统计局和美国东西方中心（2007）的数据预测的 2001~2050 年数据。第二种方案来自第十三章中表 13-2 和表 13-5，根据国家统计局历年人口普查和抽样调查数据及预测的 2017~2050 年数据。第三种方案来自表 13-3 和表 13-6，根据国家统计局历年人口普查和抽样调查的调整数据及预测的 2017~2050 年数据。第四种方案来自表 13-3 中数据和表 13-6 中预测数据的上限，具体总和生育率预测方案如表 14-1 所示。

表 14-1　2010~2050 年总和生育率预测方案

年份	方案 1	方案 2	方案 3	方案 4
2010	1.338	1.181	1.181	1.181
2011	1.332	1.040	1.480	1.480
2012	1.326	1.257	1.500	1.500
2013	1.320	1.236	1.500	1.500
2014	1.314	1.278	1.530	1.530
2015	1.309	1.054	1.520	1.520
2016	1.303	1.250	1.640	1.640
2017	1.297	1.250	1.610	1.630
2018	1.291	1.251	1.611	1.640
2019	1.286	1.251	1.611	1.648
2020	1.280	1.252	1.611	1.654
2021	1.275	1.252	1.612	1.660
2022	1.269	1.253	1.612	1.666
2023	1.263	1.253	1.613	1.672
2024	1.258	1.254	1.613	1.677
2025	1.252	1.255	1.613	1.682
2026	1.247	1.255	1.614	1.687
2027	1.242	1.256	1.614	1.692
2028	1.236	1.256	1.614	1.696
2029	1.231	1.257	1.615	1.701

续表

年份	方案 1	方案 2	方案 3	方案 4
2030	1.226	1.257	1.615	1.705
2031	1.220	1.258	1.616	1.710
2032	1.215	1.259	1.616	1.714
2033	1.210	1.259	1.616	1.719
2034	1.205	1.260	1.617	1.723
2035	1.199	1.260	1.617	1.727
2036	1.194	1.261	1.617	1.731
2037	1.189	1.261	1.618	1.735
2038	1.184	1.262	1.618	1.739
2039	1.179	1.263	1.619	1.743
2040	1.174	1.263	1.619	1.748
2041	1.169	1.264	1.619	1.752
2042	1.164	1.264	1.620	1.756
2043	1.159	1.265	1.620	1.760
2044	1.154	1.266	1.620	1.764
2045	1.149	1.266	1.621	1.768
2046	1.144	1.267	1.621	1.771
2047	1.140	1.268	1.622	1.775
2048	1.135	1.268	1.622	1.779
2049	1.130	1.269	1.622	1.783
2050	1.125	1.269	1.623	1.787

资料来源：参考第十三章表 13－2、表 13－3、表 13－4、表 13－5、表 13－6。

（三）死亡水平和模式

Oeppen 和 Vaupel（2002）观测到期望寿命在 160 年间可每年增长 0.25 岁，Bongaarts（2006）认为未来半个世纪人口期望寿命平均每年会增长 0.15 岁。中国人口期望寿命从 1964～1982 年的 60 岁增长到 1990～2000 年的 70 岁，2000 年提高到 71 岁（Banister and Hill，2004）。中国 2010 年人口普查显示婴儿死亡率为 3.82‰，其中男婴死亡率为 3.73‰，女婴为 3.92‰（国务院人口普查办公室、国家统计局人口和就业统计司，2012），据此数据计算期望寿命为 77.9 岁，男性期望寿命为 75.6 岁，女性为 80.4 岁，这一结果偏高。

Jiang 等（2013a）根据 1982 年、1990 年和 2000 年人口普查数据，采用有限数据 Lee-Carter 方法（Li et al.，2004）预测了死亡水平，发现 2010 年中国男性人口期望寿命为 71.32 岁，2030 年为 74.62 岁；女性人口期望寿命 2010 年为 74.97 岁，2030 年为 78.64 岁。男性人口期望寿命平均每年增长 0.165 岁，女性每年增长 0.184 岁。本章采用 Jiang 等（2013a）预测的期望寿命，在 2010～2050 年男性期望寿命每年增加 0.15 岁，女性每年增加 0.2 岁。选择联合国模型生命表一般模式，根据设定的期望寿命得到历年生命表和死亡水平数据。

（四）出生性别比

2000～2010 年中国人口出生性别比在 120 左右波动，但数据质量存在较大争议。一些研究认为人口普查数据中女婴漏报严重，实际出生性别比低于普查数据公布的出生性别比（Goodkind，2011；Cai，2013），而另外一些研究认为漏报中以男婴漏报为主，实际的出生性别比比普查数据反映的要高（翟振武、杨凡，2009；石人炳，2013）。

有研究乐观地认为中国人口出生性别比会遵循韩国的模式下降（Guilmoto，2009；Das Gupta et al.，2009）。近年来中国人口的出生性别比也确实在下降。本章假定出生性别比从 2010 年开始线性下降，到 2030 年恢复到 106 的正常水平，之后保持在 106 的水平。

四　预测结果

（一）出生人口数量

图 14－1 提供了不同方案每年出生人口数量变化趋势。在四种方案中出生人口数量整体呈现下降趋势，方案 1 和方案 4 结果较为接近，整体少于方案 2 和方案 3 的出生人口数量。到 2030 年，方案 1、方案 2、方案 3 和方案 4 的出生人口数量分别为 828 万人、919 万人、1181 万人和 1247 万人，方案 1 比方案 4 少 419 万人，方案 3 比方案 4 少 66 万人。到 2050 年，四种方案出生人口数量分别为 504 万人、674 万人、1109 万人和 1251 万人；方案 1 比方案 4 少 747 万人，差值为方案 4 的 59.71%；方案 3 比方案 4 少 142 万人，差值为方案 4 的 11.35%。

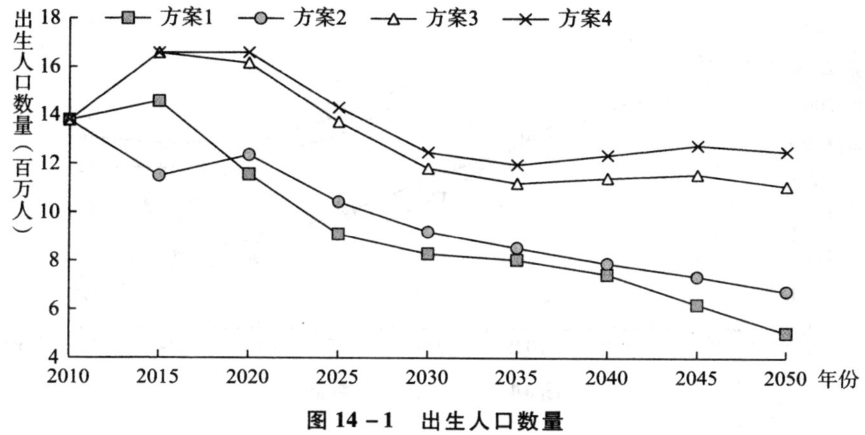

图 14－1　出生人口数量

（二）少儿人口数量

图 14－2 提供了不同方案的少儿人口数量（0～14 岁）变化趋势。在方案 3 和方案 4 中少儿人口数量先上升后下降，最后保持平稳。在方案 1 和方案 2 中少儿人口数量整体呈下降趋势，2010～2020 年下降较为缓慢，2020 年以后下降速度较快。方案 1 和方案 2 的少儿人口数量少于方案 3 和方案 4 的少儿人口数量。到 2030 年，四种方案中少儿人口数量分别为 15025 万人、16239 万人、21189 万人和 21877 万人；方案 1 比方案 4 少 6852 万人，差值为方案 4 的 31.32%；方案 3 比方案 4 少 688 万人，差值为方案 4 的 3.15%。到 2050 年，方案 1、方案 2、方案 3 和方案 4 的少儿人口数量分别为 9682 万人、11034 万人、16613 万人和 18213 万人，方案 1 和方案 4 相差 8531 万人，方案 3 和方案 4 相差 1600 万人。

图 14－3 提供了不同方案的少儿人口比例变化趋势。少儿人口比例变化趋势同少儿人口数量变化趋势大体一致，方案 3 和方案 4 的少儿人口比例显著大于方案 1 和方案 2 的少儿人口比例。到 2030 年，四种方案的少儿人口比例分别为 11.22%、12.11%、15.05% 和 15.47%，其中方案 1 比方案 4 低 4.25 个百分点。到 2050 年，四种方案少儿人口比例分别为 8.42%、9.44%、12.74% 和 13.70%，方案 1 比方案 4 低 5.28 个百分点。

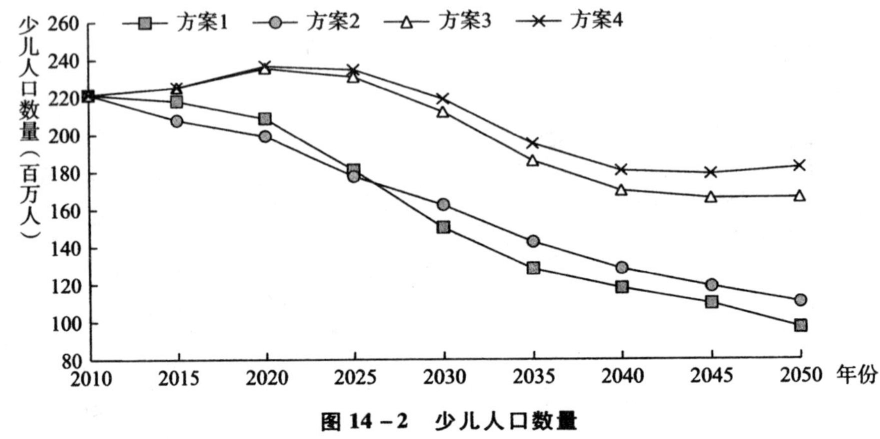

图 14-2 少儿人口数量

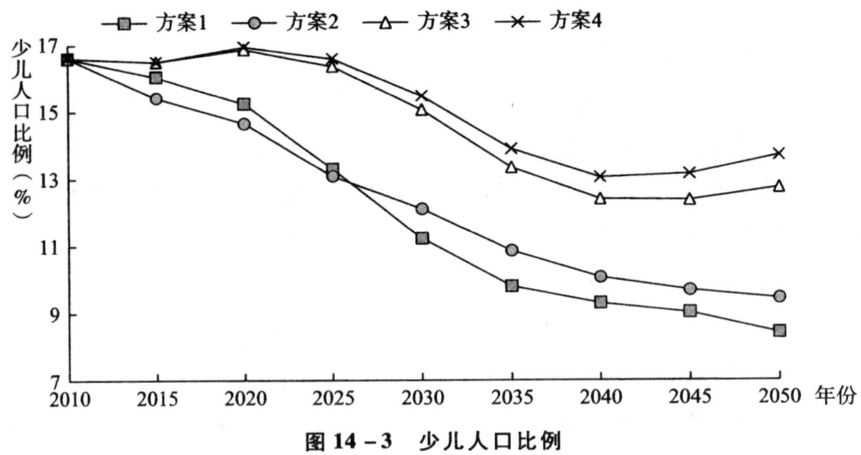

图 14-3 少儿人口比例

（三）劳动年龄人口数量

图 14-4 提供了不同方案的劳动年龄人口数量（15~64 岁）变化趋势。由于出生人口数量在 15 年后才会影响劳动年龄人口数量，因此四种方案在 2025 年以前劳动年龄人口数量一致。2025 年以后，四种方案的劳动年龄人口数量均呈现线性下降，方案 1 和方案 2 的结果接近，方案 3 和方案 4 的结果接近。到 2030 年，方案 1、方案 2、方案 3 和方案 4 的劳动年龄人口数量分别为 93548 万人、92540 万人、94277 万人和 94277 万人，方案 1 比方案 4 少 729 万人。2050 年，方案 1、方案 2、方案 3 和方案 4 的劳动年龄人口数量分别为 68947 万人、69458 万人、77347 万人和 78378 万人，方案 1 比方案 4 少 9431 万人，占方案 4 中劳动年龄人口总量的 12.03%。方案 3 比方案 4 少 1031 万人，占方案 4 中劳动年龄人口总量的 1.32%。

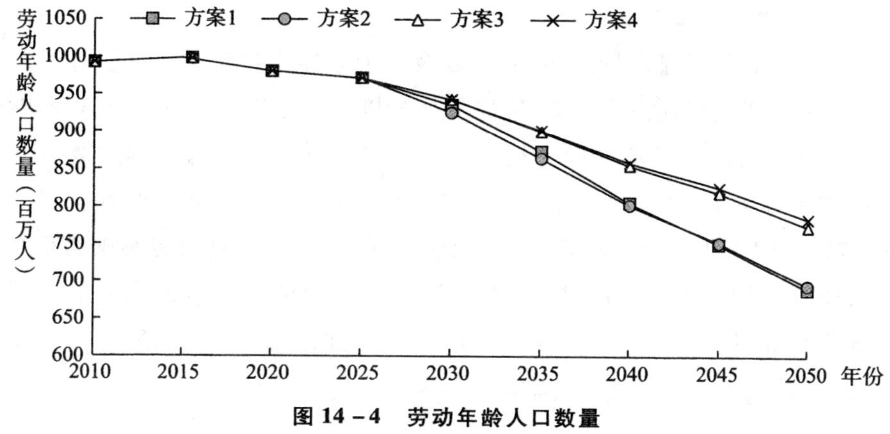

图 14－4　劳动年龄人口数量

（四）人口总量

图 14－5 提供了不同方案的人口总量变化趋势。四种方案显示，人口总量先上升后下降，方案 1 和方案 2 在 2020 年达到峰值后开始下降，方案 3 和方案 4 在 2025 年达到顶峰后开始下降（由于只提供了 5 的倍数年份，所以只展示了 2020 年和 2025 年的数据，有可能峰值年份是中间年份）。方案 1 和方案 2 人口总量接近，方案 3 和方案 4 在 2010 年之后的一些年份相同，之后逐渐拉开差距。到 2030 年，方案 1、方案 2、方案 3 和方案 4 的人口总量分别为 13.39 亿人、13.41 亿人、14.08 亿人和 14.14 亿人。到 2050 年，方案 1 中人口总量最少，为 11.50 亿人，比方案 4 少 1.80 亿人，差值为方案 4 中人口总量的 13.53%。方案 3 人口总量比方案 4 少 2631 万人，差值为方案 4 中人口总量的 1.98%。

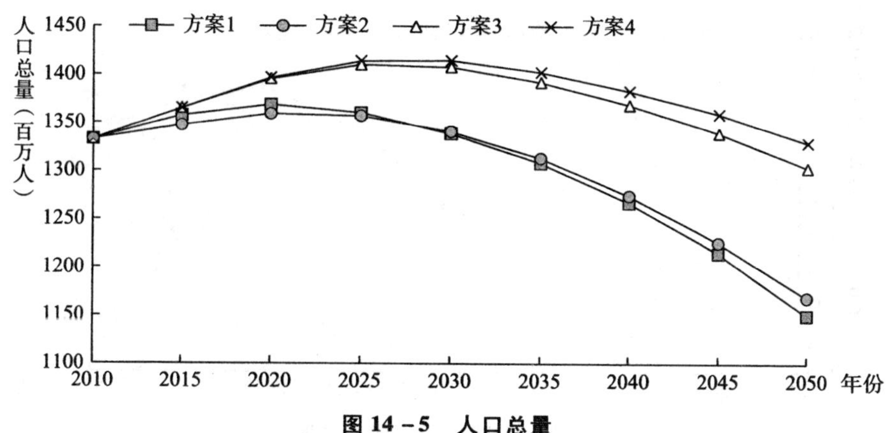

图 14－5　人口总量

（五）老年人口比例

图 14－6 提供了不同方案的 65 岁及以上老年人口比例变化趋势。在四种方案中老年人口比例在 2025 年之前极为接近，之后拉开差距。2025 年以后，方案 1 和方案 2 结果极为接近，大于极为接近的方案 3 和方案 4。到 2030 年，方案 1、方案 2、方案 3 和方案 4 的老年人口比例分别为 18.89%、18.87%、17.97% 和 17.88%，差距很小。到 2050 年，四种方案中老年人口比例分别为 31.64%、31.13%、28.92% 和 27.36%，方案 1 比方案 4 高出 4.28 个百分点，方案 3 比方案 4 高出 1.56 个百分点。

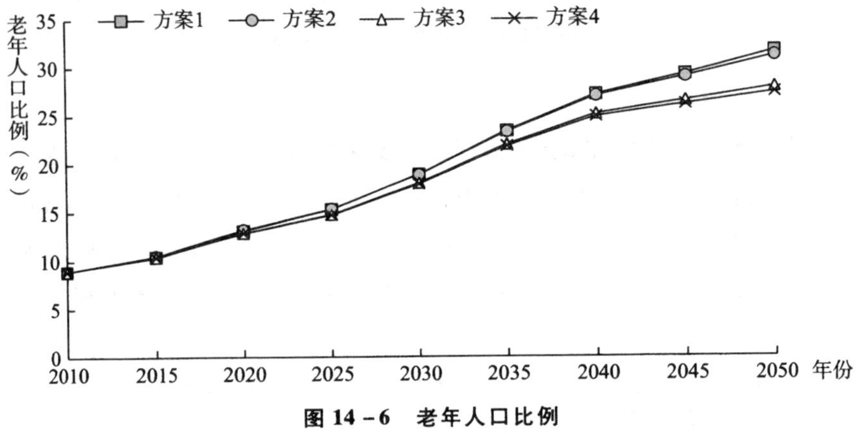

图 14－6　老年人口比例

（六）20～45 岁男女性别比

图 14－7 提供了不同方案中 20～45 岁男女性别比变化趋势。四种方案的 20～45 岁男女性别比结果非常相近，2030 年，四种方案中 20～45 岁男

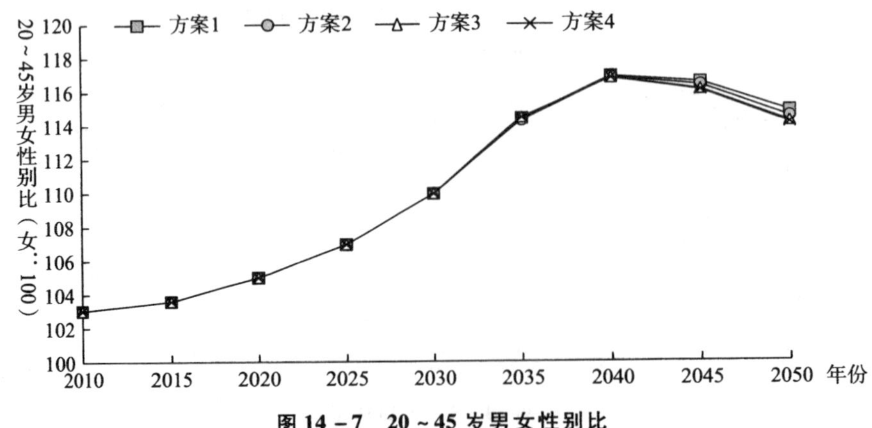

图 14－7　20～45 岁男女性别比

女性别比相同，为 109.93。2040 年以后，逐步出现差异但差异较小。到 2050 年，四种方案分别为 114.84、114.50、114.21 和 114.12。方案 1 比方案 4 高出 0.72，方案 3 比方案 4 高出 0.09。

（七）总人口性别比

图 14－8 提供了在不同方案中总人口性别比的变化趋势。四种方案中的性别比在 2010～2015 年几乎一致，2015 年以后逐步出现下降，方案 3 和方案 4 较为接近，大于非常接近的方案 1 和方案 2。到 2030 年，方案 1、方案 2、方案 3 和方案 4 的性别比分别为每 100 名女性对应 103.04、102.99、103.44 和 103.47 名男性，方案 4 比方案 1 多出 0.43，方案 4 比方案 3 多出 0.03。到 2050 年，方案 1、方案 2、方案 3 和方案 4 的性别比分别为 98.86、98.90、99.90 和 100.02，方案 4 比方案 1 多出 1.16，比方案 3 多出 0.12。

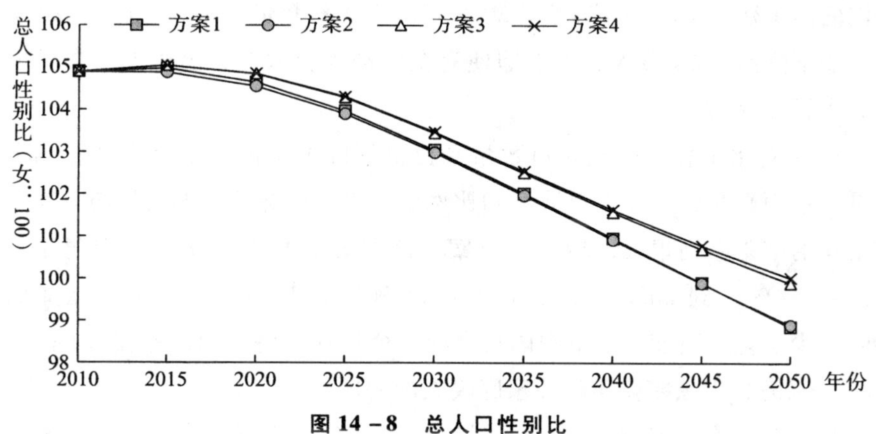

图 14－8　总人口性别比

五　本章小结

生育水平是影响人口发展的重要因素。本章采取第十三章中预测的生育水平数据，使用四种总和生育率和对应的生育模式，预测了未来人口发展趋势。研究结论如下：

1. 从四种方案的预测结果来看，方案 1 和方案 2 总和生育率和生育模式比较接近，所以结果比较接近；方案 3 和方案 4 总和生育率和生育模式比较接近，所以结果也比较接近。长期来看，不同方案对出生人口数量、少儿人口数量、劳动年龄人口数量、人口总量、老年人口比例和性别结构等指标有重要影响。

2. 出生人口数量下降，生育水平影响下降速度。四种方案的总和生育率都比较低，未来出生人口数量都呈现下降趋势；方案1和方案2的总和生育率低于1.3的超低生育率，方案3和方案4的总和生育率在1.6~1.8，方案1和2的结果与方案3和4的结果差别很大，2050年方案1比方案4少747万人，差值是方案4的59.71%。生育率水平的高低影响到出生人口数量下降速度。育龄女性总量变化、育龄女性年龄结构变化和生育率变化都会影响到出生人口数量，所以未来出生人口快速下降是这三个因素综合作用的结果（姜全保等，2018），我们在第十二章也证明了这一点。除了影响出生人口数量以外，生育率还是人口再生产率的决定因素。我们在第十一章提到，随着婚育推迟，已婚比例和已婚生育率下降使得生育水平下降，人口再生产率下降；而人口再生产率下降意味着下一代女性人口数量减少，她们的出生数量会进一步减少。2018年出生人口数量为1523万人，2019年进一步下降到1465万人，未来即使完全取消生育限制，出生人口数量也不会有大幅度提高。

3. 生育水平影响少儿人口数量和比例下降的速度。生育水平影响出生数量，进而影响到少儿人口数量和比例。方案1和方案2的结果与方案3和方案4的结果差别很大，2050年方案1比方案4少8531万人，差值是方案4的46.84%。到2050年，少儿人口比例在15%左右，甚至可能降低到10%。少子化是当前及未来中国社会的一个特征，将会出现空巢家庭、“四二一”家庭、失独家庭等相关家庭模式的问题。

4. 劳动年龄人口数量逐步下降，且下降趋势不可逆转。劳动年龄人口数量逐渐减少，2025年以后不同方案的结果差异逐步增大，到2050年方案1的劳动年龄人口数量比方案4少9431万人。虽然中国的劳动力数量依然很庞大，但总供给和总需求已经存在缺口，将会给中国经济带来负面影响（王德文，2007）。在2007年，蔡昉（2007）就提出：当前“刘易斯转折点”的到来和劳动力成本上升，不会影响中国短期内劳动力丰富的比较优势和劳动密集型产业的国际竞争力。但是，应该大力推进经济增长方式的根本性战略转变，及早使经济增长转入依靠技术进步和生产率提高的轨道上来（蔡昉，2007）。以日本为例，随着日本少子化和老龄化的加剧，劳动年龄人口数量减少成为长期困扰日本经济增长的重要结构性因素。但是日本注重教育和人力资本提升，当前日本经济长期增长的最主要动力是劳动生产率的提升（王晓峰、马学礼，2014）。但是，中国劳动力素质有待提高。2018 年 25～64 岁人口中受过高等教育（包括专科和本科）的比例加拿大为 54%、俄罗斯为 54%、日本为 48%、韩国为 45%、美国为 44%，中国为 17%，与发达国家差距很大。未来，在中国人口的教育结构中包括接受高等教育的人口数量过低的状况不容乐观，与发达国家存在较大差距（Lutz et al.，2014）。当前，中国经济由高速增长阶段转向高质量发展阶段，在产业结构上由以资源密集型、劳动密集型产业为主向技术密集型、知识密集型产业为主转变。全球经济格局的变化、颠覆性科学技术的发展，也进一步加速了劳动力需求结构的趋势性改变。在当前及今后劳动年龄人口数量下降的情况下，中国尤其应该优先投资于教育，尽快提升人力资本和劳动生产率，从人口年龄结构红利转向人口教育结构红利和人口素质红利，推进中国经济快速发展。

5. 人口总量很快到达峰值，然后下降。方案 1 和方案 2 的总和生育率低于 1.3 的超低生育率，方案 3 和方案 4 的总和生育率在 1.6～1.8，方案 1 和方案 2 的结果与方案 3 和方案 4 的结果差别很大，下降速度快于方案 3 和方案 4。到 2050 年，方案 1 中人口总量为 11.50 亿人，比方案 4 少 1.80 亿人，差值是方案 4 的 13.53%。中国的计划生育政策以控制人口数量为目标，该政策使得 1971～2016 年少出生了 1.64 亿～2.68 亿人（Liu et al.，2020），中国政府宣称该政策使得少生了 4 亿人（Jiang and Liu，2016）。计划生育政策一方面减少了人口总量，另一方面降低了生育水平（Cai，2010；Chen et al.，2010）。从稳定人口总量分析来看，总和生育率为 1.3，则 45 年之后人口总量减少一半；总和生育率降到 1.0，则 29 年之后人口总量减少一半（Kohler et al.，2002）。长期低生育水平会导致未来育龄女性总量缩减，进而导致出生人口数量下降，即使生育水平恢复至更替生育水平，人口总量缩减趋势在短期内也不会停止（Lutz et al.，2003）。中国人口增长潜在的负惯性需要引起重视（茅倬彦，2018），并及早做好应对准备。

6. 老年人口比例上升，生育水平越低导致老龄化速度越快。在方案 1 和方案 2 的低生育水平下，老龄化速度快于方案 3 和方案 4 中老龄化速度。到 2050 年，方案 1 和方案 4 中老年人口比例分别为 31.64% 和 27.36%，相差 4.28 个百分点。与快速老龄化相对应的是庞大的老年人口总量，2010 年 65 岁及以上老年人口约为 1.19 亿人（国务院人口普查办公室、国家统计局人口和就业统计司，2012），2015 年 65 岁及以上老年人口约为 1.44 亿人（国家统计局人口和就业统计司，2016）。中国老年人口有以下几个特点。

第一，老年人口健康状况差。2010 年，60 岁及以上老年人口中生活能够自理但不健康所占比例为 13.90%，生活不能自理所占比例为 2.95%（国务院人口普查办公室、国家统计局人口和就业统计司，2012）。而根据 2011 年全国老龄工作委员会办公室发布的《全国城乡失能老年人状况研究》报告，2010 年末生活完全或部分不能自理老人约为 3300 万人，占老年人口总数的 19.0%，而完全不能自理老人为 1080 万人，占老年人口总数的 6.2%。65 岁及以上老年人口期望寿命为 16.1 年，其中 4.7 年为工具性日常生活自理能力（IADL）受限状态，2.7 年为躯体性日常生活自理能力（ADL）受限状态（Jiang et al.，2016b）。

第二，老年人口经济状况差，需要依靠家庭成员生活。2010 年，65 岁及以上城镇老年人中有 35.19% 主要依靠家庭其他成员供养，有 7.87% 以自己的劳动收入为主要生活来源；而在农村这一比例分别为 58.97% 和 28.48%（国务院人口普查办公室、国家统计局人口和就业统计司，2012）。

第三，缺乏日常照料和精神慰藉。2010 年丧偶男性老年人口为 1419 万人，丧偶比例为 16.30%；丧偶女性老年人口为 3345 万人，丧偶比例 36.95%（国务院人口普查办公室、国家统计局人口和就业统计司，2012）。丧偶之后男性存活 11 年，女性存活 15 年（Jiang et al.，2015b）。除了大量丧偶老人之外，老年人口的子女数量也大幅下降，2010 年 60～64 岁、55～59 岁、50～54 岁、45～49 岁女性的平均存活子女数分别为 2.60 个、2.18 个、1.94 个和 1.82 个（国务院人口普查办公室、国家统计局人口和就业统计司，2012）。中国传统上是由配偶或子女提供日常照料和精神慰藉。有照料需求的老人中有 92.71% 主要由家庭成员提供照料，其中子女及其配偶提供照料的比重超过 50%（杜鹏等，2016）。而丧偶及子女数量减少使得传统的家庭照料模式不可持续。

2013 年 12 月 28 日，习近平总书记在北京考察民生工作、慰问老年群众时指出，要积极应对老龄化，大力发展老龄事业，推动养老事业多元化、多样化发展，让所有老年人都能老有所养、老有所依、老有所乐、老有所安。然而，现实中老年人口有多方面的需求，面临多维度的养老风险（Wei et al.，2016；王宇、陶涛，2019）。2011 年中国老龄健康影响因素调查显示，老年人经济贫困发生率为 24.5%，健康贫困发生率为 20.9%，精神贫困发生率为 30.2%（乐章、刘二鹏，2016）。2016 年一项对全国 12 个省份 36 个县的调查显示，20.9% 的老人担心生活无人照料，7.6% 的老人担心精神孤独寂寞，26.5% 的老人担心生病得不到治疗，还有 4.9% 的老人担心无人送终（于长永，2018）。2014 年，中国内地 30 个省份中有 22 个省份的养老金收入不抵支出，各级政府只好用财政补贴来弥补差额（郭晋晖，2015）。一方面，低生育水平中家庭规模变小，子女数量减少，使得传统的家庭养老模式受到冲击；另一方面，老龄化和养老问题使中国社会在当前及未来都面临压力和挑战，而低生育水平加快了老龄化速度，加剧了老龄化社会的压力和挑战。

7. 生育水平对性别结构也存在影响。虽然在预测中出生性别比相同，但是不同生育水平的出生人口数量存在差异，所以出生的男孩和女孩数量也存在差异。本章使用 25 ~ 45 岁年龄组性别比和总人口性别比两个指标来测度性别结构。对于 25 ~ 45 岁年龄组性别比来说，只有预测的出生人口进入年龄组，也就是在 2035 年之后，才会产生差异，到 2050 年 20 ~ 45 岁年龄组性别比方案 1 为 114.84，方案 4 为 114.12，方案 1 比方案 4 高出 0.72。对于总人口性别比来说，生育水平不同带来的出生男女数量的差异从 2011 年预测期开始就发挥影响，到 2050 年方案 1 比方案 4 低 1.16。比较 2050 年 20 ~ 45 岁年龄组性别比和总人口性别比中方案 1 和方案 4 的结果可以看出，20 ~ 45 岁年龄组性别比中方案 1 高于方案 4，而总人口性别比中方案 1 低于方案 4。某年龄段性别比是研究婚姻市场上性别结构失衡的主要指标，它本身是年龄结构和性别结构综合作用的结果，以往的一些研究中出生队列规模变化带来的年龄结构波动是主要影响因素。在中国，由于出生性别比长时间持续偏高引起了广泛关注，所以对于用于度量婚姻挤压的某年龄段性别比，研究人员更关注性别结构的影响（Attané，2006；Guilmoto，2012；Jiang et al.，2014a）。一些研究注意到由于出生队列变化引起的年龄结构因素对于某年龄段性别比的影响（Guilmoto，2012；Jiang et al.，2016c）。事实上，如果把某年龄段性别比的年龄范围缩到很小范围，那么年龄结构变化对于性别比的影响非常显著（Jiang et al.，2016c）。本章中的 20 ~ 45 岁年龄组性别比和总人口性别比涉及人群的年龄范围很大，所以由于生育水平不同导致的出生队列规模和人口年龄结构变化对于性别比的影响没有那么显著，即便如此生育水平变化还是产生了一些影响。

在四种方案中，人口总量和结构变化趋势大体一致：人口总量先上升后下降，出生人口数量、少儿人口数量、劳动年龄人口数量下降，老年人口比例持续上升。但是，方案1和方案2相对于方案3和方案4的出生人口数量、少儿人口数量、劳动年龄人口数量下降速度更快，老年人口比例上升更快。方案1和方案2的总和生育率低于1.3，方案3和方案4的总和生育率在1.6~1.8，生育水平差异带来人口发展的差异，不仅体现在预测数据上，而会传导到中国社会经济发展的各个方面。综合考虑当前人口形势，以及未来人口发展趋势，中国应该及早停止对生育数量的限制，转向采取鼓励生育的政策。

第十五章 “四二一”家庭结构

一 引言

“四二一”家庭结构是指在广义家庭形式下的三代共存现象，强调的是一种基于血缘关系和婚姻关系而形成的社会生活共同体，包括祖辈4人、父辈2人和子辈1人。“四二一”家庭结构的形成要满足三个条件，一是三代共存，并保证祖辈四人和父辈两人都存活；二是一对独生子女之间的婚配，即父辈双方都是独生子女；三是子辈是独生子女（宋健，2000）。在中国的家庭体系和文化背景下，“四二一”家庭结构主要有两种家庭形式：一种是独生子女夫妇和孩子组成核心家庭，两对老年夫妇各自组成空巢家庭；另一种是一对老年夫妇、独生子女夫妇及孩子组成主干家庭，另外一对老年夫妇组成空巢家庭（孙鹃娟、邬沧萍，2008；宋健，2010）。这种结构的中心是独生子女夫妇（郭志刚，1995），或者是独生子女夫妇加上他们的子辈独生子女，一旦失去其中一点，就会失去稳定性，而如果是子辈独生子女遭遇意外伤害，家庭遭受的打击和损失会更大（张伟东，2008）。除了上述狭义的“四二一”家庭结构定义外（宋健，2010），还有广义的“四二一”家庭结构定义。广义“四二一”家庭结构考虑了死亡因素和第三代的出生数量，在某个时点，独生子女夫妇可能存活0~2人、双方父母可能存活1~4人、子女可能有1~2人，这样共有24种家庭结构的组合，比如“四零一”家庭、“三一一”家庭等（齐险峰、郭震威，2007；宋健，2010）。本章中“四二一”家庭结构是指狭义的“四二一”家庭结构。

在中国执行严格的计划生育政策之前“四二一”家庭数量不多，没有得到重视。伴随着计划生育政策的推行与普及，人们越来越多地谈论到“四二一”家庭结构问题（宋健，2000）。随着计划生育政策的全面实施和低生育水平的到来，独生子女总量呈现快速增长的态势，越来越多的独生子女进入婚龄期，独生子女之间婚配的概率也大幅度增加（刘鸿雁、柳玉芝，1996）。预测显示，到2015年中国的“四二一”家庭会达到108万个，2025年将超过158万个，2035年达到185万个；而广义的“四二一”家庭在2015年会达到291万个，2025年将达到801万个，2035年达到1347万个（齐险峰、郭震威，2007）。

“四二一”家庭结构会产生多方面的影响，而人们首要关注的是养老问题（梁秋生，2004）。中国传统上是家庭养老，子女为老年父母提供经济支持、日常照料和精神慰藉，并提供医疗费用和护理直至死亡送葬等一系列事宜。很多人担心“四二一”这种家庭结构会加重家庭养老负担，即父辈的独生子女夫妻要同时负担祖辈四人和子辈一人，甚至是子辈一人要同时负担父辈二人和祖辈四人的老年照护（涂平，1995；宋健，2000；尹文耀，2001）。事实上，1980年9月党中央、国务院在《关于控制我国人口增长问题致全体共产党员、共青团员的公开信》中就已经指出，有些同志担心，一对夫妇只生育一个孩子，将来会出现一些新的问题：例如一对青年夫妇供养的老人会增加。“一对青年夫妇”指的是独生子女夫妇，其面临的问题是“供养的老人会增加”（宋健，2010）。

关于“四二一”家庭的养老压力，有两个问题需要考虑。首先，“四二一”家庭结构形成之后多长时间祖辈四人才进入老年阶段。即使“四二一”家庭结构形成，如果祖辈四人都很年轻，正处于劳动年龄，该阶段养老压力不大，甚至是祖辈四人为父辈两人提供经济支持或者是帮助照料孩子。江连海、尹文耀（1983）曾经利用调查的541个案例，从个体家庭角度切入，比较独生子女家庭和多子女家庭的劳动力负担情况，结论是“四二一”家庭结构出现时独生子女家庭劳动力的负担系数要小得多。陈雯（2012）通过对家庭生命历程模型的研究，认为在“四二一”家庭中作为“一”的子辈出生之后，作为“四”的祖辈还没有进入老年期，一方面，他们作为劳动年龄人口具有一定的经济收入，还可以为家庭成员提供生活上的帮助与照顾；另一方面，他们生活完全能够自理，一般情况下不需要他人给予生活上的照顾，不会出现严峻的养老压力问题。其次，即使祖辈四人进入老年阶段，随着年龄的增长会先后死亡，共同存活概率随年龄增长而减少，会从“四二一”转变成“三二一”“二二一”，直到“一二一”，这样“四二一”家庭结构中一对夫妻并不需要同时赡养四位老人。预测数据也显示，狭义的“四二一”家庭数量较少，更多的是广义的“四二一”家庭（齐险峰、郭震威，2007）。

目前，关于“四二一”家庭结构的研究多集中于养老压力，但对于“四二一”家庭结构本身演化的研究不多（Jiang and Sánchez Barricarte, 2011；陈雯，2012）。本章使用生命表数据和概率理论，在假定父辈2人和子辈1人存活的情况下，分析“四二一”家庭在形成之后，随着时间的推移，“四二一”家庭的存活概率和存活时间，分析“四二一”“三二一”“二二一”和“一二一”家庭持续的时间长度及当时祖辈的年龄。由于中国存在巨大的城乡差异，本章也分城乡测算了上述指标。由于一些参数对于指标的测算很关键，本章就一些关键参数对于指标的影响进行了灵敏度分析。希望通过“四二一”家庭结构本身演化过程的测算，帮助认识“四二一”家庭相关问题尤其是养老问题。

二 方法

“四二一”家庭结构极不稳定，容易受到家庭中任一成员的婚姻、生育、死亡和居住安排等生命事件和生命过程的影响（宋健，2013）。本章使用存活分析方法和概率理论，研究在子辈1人、父辈2人存活的情况下，祖辈4人的存活状况。

（一）符号和定义

记生命表中 x 岁的人口数为 l_x，$x+n$ 岁的人口数为 l_{x+n}，从 x 岁存活到 $x+n$ 岁的概率为 ${}_nP_x$，则

$$ {}_nP_x = \frac{l_{x+n}}{l_x} \qquad (15-1) $$

在“四二一”家庭结构中，子辈出生之后“四二一”家庭结构便形成。所以，本章以子辈年龄为标准，定义子辈起始年龄为0岁，父子年龄差为 f 岁，母子年龄差为 m 岁，祖父、祖母、外祖父、外祖母和孙子的年龄差分别为 ff、fm、mf 和 mm。使用概率中的事件定义各自的存活，如表15－1所示。

表 15 - 1　事件对应字母表示

A_1	子辈存活事件
A_2	父亲存活事件
A_3	母亲存活事件
A_4	祖父存活事件
A_5	祖母存活事件
A_6	外祖父存活事件
A_7	外祖母存活事件
B	祖辈四人共同存活事件
C	祖辈四人至少三人存活事件
D	祖辈四人至少二人存活事件
E	祖辈四人至少一人存活事件
F	在子辈和父辈存活情况下，祖辈四人共同存活事件
G	在子辈和父辈存活情况下，祖辈四人至少三人存活事件
H	在子辈和父辈存活情况下，祖辈四人至少二人存活事件
I	在子辈和父辈存活情况下，祖辈四人至少一人存活事件

在假定丧偶、丧子对期望寿命和死亡概率没有影响的情况下，上述事件为相互独立事件。由公式（15 - 1）可以知道，对于父亲从 f 岁存活到 $f+n$ 岁的概率，可以表示为 ${}_nP_f(A_2)=\frac{l_{f+n}}{l_f}$。为了简化起见，在后文中将 ${}_nP_x$ 一律简写为 P，相应地，$P(A_1)=\frac{l_n}{l_0}$，$P(A_3)=\frac{l_{m+n}}{l_m}$，$P(A_4)=\frac{l_{ff+n}}{l_{ff}}$，$P(A_5)=\frac{l_{fm+n}}{l_{fm}}$，$P(A_6)=\frac{l_{mf+n}}{l_{mf}}$，$P(A_7)=\frac{l_{mm+n}}{l_{mm}}$。需要说明的是，上述公式根据事件对象的性别，分别引用男性生命表和女性生命表中的数据。在求出各自的存活概率之后，根据概率理论分别计算三代共存的存活概率和存活年限。

（二）三代共存存活概率分析

四位老人都存活的概率：

$$P(B)=P(A_4\cap A_5\cap A_6\cap A_7)=\prod_{i=4}^{7}P(A_i) \tag{15 - 2}$$

四位老人中至少三人存活的概率：

$$P(C)=P(A_4A_5A_6\cup A_4A_5A_7\cup A_4A_6A_7\cup A_5A_6A_7)$$
$$=\sum_{\substack{i,j,k=4\\ i\neq j\neq k}}^{7}P(A_i)\times P(A_j)\times P(A_k)-3\prod_{i=4}^{7}P(A_i) \tag{15-3}$$

四位老人中至少二人存活的概率：

$$P(D)=P(A_4A_5\cup A_4A_6\cup A_4A_7\cup A_5A_6\cup A_5A_7\cup A_6A_7)$$
$$=\sum_{\substack{i,j=4\\ i\neq j}}^{7}P(A_i)\times P(A_j)-2\sum_{\substack{i,j,k=4\\ i\neq j\neq k}}^{7}P(A_i)\times P(A_j)\times P(A_k)+3\prod_{i=4}^{7}P(A_i) \tag{15-4}$$

四位老人中至少一人存活的概率：

$$P(E)=P(A_4\cup A_5\cup A_6\cup A_7)$$
$$=\sum_{i=4}^{7}P(A_i)-\sum_{\substack{i,j=4\\ i\neq j}}^{7}P(A_i)\times P(A_j)+\sum_{\substack{i,j,k=4\\ i\neq j\neq k}}^{7}P(A_i)\times P(A_j)\times P(A_k)-\prod_{i=4}^{7}P(A_i) \tag{15-5}$$

相应地，在父辈以及子辈都存活的情况下，"四二一"家庭结构中三代共存的概率计算公式则转化为：

在子辈和父辈都存活的情况下，祖辈四人都存活的概率：

$$P(F)=P(A_1A_2A_3)\times P(B/A_1A_2A_3)=P(B)\times\prod_{i=1}^{3}P(A_i) \tag{15-6}$$

在子辈和父辈都存活的情况下，祖辈至少三人存活的概率：

$$P(G)=P(A_1A_2A_3)\times P(C/A_1A_2A_3)=P(C)\times\prod_{i=1}^{3}P(A_i) \tag{15-7}$$

在子辈和父辈都存活的情况下，祖辈至少二人存活的概率：

$$P(H)=P(A_1A_2A_3)\times P(D/A_1A_2A_3)=P(D)\times\prod_{i=1}^{3}P(A_i) \tag{15-8}$$

在三代共存情况下，祖辈至少一人存活的概率：

$$P(I)=P(A_1A_2A_3)\times P(E/A_1A_2A_3)=P(E)\times\prod_{i=1}^{3}P(A_i) \tag{15-9}$$

（三）三代共同存活年限分析

针对公式（15-6）、公式（15-7）、公式（15-8）和公式（15-9），

使用每个公式可以得到一系列存活概率，从而得到一条存活概率曲线。对应于一张初始人数 l_0 为 1 的生命表，使用每条曲线可以计算“四二一”家庭中三代共同存活年限。针对每个公式，使用 P_{x+1} 表示子辈 $x+1$ 岁时三代共存的概率，P_x 表示子辈 x 岁时三代共存的概率；L_x 表示子辈从 x 岁到 $x+1$ 岁时三代共存的人年数，根据生命表知识，以子辈年龄为标准，子辈由 0 岁到 N 岁中每个年龄三代共存的人年数为：

$$L_x = \frac{P_x + P_{x+1}}{2}, (x = 1,2,\cdots,N) \tag{15-10}$$

本章使用的生命表最大年龄为 90 岁。当子辈年龄达到 $N+1$ 岁时，此时祖辈年龄达到了 90 岁，即目前生命表中的最大年龄，故在计算子辈年龄 $N+1$ 岁的三代共存人年数时，可以借鉴经验公式：

$$L_{N+1} = P_{N+1} \times \log_{10}(100000 \times P_{N+1}) \tag{15-11}$$

通过对计算出来的各年龄存活人年数加总，可以分别计算子辈出生之后三代共存的年限，公式如下：

$$e_0 = \sum_{N=0}^{N+1} L_N = \sum_{N=0}^{N} \frac{P_N + P_{N+1}}{2} + L_{N+1} \tag{15-12}$$

三　数据

“四二一”家庭结构的形成受到人口的平均期望寿命、男性与女性的寿命差异、生育年龄等因素的影响（宋健，2000；尹文耀，2001）。随着人口期望寿命的不断延长，即使男性与女性的寿命存在一些差异、未来人口的平均结婚年龄及生育年龄有所推迟，甚至人们的婚姻普遍性有所下降，在可预见的未来，独生子女父母同时看到第三代出生并与其共同度过一段生命历程的机会还是很大的（宋健，2005）。本章研究中用到的主要数据是生命表数据和年龄数据。正如第十三章所说，最新可得到的人口普查数据是 2010 年普查数据，但是其婴幼儿死亡率存在较大漏报，使得根据普查数据计算得到的期望寿命过高（Jiang et al.，2013a）。本章使用的生命表数据是基于 2000 年人口普查资料，普查数据质量在前述章节中已经做了论述，相关研究也比较丰富（Lavely，2001，Banister and Hill，2004）。2000 年人口普查死亡数据质量同样存在问题，人口死亡漏报导致上报的死亡水平比实际的要低（Li and Sun，2003；Banister and Hill，2004）。本研究使用李树茁等（2005）研究生成的调整人口和死亡漏报之后的生命表，具体数值见李树茁等（2005）人的研究。

关于平均生育年龄，数据来源不同导致结果不同。平均生育年龄与平均初婚年龄紧密相关（李玉柱、姜玉，2009）。郭志刚（2004b）根据2000年人口普查数据得到1990年代男性平均初婚年龄为23.83岁，女性为22.04岁；2000年男性平均初婚年龄上升到25.76岁，女性上升到23.58岁，1990年代的平均初婚年龄如表15－2所示。

表15－2　根据2000年人口普查数据汇总的1990年代平均初婚年龄

单位：岁，个

年份	男性	案例数	女性	案例数
1990	23.83	11894	22.04	11615
1991	23.88	9111	22.20	9183
1992	24.12	9764	22.40	9818
1993	24.30	9427	22.53	9462
1994	24.44	9495	22.75	9527
1995	24.83	9666	22.96	9672
1996	24.90	8906	23.13	9042
1997	25.16	8607	23.31	8794
1998	25.29	9082	23.33	9303
1999	25.47	8214	23.43	8438
2000	25.76	4689	23.58	4744

数据来源：转引自参考文献中郭志刚（2004b）。

而根据2001年全国计划生育/生殖健康调查数据集提供的1990～2000年育龄女性标准化平均初婚年龄，经过年龄结构标准化后的全国育龄女性的平均初婚年龄从1990年的21.8岁提高到1995年的22.4岁，到2000年的22.6岁，10年之间提高了0.8岁（潘贵玉，2003）。还有数据表明，1980年我国育龄女性初育年龄为24.43岁，到1990年降低到23.42岁，之后保持稳定态势（梁秋生，2004）。

本书在第四章和第五章也计算了人口普查数据的平均生育年龄，虽然有一孩的生育年龄，但是并没有独生子女家庭的生育年龄。而且，本章中使用了很多年龄标准，涉及父子年龄差、母子年龄差、祖孙之间的年龄差，范围很广。为了简化计算，采用的全国数据如下，当子辈出生时，父亲年龄25岁，母亲年龄23岁，祖父年龄49岁，祖母年龄47岁，外祖父年龄47岁，外祖母年龄45岁。城镇家庭的年龄高于全国水平，而农村家庭的年龄低于全国水平，具体设定如表15－3所示。

表15－3　子辈出生时的年龄

单位：岁

年龄	城镇	全国	农村
父亲	26	25	24
母亲	24	23	22
祖父	51	49	47
祖母	49	47	45
外祖父	49	47	45
外祖母	47	45	43

四　结果

（一）存活概率

图15－1提供了“四二一”家庭结构中三代共存年龄别存活概率曲线，横轴表示子辈年龄，纵轴表示三代共存的存活概率。

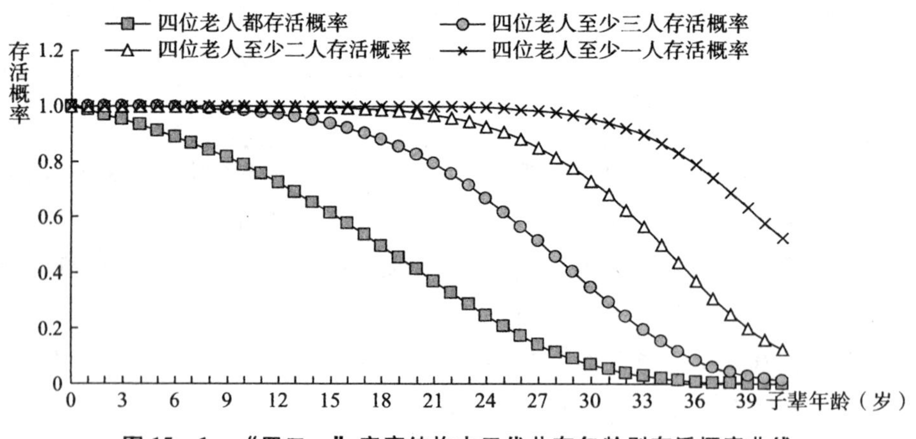

图15－1　“四二一”家庭结构中三代共存年龄别存活概率曲线

1. 祖辈4人存活概率

图15-1显示，在子辈和父辈存活的情况下，子辈从出生也就是0岁开始，祖辈4人共同存活的概率几乎呈直线下降趋势。在子辈10岁之前，祖辈4人年龄都不超过60岁。从子辈11岁开始，祖辈4人逐渐步入老年阶段(60岁)，在子辈15岁时，祖辈4人都步入老年阶段，但是祖辈4人都存活的概率只有0.61。在子辈20岁之前，祖辈4人年龄都不超过70岁，属于低龄老人之列，他们还有较强的劳动能力，绝大多数情况下不需要子女提供日常照料；子辈20岁时祖辈4人都存活的概率只有0.41。

子辈20~29岁，这一阶段祖辈4人从低龄老人逐渐步入中龄老人阶段，对经济支持、日常照料和情感慰藉需求增多，共同存活概率从0.41迅速下降到0.09，在子辈30岁之后共同存活概率继续下降。在子辈35岁时，此时父辈也开始步入老年阶段，祖辈4人共同存活的概率已经降到了0.01。

2. 祖辈至少3人存活概率

祖辈至少3人存活，即包括前面的祖辈4人存活也包括祖辈1人去世3人存活情况，存活概率高于祖辈4人存活概率。在子辈17岁时，祖辈4人存活概率为0.53，而祖辈至少3人存活概率为0.90。

子辈20~29岁，祖辈至少3人存活概率从0.82降低到0.40。这一阶段祖辈从低龄老人逐渐步入中龄老人阶段，对经济支持、日常照料和情感慰藉需求增多。子辈30~35岁，祖辈至少3人存活概率从0.34下降到0.11。子辈35岁之后，祖辈进入高龄老人阶段，至少3人存活概率在0.10以下。

3. 祖辈至少2人存活概率

与祖辈至少3人存活相比，祖辈至少2人存活概率增大。在子辈34岁时，该概率为0.50，之后祖辈步入高龄老人行列。子辈35~41岁，该概率继续下降到0.13。

4. 祖辈至少1人存活概率

在子辈25岁之前，祖辈4人至少1人存活概率在0.99以上，子辈25~30岁，该概率从0.99下降到0.95，四位老人在子辈30岁之前全部死亡的概率在0.05以下。子辈31~41岁，祖辈4人至少1人存活概率从0.95降低到0.52。

（二）存活年限

图 15－2 提供了在“四二一”家庭结构中三代共同存活年限。祖辈 4 人共同存活年限为 16.31 年。这期间，子辈 0～10 岁时，祖辈 4 人年龄都在 60 岁以下，11～16 岁，祖辈 4 人逐渐步入老年，但属于低龄老人。60～64 岁的老年人生活能够自理比例高达 96.8%，只有 3.2% 的老年人不能自理，60～69 岁的老年人不能自理的比例也只有 5.1%，因此 70 岁以下低龄老人的生活照料问题并不突出（杜鹏、武超，2006）。但是，受社会转型和人口流动的影响，经济支持和精神慰藉的需求可能不能满足，这也会带来养老压力。

在子辈 16 岁时，祖辈 4 人中有 1 人死亡，在子辈 16～24 岁这 7.98 年时间里，祖辈只有 3 人存活，年龄在 61～73 岁时，大部分时间生活能够自理，经济支持和精神慰藉方面会有需求。对于农村老年人来说，可能日常照料的需求也会增加。

在子辈 24 岁时，祖辈 3 人中又有 1 人死亡，存活两人。祖辈只有两人存活状态会维持 5.59 年。在子辈 30～35 岁时，祖辈只有 1 人存活。在祖辈只有 2 人或者 1 人存活阶段，祖辈对经济支持、日常照料和情感慰藉的需求都会增加。

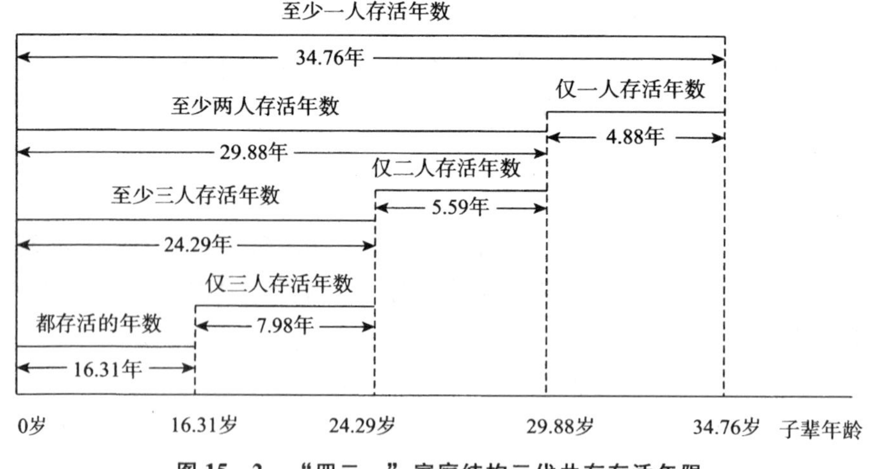

图 15－2　“四二一”家庭结构三代共存存活年限

（三）城乡差异

中国城乡存在的二元结构现状使得城镇和农村在人口社会经济发展等

方面存在巨大的差异，也使得“四二一”家庭结构指标存在差异。我们在表 15 - 4 中提供了城镇和农村“四二一”家庭结构三代共同存活的年限。

在子辈和父辈存活的情况下，城镇中祖辈四人存活年限为 17.00 年，农村为 16.55 年，尽管城乡存在差别但差别不大。当子辈独生子女出生的时候，城镇祖父、祖母、外祖父和外祖母的年龄分别为 51 岁、49 岁、49 岁和 47 岁，而农村对应祖辈四人年龄分别为 47 岁、45 岁、45 岁和 43 岁，分别相差 4 岁。虽然共同存活年限差别很小，但如果“四二一”家庭结构发生变化时，城乡对应的祖辈老人的年龄还是存在较大差异。

表 15 - 4 共同存活年限城乡差异

单位：年

共同存活年限	城镇	农村
祖辈 4 人存活	17.00	16.55
祖辈 3 人存活	8.20	7.96
祖辈 2 人共存	5.90	5.41
祖辈 1 人存活	4.91	4.68

（四）灵敏度分析

生育年龄、夫妻年龄差和生命表都会影响分析结果。本章涉及的生育年龄包括祖辈生育年龄，也包括父辈生育年龄，这其中还存在较大城乡差异。夫妻年龄差既包括祖辈夫妻年龄差，也包括父辈夫妻年龄差，也存在较大城乡差异。就生命表来说，中国的期望寿命持续在增长，虽然人类期望寿命的增长每年只在 0.15 ~ 0.25 岁的水平（Oeppen and Vaupel，2002；Bongaarts，2006；Jiang et al.，2013a），但也会影响到生命表中年龄别死亡率并进而影响到本章计算的存活概率及存活年限。由于参数较多，本章分析父辈和子辈年龄差变化，父辈中父亲从 25 岁升高到 31 岁，母亲从 23 岁升高到 29 岁，其他年龄差保持不变，对于共同存活概率和共同存活年限的影响。表 15 - 5 提供了结果。

可以看出，父辈中成为父亲年龄从 25 岁升高到 31 岁，而母亲年龄从 23 岁升高到 29 岁，祖辈四人共同存活年限从 16.31 年下降到 12.44 年，其他几个阶段存活年限变化较小。

表 15-5　共同存活年限的灵敏度分析

单位：年

成为父亲的年龄	4 人存活	3 人存活	2 人存活	1 人存活
25	16.31	7.98	5.59	4.88
27	14.97	7.72	5.53	4.87
29	13.68	7.43	5.46	4.86
31	12.44	7.12	5.37	4.83

五　本章小结

低生育水平下中国出生了大量独生子女，随着越来越多的独生子女婚配，“四二一”家庭引起了广泛关注。对于“四二一”家庭结构，人们首要的担心是养老压力，担忧一对夫妻要赡养祖辈四位老人和子辈一个孩子，甚至是一个孩子要赡养父辈两人和祖辈四人（陈雯，2012）。本章使用生命表数据和概率理论，通过设定一些参数，测算了“四二一”家庭结构本身演化过程，得到以下结论：

第一，祖辈四人共同存活概率下降很快，在他们都步入老年阶段时，4人共同存活概率只有 0.61。子辈出生之后，祖辈四人共同存活 16.31 年，然后一位老人会死亡，从而使得“四二一”家庭结构转变为“三二一”家庭结构。在祖辈 4 人共同存活的 16.31 年中，年龄都不超过 65 岁，处于劳动年龄人口，具备劳动能力和生活自理能力。所以，“四二一”家庭结构中基本上不存在同时赡养 4 位老人的状况，祖辈 4 人在这 16.31 年中具备劳动能力和生活自理能力，可以为他们的子女提供经济支持和照看孙子女。

第二，子辈 16~24 岁的 7.98 年间，只有 3 位老人存活，是“三二一”结构，这期间父辈年龄在 50 岁以下，不存在 4 位老人（祖辈四人）、5 位老人（祖辈 3 人 + 父辈 2 人）甚至是 6 位老人（祖辈 4 人 + 父辈 2 人）问题。在这个阶段的大部分时间内祖辈 3 人属于低龄老人阶段，生活自理不是该阶段的主要问题。在子辈 24 岁时，年龄最大老人 73 岁，年龄最小老人 69 岁，步入中龄老人（70~79 岁）阶段，祖辈经济支持需求会增加，日常照料需求会增加，但不能自理比例并不高。

第三，在子辈 24 岁之后，虽然老人进入中龄老人阶段，但家庭结构转变为“二二一”或者“一二一”，只有 2 位或者 1 位老人。这时期虽然老人都步入中龄老人或者高龄老人阶段，但数量上只有2人或者1人。

第四，城市和农村的“四二一”家庭分阶段共同居住年限没有显著差别。当“四二一”家庭从一种状态过渡到另外一种状态时，祖辈的年龄存在城乡差别。

第五，灵敏度分析显示，一些关键参数影响“四二一”家庭结构中共同存活概率和共同存活年限。以父辈生育年龄发生变化为例，父亲从25岁升高到31岁，母亲从23岁升高到29岁，则祖辈四人共同存活年限缩短，但其他几个阶段存活年限变化不大。

本章分析显示，“四二一”家庭结构不存在父辈同时赡养四位老人或者子辈同时赡养五位或者六位老人的压力，但是这种家庭结构依然面临各种压力和风险。在中国的家庭体系下，“四二一”家庭结构有着自己的居住模式：一种是独生子女夫妇和孩子组成核心家庭，加上两对老年夫妇各自组成空巢家庭；另一种是一对老年夫妇、独生子女夫妇及孩子组成主干家庭，另外一对老年夫妇组成空巢家庭（孙鹃娟、邬沧萍，2008；宋健，2010）。这样，即使在不考虑子女死亡的情况下，祖辈年老时至少是有一个空巢家庭身边没有子女，也可能是有两个祖辈空巢家庭身边都没有子女。而当前及今后一段时间内的“四二一”家庭结构，祖辈四人基本上是计划生育家庭，能否解决这部分人的养老保障问题，直接关系到政府公信力，关系到社会公平与正义（郭震威、齐险峰，2008）。而祖辈的四人身边如果没有子女，即使依靠退休金或者政府社会保障的支持，但他们的日常照料和精神慰藉也是一个难题。相比兄弟姐妹众多的大家庭而言，“四二一”家庭中经济支持、日常照料和精神慰藉的负担也是相当沉重的。

“四二一”家庭结构的中心是父辈的独生子女夫妇（郭志刚，1995），或者是独生子女夫妇加上他们子辈的独生子女（张伟东，2008）。中国独生子女数量庞大，所以失独家庭数量也会增大（Jiang et al.，2014b；王广州，2013；周伟、米红，2013）。由于具有唯一性和不可替代性，独生子女家庭本质上是风险家庭（穆光宗，2004；刘雯，2006）。已婚并且生育的独生子女死亡会给家庭带来更大的伤害（李兰永，2019）。一旦作为“四二一”家庭结构关键点的独生子女死亡或者遭遇意外伤害，“四二一”家庭会遭受致命打击甚至解体（张伟东，2008）。

无论在城镇还是在农村，对于数量并不庞大的“四二一”家庭和广义

“四二一”家庭来说，政府应对其养老问题给予特殊优惠政策（郭震威、齐险峰，2008）。从国家的角度，当家庭养老的子女资源遭到削弱的时候，尤其是当这种削弱很大程度上是因为计划生育政策的原因，那么政府需要考虑“能否”以及“怎样”来弥补这些家庭因子女资源削弱而造成的养老困难（宋健，2005）。及时筹划和制定“四二一”家庭结构的社会保障制度，迎接“四二一”家庭结构变化所带来的挑战，这是政府需要面对的问题。

本章的研究也有一定的局限性。由于使用的生命表最大年龄是 90 岁，所以在分析祖辈四人至少一位存活时，只能推算到子辈 41 岁的情况，此时概率为 0.52，还比较高，这会影响所计算的共同存活年限。另外关于年龄差的设定也会影响结果。尤其是本章使用的是 2000 年的数据，而近 20 年中国人口相关数据变化较大。死亡水平尤其是婴幼儿死亡水平下降很快，期望寿命提高很快；婚姻和生育年龄也有了大幅度推迟；而且夫妻年龄差的范围更广。如果使用 2020 年的数据，所计算的共同存活概率和共同存活年限会发生变化。后续可以使用最新的数据，更新研究结果。

第十六章　失独家庭

一　引言

随着中国计划生育政策的全面实施和低生育水平的到来，独生子女的数量增多。1980 年 9 月 25 日，《关于控制我国人口增长问题致全体共产党员、共青团员的公开信》发布，公开信中提到：为了争取在本世纪末把我国人口总数控制在 12 亿以内，国务院已经向全国人民发出号召，提倡一对夫妇只生育一个孩子。虽然自 20 世纪 70 年代以来，中国生育水平已经开始大幅度下降，但是很多家庭受此政策限制只能生育一个孩子，从而出现了大量“独生子女家庭”。这不完全是人们自发生育意愿下降和自愿生育行为的结果，在很大程度上是人们响应计划生育政策的结果（宋健，2005）。

独生子女总量呈现快速增长的态势。2000 年末全国 0～17 岁独生子女数量已达 9547 万人，2007 年末 0～17 岁独生子女数量为 1.14 亿人，18～28 岁独生子女数量为 3640 万人，30 岁以下独生子女数量已超过 1.5 亿人（杨书章、王广州，2007）。1980～2005 年共出生独生子女 1.26 亿人，其中城镇 7760 万人，农村 4796 万人（张为民等，2008）。到 2010 年，独生子女数量为 1.45 亿人（王广州，2013），有研究认为达到 1.79 亿人（周伟、米红，2013）。对于独生子女规模的估计如表 16－1 所示。

表 16－1　独生子女规模的估计

出处	截至时间（年）	估计人数（亿人）
张二力、陈建立（1999）	1995	0.80
杨书章、郭震威（2000）	1997	0.88

续表

出处	截至时间（年）	估计人数（亿人）
宋健（2000）	2000	0.93
陈恩（2013）	2000	1.17
陈雯、何雨（2006）	2005	0.90
张为民等（2008）	2005	1.26
风笑天（2008）	2007	1.00
杨书章、王广州（2007）	2007	1.50
王广州（2009）	2008	1.10（0~18岁）
王广州（2013）	2010	1.45
陈恩（2013）	2010	1.67
周伟、米红（2013）	2010	1.79

独生子女家庭面临着失独的风险，但对于失独家庭如何定义还存在争议。财政部和计划生育委员会2007年出台的《全国独生子女伤残死亡家庭扶助制度试点方案》和2010年出台的《全国计划生育家庭特别扶助专项资金管理暂行办法》规定，独生子女伤残死亡家庭或者计划生育家庭特别扶助的对象是女方年满49周岁、只生育一个子女或合法收养一个子女、现无存活子女或独生子女被依法鉴定为三级以上残疾。一些学者认为用女方年满49周岁即已经度过生育年龄来界定失独家庭有欠妥当，独生子女家庭唯一子女意外死亡都应该定义为失独家庭（张翼，2012；陈恩，2013）。

政府相关部门估算和统计失独家庭数量。截至2006年全国独生子女死亡、母亲年满49周岁、现无存活子女的家庭为37.5万个，最高峰值年2038年为151万个（国家人口计生委财务司课题组，2006）。《中国老龄事业发展报告（2013）》数据显示，2012年中国至少有100万个失独家庭，且每年以约7.6万个的数量增加（吴玉韶、党俊武，2013）。2013年，全国领取特别扶助金的计划生育特殊困难对象有67.1万人，其中独生子女死亡的特别扶助对象有40.7万人，有27.5万个失独家庭（新华社，2014）。《2018年我国卫生健康事业发展统计公报》数据显示，2017年和2018年全国计划生育家庭特别扶助制度中统计的独生子女伤残死亡家庭分别为112.2万个和124.7万个。

一些研究估算了死亡独生子女数量和失独家庭数量。翟振武（2003）

使用1990年全国生命表估计，每1000个出生婴儿中大约有5.4%的人在25岁之前死亡，有12.1%的人在55岁之前死亡。全国累计有8000万独生子女，有432万个家庭的独生子女在25岁前死亡，968万个家庭的独生子女在55岁前死亡（翟振武，2003）。潘金洪等（2018）认为，1980～2010年中国独生子女出生人数达1.48亿人；如果不实施全面二孩政策，这一期间出生的独生子女在45岁以前死亡的人数将达到513.03万人。2016年实行全面二孩政策之后部分家庭会生育二孩，但仍然会有失独父母160万人（潘金洪等，2018）。陈恩（2013）估计失独家庭数量为851.7万个。黄润龙（2009）假定母亲25岁生育，母亲到40岁、50岁、60岁和70岁时子女的累计死亡比例分别为5.05%、6.21%、7.63%和10.06%。周伟和米红（2013）估计，截至2010年中国农村独生子女死亡家庭数为158.57万个，城镇为82.69万个，全国农村49岁以上的失独父母有55.3万人，城镇有26.8万人。辜子寅（2016）估计近年来我国每年失独家庭以4.44%的速度不断增加，2010年全国新增失独家庭9.18万个，累计失独家庭达到177.83万个。

根据预测，2015～2020年每年净增35岁及以上失独女性6万人以上。2020～2030年，失独女性总量每年净增的幅度在5万人以上。预计2030年以后，失独女性净增的幅度将逐步下降（王广州，2016b）。2050年中国独生子女数将达3亿人，累计死亡的独生子女数量即失独家庭数量会超过1184万个（王广州，2013）。在35岁及以上失独女性中，60岁及以上失独女性比例增长迅速，预计到2050年所占比例将从目前的20%左右上升到接近70%。预计2050年现存失独家庭450万个左右（王广州，2016b）。

与有两个或者两个以上孩子的家庭相比，独生子女家庭面临更大的丧子风险。以累计丧子概率为例，在母亲90岁，独生子女家庭（假设是男孩）的累计丧子概率为16.56%，而二孩家庭（头胎男孩二孩女孩且间隔三岁）到两个子女都去世的累计丧子概率仅为1.24%（郝佳，2017）。即使随着社会经济发展，中国的婴幼儿死亡率下降很快，考虑到庞大的独生子女家庭数量，我们无法忽视面临失独风险的家庭。本章使用生命表技术和概率理论测算中国女性失去孩子的可能性及其他相关指标，希望能够为研究制定失独家庭相关的公共政策提供依据。本章将分成五部分，首先使用调查数据分析失独父母在社会生活各个方面的脆弱性，其次推导了测算失独指标的公式，再次介绍本章使用的数据，然后提供了分析结果，最后是本章小结。

二　失独父母的脆弱性

独生子女死亡给家庭带来了多维度的巨大冲击，失独父母的脆弱性是多维度的，体现在家庭功能、人际关系、身心健康、悲伤孤独、养老保障等方面（穆光宗，2016；Wei et al.，2016；Zheng et al.，2017；Zhang and Jia，2018；Fang，2019）。2011 年，中国计划生育协会对 14 个省 1500 多户失独家庭开展调查，发现部分家庭在生活、养老、健康等方面存在困难。一是经济状况较差，超过一半的家庭经济收入达不到当地平均水平；二是患病率较高，近一半失独父母患有抑郁症，超过 60% 失独父母患有慢性病，70% ~80% 失独父母存在不同程度的精神创伤或心理障碍；三是照料资源缺乏，失独父母在生病或年老时，只能依靠自己或者邻居帮忙（人民网，2013）。

失独家庭面临着经济困难、无人养老等难题。养老保障服务的缺位是失独家庭存在诸多生活困境中最普遍、最突出和最紧迫的问题（穆光宗，2016）。尤其是在西部欠发达地区，失独家庭普遍面临着经济贫乏、政策扶助单一等主要困境（许亚柯等，2017）。在一些农村失独家庭中，如果独生子女死亡时已婚已育，失独老人还要承担孙子女的抚养和教育义务，这更加重了失独家庭的经济困难（姚兆余、王诗露，2014）。2007 年全国开始建立独生子女伤残死亡家庭扶助制度，根据《2018 年我国卫生健康事业发展统计公报》数据，2017 年独生子女伤残死亡家庭扶助对象有 112.2 万人，发放扶助资金 42.1 亿元，平均每人每月 312.7 元；2018 年扶助对象有 124.7 万人，发放扶助资金 61.7 亿元，平均每人每月扶助金为 412.3 元。地方政府也提供了扶助，但总体来说与真正解决大量失独家庭面临的实际困难还有很大差距。

失独家庭面临着精神创伤。失独父母遭受精神、心理无法弥补的创伤。广西的一位被访者说：可能是自己前世做多了“恶”，让“白发人送黑发人”，后半生只能“自己照顾自己”（程中兴，2013）。在部分农村地区，失独父母还会受到因果报应信仰下的指指点点（陈恩，2016），还会受到污名化，目前农村文化环境也导致失独家庭的社会融入冲突（赵仲杰、郭春江，2019）。大部分失独老人孤立、无助，社会交往和社会支持局限于家庭夫妻之间，社会网络断裂，与他人和社区呈现断裂性和相斥性，阻碍了失独老人自我重新认同（方曙光，2013）。

为了了解失独家庭的脆弱性，西安财经学院与西安市人口和计划生育委员会于 2013 年 7 月进行了“人口老龄化背景下计划生育家庭发展能力”专项调查，该调查采用多阶段不等概率抽样，共调查 561 位父母，其中非失独家庭父母 367 人，这 367 人中又有 282 人是独生子女父母，失独父母 194 人。调查中的问题涉及健康自评（好和差）、是否患有慢性病（是和否）、改进的 CES－D 量表测量抑郁度、SWLS 量表测量生活满意度、家庭年收入、对经济预期的信心、社会支持网络、期望生活来源等指标（韦艳、姜全保，2014；Wei et al.，2016）。调查结果显示，失独父母在生理福利、心理福利、经济预期、社会支持和养老保障方面处于弱势地位，各个福利维度均弱于非失独父母（韦艳、姜全保，2014；Wei et al.，2016），具体如表 16－2 所示。

首先，失独父母的生理福利和心理福利较差，心理抑郁度远远高于非失独家庭。73% 的失独父母患有慢性病，仅有 22% 的失独父母认为自己健康状况良好。失独父母的抑郁度均值远远高于一般家庭，生活满意度远低于一般家庭。

其次，就未来家庭经济预期来说，失独父母的年收入与一般家庭基本相近，但对未来经济预期持悲观态度的比例为 74%。失独父母对于政府提供养老支持寄予了较高的期望，有 27% 的失独父母希望政府部门提供养老金。

最后，失独父母社会支持规模较小。失独父母社会支持规模普遍少于一般家庭，大约 2 人，情感支持规模最小仅有 1.69 人。与一般家庭相比，失独父母与周围邻居和朋友的联系较少。

表 16－2　失独父母的脆弱性

变量	非失独家庭		失独家庭		LR/T Test
	均值	标准差	均值	标准差	
生理福利	N＝282		N＝194		
健康状况	0.48	0.50	0.22	0.42	***
患有慢性病	0.45	0.50	0.73	0.45	***
心理福利	N＝282		N＝194		
抑郁度	4.99	3.21	10.36	3.91	***
生活满意度	21.91	6.78	14.10	6.36	***

续表

变量	非失独家庭		失独家庭		LR/T Test
	均值	标准差	均值	标准差	
经济预期	N = 367		N = 194		
年收入	42857.43	27065.87	37723.13	33288.11	ns
对经济状况满意	0.55	0.49	0.26	0.44	***
社会支持					
实际支持	3.52（N = 252）	4.94	2.71（N = 161）	3.72	ns
情感支持	2.42（N = 257）	3.07	1.69（N = 150）	2.16	ns
社会互动	2.71（N = 256）	2.93	1.93（N = 142）	2.31	ns
养老保障	N = 275		N = 188		
政府资金作为生活来源	0.11	0.31	0.27	0.44	***

注：*** $p < 0.001$，** $p < 0.01$，* $p < 0.05$，+ $p < 0.1$；ns：不显著。

资料来源：Wei 等（2016）。

当前，中国的社会保障制度还不健全，老年人很大程度上依靠家庭成员供养。表 16 - 3 显示，65 岁及以上人口中，收入来源主要依靠家庭成员供养，或者主要依靠自己的劳动。城市老年人有离退休金和养老金，农村所占比例很低。由于独生子女去世，失独父母得不到子女提供的经济支持、日常照料和精神慰藉。

表 16 - 3　老年人主要收入来源状况

单位：%

主要收入来源	2010 年		2015 年	
	65 岁及以上	80 岁及以上	65 岁及以上	80 岁及以上
劳动收入	19.69	3.44	15.18	1.85
离退休金养老金	24.52	20.52	30.93	30.68
最低生活保障金	4.69	6.09	6.03	7.38
财产性收入	0.32	0.22	0.46	0.25
家庭其他成员供养	48.81	67.63	43.39	56.15
其他	1.97	2.10	4.02	3.69

资料来源：根据 2010 年人口普查数据和 2015 年全国 1% 人口抽样调查资料计算得出。

失独老年人口健康状况较差，尤其对行动不便老人的照料是一个大问题。65 岁的老人期望寿命为 16.3 年，其中 8.7 年生活在健康状态中，4.8

年生活在健康受损状态（仅 IADL 受限）中，2.8 年生活在功能障碍（ADL 受限）中，具体如表 16－4 所示。虽然失独老人可以入住养老院，但是由于身体状况差，在缺乏子女照料的情况下，行动不便会对其生活造成很大的困扰。

表 16－4　老年人不同健康状况生活年限

单位：年

不同健康状况	65 岁时健康状态				80 岁时健康状态			
	所有人	健康	健康受损	功能障碍	所有人	健康	健康受损	功能障碍
健康	8.7	9.1	4.4	2.1	2.0	3.7	0.7	0.2
健康受损	4.8	4.6	8.7	3.0	3.4	2.4	4.8	1.0
功能障碍	2.8	2.7	3.1	9.9	2.0	1.6	1.7	5.8
总计	16.3	16.4	16.2	15.0	7.4	7.7	7.2	7.0

资料来源：使用 2008 年和 2011 年中国老年健康影响因素跟踪调查数据计算得出。

失独父母很容易陷入精神抑郁、自我封闭的状态，导致更加严重的心理疾病，进而呈现与社会关系的“断裂”，很难摆脱生活福利各个维度的劣势和困境（Wei et al.，2016；韦艳、姜全保，2014）。

三　失独风险估算方法

通常生育相关指标是基于女性而设置的，本章使用基于母亲的丧子概率来计算失独风险。如果要计算基于父亲的丧子概率，那么在公式中把母亲的数据替换为父亲的数据即可。

Myers（1959）使用生命表从生命周期角度测度了丧偶指标，Goldman 和 Lord（1983）改进了 Myers（1959）的方法。Jiang 等（2013b、2014b、2015b）设计公式测度了家庭生命周期。本章在这些方法的基础上，设计了测度女性丧子公式。

假设 $l^m(t)$ 和 $l^f(t)$ 表示男性和女性从出生存活到 t 岁的概率，$u^m(t)$ 和 $u^f(t)$ 表示男性和女性在 t 岁时的死亡风险，其中 $u(t)=-\frac{\frac{dl(t)}{dt}}{l(t)}$。母亲在 x 岁时生育男孩，在 $x+t$ 岁时男孩死亡概率为：

$$P_x^m = \int_0^w \frac{l^f(x+t)}{l^f(x)} \frac{l^m(t)}{l^m(0)} \mu^m(t)\,dt \tag{16-1}$$

其中，w 是年龄上限，上标 m 和 f 分别表示男性和女性，t 是男孩从出生到死亡的时间长度。需要说明的是，由于上式是针对孩子的积分，假定生命表中最高年龄是 a，则公式（16－1）中 w 最大值为 $w = a - (x + t)$。$\frac{l^f(x+t)}{l^f(x)} \frac{l^m(t)}{l^m(0)} \mu^m(t)$ 是母亲和男孩在男孩出生存活 t 年之后男孩的死亡概率，也是母亲的年龄别丧子概率。

本章讨论母亲丧子概率时，讨论的是“平均的”母亲，并不考虑母亲的生育年龄。所以本章把母亲的生育年龄积分，得到母亲的丧子概率：

$$P^m = \int_0^w \int_{m_x}^{n_x} \frac{l^f(x+t)}{l^f(x)} \frac{l^m(t)}{l^m(0)} \mu^m(t) p(x)\,dx\,dt \tag{16-2}$$

其中 m_x 是成为母亲的最小年龄，n_x 是成为母亲的最大年龄，$p(x)$ 是母亲的年龄概率分布，$\int_{m_x}^{n_x} p(x)\,dx = 1$。对于离散型年龄来说，是各年龄生育独生子女母亲占所有生育独生子女母亲的比例。在公式（16－2）中，$\int_{m_x}^{n_x} \frac{l^f(x+t)}{l^f(x)} \frac{l^m(t)}{l^m(0)} \mu^m(t) p(x)\,dx$ 通过积分消除了女性成为母亲的年龄对于测算数据的影响。

对于男孩来说，母亲平均丧子年龄可以表示为：

$$MA^m = \frac{\int_0^w \int_{m_x}^{n_x} (x+t) \frac{l^f(x+t)}{l^f(x)} \frac{l^m(t)}{l^m(0)} \mu^m(t) p(x)\,dx\,dt}{\int_0^w \int_{m_x}^{n_x} \frac{l^f(x+t)}{l^f(x)} \frac{l^m(t)}{l^m(0)} \mu^m(t) p(x)\,dx\,dt} \tag{16-3}$$

母亲丧子之后存活年限可以表示为：

$$MP^m = \frac{\int_0^w \int_{m_x}^{n_x} e_{x+t} \frac{l^f(x+t)}{l^f(x)} \frac{l^m(t)}{l^m(0)} \mu^m(t) p(x)\,dx\,dt}{\int_0^w \int_{m_x}^{n_x} \frac{l^f(x+t)}{l^f(x)} \frac{l^m(t)}{l^m(0)} \mu^m(t) p(x)\,dx\,dt} \tag{16-4}$$

其中 e_{x+t} 是母亲在 $x + t$ 岁时的期望寿命。

公式（16－2）、公式（16－3）和公式（16－4）消除了母亲年龄对于丧子指标的影响。如果我们要考察在 x 岁成为母亲的对应的丧子指标，那么公式（16－2）简化为公式（16－1），公式（16－3）和公式（16－4）分别简化为公式（16－5）和公式（16－6）。

$$MA_x^m = \frac{\int_0^w (x+t)\frac{l^f(x+t)}{l^f(x)}\frac{l^m(t)}{l^m(0)}\mu^m(t)dt}{\int_0^w \frac{l^f(x+t)}{l^f(x)}\frac{l^m(t)}{l^m(0)}\mu^m(t)dt} \tag{16-5}$$

$$MP_x^m = \frac{\int_0^w e_{x+t}\frac{l^f(x+t)}{l^f(x)}\frac{l^m(t)}{l^m(0)}\mu^m(t)dt}{\int_0^w \frac{l^f(x+t)}{l^f(x)}\frac{l^m(t)}{l^m(0)}\mu^m(t)dt} \tag{16-6}$$

四　数据

2010年的人口普查数据提供了丰富的死亡数据，婴儿死亡率为3.816‰，男婴死亡率为3.730‰，女婴死亡率为3.918‰（国务院人口普查办公室、国家统计局人口与就业统计司，2012）。死亡数据存在较大程度的漏报，尤其是低龄人口死亡漏报比较严重，漏报率超过60%（王金营、戈艳霞，2013）。修正后的2010年人口普查数据婴儿死亡率为17.27‰，婴儿死亡漏报水平为78%（黄荣清、曾宪新，2013）。

也有研究基于2010年的死亡数据，通过矫正数据来分析丧子情况（宋健和周宇香，2014）。本文中使用的主要数据是生命表和婚姻信息，来源于2000年的中国人口普查数据。

（一）生命表

2000年中国的人口普查面临巨大的挑战（张为民，2001；于学军，2002），漏报率为1.81%（国务院人口普查办公室、国家统计局人口和社会科技统计司，2002）。根据国际标准这一漏报率是合理的（Walfish，2001），也有很多研究分析了数据质量并且进行了数据的修正（Lavely，2001）。

死亡率数据质量同样存在问题，人口死亡的漏报导致公布的死亡率比实际要低（Li and Sun，2003）。Banister和Hill（2004）提供了2000年生命表，但只有总人口生命表，没有分城乡生命表。李树茁等（2005）使用调整的人口规模和人口结构生成了生命表。本章使用李树茁等（2005）的生命表，包括总体、城市、城镇和农村人口的分性别的生命表，总计有8张生命表。

（二）生育年龄

中国法定的最小结婚年龄是男性22岁和女性20岁。2000年数据显示平均生育年龄是24.83岁。20～29岁生育第一个孩子的母亲占所有年龄段生育第一个孩子母亲总数的91.2%，这个年龄段的平均生育年龄是24.54岁。本章把生育一孩的年龄限定在20～29岁，$p(x)$ 是20～29岁生育一孩母亲的概率分布。在城市，21～30岁生育一孩的母亲占所有生育一孩母亲的90.3%，这个年龄段平均生育年龄为25.78岁。城镇20～29岁生育一孩的母亲占所有生育一孩母亲的92.19%，平均生育年龄为24.26岁。农村19～28岁生育一孩的女性占全部生育一孩女性的92.16%，平均生育年龄为23.84岁。

为了计算方便，本章将全国的生育一孩年龄限定在20～29岁。$p(x)$ 是20～29岁生育一孩母亲的标准化之后的概率分布，针对全国的数据有 $\int_{20}^{29} p(x)\,dx = \sum_{x=20}^{29} p_x = 1$，城市生育年龄限定为21～30岁，城镇限定为20～29岁，农村限定为19～28岁。

五　计算结果

（一）丧子年龄模式

图16－1提供了母亲年龄别丧子模式（由于0岁数据太大，没有反映在图16－1中，可以参考图16－2）。在孩子0～4岁时，母亲失去女孩的概率要高于男孩，反映了婴幼儿阶段女性偏高的死亡水平及对女孩的歧视。正常情况下，男孩死亡率高于女孩，这反映了儿童死亡水平的自然性别差异（Coale and Demeny，1966；Hill and Upchurch，1995；李树茁、Feldman，1996）。但是中国婴幼儿死亡模式明显不同，2000年人口普查数据显示女婴死亡率为35.51‰，男婴死亡率为28.14‰，女婴死亡率比男婴死亡率高出7.37个千分点（李树茁等，2005）。Banister和Hill（2004）对于2000年数据分析也表明女婴死亡水平高于男婴。中国历史上长期实行的是父系体系、父权和从夫居家族制度，导致了强烈的男孩偏好，使得女孩在食物、卫生保健和教育等方面受到歧视性待遇，导致了偏高的0～4岁女孩死亡水平。

从生物意义上来说，女性较同龄男性具有存活优势，女性的这种存活优势在孩子4岁之后开始体现，如果孩子是男孩则母亲面临更大的丧子概率。在孩子 20 岁的时候母亲的年龄别丧子概率对于男孩来说是 1.17‰，女孩是 0.92‰，在孩子 40 岁的时候母亲的年龄别丧子概率男孩是 2.24‰，女孩是 1.43‰。

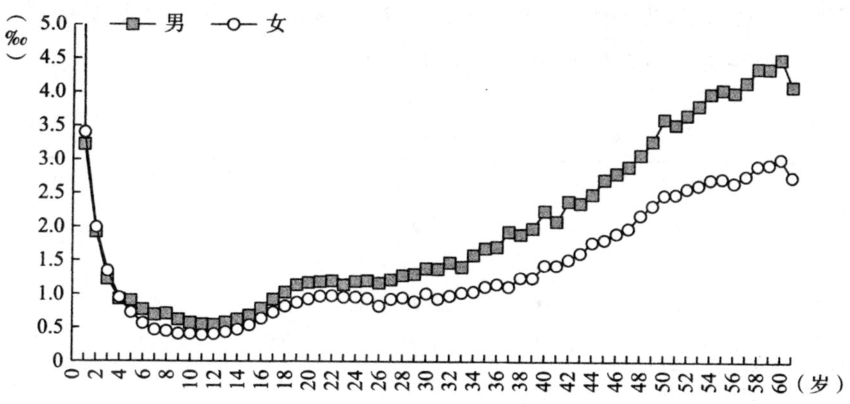

图 16－1　年龄别丧子概率

（二）累积丧子概率

图 16－2 提供了母亲的累积丧子概率。在孩子 36 岁之前，独生子女中女孩的累积丧子概率高于男孩，这主要是由于 0～4 岁女孩偏高死亡率造成的。36 岁之后，独生子女中男孩的累积丧子概率高于女孩。在孩子 30 岁的时候，独生子女中男孩的累积丧子概率是 59.92‰，女孩是 61.73‰；在孩子 40 岁时，男孩是 77.17‰，女孩是 72.94‰；在孩子 50 岁时男孩是 104.83‰，女孩是 91.93‰。最终母亲的累积丧子（孩子在母亲死亡之前死亡）的概率男孩是 14.94‰，女孩是 12.21‰。

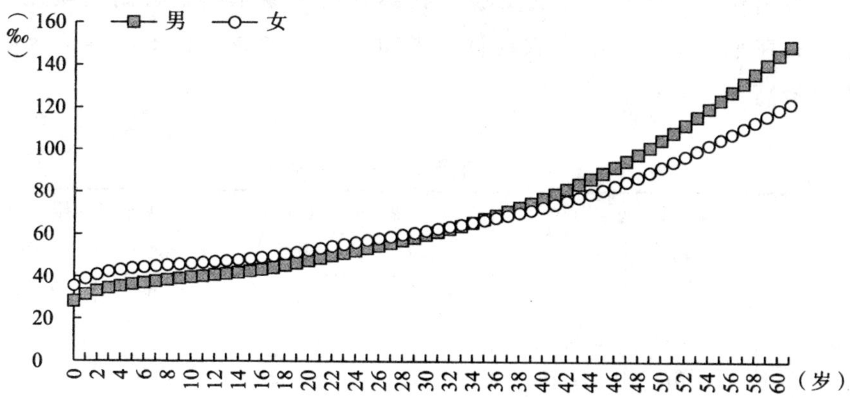

图 16－2　累积丧子概率

(三) 生育年龄对丧子指标的影响

表 16－5 提供了母亲生育年龄对累积丧子概率的影响数据。生育年龄从 20 岁增长到 36 岁的过程中，母亲最终失去男孩概率从 16.61% 下降到 9.27%，失去女孩概率从 13.34% 下降到 8.37%。但是生育年龄变化对于平均丧子年龄和丧子后存活年限影响不大。

表 16－5 生育年龄对丧子指标的影响

年龄（岁）	累积丧子概率（%）		平均丧子年龄（岁）		丧子后存活年限（年）	
	男孩	女孩	男孩	女孩	男孩	女孩
20	16.61	13.34	54.90	49.70	26.63	31.14
22	15.83	12.81	55.91	50.66	25.94	30.44
24	14.98	12.24	56.73	51.44	25.41	29.89
26	14.08	11.63	57.37	52.05	25.02	29.46
28	13.18	11.02	57.86	52.54	24.72	29.10
30	12.11	10.29	57.73	52.47	24.80	29.09
32	10.99	9.54	57.12	52.02	25.15	29.29
34	10.06	8.90	56.72	51.83	25.34	29.28
36	9.27	8.37	56.50	51.85	25.37	29.09
总体	14.94	12.21	56.56	51.30	25.53	29.99

(四) 丧子指标城乡差异

中国的社会经济发展水平和卫生资源在城乡间存在很大差异，死亡水平也存在很大的城乡差异，进而带来丧子指标的城乡差异。表 16－6 提供了城市、城镇和农村的丧子指标数据。在累计丧子概率中农村高于城镇，城市最低；在平均丧子年龄中农村低于城镇，城市最高；丧子后存活年限也是农村最高。

表 16－6 丧子指标的城乡差异

	累积丧子概率（%）		平均丧子年龄（岁）		丧子后存活年限（年）	
	男孩	女孩	男孩	女孩	男孩	女孩
城市	11.27	8.09	59.39	55.03	24.90	28.74
城镇	13.69	9.84	59.02	53.39	24.89	29.83
农村	17.02	14.17	55.81	50.74	25.42	29.67
总体	14.94	12.21	56.56	51.30	25.53	29.99

（五）失独家庭区域差异

虽然有很多研究估计了中国独生子女数量，但是缺乏权威的数据。计划生育部门掌握 14 周岁以下领证的独生子女人数（潘金洪、姜继红，2007）。由于人口数量、计划生育政策、社会经济发展水平、城乡分布等存在巨大省际差异，独生子女省际分布也存在较大差异（黄润龙，2009）。本章使用（黄润龙，2009）提供的 2000 年政策独生子女人数，结合图 16 - 2 中的数据，测算各省政策独生子女家庭及独生子女各个年龄时的失独家庭数量，如表 16 - 7 所示。

表 16 - 7　2000 年分省政策独生子女累计失独家庭

单位：万个

省份	政策独生子女数量	到 5 岁时	到 10 岁时	到 15 岁时	到 20 岁时	到 25 岁时
北京	198.3	7.03	7.76	8.32	9.22	10.39
天津	152.2	5.39	5.95	6.39	7.08	7.97
河北	429.8	15.23	16.81	18.04	19.99	22.51
山西	192.7	6.83	7.54	8.09	8.96	10.09
内蒙古	220.9	7.83	8.64	9.27	10.27	11.57
辽宁	604.2	21.41	23.63	25.36	28.10	31.65
吉林	317.6	11.25	12.42	13.33	14.77	16.64
黑龙江	446.3	15.81	17.46	18.73	20.76	23.38
上海	263.2	9.33	10.30	11.05	12.24	13.79
江苏	850.3	30.13	33.26	35.69	39.55	44.54
浙江	509.7	18.06	19.94	21.39	23.71	26.70
安徽	400.6	14.19	15.67	16.82	18.63	20.99
福建	224.3	7.95	8.77	9.41	10.43	11.75
江西	232.5	8.24	9.09	9.76	10.81	12.18
山东	800.8	28.38	31.32	33.61	37.25	41.95
河南	527.3	18.68	20.63	22.13	24.53	27.62
湖北	451.4	15.99	17.66	18.95	21.00	23.65
湖南	428.9	15.20	16.78	18.00	19.95	22.47
广东	473.2	16.77	18.51	19.86	22.01	24.79
广西	192.5	6.82	7.53	8.08	8.95	10.08
海南	33.7	1.19	1.32	1.41	1.57	1.77

续表

省份	政策独生子女数量	到5岁时	到10岁时	到15岁时	到20岁时	到25岁时
重庆	294.2	10.42	11.51	12.35	13.68	15.41
四川	709.7	25.15	27.76	29.79	33.01	37.18
贵州	158.3	5.61	6.19	6.64	7.36	8.29
云南	210.8	7.47	8.25	8.85	9.80	11.04
西藏	9.0	0.32	0.35	0.38	0.42	0.47
陕西	209.5	7.42	8.19	8.79	9.74	10.97
甘肃	137.4	4.87	5.37	5.77	6.39	7.20
青海	31.1	1.10	1.22	1.31	1.45	1.63
宁夏	32.8	1.16	1.28	1.38	1.53	1.72
新疆	128.5	4.55	5.03	5.39	5.98	6.73
全国	9871.7	349.78	386.14	414.34	459.14	517.12

从表16-7可以看出，以将近1亿个独生子女家庭计算，到某一年龄时独生子女死亡数量庞大。本章计算与翟振武（2003）、陈恩（2013）、潘金洪等（2018）的计算方法类似，但不等同于失独家庭数量。根据计算，独生子女到5岁时大约有350万人死亡，这个时候父母的年龄还可以再生育，所以实际中失独家庭要小于表16-7中测算数据。以此数据测算在15~25岁期间，独生子女死亡数量为100万人。这个阶段父母年龄已大，进行补偿生育不太现实。

需要指出的是，2000年人口普查数据中婴幼儿死亡率比较高，所以使用2000年数据测算的丧子概率和独生子女死亡人数较高。当前婴儿死亡率已经降到较低水平，如果用当前数据替代2000年数据，则丧子概率和测算的独生子女死亡人数会大幅度降低。

六 本章小结

中国独生子女数量庞大，失独家庭数量也逐渐增多，成为社会关注的热点。失独父母在健康、经济和社会支持等方面处于弱势地位（韦艳、姜全保，2014；Wei et al.，2016）。本章在介绍了对当前关于失独家庭数量的估算、失独父母的脆弱性之后，通过生命表和概率理论测算了失独家庭丧子指标，主要发现如下：

1. 由于0～4岁女孩死亡偏高，在子女0～4岁时丧失女孩的年龄别概率高于男孩，但是5岁以后丧失男孩的年龄别概率高于女孩。母亲累计丧子概率高于10%。

2. 生育年龄影响丧子指标。当生育年龄从20岁增长到36岁时，母亲失去男孩概率从16.61%下降到9.27%，失去女孩概率从13.34%下降到8.37%，但是生育年龄对母亲平均丧子年龄和丧子后存活年限的影响不大。

3. 丧子指标存在城乡差异。累计丧子概率农村高于城镇，城市最低；平均丧子年龄农村低于城镇，城市最高；丧子后存活年限农村最高。

4. 失独家庭数量存在区域差异。这种区域差异反映了人口数量和计划生育执行情况的不同。

本章使用了2000年人口普查数据，婴幼儿死亡水平较高，所以所计算的丧子概率、分省失独家庭数量偏高。如果使用当前的婴幼儿死亡水平计算，则丧子概率和分省失独家庭数量会大幅度降低。

中国传统的家庭至上观念最不能接受的就是子嗣夭折。独生子女发生意外，既影响家庭成员经济利益，也影响家庭文化、遗传基因的传承，还在一定程度上损害依附于血缘、姻缘关系的情感，毁灭着独生子女父母的人生意义和希望（潘金洪、姜继红，2007）。因独生子女死亡和伤残而导致的残缺家庭在一定程度上会把自己当前处境归结于计划生育政策，已经有很多家庭通过上访提出国家赔偿诉求。如果他们的诉求得不到回应和满足，将成为不和谐声音和不稳定因素（穆光宗，2009）。

失独父母执行了国家计划生育政策，履行了计划生育的义务，有权利获得国家和社会的关照和支持（张祺乐，2013）。当失独父母生活陷入困境时，由国家主动承担起照顾责任，符合社会公平的原则（吴佩芬，2013）。失独问题的解决关系到社会和谐与稳定，也是对一个国家责任与文明的考量（王茂福、谢勇才，2013；马一，2014）。对于失独家庭，政府责任可以划分为三个层次：第一层次是救助责任，即通过最低生活保障制度，帮助生活困难的失独家庭达到最基本的生活水平；第二层次是补偿责任，对于失独家庭给予经济补偿，属于社会优抚性质；第三层次是优待责任，对于失独家庭给予各方面照顾，例如优先享受居家养老服务、优先安置到公立养老机构、优先轮候保障性住房等，属于社会福利性质（郝佳，2017）。

《中华人民共和国人口与计划生育法》明确要求：独生子女发生意外伤

残、死亡，其父母不再生育和收养子女的，地方人民政府应当给予必要的帮助。2007年全国开始建立独生子女伤残死亡家庭扶助制度，相关部门和地方政府出台了多项规定，对于失独家庭给予扶助。随着政府对于失独家庭问题的重视，帮扶政策和制度逐步完善，扶助范围扩大，扶助强度增大。

未来，随着生育水平进一步降低或者稳定在较低水平，即使取消计划生育政策对于生育数量的限制，独生子女家庭还会成为主流的家庭结构，失独家庭还会大量存在。总体来说，失独父母需要更多个性化的支持，需要更多的政策扶助。中国政府要尽快完善国家层面的总体规划，成立相关机构，建立相关制度，明确责任主体，提供基本保障，建立失独家庭的跟踪服务机制，为失独家庭提供健康医疗、经济支持、日常照料和精神慰藉等全方位服务，尽可能满足失独家庭的个性化需求，促进人口经济社会长期可持续协调发展。

参考文献

包自宁，2011，《基于改进的 Lee-Carter 模型的中国生育率变化趋势分析》，硕士学位论文，天津财经大学。

蔡昉，2007，《中国人口与劳动问题报告 No. 8：刘易斯转折点及其政策挑战》，社会科学文献出版社。

蔡昉，2010，《人口转变、人口红利与刘易斯转折点》，《经济研究》第4期。

蔡菲，2009，《选择性别引产是导致我国出生人口性别比升高的主要原因》，《人口研究》第3期。

蔡泳，2009，《教育统计真的是估计生育水平的黄金标准吗？——对使用教育统计数据估计生育水平的探讨》，《人口研究》第4期。

蔡泳，2011，《全球化背景下的中国超低生育率：挑战和机遇》，载于王丰、彭希哲、顾宝昌等编著《全球化与低生育率：中国的选择》，复旦大学出版社。

曹泽毅，2006，《中国妇产科学》，人民卫生出版社。

查瑞传、曾毅、郭志刚，1996，《中国第四次人口普查资料分析》，高等教育出版社。

陈朝辉，1992，《生育分析中的孩次递进比方法》，《人口研究》第5期。

陈恩，2013，《全国“失独”家庭的规模估计》，《人口与发展》第6期。

陈恩，2016，《农村失独者的心理困境——基于江苏省若干案例的讨论》，《西北农林科技大学学报》（社会科学版》第5期。

陈剑，2015，《中国生育革命纪实（1978～1991）》，社会科学文献出版社。

陈卫，1995，《中国的低生育率》，《中国社会科学》第2期。

陈卫，2002，《性别偏好与中国妇女生育行为》，《人口研究》第2期。

陈卫，2005，《“发展－计划生育－生育率”的动态关系：中国省级数据再考察》，《人口研究》第1期。

陈卫，2009，《再论中国生育水平》，《人口研究》第4期。

陈卫、靳永爱，2011，《中国妇女生育意愿与生育行为的差异及其影响因素》，《人口学刊》第2期。

陈卫、高爽，2013，《中国生育率转变中的数量和进度效应》，《人口研究》第3期。

陈卫，2014，《2000年以来中国生育水平评估》，《学海》第1期。

陈卫、杨胜慧，2014，《中国2010年总和生育率的再估计》，《人口研究》第6期。

陈卫，2015，《基于广义稳定人口模型的中国生育率估计》，《人口研究》第6期。

陈卫、张玲玲，2015，《中国近期生育率的再估计》，《人口研究》第2期。

陈卫，2016，《广义稳定人口模型与中国人口估计》，《人口学刊》第1期。

陈卫、段媛媛，2019，《中国近10年来的生育水平与趋势》，《人口研究》第1期。

陈雯，2012，《“四二一”家庭结构假设与家庭养老压力事实》，《华中师范大学学报》（人文社会科学版）第5期。

陈雯、何雨，2006，《独生子女：我国人口安全视野中不容忽视的焦点》，《青年探索》第4期。

陈友华，2009a，《教育统计数据估算生育率时存在的问题与低生育率后果》，《人口研究》第4期。

陈友华，2009b，《人口变迁与国家和民族的兴衰——〈大国空巢〉读后感》，《人口与发展》第5期。

程中兴，2013，《公共政策视角下的“失独”问题探视：基于公众认知与主体感知的研究综述》，《人口与发展》第4期。

崔红艳、徐岚、李睿，2013，《对2010年人口普查数据准确性的估计》，《人口研究》第1期。

崔红艳、张为民，2002，《对2000年人口普查人口总数的初步评价》，《人口研究》第4期。

丁峻峰，2003，《浅析中国1991～2000年生育模式变化对生育水平的影响》，《人口研究》第2期。

杜鹏、武超，2006，《中国老年人的生活自理能力状况与变化》，《人口研究》第1期。

杜鹏、孙鹃娟、张文娟、王雪辉，2016，《中国老年人的养老需求及家庭和社会养老资源现状——基于2014年中国老年社会追踪调查的分析》，《人口研究》第6期。

段成荣、梁宏、刘岚、丁志宏、明艳、伍小兰，2001，《关于2000年人口普查质量的调查与思考》，《中国人口科学》第6期。

方曙光，2013，《社会断裂与社会支持：失独老人社会关系的重建》，《人口与发展》第5期。

放芳，1987，《我国三十年来婚姻和生育模式的转变（1953～1982）》，《人口与经济》第3期。

风笑天，2008，《中国独生子女问题：一个多学科的分析框架》，《浙江学刊》第2期。

冯国平、郝林娜，1992，《全国28个地方计划生育条例综述》，《人口研究》第4期。

傅崇辉、张玲华、李玉柱，2013，《从第六次人口普查看中国人口生育变化的新特点》，《统计研究》第1期。

高凌、郝虹生，1993，《育龄妇女对子女的性别偏好及其对生育的影响》，《1992年中国生育率抽要调查论文集》，中国人口出版社。

辜子寅，2016，《我国独生子女及失独家庭规模估计——基于第六次人口普查数据的分析》，《常熟理工学院学报》第1期。

郭晋晖，2015，《22省份养老金收不抵支，财政补贴累计超2万亿》，《第一财经日报》，2015.11.23，http://www.yicai.com/news/2015/11/4715255.html。

郭曼东、王晓峰，1997，《布拉斯、冈泊茨相关生育模型探究》，《中国人口科学》第3期。

郭震威、齐险峰，2008，《“四二一”家庭微观仿真模型在生育政策研究中的应用》，《人口研究》第2期。

郭志刚，1995，《低生育率下我国家庭模式的发展前景》，载于乔晓春主编《中国生育率下降过程中的新人口问题及其对策研究》，《人口研究》(增刊)，1995年。

郭志刚，2000a，《从近年来的时期生育行为看终身生育水平——中国生育数据的去进度效应总和生育率的研究》，《人口研究》第1期。

郭志刚，2000b，《中国90年代的生育水平分析——多测量指标的比较》，《中国人口科学》第4期。

郭志刚、张二力、顾宝昌、王丰，2003，《从政策生育率看中国生育政策的多样性》，《人口研究》第5期。

郭志刚，2004a，《对中国1990年代生育水平的研究与讨论》，《人口研究》第2期。

郭志刚，2004b，《关于中国1990年代低生育水平的再讨论》，《人口研究》第4期。

郭志刚，2004c，《关于生育政策调整的人口模拟方法探讨》，《中国人口科学》第2期。

郭志刚，2006，《孩次递进比的计算与调整生育指标的理解》，《中国人口科学》第5期。

郭志刚，2008，《中国的低生育水平及其影响因素》，《人口研究》第4期。

郭志刚，2009，《近年生育率显著“回升”的由来——对2006年人口和计划生育调查的评价研究》，《中国人口科学》第2期。

郭志刚，2010，《中国的低生育水平及相关人口研究问题》，《学海》第1期。

郭志刚，2011，《六普结果表明以往人口估计和预测严重失误》，《中国人口科学》第6期。

郭志刚，2012，《常规时期生育率失真问题及调整方法的新进展》，《人口研究》第5期。

郭志刚，2013，《中国人口生育水平低在何处——基于六普数据的分析》，《中国人口科学》第2期。

郭志刚，2015，《人口统计研究中方法的误用与滥用——以P/F比方法为例》，《中国人口科学》第3期。

郭志刚，2017，《中国低生育进程的主要特征——2015年1%人口抽样调查结果的启示》，《中国人口科学》第4期。

郭志刚、田思钰，2017，《当代青年女性晚婚对低生育水平的影响》，《青年研究》第6期。

国家计划生育委员会，2001，《计划生育统计公报（2001年第1号）》，国家计划生育委员会。

国家计划生育委员会，2002，《2001年全国计划生育/生殖健康调查公报》，国家计划生育委员会。

国家人口计生委财务司课题组，2006，《独生子女女伤残死亡家庭扶助制度研究报告》。

国家统计局，2011，《人口大国总点名——第六次全国人口普查纪实》，http://www.stats.gov.cn/ztjc/tjwh/wytj/201105/t20110501_58816.html。

国家统计局，2019，国家统计局局长就2018年国民经济运行情况答记者问，2019.1.21，http://www.stats.gov.cn/tjsj/sjjd/201901/t20190121_1645944.html。

国家统计局人口和就业统计司，2016，《2015年全国1%人口抽样调查资料》，中国统计出版社。

国家卫健委，2018，《2017年我国卫生健康事业发展统计公报》[DB/OL]，2018.06.12，http://www.nhfpc.gov.cn/guihuaxxs/s10743/201806/44e3cdfe11fa4c7f928c879d435b6a18.shtml。

国家卫生和计划生育委员会，2017，《中国卫生和计划生育统计年鉴》，中国协和医科大学出版社。

国家卫生计生委计划生育基层指导司、中国人口与发展研究中心，2017，《人口与计划生育常用数据手册》，中国人口出版社。

国家卫生健康委员会，2018，《中国卫生健康统计年鉴》，中国协和医科大学出版社。

国务院人口普查办公室、国家统计局人口统计司，1985，《中国1982年人口普查资料》，中国统计出版社。

国务院人口普查办公室、国家统计局人口统计司，1993，《中国1990年人口普查资料》，中国统计出版社。

国务院人口普查办公室、国家统计局人口和社会科技统计司，2002，《中国2000年人口普查资料》，中国统计出版社。

国务院全国1%人口抽样调查领导小组办公室、国家统计局人口和就业统计司，2006，《2005年全国1%人口抽样调查资料》，中国统计出版社。

国务院人口普查办公室、国家统计局人口和就业统计司，2012，《中国2010年人口普查资料》，中国统计出版社。

果臻、江莎，2017，《中国人口生育模式的离散趋势研究》，《中国人口科学》第6期。

韩猛、王晓军，2010，《Lee-Carter模型在中国城市人口死亡率预测中的应用与改进》，《保险研究》第10期。

郝佳，2017，《失独风险、利益损害与政府责任》，《人口与经济》第4期。

贺丹、黄匡时、陈佳鹏、张许颖，2017，《中国生育水平的空间与社会趋同研究——基于“五普”和“六普”微观数据的比较分析》，《人口学刊》第3期。

贺丹、张许颖、庄亚儿、王志理、杨胜慧，2018，《2006~2016年中国生育状况报告——基于2017年全国生育状况抽样调查数据分析》，《人口研究》第6期。

侯佳伟、黄四林、辛自强、孙铃、张红川、窦东徽，2014，《中国人口生育意愿变迁：1980~2011》，《中国社会科学》第4期。

侯佳伟、顾宝昌、张银锋，2018，《子女偏好与出生性别比的动态关系：1979~2017》，《中国社会科学》第10期。

侯亚杰、段成荣，2018，《对中国人口普查低龄人口数据的再认识》，《中国人口科学》第2期。

胡英，2005，《人口变动情况抽样调查的回顾》，《人口研究》第1期。

黄荣清、曾宪新，2013，《“六普”报告的婴儿死亡率误差和实际水平的估计》，《人口研究》第2期。

黄润龙，2009，《中国独生子女：数量、结构及风险》，《南京人口管理干部学院学报》第1期。

江连海、尹文耀，1983，《试谈“四二一”》，《人口学刊》第4期。

“江苏生育意愿和生育行为研究”课题组，2008，《低生育水平下的生育意愿研究》，《江苏社会科学》第2期。

江中三、岳勇、刘敏，2015，《高位推动抓统筹，严打“两非”出重拳——湖北省加大出生人口性别比综合治理力度》，《人口与计划生育》第8期。

姜全保，2010，《中国生育水平预测与生育政策展望》，《公共管理学报》第4期。

姜全保、李英、李晓敏，2013，《陕西省城乡居民生育意愿研究》，西安：陕西省人口和计划生育委员会和西安交通大学人口与发展研究所联合调查组。

姜全保、杨淑彩、李树茁，2018，《中国出生人口数量变化研究》，《中国人口科学》第1期。

姜全保、梅丽、郃秀军，2019，《中国出生性别比的区间估计》，《中国人口科学》第2期。

姜全保、李树茁，2019，《性别失衡与婚姻挤压》，社会科学文献出版社。

蒋正华，1984，《人口分析与规划》，陕西科学技术出版社.

金相郁、郝寿义，2006，《中国区域发展差距的趋势分析》，《财经科学》第7期。

乐章、刘二鹏，2016，《家庭禀赋、社会福利与农村老年贫困研究》，《农业经济问题》第8期。

李成瑞，1985，《中国1982年人口普查资料的可靠性》，《统计研究》第4期。

李汉东、李流，2012，《中国2000年以来生育水平估计》，《中国人口科学》第5期。

李建民、王金营，2000，《中国人口转变的地区差异》，国家计生委中国人口转变研究课题报告。

李兰永，2019，《农村失独家庭社会救助研究——以山东省为例》，《山东女子学院学报》第3期。

李林，2015，《1300万“黑户”该怎么办》，《中国青年报》2015年12月8日，第6版，http://zqb.cyol.com/html/201512/08/nw.D110000zgqnb_20151208_1-06.htm。

李南、申卯兴，1996，《基于随机模型的中国生育率预测》，《预测》第6期。

李若建，2013，《历次人口普查中低年龄组人口漏报研究》，《中山大学学报》（社会科学版）第2期。

李树茁、M. W. Feldman，1996，《中国婴幼儿死亡水平的性别差异：水平、趋势与变化》，《中国人口科学》第1期。

李树茁、孙福滨、姜全保、邹旭峰、管仁贤、胡平，2005，《中国2000年第五次人口普查死亡研究报告》，载于国务院人口普查办公室主编《转型期的中国人口：2000年人口普查国家级重点课题》，中国统计出版社。

李树茁、姜全保、孙福滨，2006，《“五普”人口总量和结构的分析与调整》，《人口学刊》第5期。

李玉柱、姜玉，2009，《80年代以来我国妇女初婚初育间隔变动分析》，《西北人口》第3期。

李志生、刘恒甲，2010，《Lee-Carter死亡率模型的估计与应用——基于中国人口数据的分析》，《中国人口科学》第3期。

栗志强，2012，《农村男方婚姻支付：性别比失衡背景下的农民婚姻策略》，博士学位论文，上海大学。

梁济民、陈胜利，1993，《全国生育节育抽样调查分析数据卷（生育卷）》，中国人口出版社。

梁普明，2000，《人口普查情况介绍——第四次全国人口普查》，《浙江统计》第6期。

梁秋生，2004，《“四二一”结构：一种特殊的社会、家庭和代际关系的混合体》，《人口学刊》第2期。

梁中堂，2003，《关于二十世纪末中国大陆人口总量和妇女生育率水平的研究》，《生产力研究》第5期。

梁中堂，2014，《中国计划生育政策史论》，中国发展出版社。

林富德、路磊，1994，《低生育率下的人口发展前景》，《人口研究》第3期。

刘鸿雁、柳玉芝，1996，《独生子女及其未来婚姻结构》，《中国人口科学》第3期。

刘军，2004，《户籍人口与常住人口的区别》，《北京统计》第Z1期。

刘雯，2006，《独生子女形成的“四二一”家庭结构分析》，《沈阳农业大学学报》（社会科学版）第3期。

刘晓兵、李树茁、赵彤、郭晓光，2006，《中国农村出生登记的微观影响因素分析——陕西省CH县三个村的调查》，《中国人口科学》第6期。

马小红、孙超，2011，《中国人口生育政策60年》，《北京社会科学》第2期。

马一，2014，《当代中国失独家庭救济机制的系统建构》，《山东大学学报》（哲学社会科学版）第4期。

马瀛通、王彦祖、杨书章，1986，《递进人口发展模型的提出与总和递进指标体系的确立》，《人口与经济》第2期。

马忠东、王建平，2009，《“子女组合偏好”与选择生育：1990年代中国生育水平下降和子女组合序列的变化》，《人口研究》第5期。

茅倬彦，2011，《我国人口惯性的区域差异研究》，《人口与发展》第6期。

茅倬彦，2018，《中国人口惯性增长》，中国人口出版社。

米红、杨明旭，2016，《总和生育率、出生性别比的修正与评估研究——基于1982~2010年历次人口普查、1%抽样调查数据》，《人口与发展》第2期。

穆光宗，2004，《独生子女家庭本质上是风险家庭》，《人口研究》第2期。

穆光宗，2009，《独生子女家庭的权益保障与风险规避问题》，《南方论丛》第3期。

穆光宗，2016，《论失独者养老的国家责任和公民权利》，《东岳论丛》第8期。

潘贵玉，2003，《2001年全国计划生育/生殖健康调查数据集》（上册），中国人口出版社。

潘金洪、姜继红，2007，《江苏省独生子女数量测算及其风险分析》，《扬州大学学报》（人文社会科学版）第1期。

潘金洪、胡创奇、郝仁杰，2018，《失独者走出哀伤困境的影响因素分析——基于1084位失独者的调查》，《人口与发展》第5期。

彭珮云，1997，《中国计划生育全书》，中国人口出版社。

亓昕，1989，《标准化按龄生育模式的建立——中国女性生育模式研究》，《人口学刊》第1期。

齐险峰、郭震威，2007，《“四二一”家庭围观仿真模型与应用》，《人口研究》第3期。

乔晓春，1991，《对Γ-分布生育模式的探讨》，《人口研究》第6期。

乔晓春，1992，《第四次全国人口普查人口性别年龄结构的初步检验》，《中国人口科学》第5期。

乔晓春，2002，《从“主要数据公报”看第五次人口普查存在的问题》，《中国人口科学》第4期。

乔晓春，2015，《从“单独二孩”政策执行效果看未来生育政策的选择》，《中国人口科学》第2期。

乔晓春、朱宝生，2018，《如何利用（粗）出生率来估计总和生育率?》，《人口与发展》第2期。

人民网，2013，“委员：应对失独家庭‘制度化帮扶’给老人更多温暖”，2013年3月13日，http://lianghui.people.com.cn/2013cppcc/n/2013/0313/c357111-20768486.html。

任强，2005，《当前我国的生育水平问题》，《市场与人口分析》第6期。

任绍敏，2015，《公安部高层开会商讨1300万“黑户”问题待解》，一财网，2015年11月23日，https://www.yicai.com/news/4715869.html。

申卯兴，1995，《基于随机模型的中国生育率建模预测及控制》，硕士学位论文，西安交通大学。

石人炳，2013，《我国出生性别比变化新特点——基于“五普”和“六普”数据的比较》，《人口研究》第2期。

石人炳、胡波、宁文苑，2019，《生育政策调整前后西南四省市妇女生育变动分析》，《人口研究》第2期。

帅江平，1995，《生育模式概率分布模型的分析》，《人口研究》第3期。

宋健，2000，《“四二一”结构：形成及其发展趋势》，《中国人口科学》第2期。

宋健，2005，《中国的独生子女与独生子女户》，《人口研究》第2期。

宋健，2010，《再论“四二一”结构：定义与研究方法》，《人口学刊》第3期。

宋健、陶椰，2012，《性别偏好如何影响家庭生育数量？——来自中国城市家庭的实证研究》，《人口学刊》第5期。

宋健，2013，《“四二一”结构家庭的养老能力与养老风险——兼论家庭安全与和谐社会构建》，《中国人民大学学报》第5期。

宋健、周宇香，2014，《中国父母丧子的概率与年龄分布》，《中国人口科学》第2期。

宋健、张婧文，2017，《孩次、生育时间与生育水平——基于中日韩妇女平均生育年龄变动与差异的机制研究》，《人口研究》第3期。

宋健、于景元、李广元，1980，《人口发展过程的预测》，《中国科学》第9期。

宋廷猷、李程，1991，《当代中国妇女生育模式》，《人口研究》第3期。

孙婧，2005，《中国出生性别比升高的特征、原因与对策分析》，《兰州学刊》第5期。

孙鹃娟、邬沧萍，2008，《稳定低生育水平是缓解“四二一”担忧的一个安民告示》，《西北人口》第1期。

孙沐寒，1987，《中国节制生育、计划生育要事编年（1949～1984年）》，《人口学刊》第4期。

孙以萍，1984，《非固定生育模式构造方法的探索》，《人口学刊》第2期。

陶涛、张现苓，2013，《六普人口数据的漏报与重报》，《人口研究》第1期。

陶自祥，2013，《分裂与继替：农村家庭延续机制的研究——兼论农村家庭的区域类型》，博士学位论文，华中科技大学。

铁瑛、张明志、陈榕景，2019，《人口结构转型、人口红利演进与出口增长——来自中国城市层面的经验证据》，《经济研究》第5期。

涂平，1995，《中国人口老龄化与人口控制》，《中国社会科学》第6期。

王德文，2007，《人口低生育率阶段的劳动力供求变化与中国经济增长》，《中国人口科学》第1期。

王广州，2001，《人口年龄结构间接估计方法与应用研究》，《中国人口科学》第5期。

王广州，2002，《年龄别生育率与总和生育率间接估计方法与应用研究》，《中国人口科学》第3期。

王广州，2003，《对第五次人口普查数据重报问题的分析》，《中国人口科学》第1期。

王广州，2004，《中国育龄妇女递进生育模式研究》，《中国人口科学》第6期。

王广州，2005，《20世纪70年代以来中国育龄妇女递进生育史研究》，《中国人口科学》第5期。

王广州，2009，《中国独生子女总量结构及未来发展趋势估计》，《人口研究》第1期。

王广州、胡耀岭，2011，《真实队列年龄别生育率估算方法与应用研究》，《人口研究》第4期。

王广州，2013，《独生子女死亡总量及变化趋势研究》，《中国人口科学》第1期。

王广州，2016a，《影响全面二孩政策新增出生人口规模的几个关键因素分析》，《学海》第1期。

王广州，2016b，《中国失独妇女总量、结构及变动趋势计算机仿真研究》，《人口与经济》第5期。

王金营，2003a，《2000年中国第五次人口普查漏报评估及年中人口估计》，《人口研究》第5期。

王金营，2003b，《1990～2000年中国生育模式变动及生育水平估计》，《中国人口科学》第4期。

王金营、戈艳霞，2013，《2010年人口普查数据质量评估以及对以往人口变动分析校正》，《人口研究》第1期。

王金营、马志越、李嘉瑞，2019，《中国生育水平、生育意愿的再认识：现实和未来——基于2017年全国生育状况调查北方七省市的数据》，《人口研究》第2期。

原新，2005，《对低生育率水平与人口安全的思考》，《学海》第6期。

王茂福、谢勇才，2013，《失独群体的社会保障问题探析——以北京模式为例》，《兰州学刊》第3期。

王晓峰、马学礼，2014，《老龄化加速期人口因素对日本经济增长的影响——以人口、经济的双重拐点为视角》，《现代日本经济》第4期。

王亚楠、钟甫宁，2015，《利用初育年龄测度终身生育率的探索》，《人口学刊》第2期。

王宇、陶涛，2019，《“非收入”多维贫困的识别与影响因素探析——基于CLASS数据对农村老年妇女样本的考察》，《云南民族大学学报》（哲学社会科学版）第6期。

韦艳、李树茁、费尔德曼，2005，《中国农村的男孩偏好与人工流产》，《中国人口科学》第2期。

韦艳、姜全保，2014，《空巢余悲与生活困境：失独家庭生活福利弱势性研究》，《人口与发展》第5期。

邬沧萍，1986，《中国生育率迅速下降的理论解释》，《人口研究》第1期。

吴锋、丁艳，2007，《我市部分山区群众因婚而贫》，《陇东报》2007-04-11，P.001。

吴佩芬，2013，《中国“失独”家庭面临的困境与路径选择》，《南方论丛》第4期。

吴尚纯、邱红燕，2010，《中国人工流产的现状与对策建议》，《中国医学科学院学报》第5期。

吴晓坤、李鑫、苏雯，2018，《Lee-Carter模型中各随机成分的性质分析及应用》，《统计与决策》第23期。

吴玉韶、党俊武，2013，《中国老龄事业发展报告（2013）》，社会科学文献出版社。

武洁，2002，《人口普查中的事后质量抽样调查》，《南方人口》第3期。

席小平、陈胜利，2005，《关爱女孩行动评估》，中国人口出版社。

夏乐平，2005，《1979～2000年中国人口生育趋势：出生数据和教育数据的比较分析》，《人口研究》第4期。

夏磊，2015，《基于探索性空间数据分析的中国人口生育率空间差异研究》，《西部学刊》第9期。

谢韦克，1993，《对概率分布生育模型的探讨》，《中国人口科学》第6期。

谢韦克、黄荣清，1993，《中国妇女生育模型研究》，《人口与经济》第1期。

谢韦克、王绍贤，1996，《利用生育模型及队列与时期指标的转换对生育率预测的方法学研究》，《中国人口科学》第2期。

新华社，2014，《2013年约27.5万“失独”家庭领取特别扶助金》，http://www.gov.cn/xinwen/2014-07/10/content_2715580.Htm。

信娜，2016，《国家卫计委：1300万“黑户”问题绝大部分已解决》，《新京报》2016年1月11日，http://www.bjnews.com.cn/news/2016/01/11/391102.html。

许亚柯、欧辉，2017，《欠发达地区农村失独家庭现状及政策实证研究——以怀化市为例》，《农业部管理干部学院学报》第1期。

杨书章、郭震威，2000，《中国独生子女现状及其对未来人口发展的影响》，《市场与人口分析》第4期。

杨书章、王广州，2006a，《生育控制下的生育率下降与性别失衡》，《市场与人口分析》第4期。

杨书章、王广州，2006b，《孩次性别递进人口发展模型及孩次性别递进指标体系》，《中国人口科学》第2期。

杨书章、王广州，2007，《一种独生子女数量简介估计方法》，《中国人口科学》第4期。

姚兆余、王诗露，2014，《失独老人的生活困境与社会福利政策的应对》，《重庆工商大学学报（社会科学版）》第4期。

易富贤，2013，《大国空巢：反思中国计划生育政策》，中国发展出版社。

尹文耀，2001，《中国独生子女家庭与二孩家庭生育模式百年模拟与选择》，《人口学刊》第3期。

尹文耀，2003，《中国生育率地理波与先进生育文化的区域传播》，《人口研究》第2期。

尹文耀、姚引妹、李芬，2013，《生育水平评估与生育政策调整——基于中国大陆分省生育水平现状的分析》，《中国社会科学》第6期。

游允中，1984，《1982年中国人口普查的可信度》，《人口与经济》第6期。

于弘文，2001，《从2000年人口普查看我国人口状况的几个特点》，《人口研究》第4期。

于景元、袁建华，1996，《近年来中国妇女生育状况分析》，载于蒋正华《1992年中国生育率抽样调查论文集》，中国人口出版社。

于学军，2002，《对第五次全国人口普查数据中总量和结构的估计》，《人口研究》第3期。

于学军、王广州，2004，《中国的生育水平到底有多低》，载于《中国2000年人口普查国际研讨会论文集》，中国统计出版社。

于学军，2005，《对2000年以来中国人口生育水平的判断》，《市场与人口分析》第6期。

于长永，2018，《他们在担心什么？——脆弱性视角下农村老年人的养老风险与养老期望探究》，《华中科技大学学报》（社会科学版）第1期。

袁建华、于弘文、李希如、许屹、姜涛，2003，《从生育水平估计到未来人口预测》，《中国人口科学》第1期。

曾毅、张震、顾大男、郑真真，2011，《人口分析方法与应用（第二版）》，北京大学出版社。

翟振武，2003，《全面建设小康社会与全面解决人口问题》，《人口研究》第1期。

翟振武、陈卫，2007，《1990年代中国生育水平研究》，《人口研究》第1期。

翟振武、杨凡，2009，《中国出生性别比水平与数据质量研究》，《人口学刊》第4期。

翟振武、杨凡，2011，《夸大还是低估——基于不同来源数据的出生性别比水平分析》，《福建江夏学院学报》第2期。

翟振武、陈佳鞠、李龙，2015，《现阶段中国的总和生育率究竟是多少？——来自户籍登记数据的新证据》，《人口研究》第6期。

翟振武、李龙、陈佳鞠，2016，《全面两孩政策下的目标人群及新增出生人口估计》，《人口研究》第4期。

张翠玲、刘鸿雁、王英安，2019，《生育间隔政策对我国二孩生育时机及生育水平的影响分析》，《人口与发展》第4期。

张二力、陈建利，1994，《改进的Brass相关生育模型》，《中国人口科学》第6期。

张二力、陈建利，1999，《现行生育政策下的模拟终身生育水平》，《中国人口科学》第5期。

张广宇、原新，2004，《对1990年代出生漏报和生育水平估计问题的思考》，《人口研究》第2期。

张广宇、顾宝昌，2018，《人口重报：人口普查面临的新挑战》，《人口与经济》第3期。

张祺乐，2013，《论“失独者”权利的国家保护》，《现代法学》第3期。

张青，2005，《用小学入学人数检验“五普”低龄组的人口漏报和性别比》，《中国人口科学》第3期。

张庆五，1984，《试论我国人口年报的统计质量——兼述我国的户口登记制度与人口统计的关系》，《人口与经济》第2期。

张为民、崔红艳，1993，《中国1990年人口普查数据质量的评价》，载于《中国1990年人口普查——国际讨论会论文集》，中国统计出版社。

张为民，2001，《一次成功的人口普查——简述中国第五次全国人口普查的进展》，《市场与人口分析》第4期。

张为民、崔红艳，2003，《对中国2000年人口普查准确性的估计》，《人口研究》第4期。

张为民、崔红艳，2004，《对2000年人口普查准确性的估计》，载于《中国2000年人口普查国际研讨会论文集》，中国统计出版社。

张为民，2008，《对我国人口统计数据质量的几点认识》，《人口研究》第5期。

张为民、冯乃林、赵云城、孟灿文、肖宁、吴珊，2008，《关于独生子女的基本特征分析及政策建议》，《中国信息报》2008年11月25日第1版。

张伟东，2008，《“421”家庭结构与独生子女军人的福利保障制度设计问题初探》，《人口与经济》第2期。

张旭、朱欣焰、鲍曙明，2012，《中国人口生育率的时空演变与空间差异研究》，《武汉大学学报》（信息科学版）第5期。

张翼，2012，《中国家庭的小型化、核心化与老年空巢化》，《中国特色社会主义研究》第6期。

张银锋、侯佳伟，2016，《中国人口实际与理想的生育年龄：1994～2012》，《人口与发展》第2期。

张玉林，2004，《目前中国农村的教育危机》，《战略与管理》第4期。

赵仲杰、郭春江，2019，《失独家庭扶助政策研究》，《管理观察》第33期。

赵梦晗，2015，《2000～2010年中国生育水平估计》，《人口研究》第5期。

赵梦晗，2016，《我国妇女生育推迟与近期生育水平变化》，《人口学刊》第1期。

郑真真，2011a，《生育意愿、生育行为和生育水平：从江苏调查看生育意愿和生育行为》，《人口研究》第2期。

郑真真，2011b，《低生育率和生育意愿——江苏调查的启示》，载于王丰、彭希哲、顾宝昌等编著《全球化与低生育率：中国的选择》，复旦大学出版社。

中国人口学会，2013，《当前我国城乡居民的生育意愿》，载于《创新与改革——中国人口转变学术研讨会会议材料》，中国人口学会。

中华人民共和国国家统计局、美国东西方中心，2007，《中国各省生育率估计：1975～2000》，北京：中国统计出版社。

钟水映，2004，《对中国人口总量统计误差的研究应该慎之又慎》，《中国人口科学》第2期。

周皓，2003，《我国第四次人口普查漏报情况的重新估计——基于第五次人口普查的分析》，《人口研究》第2期。

周伟、米红，2013，《中国失独家庭规模估计及扶助标准探讨》，《中国人口科学》第5期。

朱勤，2012，《2000～2010年中国生育水平推算——基丁“六普”数据的初步研究》，《中国人口科学》第4期。

Aird, J. S. 1990. *Slaughter of the Innocents: Coercive Birth Control in China.*

Washington, D. C. : The American Enterprise Institute Press.

Attané, I. 2001. "Chinese Fertility on the Eve of the 21st Century: Fact and Uncertainty." *Population: An English Selection* 13 (2): 71 - 100.

Attané, I. 2006. "The Demographic Impact of a Female Deficit in China, 2000 - 2050." *Population and Development Review* 32 (4): 755 - 770.

Balasch, J., and E. Gratacós. 2011. "Delayed Childbearing: Effects on Fertility and the Outcome of Pregnancy." *Fetal Diagnosis and Therapy* 29 (4): 263 - 273.

Banister, J. 1987. *China's Changing Population.* Stanford, CA: Stanford University Press.

Banister, J. 1994. "Implications and Quality of China's 1990 Census Data." in China State Council and National Bureau of Statistics (ed.). *1990 Population Census of China: Proceedings of International Seminar.* Beijing: China Statistics Press.

Banister, J., and K. Hill. 2004. "Mortality in China 1964 - 2000." *Population Studies* 58 (1): 55 - 75.

Basten, S., and Q. Jiang. 2014. "China's Family Planning Policies: Recent Reforms and Future Prospects." *Studies in Family Planning* 45 (4): 493 - 509.

Basten, S., and Q. Jiang. 2015. "Fertility in China: An Uncertain Future." *Population Studies* 69 (S1): S97 - S105.

Billari, F. C., P. Manfredi, and A. Valentini. 2000. "Macro-demographic Effects of the Transition to Adulthood: Multistate Stable Population Theory and An Application to Italy." *Mathematical Population Studies* 9 (1): 33 - 63.

Blossfeld, H. P., K. Golsch, and G. Rohwer. 2007. *Event History Analysis with Stata.* Mahwah, NJ: Lawrence Erlbaum Associates Inc.

Bongaarts, J. 1978. "A Framework for Analyzing the Proximate Determinants of Fertility." *Population and Development Review* 4 (1): 105 - 132.

Bongaarts, J., and R. G. Potter. 1983. *Fertility, Biology, and Behavior: An Analysis of the Proximate Determinants.* New York: Academic Press.

Bongaarts, J., and S. Greenhalgh. 1985. "An Alternative to the One-child Policy in China." *Population and Development Review* 11 (4): 585 - 617.

Bongaarts, J. , and G. Feeney, 1998, "On the Quantum and Tempo of Fertility." *Population and Development Review* 24 (2): 271 - 291.

Bongaarts, J. 1999. "Fertility Decline in the Developed World: Where Will It End?" *American Economic Review* 89 (2): 256 - 260.

Bongaarts, J. , and G. Feeney. 2000. "On theQuantum and Tempo of Fertility: Reply." *Population and Development Review* 26 (3): 560 - 560.

Bongaarts, J. 2001. "Fertility and Reproductive Preferences in Post-Transitional Societies." *Population and Development Review* 27 (Supplement: Global Fertility Transition): 260 - 281.

Bongaarts, J. 2002. "The End of the Fertility Transition in the Developed World." *Population and Development Review* 28 (3): 419 - 443.

Bongaarts, J. 2006. "How Long Will We Live?" *Population and Development Review* 32 (4): 605 - 628.

Bongaarts, J. , and G. Feeney. 2006. "The Tempo and Quantum of Life Cycle Events." *Vienna Yearbook of Population Research* 115 - 151.

Bongaarts, J. , and T. Sobotka. 2012. "A Demographic Explanation for the Recent Rise in European Fertility." *Population and Development Review* 38 (1): 83 - 120.

Bongaarts, J. 2013. "The Implementation of Preferences for Male Offspring." *Population and Development Review* 39 (2): 185 - 208.

Bongaarts, J. , and C. Z. Guilmoto. 2015. "How Many More Missing Women? Excess Female Mortality and Prenatal Sex Selection, 1970 - 2050." *Population and Development Review* 41 (2): 241 - 269.

Booth, H. 1984. "Transforming Gompertz's Function for Fertility Analysis: The Development of a Standard for the Relational Gompertz Function." *Population Studies* 38 (2): 495 - 506.

Brass, W. 1960. "The Graduation of Fertility Distributions by Polynomial Functions." *Population Studies* 14 (2): 148 - 162.

Brass, W. 1978. *The Relational Gompertz Model of Fertility by Age of Women.* London School of Hygiene and Tropical Medicine (mimeographed) .

Bumpass L. L. , R. R. Rindfuss, R. B. Janosik. 1978. "Age and Marital

Status at First Birth and the Pace of Subsequent Fertility." *Demography* 15 (1): 75-86.

Cai, Y. 2008. "An Assessment of China's Fertility Level Using the Variabler Method." *Demography* 45 (2): 271-281.

Cai, Y. 2010. "China's Below-replacement Fertility: Government Policy or Socioeconomic Development?" *Population and Development Review* 36 (3): 419-440.

Cai Y, F. Wang, Z. Zheng, and B. Gu. 2010. "Fertility Intention and Fertility Behavior: Why Stop At One? Factors Behind China's Below Replacement Fertility." *Paper prepared for Population Association of America Annual Meeting*, Dallas-Fort Worth. https://paa2010.princeton.edu/papers/101362.

Cai, Y. 2013. "China's New Demographic Reality: Learning from the 2010 Census." *Population and Development Review* 39 (3): 371-396.

Cai, Y. 2017. "Missing Girls or Hidden Girls? A comment on Shi and Kennedy's Delayed Registration and Identifying the 'missing girls' in China." *The China Quarterly* 231: 797-803.

Canudas-Romo, V. 2003. *Decomposition Methods in Demography.* Rozenberg Publishers. https://www.rug.nl/research/portal/files/10068144/thesis.pdf.

Chandola, T., D. A. Coleman, and R. W. Hiorns. 1999. "Recent European Fertility Patterns: Fitting Curves to 'distorted' Distributions." *Population Studies* 53 (3): 317-329.

Chao, F., P. Gerland, A. R. Cook, and L. Alkema. 2019. "Systematic Assessment of the Sex Ratio at Birth for all Countries and Estimation of National Imbalances and Regional Reference Levels." *Proceedings of the National Academy of Sciences* 116 (19): 9303-9311.

Chaudhuri, S. 2012. "The Desire for Sons and Excess Fertility: A Household-Level Analysis of Parity Progression in India." *International Perspectives on Sexual and Reproductive Health* 38 (4): 178-186.

Chen, J., R. D. Retherford, M. K. Choe, X. Li, and H. Cui. 2010. "Effects of Population Policy and Economic Reform on the Trend in Fertility in Guangdong Province, China, 1975-2005." *Population Studies* 64 (1): 43-60.

Chen, R., and L. Zhang. 2019. "Imbalance in China's Sex Ratio at Birth:

A Review." *Journal of Economic Surveys* 33 (3): 1050 - 1069.

Chen, Y., H. Li, and L. Meng. 2013. "Prenatal Sex Selection and Missing Girls in China: Evidence from the Diffusion of Diagnostic Ultrasound." *Journal of Human Resources* 48 (1): 36 - 70.

Chen, Y., A. Ebenstein, L. Edlund, and H. Li. 2015. "Girl Adoption in China: A Less-known Side of Son Preference." *Population Studies* 69 (2): 161 - 178.

Chiang, C. L. 1984. *The Life Table and Its Applications.* Robert E. Krieger Publishing Company Malabar.

Choe, M. K., L. L. Bumpass, and N. O. Tsuya. 2004. *Marriage, Work, and Family Life in Comparative Perspective: Japan, South Korea, and the United States.* Honolulu, HI: East-West Center.

Chu, J. 2001. "Prenatal Sex Determination and Sex-selective Abortion in Rural Central China." *Population and Development Review* 27 (2): 259 - 281.

Chung, W., and M. Das Gupta. 2007. "The Decline of Son Preference in South Korea: the Roles of Development and Public Policy." *Population and Development Review* 33 (4): 757 - 783.

Coale, A. J., and E. M. Hoover. 1958. *Population Growth and Economic Development in Low-Income Countries.* Princeton: Princeton University Press.

Coale, A. J., and P. Demeny. 1966. *Regional Model Life Tables and Stable Populations.* Princeton University Press.

Coale, A. J., and T. J. Trussell. 1974. "Model Fertility Schedules: Variations in the Age Structure of Childbearing in Human Population." *Population Index* 40 (2): 185 - 258.

Coale, A. J., and T. J. Trussell. 1978. "Technical Note: Finding the Two Parameters That Specify a Model Schedule of Marital Fertility." *Population Index* 44 (2): 203 - 213.

Coale, A. J., P. Demeny, and B. Vaughan. 1983. *Regional Model Life Tables and Stable Population*, 2nd Edition. New York: Academic Press.

Coale, A. J. 1984. *Rapid Population Change in China*, 1952 - 1982. National Academies Press.

Coale, A. J., F. Wang, N. E. Riley, and F. D. Lin. 1991. "RecentTrends in Fertility and Nuptiality in China." *Science* 251: 389-393.

Coale, A. J., and J. Banister. 1994. "Five Decades of Missing Females in China." *Demography* 31 (3): 459-479.

Cohen, W. J., R. Freedman, and M. Snyder. 1967. "The Behavioral Sciences and Family Planning Programs: Report on a Conference (National Institutes of Health, June 1967)." *Studies in Family Planning* 1 (23): 1-12.

Cox, D. R. 1972. "Regression Models and Life Tables." *Journal of the Royal Statistical Society* 34 (2): 187-220.

Das Gupta, P. 1993. *Standardization and Decomposition of Rates: A User's Manual (No. 186)*. US Department of Commerce, Economics and Statistics Administration, Bureau of the Census.

Das Gupta, M. 2006. "Cultural Versus Biological Factors in Explaining Asia's 'Missing Women': Response to Oster." *Population and Development Review* 32 (2): 328-332.

Das Gupta, M., W. Chung, and S. Li. 2009. "Evidence for an Incipient Decline in Numbers of Missing Girls in China and India." *Population and Development Review* 35 (2): 401-416.

Dietzenbacher, E., and B. Los. 1998. "Structural Decomposition Techniques: Sense and Sensitivity." *Economic Systems Research* 10 (4): 307-323.

Drèze, J., and M. Murthi. 2001. "Fertility, Education, and Development: Evidence from India." *Population and Development Review* 27 (1): 33-63.

Dubuc, S., and D. S. Sivia. 2018. "Is Sex Ratio at Birth an Appropriate Measure of Prenatal Sex Selection? Findings of a Theoretical Model and Its Application to India." *BMJ Global Health* 3 (4): 1-9.

Ebenstein, A. 2010. "The 'Missing Girls' of China and the Unintended Consequences of the One-child Policy." *Journal of Human Resources* 45 (1): 87-115.

Ehrlich, P. R. 1968. *The Population Bomb*. New York: Ballantine Books.

Fang, C. 2019. "Exploring Social Constructions of Bereaved People's Identity in Mainland China: A Qualitative Approach." *Mortality*. doi: 10.1080/13576275.2019.1657389.

Feeney, G. 1983. "Population Dynamics Based on Birth Intervals and Parity Progression." *Population Studies* 37 (1): 75 - 89.

Feeney, G. 1985. "Parity Progression Projection." East-West Center, East-West Population Institute. http://demographer.com/gfeeney/publications/1985-pp-projection/feeney-1985-parity-progression-projection.pdf.

Feeney, G., and J. Yu. 1987. "Period Parity Progression Measures of Fertility in China." *Population Studies* 41 (1): 77 - 102.

Feeney, G., and J. Yuan. 1994. "Below Replacement Fertility in China? A Close Look at Recent Evidence." *Population Studies* 48 (3): 381 - 394.

Fraid, S. M. 1973. "On the Pattern of Cohort Fertility." *Population Studies* 27 (1): 159 - 168.

Frejka, T. 2008. "Parity Distribution and Completed Family Size in Europe: Incipient Decline of the Two-child Family Model." *Demographic Research* 19 (4): 47 - 72.

Frejka, T., G. W. Jones, and J. P. Sardon. 2010. "East Asian Childbearing Patterns and Policy Developments." *Population and Development Review* 36 (3): 579 - 606.

Gayawan, E., S. B. Adebayo, R. A. Ipinyomi, and B. A. Oyejola. 2010. "Modeling Fertility Curves in Africa." *Demographic Research* 22: 211 - 236.

Gilje, E. 1969. "Fitting Curves to Age-Specific Fertility Rates: Some Examples." *Statistical Review of the Swedish National Central Bureau of Statistics* III 7: 118 - 134.

Gilks, W. R. 1986. "The Relationship Between Birth History and Current Fertility in Developing Countries." *Population Studies* 40 (3): 437 - 455.

Goldman, N., and G. Lord. 1983. "Sex Differentials in Life Measures of Widowhood." *Demography* 20 (2): 177 - 195.

Goldstein, J. R., and C. T. Kenney. 2001. "Marriage Delayed or Marriage Forgone? New cohort Forecasts of First Marriage for U. S. Women." *American Sociological Review* 66: 506 - 519.

Goldstein, J. R., T. Sobotka, and A. Jasilioniene. 2009. "The End of 'Lowest-low' Fertility?" *Population and Development Review* 35 (4): 663 - 699.

Gompertz, B. 1825. "On the Nature of the Function Expressive of the Law of Human Mortality, And on the New Mode of Determining the Value of Life Contingencies." *Philosophical Transactions of the Royal Society*, 115: 513 - 585.

Goodkind, D. 1996. "On Substituting Sex Preference Strategies in East Asia: Does Prenatal Sex Selection Reduce Postnatal Discrimination?" *Population and Development Review* 22: 111 - 126.

Goodkind, D. 2004. "China's Missing Children: The 2000 Census Underreporting Surprise." *Population Studies* 58 (3): 281 - 295.

Goodkind, D. 2011. "Child Underreporting, Fertility, and Sex Ratio Imbalance in China." *Demography* 48 (1): 291 - 316.

Gray, E., and A. Evans. 2004. "Sex Composition of Children as a Determinant of Parity Progression." *Negotiating the Life Course Discussion Paper Series*. Discussion Paper DP - 018.

Greenhalgh, S. 1986. "Shifts in China's Population Policy, 1984 - 1986: Views from the Central, Provincial, and Local Levels." *Population and Development Review* 12 (3): 491 - 515.

Greenhalgh, S. 2008. *Just One Child: Science and Policy in Deng's China*. University of California Press.

Gu B., F. Wang, Z. Guo, and E. Zhang. 2007. "China's Local and National Fertility Policies at the End of the Twentieth Century." *Population and Development Review* 33 (1): 129 - 147.

Gu, B., and Y. Cai. 2009. "Fertility Prospects in China." Paper Presented at the United Nations Expert Group Meeting on Recent and Future Trends in Fertility, New York, 2 - 4 December 2009. http://www.un.org/en/development/desa/population/events/pdf/expert/15.5/Gu - Cai.pdf.

Guilmoto, C. Z. 2009. "The Sex Ratio Transition in Asia." *Population and Development Review* 35 (3): 519 - 549.

Guilmoto, C. Z. 2012. "Skewed Sex Ratios at Birth and Future Marriage Squeeze in China and India, 2005 - 2100." *Demography* 49 (1): 77 - 100.

Hadwiger, H. 1940. "Eine Analytische Reprodutionsfunktion FÜR Biologische Gesamtheiten." *Skandinavisk Aktuarietidskrift* 23: 101 - 113.

Hardee-Cleaveland, K. , and J. Banister, 1988. "Fertility Policy and Implementation in China, 1986 - 88." *Population and Development Review* 14 (2): 245 -286.

Hardee, K. , B. Gu, and Z. Xie. 2000. "Holding up More Than Half the Sky: Fertility Control and Women's Empowerment in China." Paper Presented at the 2000 Annual Meeting of the Population Association of America, Los Angeles, 23 -25 March.

Hernes, G. 1972. "The Process of Entry Into First Marriage." *American Sociological Review* 37: 173 - 182.

Hesketh, T. , L. Lu, and W. Zhu. 2005. "The Effect of China's One-child Family Policy After 25 Years." *New England Journal of Medicine* 353 (11): 1171 -1176.

Hesketh, T. , and W. Zhu. 2006. "Abnormal Sex Ratios in Human Populations: Causes and Consequences." *Proceedings of the National Academy of Sciences* 103 (36): 13271 -13275.

Hill, K. , and D. M. Upchurch. 1995. "Gender Differences in Child Health: Evidence from the Demographic and Health Surveys." *Population and Development Review* 21 (1): 127 - 151.

Hoem, J. M. and B. Rennermalm. 1978. "On the Statistical Theory of Graduation by Splines." Copenhagen: University of Copenhagen, Laboratory of Actuarial Mathematics (Working Paper No. 14) .

Hoem, J. M. , D. Madsen, J. L. Nielsen, E. M. Ohlsen, H. O. Hansen, and B. Rennermalm. 1981. "Experiments in Modeling Recent Danish Fertility Curves." *Demography* 18 (2): 231 -244.

Hoem, J. M. , and C. Mureşan. 2011. "The Total Marital Fertility Rate and Its Extensions." *European Journal of Population* 27: 295 -312.

Hollmann, F. W. , T. J. Mulder, and J. E. Kallan. 2000. "Methodology and Assumptions for the Population Projections of the United States: 1999 -2100." *Population Division Working Paper*, No. 38, U. S. Census Bureau, Washington, D. C.

Hull, H. 1990. "Recent Trends in Sex Ratio at Birth in China." *Population and Development Review* 16 (1): 63 -83.

Human Fertility Database (HFD). 2019. Max Planck Institute for Demographic Research (Germany) and Vienna Institute of Demography (Austria). Available at www. humanfertility. org. Downloaded 10 Aprial 2019.

Hvistendahl, M. 2011. "China's Population Growing Slowly, Changing Fast." *Science* 332 (6030): 650 – 651.

Hyndman, R. J., and M. S. Ullah. 2007. "Robust Forecasting of Mortality and Fertility Rates: A Functional Data Approach." *Computational Statistics and Data Analysis* 51: 4942 – 4956.

Inaba, H. 1995. "Human Population Reproduction Via First Marriage." *Mathematical Population Studies* 5 (2): 123 – 144.

Islam, M. M., and R. Bairagi. 2003. "Fertility Intentions and Subsequent Fertility Behavior in Matlab: Do Fertility Intentions Matter?" *Journal of Biosocial Science* 35 (04): 615 – 619.

Iwasawa, M., and R. Kaneko. 2007. "Trends in Partnership Behaviors in Japan from the Cohort Perspective." In *Work Session on Demographic Projections*. pp. 65 – 76. https://ec. europa. eu/eurostat/documents/3888793/5843981/KS – RA – 07 – 021 – EN. PDF/bf9ce36f – ea73 – 4e48 – b95d – 72c424f6f46d.

Jain, S. K., and P. F. Mcdonald. 1997. "Fertility of Australian Birth Cohorts: Components and Differentials." *Journal of Population Research* 14 (1): 31 – 46.

Jeffery, R., P. Jeffery, and A. Lyon. 1984. "Female Infanticide and Amniocentesis." *Social Science and Medicine* 19 (11): 1207 – 1712.

Jha, P., M. Kesler, R. Kumar, F. Ram, U. Ram, L. Aleksandrowicz, D. Bassani, S. Chandra, and J. Banthia. 2011. "Trends in Selective Abortion of Female Foetuses in India: Analysis of Nationally Representative Birth Histories from 1990 – 2005 and Census Data from 1991 – 2011." *The Lancet* 377 (9781): 1921 – 1928.

Jiang, Q., and J. J. Sánchez Barricarte. 2011. "The 4 – 2 – 1 Family Structure in China: a Survival Analysis Based on Life Tables." *European Journal of Ageing* 8 (2): 119 – 127.

Jiang, Q., W. Song, and J. J. Sánchez-Barricarte. 2013a. "Forecasting

China's Mortality." *Population Review* 52 (2): 87 -98.

Jiang, Q., Z. Guo, S. Li, and M. W. Feldman. 2013b. "The Life Cycle of Bare Branch Families-A Simulation Study." *Canadian Studies in Population* 40 (3 -4): 134 -148.

Jiang, Q., M. W. Feldman, and S. Li. 2014a. "Marriage Squeeze, Never-married Proportion and Mean Age at First Marriage in China." *Population Research and Policy Review* 33 (2): 189 -204.

Jiang Q., Y. Li, and J. J. Sánchez Barricarte. 2014b. "The Risk of Mothers Losing an Only Child in China." *Journal of Biosocial Science* 46 (4): 531 -545.

Jiang, Q., Y. Zhang, and J. J. Sánchez-Barricarte. 2015a. "Marriage Expenses in Rural China." *The China Review* 15 (1): 207 -236.

Jiang, Q., X. Li, and J. J. Sánchez Barricarte. 2015b. "Elderly Widowhood in China." *Asian Population Studies* 11 (1): 7 -16.

Jiang, Q., and Y. Liu. 2016. "Low Fertility and Concurrent Birth Control Policy in China." *The History of the Family* 21 (4): 551 -577.

Jiang, Q., Y. Li, and J. J. Sánchez-Barricarte. 2016a. "FertilityIntention, Son Preference, and Second Childbirth: Survey Findings from Shaanxi Province of China." *Social Indicators Research* 125 (3): 935 -953.

Jiang, Q., S. Yang. and J. J. Sánchez Barricarte. 2016b. "Can China Afford Rapid Ageing?" *Springer Plus* 5 (1): 1 -8.

Jiang, Q., X. Li, S. Li, and M. W. Feldman. 2016c. "China's Marriage Squeeze: A Decomposition into Age and Sex Structure." *Social Indicators Research*127 (2): 793 -807.

Jiang, Q., Q. Yu, S. Yang, and J. J. Sánchez Barricarte. 2017. "Changes inSex Ratio at Birth in China: A Decomposition by Birth Order." *Journal of Biosocial Science* 49 (6): 826 -841.

Jiang, Q., S. Yang, S. Li, and M. W. Feldman. 2019a. "The Decline in China's Fertility Level: A Decomposition Analysis." *Journal of Biosocial Science* 51 (6): 785 -798.

Jiang, Q., X. Tai, and L. Wang. 2019b. "One-child PolicyandPopulation Aging in China." in D. Gu and M. E. Dupre (eds.) *Encyclopedia of Gerontology and Population Aging*. Springer.

Johansson, S., and O. Nygren. 1991. "The Missing Girls of China: a New Demographic account." *Population and Development Review* 17 (1): 35-51.

Johansson, S., and A. Arvidsson. 1994. "Problems in Counting the Youngest Cohorts in China's Censuses and Surveys." in China State Council and National Bureau of Statistics (ed.), *1990 Population Census of China: Proceedings of International Seminar*. China Statistics Press.

Kashyap, R., and F. Villavicencio. 2016. "The Dynamics of Son Preference, Technology Diffusion, and Fertility Decline Underlying Distorted Sex Ratios at Birth: a Simulation Approach." *Demography* 53 (5): 1261-1281.

Keilman, N. 1990. *Uncertainty in National Population Forecasting: Issues, Backgrounds, Analyses, Recommendations*. Amsterdam: Swets and Zeitlinger.

Keilman, N., and D. Q. Pham. 2000. "Predictive Intervals for Age-Specific Fertility." *European Journal of Population* 16: 41-66.

Khawaja, M. 2000. "The Recent Rise in Palestinian Fertility: Permanent or Transient?" *Population Studies* 54 (3): 331-346.

Kim, Y. J., and R. Schoen. 2000. "On the Quantum and Tempo of Fertility: Limits to the Bongaarts-Feeney Adjustment." *Population and Development Review* 26 (3): 554-554.

Kohler, H. P., and D. Philipov. 2001. "Variance Effects in the Bongaarts-Feeney formula." *Demography* 38 (1): 1-16.

Kohler, H. P., and J. A. Ortega. 2002. "Tempo-Adjusted Period Parity Progression Measures, Fertility Postponement and completed Cohort Fertility." *Demograhic Research* 6 (6): 91-144.

Kohler, H. P., F. C. Billari, and J. A. Ortega. 2002., "The Emergence of Lowest-Low Fertility in Europe During the 1980s." *Population and Development Review* 28 (4): 641-680.

Larsen, U., W. Chung, and M. D. Gupta. 1998. "Fertility and Son Preference in Korea." *Population Studies* 52 (3): 317-325.

Lavely, W. 2001. "First Impressions from the 2000 Census of China." *Population and Development Review* 27 (4): 755-769.

Lee, R. D., and L. R. Carter. 1992. "Modeling and Forecasting U. S. Mortality." *Journal of the American Statistical Association* 87 (419): 659 - 671.

Lee, R. D., and S. Tuljapurkar. 1994. "Stochastic Population Forecast for the US: Beyond High, Medium and Low." *Journal of American Statistical Association* 89 (428): 1175 - 1189.

Lesthaeghe, R. 2010. "The Unfolding Story of the Second Demographic Transition." *Population and Development Review* 36 (2): 211 - 251.

Li, Y. 1992. Sex Ratios of Infants and Relations with Some Socioeconomic Variables: The Results of China's 1990 Census and Implications. Paper Presented at the International Seminar on China's 1990 Population Census, Beijing, 19 - 23 October.

Li, N., M. W. Feldman, and S. Tuljapurkar. 2000. "Sex Ratio at Birth and Son Preference." *Mathematical Population Studies* 8 (1): 91 - 107.

Li, N., R. Lee, and S. Tuljapurkar. 2004. "Using the Lee-Carter Method to Forecast Mortality for Populations with Limited Data." *International Statistical Review* 72 (1): 19 - 36.

Li, S., and F. Sun. 2003. "Mortality Analysis of China's 2000 Population Census Data: A Preliminary Examination." *The China Review* 3 (2): 31 - 48.

Li, S. 2007. "Imbalanced Sex Ratio at Birth and Comprehensive Intervention in China." Paper presented at 4th Asia Pacific Conference on Reproductive and Sexual Health and Rights, Hyderabad, 29 - 31 October. https://www.unfpa.org/sites/default/files/resource-pdf/china_summary.pdf.

Li, S., Y. Zhang, and M. W. Feldman. 2010. "Birth Registration in China: Practices, Problems and Policies." *Population Research and Policy Review* 29 (3): 297 - 317.

Li, X., Y. Hu, J. Chen, R. D. Retherford, and M. K. Choe. 2007. *Fertility Estimates for Provinces of China*, 1975 - 2000. Beijing: China Statistics Press.

Li, Y. 2012. "Reflections on the Causes of Forced Abortion in China." *The Lancet* 380 (9844): 804.

Li, Y., Q. Jiang, S. Basten, and S. Li. 2017. "Effect of Sex Composition of Children on the Gender of Next Birth in the Context of Low Fertility in Rural

China." *China Population and Development Studies* 1 (1): 83 -97.

Liu, Q., F. Rios - Avila, and J. Han. 2020. "Is China's Low Fertility Rate Caused by the Population Control Policy?" Levy Economics Institute, Working Paper No. 943. https://ssrn.com/abstract=3520031.

Luk, B. H. 1977. "Abortion in Chinese law." *The American Journal of Comparative Law* 25 (2): 372 -392.

Lutz, W., W. P. Butz, and K. C. Samir. 2014. *World Population & Human Capital in the Twenty-first Century: Executive Summary.* IIASA, Laxenburg, Austria. http://pure.iiasa.ac.at/id/eprint/11189/1/XO-14-031.pdf.

Lutz, W., B. C. O'Neill, and S. Scherbov. 2003. "Europe's Population at a Turning Point." *Science* 299 (5615): 1991 -1992.

Martin, S. P. 2004. Reassessing Delayed and Forgone Marriage in the United States (Working paper). New York: Russell Sage.

Mazur, D. P. 1963. "A Demographic Model for Estimating Age-Order Specific Fertility Rates." *Journal of the American Statistical Association* 58: 774 -788.

McDonald, P. 2005. "Low Fertility in Singapore: Causes, Consequences and Policies", Paper presented at the Forum on Population and Development in East Asia, Beijing, May 16 -17, 2005.

McDonald, P., M. Hosseini-Chavoshi, M. Abbasi Shavazi, and A. Rashidian. 2015. "An Assessment of Recent Iranian Fertility Trends Using Parity Progression Ratios." *Demographic Research* 32 (58): 1581 -1602.

Meadows, D. H., D. L. Meadows, and W. W. Behrens. 1972. *The Limits to Growth.* New York: Universe Books.

Merli, M. G., and A. E. Raftery. 2000. "Are Births Underreported in Rural China? Manipulation of Statistical Records in Response to China's Population Policies." *Demography* 37 (1): 109 -126.

Merli, M. G., and S. P. Morgan. 2010. "*Below Replacement Fertility Preferences in Shanghai, China.*" Paper presented at PAA 2010.

Mills, M., and K. Begall. 2010. "Preferences for the Sex-composition of Children in Europe: A Multilevel Examination of Its Effect on Progression to a Third Child." *Population Studies* 64 (1): 77 -95.

Mitra, S. 1967. "The Pattern of Age-Specific Fertility Rates." *Demography* 4 (2): 894 -906.

Mitra, S., and A. Romaniuk. 1973. "Pearsonian Type I Curve and Its Fertility Projection Potentials." *Demography* 10 (3) : 351 -365.

Morgan, S. P. 2001. "*Should Fertility Intentions Inform Fertility Forecasts?*" Proceedings of U. S. Census Bureau Conference: The Direction of Fertility in the United States. Washington, D. C: U. S. Census Bureau.

Morgan, S. P., and R. B. King. 2001. "Why Have Children in the 21st Century? Biological Predisposition, Social Coercion, Rational Choice." *European Journal of Population* 17 (1): 3 -20.

Morgan, S. P., 2003. "Is Low Fertility a Twenty-first-century Demographic Crisis?" *Demography* 40 (4): 589 -603.

Morgan, S. P., Z. Guo, and S. R. Hayford. 2009. "China's Below-replacement Fertility: Recent Trends and Future Prospects." *Population and Development Review* 35 (3): 605 -629.

Morgan, S. P., and H. Rackin. 2010. "The Correspondence Between Fertility Intentions and Behavior in the United States." *Population and Development Review* 36 (1): 91 -118.

Moultrie, T. A., R. E. Dorrington, A. G. Hill, K. Hill, I. M. Timæus, and B. Zaba. 2013. *Tools for Demographic Estimation.* International Union for the Scientific Study of Population. http://demographicestimation. iussp. org/sites/demographicestimation. iussp. org/files/TDE_2013_2ndImpression. pdf.

Murphy, E. M., and D. N. Nagnur. 1972. "A Gompertz Fit that Fits: Applications to Canadian Fertility Patterns." *Demography* 9 (1): 35 -50.

Murphy, R. 2014. "Sex Ratio Imbalances and China's Care for Girls Programme: A Case Study of a Social Problem." *The China Quarterly* 219: 781 -807.

Murthi, M., A. C. Guio, and J. Drèze. 1995. "Mortality, Fertility and Gender Bias in India: A District-Level Analysis." *Population and Development Review* 21 (4): 745 -782.

Myers, R. J. 1959. "Statistical Measures in the Marital Life Cycles of Men and Women." *International Population Conference*, 1959. pp. 229 -233. Vienna: Christopher Reisser's Sons.

Myrskylä, M. , J. R. Goldstein, and Y. H. A. Cheng. 2012. "New Cohort Fertility Forecasts for the Developed World. " Rostock: Max Planck Institute for Demographic Research (MPIDR working paper, WP – 2012 – 014) . https://pdfs. semanticscholar. org/c150/2d7308c1b111759a5a266e1c17215c442d54. pdf.

Nelson, R. R. 1956. "A Theory of the Low-level Equilibrium Trap in Underdeveloped Economies. " *American Economic Review* 46 (5): 894 – 908.

Ni Bhrolchain, M. 1987. "Period Parity Progression Ratios and Birth Intervals in England and Wales, 1941 – 1971: A Synthetic Life Table Analysis. " *Population Studies* 41 (1): 103 – 125.

Nie, J. 2005. *Behind the Silence: Chinese Voices on Abortion.* Lanham, MD: Rowman and Littlefield.

Nie, J. 2011. "Non-medical Sex-selective Abortion in China: Ethical and Public Policy Issues in the Context of 40 Million Missing Females. " *British Medical Bulletin* 98 (1): 7 – 20.

Nie, Y. , and R. J. Wyman. 2005. "The One-child Policy in Shanghai: Acceptance and Internalization. " *Population and Development Review* 31 (2): 313 – 336.

O'Neill, B. C. , D. Balk, M. Brickman, and M. Ezra. 2001. "A Guide to Global Population Projection. " *Demographic Research* 4: 203 – 288.

Oeppen, J. , and J. W. Vaupel. 2002. "Broken limits to Life Expectancy. " *Science* 296 (5570): 1029 – 1031.

Park, C. B. 1983. "Preference for Sons, Family Size, and Sex Ratio: An Empirical Study in Korea. " *Demography* 20 (3): 333 – 352.

Park, C. B. , and N. Cho. 1995. "Consequences of Son Preference in a Low-Fertility Society: Imbalance of the Sex Ratio at Birth in Korea. " *Population and Development Review* 21 (1): 59 – 84.

Peng, X. 1993. "*Regional Differentials in Chinas Fertility Transition*", *in The Revolution in Asian Fertility Dimensions Causes & Implications.* Oxford, England, Clarendon Press. pp. 99 – 127.

Peristera, P. , and A. Kostaki. 2007. "Modeling Fertility in Modern Populations." *Demographic Research* 16 (6): 141 - 194.

Pollard, M. S., and S. P. Morgan. 2002. "Emerging Parental Gender Indifference? Sex Composition of Children and the Third Birth." *American Sociological Review* 67 (4): 600 - 613.

Population Reference Bureau. 2007. *2007 World Population Data Sheet*. https://assets.prb.org/pdf07/07WPDS_Eng.pdf.

Preston, S. H., and A . Coale. 1982. "Age Structure, Growth, Attrition, and Accession: A New Synthesis." *Population Index* 48 (2): 217 - 259.

Preston, S. H. 1983. "An Integrated System for Demographic Estimation from Two Age Distributions." *Demography* 20 (2): 213 - 226.

Preston, S. H. 1987a. "Estimation of Certain Measures in Family Demography Based upon Generalized Stable Population Relations." in J. Bongaarts (ed.), *Family Demography: Method and Their Application.* Cambridge: Cambridge University Press. pp. 40 - 62.

Preston, S. H. 1987b. "Relations Among Standard Epidemiologic Measures in a Polulation." *American Journal of Epidemiology* 126 (2): 336 - 345.

Preston, S. H., P. Heuveline, and M. Guillot. 2001. *Demography: Measuring and Modeling Population Processes.* Maiden, MA: Blackwell Publishers.

Preston, S. H., and H. Wang. 2007. "Intrinsic Growth Rates and Net Reproduction Rates in the Presence of Migration." *Population and Development Review* 33 (4): 657 - 666.

Preston, S. H., and A. Stokes. 2012. "Sources of Population Aging in More and Less Developed Countries." *Population and Development Review* 38 (2): 221 - 236.

Qian, Z. 1997. "Progression to Second Birth in China: A Study of Four Rural Counties." *Population Studies* 51 (2): 221 - 228.

Qin, M., J. Falkingham, and S. S. Padmadas. 2018. "Unpacking the Differential Impact of Family Planning Policies in China: Analysis of Parity Progression Ratios fromr the Etrospective Birth History Data, 1971 - 2005." *Journal of Biosocial Science* 50 (6): 800 - 822.

Quesnel-Vallée A., S. P. Morgan. 2003. "Missing the Target? Correspondence of Fertility Intentions and Behavior in the U. S." *Population Research and Policy Review* 22 (5/6): 497–525.

Raftery, A. E., L. Alkema, and P. Gerland. 2014. "Bayesian Population Projections for the United Nations." *Statistical Science: A Review Journal of the Institute of Mathematical Statistics* 29 (1): 797–803.

Raftery, A. E., J. L. Chunn, P. Gerland, and H. Ševcíková. 2013. "Bayesian Probabilistic Projections of Life Expectancy for All Countries." *Demography* 50 (3): 777–801.

Rallu, J. L., and L. Toulemon. 1994. "Period Fertility Measures: The Construction of Different Indices and Their Application to France, 1946–1989." *Population: An English Selection* 6: 59–93.

Retherford, R. D., M. K. Choe, J. Chen, X. Li, and H. Cui. 2005. "How Far has Fertility in China Really Declined?" *Population and Development Review* 31 (1): 57–84.

Ridgon, S. 1996. "Abortion Law and Practice in China: An Overview with Comparisons to the United States." *Social Science & Medicine* 42 (4): 543–560.

Rinesi, F., A. Pinnelli, S. Prati, C. Castagnaro, and C. Iaccarino. 2011. "The Transitionto Second Child in Italy: Expectations and Realization." *Population: An English Selection* 66 (2): 391–406.

Romaniuk, A. 1973. "A Three Parameter Mode for Birth Projections." *Population Studies* 27 (3): 467–478.

Ryder, N. B. 1956. "Problems of Trend Determination During a Transition in Fertility." *The Milbank Memorial Fund Quarterly* 34 (1): 5–21.

Ryder, N. B. 1964. "The Process of Demographic Translation." *Demography* 1 (1): 74–82.

Ryder, N. B. 1965. "The Cohort As a Concept in the Study of Social Change." *American Sociological Review* 30 (6): 843–861.

Scharping, T. 2003. *Birth Control in China* 1949–2000: *Population Policy and Demographic Development.* London: Routledge Curzon.

Schmertmann, C. 2003. "A System of Model Fertility Schedules with Graphical Intuitive Parameters." *Demographic Research* 9 (5): 81–110.

Schoen, R. , N. M. Astone, Y. J. Kim, C. A. Nathanson, and J. M. Fields. 1999. "Do Fertility Intentions Affect Fertility Behavior?" *Journal of Marriage and Family* 61 (3): 790 – 799.

Schoen, R. 2004. "Timing Effects and the Interpretation of Period Fertility." *Demography* 41 (4): 801 – 819.

Sedgh, G. , J. Bearak, S. Singh, A. Bankole, A. Popinchalk, B. Ganatra et al. , 2016. "Abortion Incidence Between 1990 and 2014: Global, Regional, and Subregional Levels and Trends." *The Lancet* 388: 258 – 267.

Shi, Y. , and J. J. Kennedy. 2016. "Delayed Registration and Identifying the 'Missing Girls' in China." *The China Quarterly* 228: 1018 – 1038.

Short, S. E. , F. Zhai, S. Xu, and M. Yang. 2001. "China's One-child Policy and the Care of Children: An Analysis of Qualitative and Quantitative Data." *Social Forces* 79 (3): 913 – 943.

Singh, S. , L. Remez, G. Sedgh, L. Kwok, and T. Onda. 2018. *Abortion Worldwide 2017: Uneven Progress and Unequal Access.* New York: Guttmacher Institute. https://www.guttmacher.org/sites/default/files/report_pdf/abortion-worldwide – 2017.pdf.

Sobotka, T. 2004. "Is Lowest-low Fertility in Europe Explained by the Postponement of Childbearing?" *Population and Development Review* 30 (2): 195 – 220.

Sobotka, T. 2017. "Post-transitional Fertility: The Role of Childbearing Postponement in Fuelling the Shift to Low and Unstable Fertility Levels." *Journal of Biosocial Science* 49 (S1): S20 – S45.

Teachman, J. D. , and P. T. Schollaert. 1989. "Gender ofChildren and Birth Timing." *Demography* 26 (3): 411 – 423.

Testa, M. R. , and L. Toulemon. 2006. "Family Formation in France: Individual Preferences and Subsequent Outcomes." *Vienna Yearbook of Population Research*4: 41 – 75.

Tian, F. F , and S. P. Morgan. 2015. "Gender Composition of Children and the Third Birth in the United States." *Journal of Marriage and Family* 77 (5): 1157 – 1165.

Tien, H. Y. 1987. "Abortion in China: Incidence and Implications." *Mod-*

ern China 13 (4): 441 – 468.

Tu, P., and H. L. Smith. 1995. "Determinants of Induced Abortion and Their Policy Implications in Four Countries in North China." *Studies in Family Planning* 26 (5): 278 – 286.

U. S. Census Bureau. 2004. International Data Base. Data released 4 – 30 – 2004.

UNFPA. 2012. *Sex Imbalances at Birth: Current Trends, Consequences and Policy Implications.* https://www.unfpa.org/sites/default/files/pub-pdf/Sex%20Imbalances%20at%20Birth.%20PDF%20UNFPA%20APRO%20publication%202012.pdf.

United Nations. 1971. *World Economic Survey*, 1969 – 1970. New York City, United Nations. http://www.un.org/en/development/desa/policy/wess/wess_archive/1969_1970wes.pdf.

United Nations, Department of International Economic and Social Affairs, Population Division. 1983. *Manual 10: Indirect Techniques for Demographic Estimation.* https://www.un.org/en/development/desa/population/publications/pdf/mortality/Manual_X.pdf.

United Nations, Department of Economic and Social Affairs, Population Division. 2017. *World Population Prospects: The* 2017 *Revision*, File FERT/4. https://population.un.org/wpp/Download/Standard/Fertility/.

United Nations, Department of Economic and Social Affairs, Population Division (2019). *World Population Prospects* 2019.

Van Imhoff, E. 1991. Profile: A Program for Estimating the Coefficients of Demographic Age-intensity Profiles. NiDi-Report No. 15. The Hague: NIDI.

Van Imhoff, E., and N. Keilman. 2000. "On the Quantum and Tempo of Fertility: Comment." *Population and Development Review* 26 (3): 549 – 549.

Walfish, D. 2001. "China's Census: National Count Reveals Major Societal Changes." *Science* 292 (5523): 1823.

Wang, D., H. Yan, and Z. Feng. 2004. "Abortion as a Backup Method for Contraceptive Failure in China." *Journal of Biosocial Science* 36 (3): 279 – 287.

Wang, C. 2014. "Induced Abortion Patterns and Determinants Among Married

Women in China: 1979 to 2010." *Reproductive Health Matters* 22 (43): 159 - 168.

Wei, S., and X. Zhang. 2011. The Competitive Saving Motive: Evidence from Rising Sex Ratios and Savings Rates in China. *Journal of Political Economy* 119 (3): 511 - 564.

Wei, Y., Q. Jiang, and S. Basten. 2016. "The Wellbeing of Bereaved Parents in An Only-child Society." *Death Studies* 40 (1): 22 - 31.

Westoff, C. F., and N. B. Ryder. 1977. "The Predictive Validity of Reproductive Intentions." *Demography* 14 (4): 431 - 453.

White, T. 2006. *China's Longest Campaign: Birth Planning in the People's Republic*, 1949 - 2005. New York, NY: Cornell University Press.

Whyte, M., F. Wang, and Y. Cai. 2015. "Challenging Myths about China's One-child Policy." *China Journal* 74: 144 - 159.

Wicksell, S. D. 1931. "Nuptiality, Fertility and Reproductivity." *Scandinavian Actuarial Journal* 14 (3): 125 - 157.

Wolf, A. P. 1986. "The Preeminent Role of Government Intervention in China's Family Revolution." *Population and Development Review* 12 (1): 101 - 116.

Wunsch, G. 1966. "Courbes de Gompertz et Perspectives de Fecondité." *Recherches Economiques de Louvain* 32 (6): 457 - 468.

Yamaguchi, K., and M. Beppu. 2004. "SurvivalProbability Indices of Period Total Fertility Rate." Paper presented at the 2004 Annual Meeting of the Population Association of America. https://paa2004.princeton.edu/papers/40429.

Yip, P. S. F., M. Chen, and C. H. Chan. 2015. "A Tale of Two Cities: A Decomposition of Recent Fertility Changes in Shanghai and Hong Kong." *Asian Population Studies* 11 (3): 278 - 295.

Yoo, S. H., and T. Sobotka, 2018. "Ultra-low Fertility in South Korea: The Role of the Tempo Effect." *Demographic Research* 38 (22): 549 - 576.

Zeman, K., É. Beaujouan, Z. Brzozowska, and T. Sobotka. 2018. "Cohort Fertility Decline in Low Fertility Countries: Decomposition Using Parity Progression Ratios." *Demographic Research* 38 (25): 651 - 690.

Zeng, Y. 1989. "Is the Chinese Family Planning Program 'Tightening up'?" *Population and Development Review* 15 (2): 333 - 337.

Zeng, Y. 1991. "A Note on the Number of Induced Abortion and Averted Birth." *China Population Today* (3): 9 - 11.

Zeng, Y., P. Tu, L. Guo, and Y. Xie. 1991. "A Demographic Decomposition of the Recent Increase in Crude Birth Rates in China." *Population and Development Review* 17 (3): 435 - 458.

Zeng, Y., P. Tu, B. Gu, Y. Xu, B. Li, and Y. Li. 1993. "Causes and Implications of the Recent Increase in the Reported Sex Ratio at Birth in China." *Population and Development Review* 19 (2): 283 - 302.

Zeng, Y., Z. Wang, Z. Ma, and C. Chen. 2000. "A Simple Method for Projecting or Estimating α and β: An Extensionof the Brass Relational Gompertz Fertility Model." *Population Research and Policy Review* 19 (6): 525 - 549.

Zeng, Y., and K. C. Land. 2001. "A Sensitivity Analysis of the Bongaarts-Feeney Method for Adjusting Bias in Observed Period Total Fertility Rates." *Demography* 38 (1): 17 - 28.

Zeng, Y. 2007. "Options for Fertility Policy Transition in China." *Population and Development Review* 33 (2): 215 - 246.

Zeng, Y., and T. Hesketh. 2016. "The Effects of China's Universal Two-child Policy." *The Lancet* 388 (10054): 1930 - 1938.

Zhang, G. 2004. *China's Far Below Replacement Level Fertility: A Reality or Illusion Arising from Underreporting of Births?* Australian National University PhD thesis.

Zhang, G., and Z. Zhao, 2006. "Reexamining China's Fertility Puzzle: Data Collection and Quality Over the Last Two Decades." *Population and Development Review* 32 (2): 293 - 321.

Zhang, Y., and X. Jia. 2018. "A Qualitative Study on the Grief of People Who Lose Their Only Child: From the Perspective of Familism Culture." *Frontiers in Psychology* 9: 869. doi: 10.3389/fpsyg.2018.00869.

Zhao, B. B. 2012. "A Modified Lee-Carter Model for Analysing Short-Base-Period Data." *Population Studies* 66 (1): 39 - 52.

Zhao, Z. 1997. "Deliberate Birth Control Under a High-fertility Regime: Reproductive Behavior in China before 1970." *Population and Development Review*

23 (4): 729 - 767.

Zhao, Z., and Z. Guo. 2010. "China's Below Replacement Fertility: A Further Exploration." *Canadian Studies in Population* 37 (3 - 4): 525 - 562.

Zhao, Z., and W. Chen. 2011. "China's Far Below-replacement Fertility and Its Long-term Impact: Comments on the Preliminary Results of the 2010 Census." *Demographic Research* 25 (26): 819 - 836.

Zhao, Z., Q. Xu, and X. Yuan. 2017. "Far Below Replacement Fertility in Urban China." *Journal of Biosocial Science* 49 (S1): S4 - S19.

Zhao, Z., and G. Zhang. 2018. "Socioeconomic Factors Have Been the Major Driving Force of China's Fertility Changes Since the Mid - 1990s." *Demography* 55 (2): 733 - 742.

Zheng, Y., T. R. Lawson, and H. B. Anderson. 2017. "Our Only Child Has Died-A Study of Bereaved Older Chinese Parents." *OMEGA—Journal of Death and Dying* 74 (4): 410 - 425.

Zheng, Z., Y. Cai, W. Feng, and B. Gu. 2009. "Below Replacement Fertility and Childbearing Intention in Jiangsu Province, China." *Asian Population Studies* 5 (3): 329 - 347.

Zhu, W. X., L. Li, and T. Hesketh. 2009. "China's Excess Males, Sex-selective Abortion, and One-child Policy: Analysis of Data from 2005 National Inter-census Survey." *BMJ* 338 (7700): 920 - 923.

图书在版编目(CIP)数据

中国生育水平研究 / 姜全保，杨淑彩著. -- 北京 ：
社会科学文献出版社，2021.9
（西安交通大学人口与发展研究所 · 学术文库）
ISBN 978 - 7 - 5201 - 7903 - 4

Ⅰ. ①中… Ⅱ. ①姜… ②杨… Ⅲ. ①生育 - 社会问
题 - 研究 - 中国 Ⅳ. ①C924.24

中国版本图书馆 CIP 数据核字(2021)第 181678 号

西安交通大学人口与发展研究所 · 学术文库
中国生育水平研究

著 者 / 姜全保 杨淑彩

出 版 人 / 王利民
组稿编辑 / 周 丽
责任编辑 / 张丽丽
责任印制 / 王京美

出 版 / 社会科学文献出版社 · 城市和绿色发展分社（010）59367143
地址：北京市北三环中路甲 29 号院华龙大厦 邮编：100029
网址：www.ssap.com.cn
发 行 / 市场营销中心（010）59367081 59367083
印 装 / 三河市尚艺印装有限公司

规 格 / 开 本：787mm × 1092mm 1/16
印 张：21.25 字 数：350 千字
版 次 / 2021 年 9 月第 1 版 2021 年 9 月第 1 次印刷
书 号 / ISBN 978 - 7 - 5201 - 7903 - 4
审 图 号 / GS（2021）3414 号
定 价 / 158.00 元